JN181425

栄養教諭養成におけるカリキュラム開発研究

川越　有見子　著

風　間　書　房

（二） 平成 10 年中央教育審議会答申 52

（三） 調査研究協力者会議報告 54

（四） 平成 16 年中央教育審議会答申

「食に関する指導体制の整備について」 55

第三節 審議経過の論点整理 …… 59

（一） 栄養教諭制度の創設意図 59

（二） 栄養教諭の職務内容 61

（三） 栄養教諭の資質と免許制度 63

（四） 学校の中での組織体制・連携 65

（五） 地方に任された配置、任意配置 66

第四節 国会の審議経過 …… 68

（一） 衆議院文部科学委員会の審議経過 68

（二） 参議院文教科学委員会の審議経過 70

（三） 各委員会の審議経過 71

第五節 栄養教諭創設における意義と課題 …… 73

第六節 栄養教諭の法的位置付けと課題 …… 77

（一） 制度化の背景と経緯 77

（二） 栄養教諭の設置と配置 79

（三） 栄養教諭の職務 83

（四） 栄養教諭の資質と免許制度 87

第七節 法的位置付けと課題 …… 89

第八節 栄養教諭に求められる資質 …… 91

第三章 栄養教諭の職務実態分析 …… 111

第一節 栄養教諭の職務 …… 111

（一） 食に関する指導と学校給食管理 112

第二節 福井県の実態調査 …… 117

目　次

序　章 ……………………………………………………………………… 1
第一節　本研究の目的 ……………………………………………………… 1
第二節　先行研究と本研究の課題 ………………………………………… 2
第三節　本研究の対象と方法 ……………………………………………… 8

第一章　学校給食のはじまりと学校栄養職員に求められる資質 …… 13
第一節　学校給食のはじまり ……………………………………………… 13
（一）戦前の学校給食　13
（二）学校衛生技師会議と給食制度の発足　14
第二節　学校栄養職員の誕生と役割 ……………………………………… 18
（一）学校栄養職員の採用と配置　18
（二）身分保障との闘い　23
第三節　学校栄養職員の職務内容 ………………………………………… 26
（一）昭和 61 年文部省保健体育審議会答申　26
（二）健康教育を担う学校栄養職員の役割　26
（三）「食に関する指導体制の整備」と学校栄養職員の役割　30
第四節　学校栄養職員に求められる資質 ………………………………… 34

第二章　栄養教諭制度構想にみる審議経過 ……………………………… 45
第一節　全国学校栄養士協議会の栄養教諭制度創設の運動 …………… 46
（一）学校栄養職員制度の確立　48
第二節　食育重視路線の策定 ……………………………………………… 51
（一）平成 9 年保健体育審議会答申　51

（一）　栄養教諭の設置構想　117
（二）　教育庁、スポーツ保健課の事業　118
（三）　栄養教諭の職務内容の実態　120
（四）　福井県における食育の取り組み　123
第三節　京都市の実態調査……127
（一）　栄養教諭の設置構想　127
（二）　京（みやこ）・食育推進プラン　129
（三）　栄養教諭の職務内容の実態　130
（四）　京都市における食育の取り組み　134
第四節　札幌市の実態調査……136
（一）　栄養教諭の設置構想　136
（二）　栄養教諭の職務内容の実態　137
（三）　札幌市における食育の取り組み　142
第五節　南国市の実態調査……145
（一）　栄養教諭の設置構想　145
（二）　栄養教諭の職務内容の実態　146
（三）　南国市における食育の取り組み　151
第六節　食育実践の類型と栄養教諭に求められる課題……153
第七節　栄養教諭の職務実態を通して求められる資質……157

第四章　栄養教諭養成大学におけるカリキュラム分析……169
第一節　管理栄養士養成大学における栄養教諭養成課程のカリキュラム
—カリキュラム改正とその経緯—……170
（一）　栄養士法の改正　170
（二）　管理栄養士に求められる基本的考え方　171
（三）　管理栄養士養成施設に求められたカリキュラム体系　171
（四）　栄養教諭養成課程のカリキュラム　182

第二節　先進的栄養教諭養成大学におけるカリキュラム分析 …………185
（一）お茶の水女子大学　186
（二）奈良女子大学　195
（三）京都女子大学　206
（四）女子栄養大学　225
第三節　栄養教諭養成カリキュラムにおける類型化の特徴 ……………241
第四節　栄養教諭養成カリキュラムの類型化と課題 ………………………246
（一）類型１―教育力を備えた養成―
『教職教養科目・家政学的教養重視型』　246
（二）類型２―実践力を備えた養成―
『調理健康系知識・技能重視型』　248
（三）類型３―栄養士力を備えた養成―
『栄養士養成の知識・技能・実習重視型』　249

終　章 ……………………………………………………………………………257
第一節　本研究の成果 ……………………………………………………257
第二節　今後の課題と展望 ………………………………………………264

資料一覧 …………………………………………………………………………285
資　料 ……………………………………………………………………………297
あとがき …………………………………………………………………………425

序　　章

第一節　本研究の目的

教育職員免許法第2条において、教員とは「幼稚園、小学校、中学校、高等学校、中等教育学校及び特別支援学校の主幹教諭、指導教諭、助教諭、養護教諭、養護助教諭、栄養教諭及び講師」を指す。この条文に栄養教諭がはじめて加えられたのは、平成17年のことである。教員は言うまでもなく、教育基本法及び学校教育法に定める学校教育の目標に沿い、人間として調和のとれた児童生徒の人格形成を目指し、次代を担う心身ともに健全な国民の育成を図る任務がある。学校教育の目標を具現化するためには、児童生徒の教育に携わる教員の資質能力に負うところが極めて大きい。教員になるためには、学問としての豊かな教養と専門的知識と実践力を養うと共に、優れた人間性や指導力を身に付けなければならない。栄養教諭は、食に関する指導と学校給食管理を一体化した職務を遂行し、生きた教材である学校給食の管理と、それを活用した食に関する指導を展開することが可能であり、そこには高い相乗効果が期待されている。栄養教諭の職務である食に関する指導は、偏食傾向や肥満傾向、食物アレルギー等の個別相談指導を行う役割、保護者への助言、家庭への支援、そして教科特別活動における食に関する指導、学級担任と連携して専門性を生かした指導が必要とされ、また、地域との連携を通じて食に関する教育のコーディネーターとしての役割も果たしていかなくてはならない。教育現場では、子どもの食生活の乱れによる生活習慣病の若年化傾向の増加により、子どもを取り巻く食生活環境が悪化している。これらの現代的課題を解決するために、教育に関する資質と食を通した専門家としての資質を併せ持った新しい教員免許制度が教員養成に求められている。

本研究では、学校栄養職員が誕生した時代である昭和23年から、栄養教諭が創設され食育活動を展開している現在までを対象とする。栄養教諭は、その前身である学校栄養職員が学校給食を専門の職務として遂行してきたことから、その歴史的経緯を踏まえ、日本の学校給食のはじまりから学校栄養職員の誕生と役割、そして栄養教諭誕生から職務の実態をつなぐ養成カリキュラムの構成までを考察し、課題を分析する。最終的に栄養教諭養成カリキュラムの基本原則を提案することが目的である。

第二節　先行研究と本研究の課題

本研究の課題は、栄養教諭養成カリキュラムの課題を分析し、基本原則をどのように組み立てるかにある。そこで、学校栄養職員、栄養教諭の職務内容から求められる資質について分析し、教育現場が求める職務の役割を抽出する。また、栄養教諭創設にあたり、文部科学省の調査研究協力者会議から国会審議までの五つの部会、審議会の経過を辿り、栄養教諭創設に求められる理念、さらに栄養教諭の職務実態調査から浮かび上がる問題点を養成するカリキュラムの構成とどのように結びついているのか、これらについて全国の栄養教諭養成大学のカリキュラムやシラバス、履修の手引きなどから調査分析し、そのフォローとして養成大学の実態調査を踏まえて考察する。本研究が対象とする期間は、食育基本法によって栄養教諭の職務が明確化され、学校教育に初めて食育が位置付けられた興味深い時期であり、その過程を通して職務実態を分析することによって、栄養教諭養成カリキュラムの課題と現状を解明する有効な視座を提供できるものと考える。

先行研究については、栄養教諭制度が発足して間もないため、栄養教諭養成に関する研究や養成の資質形成について、カリキュラム分析を踏まえた本質的な追究は、殆ど行われてこなかった。以下に本研究の先行研究を四つの領域から検討する。

「栄養教諭養成に関するカリキュラム、授業内容、養成の在り方に関する研究」

1. 齋藤尚子「青森県における学校栄養職員の栄養教諭制度に対する意識」『弘前大学教育学部紀要』97巻、2007年3月、69～75頁。
2. 橋本まき子「桐生短期大学における栄養教諭養成課程の現状とその課題」『桐生短期大学紀要』18巻、2007年12月、95～101頁。
3. 川野哲也「栄養教諭養成課程における模擬授業」東筑紫短期大学研究紀要38巻、2007年12月、105～113頁。
4. 藪田耕三、惣田智子、他、「栄養教諭養成のあり方に関する一考察」『小田原女子短期大学研究紀要』38巻、2008年3月、1～21頁。
5. 田中雅章、神田あづさ「栄養教諭養成課程における栄養教育カリキュラムの試み」『情報教育研究集会講演論集2009年度』2009年11月、233～236頁。
6. 末永美雪「栄養教諭養成のあり方に関する一考察」『東海大学』研究資料集18巻、2010年、49～55頁。
7. 石川顕子、藤原尚子、他「栄養教諭養成課程における現状と課題」『くらしき作陽大学・作陽音楽短期大学研究紀要』43（1）、2010年8月、1～6頁。
8. 大津尚志・森本哲也「ゲストスピーカーを用いた栄養教諭養成課程授業の試み　日本の食料自給率問題」『教育学研究論叢』6巻、2011年3月、53～56頁。

「栄養教諭制度の創設経緯に関する研究」

9. 黒川雅子「栄養教諭制度化に関する一考察」『日本女子大学大学院紀要、家政学研究科人間生活学研究科』10巻、2004年3月、231～239頁。
10. 文部科学省スポーツ青少年学校健康教育課「栄養教諭制度について（特集　食に関する指導体制の整備）」『教育委員会月報』56巻6号、2004年9月、10～19頁。
11. 文部科学省スポーツ青少年学校健康教育課健康教育企画室「インフォメーション　栄養教諭制度の創設について」『中等教育資料』53巻10号、2004年11月、131～129頁。
12. 金田雅代「栄養教諭制度について」『栄養学雑誌』63巻1号、2005年2月、33～38頁。
13. 浅見俊雄「栄養教諭制度の創設に当たって」文部科学省、ぎょうせい『文部科学

時報』No.1536、2004 年 3 月、1～10 頁。

14. 中村丁次「栄養教諭に求められる資質とは」同上書、3～33 頁。

「栄養教諭養成の教育実習に関する研究」

15. 大富あき子、青木五百子、他「栄養教諭制度の施行に伴う教育活動記録（1）：栄養教育実習開講までの流れ」『鹿児島純心女子短期大学紀要』37 巻、2007 年 1 月、55～67 頁。
16. 並河信太郎「栄養教諭養成にかかわる栄養教育実習の現状と課題」『相愛大学研究論集』27 巻、2011 年 3 月、127～141 頁。

「管理栄養士養成のカリキュラム研究」

17. 村山伸子「管理栄養士養成教育の改革と大学教育（保健・医療・福祉専門職の養成と生涯学習）」『新潟医療福祉学会誌』4 巻 2 号、2005 年 3 月、43～48 頁。
18. 楠木伊津美「家政系大学の管理栄養士養成カリキュラムにおける現状と課題」『家庭科・家政教育研究』1 巻、2006 年 10 月、63～73 頁。
19. 赤尾正「改正管理栄養士養成カリキュラムによる栄養士教育の検討―給食管理と給食経営管理―」『大阪薫英女子短期大学、生活科学研究誌』第 13 号、2007 年 12 月、23～29 頁。
20. 楠木伊津美「管理栄養士養成カリキュラムの現状と課題」日本教育制度学会『日本教育制度学研究』第 15 号、2008 年 11 月、65～70 頁。
21. 吉池信男「管理栄養士養成課程における教育の現状と課題」『青森保健大雑誌』第 10 巻 2 号、2009 年 12 月、237～239 頁。
22. 鈴木道子「管理栄養士・栄養士養成施設の教育課程編成基準及び教員要件の変遷とその背景」『東北大学大学院教育学研究科研究年報』58 集 2 号、2010 年 6 月、25～50 頁。

「学校給食に関する研究」

23. 金田雅代「栄養教諭制度って何？（特集 2 なりたい、栄養教諭！：子どもへの食育の新しい展開）」『食生活』99 巻 1 号、2005 年 1 月、74～79 頁。
24. 金田雅代「日韓で始まった食育強化―「栄養教諭制度」と「栄養教師制度」（3）韓国の学校給食の現状　ドゥチョン高等学校（ソウル）」『食生活』2011（2）、2011 年 2 月、92～96 頁。

「栄養教諭養成に関するカリキュラム、授業内容、養成の在り方の研究」の先行研究では、橋本まき子の「桐生短期大学における栄養教諭養成課程の現状とその課題」が挙げられる。これは、栄養教諭制度創設時から養成カリキュラムを検討し、作成に着手した大学の実態について研究したものである。特に、現状の調査と栄養教諭養成課程の卒業生に向けたアンケート調査から問題点を整理し、今後の取り組むべき課題を論じている。平成17年に栄養教諭制度が創設されたことにより、短期大学で栄養教諭養成を開始した段階の教科指導について、授業の問題点を挙げて学生のアンケート調査結果を考察した。栄養教諭養成のカリキュラムの構成やその特徴などについての分析はなく、課題も明確に示されていない。自校の学生にアンケート調査を行ったものであるから、養成課程の特色がすでにアンケート実施前から生かされていることになり、断片的な内容となっている。

田中雅章、神田あづさの「栄養教諭養成課程における栄養教育カリキュラムの試み」では、栄養教育に関する資質を養う科目に栄養教育論がある。この科目の授業内容を新たに検討し、情報処理科目と連動した授業を行ったことについて論じたものである。そして、栄養教育の授業に情報処理操作を導入することで、栄養士の情報処理能力の強化を目指したものである。内容は、機器類の操作方法等を指導し、他の情報関連の科目と連携して授業を実施した結果と授業方法を検証したものである。本来のカリキュラム研究としては極めて浅いものである。

「栄養教諭制度の創設経緯に関する研究」では、黒川雅子の「栄養教諭制度化に関する一考察」があり、制度化を目指す学校栄養職員の職務と栄養教諭制度から想定される問題点について整理した内容である。学校栄養職員の基本的職務が学校給食であることから、給食の役割を中心に職務内容、学校栄養職員の定数、配置について紹介している。当時の栄養教諭創設過程で理念や栄養教諭養成の基礎資格、栄養教諭の職務等を検討した文部科学省調査研究協力者会議の一次報告、二次報告の内容に触れてはいるが、概要を紹介したものである。審議経過を分析し、どのような経緯や背景から栄養教諭が制度化されたものであるかなど、その中身について深く論じられていない。配置されている学校栄養職員の立場、職務的な相違、栄養教諭を制度化し、配置を目指すに至る背景を整理しただけに留まり、調査研究協力者会議の審議経過や答申の審議経過などは分析されていない。

「栄養教諭制度の創設経緯に関する研究」「栄養教諭養成の教育実習に関する研究」「学校給食に関する研究」の論文の特徴は､内容とテーマを見る限り、カリキュラムの検討であるようだが、実際には栄養教諭養成に直結する内容や教科科目を取り上げ、論じたものではない。また栄養教諭養成に関する内容であっても、職務内容や健康的視点から捉えた内容の報告はなかった。栄養教諭の職務内容を十分に検討した上で、栄養教諭養成にとって、どのような資質や技能を身に付けることが求められるか、多方面に渡る視点から検討したが、分析した内容は見当たらなかった。また、栄養教諭制度創設の経緯に関する先行研究では､いずれも成立過程の概要を紹介しているに過ぎない。内容も短く、紹介や感想、推測等を論ずるのみで、栄養教諭の設置目的や職務内容等について明確に論じられたものは少ない。

一方、栄養教諭養成カリキュラムの研究で、楠木伊津美「管理栄養士養成課程カリキュラムの現状と課題」､「家政系大学の管理栄養士養成カリキュラムにおける現状と課題」の論文は、平成 14 年のカリキュラム改正についての概要を紹介したものである。厚生労働省の管理栄養士養成施設の指定基準に沿ってカリキュラム改正の内容を、その関連から勤務先大学の学科のカリキュラムの現状について家政系大学の立場から分析をしている。しかし、勤務先大学の特徴は､女子大学で理系に強い女子を育成することが目的である。その内容には触れず、概要的に家政学的な視点を中心に養成の現状と課題を論じたものであることから、家政系であるという大枠でしかカリキュラムを捉えていない。そのため､カリキュラムの改正について自校の現状を分析し、課題を論じたものとは言い難い。内容は分析までには至らず、カリキュラム改正に関する紹介を論じたものである。

赤尾正の「改正管理栄養士養成カリキュラムによる栄養士教育の検討─給食管理と給食経営管理─」では、授業担当科目である給食管理と給食経営管理についての授業内容の改善と授業内容の工夫について論じたものであり、栄養士養成のカリキュラムに関する内容を分析したものではない。給食管理は特に100食以上を喫食する集団給食施設において栄養士が現場で行う給食業務の職務内容を学ぶ科目である。これらについての改善がその主な内容であり、カリキュラムの内容を論じたものとはいえない。

鈴木道子「管理栄養士・栄養士養成施設の教育課程編成基準及び教員要件の変遷とその背景」については、法令、資料を中心に改正された管理栄養士養成大学のカリキュラム構成及び教育内容と教育目標・教員数等について戦前からその歴史を辿り、正確に論じたものである。しかし、これらの内容は資料に掲載されているものが主であり、過去から現在に至る変遷の問題点をあげて追究したものではない。整理を中心に紹介に留めているものである。

以上、栄養教諭養成に関する研究は、養成が開始されたばかりで、先行研究自体が十分に熟された研究水準に達しているとは言い難い。学校給食のはじまりから養成カリキュラムの分析までを追究した先行研究は、管見の限り見当たらない。

本研究は、先行研究の不十分な点を踏まえ、審議経過について調査研究協力者会議から国会審議の5つの審議経過を分析し、優れた栄養教諭を養成するには、どうしたらよいか、その理念と資質形成の基本となる免許制度を考察し、栄養教諭の成立過程を中心に検討した中から、栄養教諭の職務実態調査を通して養成カリキュラムの分析に至る過程を詳細に追究したものである。この一連の過程で、栄養教諭の職務内容について求められる資質に絞り追究した。特に実態調査からの資質分析は、文部科学省が示した栄養教諭の職務内容と実態から見えた職務内容に格差があり、比較検討することで資質の深い部分まで分析できた。この方法で資質の項目までを解明することができ、カリキュラム開発の中で答申では見えない部分を明確にすることができる。大学の栄養教諭養成カリキュラム開発を目指す上では有効であり、カリキュラムの基本原則を組み立てる提案ができるというのが本研究の持ち味である。

第三節　本研究の対象と方法

本研究では、学校栄養職員の基本となる職務について明らかにするために学校給食のはじまりを辿り、学校栄養職員の職務内容から求められる資質、そして学校給食が学校栄養職員にとって、どのような役割を担ってきたのか、学校栄養職員に求められる資質を第一の柱とする。学校栄養職員がはじめて学校に配置されたのは、昭和21年の文部・厚生・農林の三省次官通達「学校給食の普及奨励について」が出されたことによる。これによって戦後の新しい学校給食の基本が決定し、「学校給食施設の普及奨励と共に指導の適正を期するため都道府県に新たに専任の職員を各一人宛設置」によって、学校栄養士が配置され、給食を管理する栄養士の免許資格について示され、学校給食の教育的効果が期待されたのである。その役割は、栄養改善による健康の保持増進と疾病予防、栄養の知識、食事訓練の機会とした給食、食事の作法、偏食の矯正、家庭の食生活改善、郷土食の合理化、円満な社交性の指導であり、栄養改善と食の指導によって、現在の栄養教諭の基盤が確立されたと見ることができる。言わば、学校給食を教育の一環として維持運営するために学校栄養職員が採用されたのである。ここでの栄養職員の役割は、「食べ物の働き」、「食品の働き」について食教育を指導する能力、つまり教諭としての資質の追求であった。一方、学校給食管理の主な職務内容は、物資管理、調理指導が主な職務である。つまり、学校栄養職員の初期段階では、教育に関する資質と専門的資質による学校給食の管理運営、食品の選定、安全な給食を提供する役割が求められたのである。最初の学校栄養職員の職務は、現在の栄養教諭に求められた職務とほぼその原型は一致する。この職務に対する思いは、学校栄養職員に託された理想であり、栄養教諭創設へ続く課題であったと見ることができる。そして昭和 49 年までは学校栄養職員は職務内容が曖昧なままに学校給食が中心の職務を行っていた。つまり、初期段階の栄養上は、作業員の身分で採用されていたが、教員免許状を取得し、栄養士でありながら、教員免許状を担保に児童への食教育が行われていたことが窺える。そのため、教員の免許状を保持していない栄養士は作業員のままであった。昭和 61 年に学校栄養職員の身分が保障され、役割は担任との連携指導、家庭地域との連携、さらには、研究調査の役割が加わり、児童生徒の食事摂取の実態把握や栄養指導に伴うアセスメント力が求められた。この時期、学校栄養職員のニーズは学校給食管理だけではなく、栄養教育的な側面に比重が置かれることになった。学校栄養職員のこれらの過程を追究することにより、第一の課題が明らかになるが、そのためには学校栄養職員、栄養教諭の職務内容に求められる資質を割り出し、分析する必要がある。

第二の柱は、栄養教諭創設に向けて、その審議経過から求められる栄養教諭像や理念を分析し、栄養教諭養成の根幹となる養成の在り方について検討する。主に審議経過では栄養教諭の免許について審議が集中した。この背景には栄養士法の改正により、栄養士は「対物」を扱う学校給食の管理が中心であり､管理栄養士は「対人」中心の栄養指導がその職務として区別された。その結果、栄養教諭は児童の個別栄養相談指導を担当するため、免許の基礎資格は管理栄養士として議論されていた。最終的には、文部科学省の判断により基礎資格は栄養士であったが、この騒動は管理栄養士の免許が卒業後に国家試験として実施されるため栄養教諭免許制度の根幹を審議し直したに過ぎなかったと見ることができる。

第三の柱は、栄養教諭の職務実態調査を通して職務内容から求められる資質を解明する。そして、カリキュラムの構成から優れた栄養教諭を養成して行くためのカリキュラム開発に繋げ、実態調査から職務内容を検証し、求められる資質を検討しながら、文部科学省が示す職務内容の実態との違いを明らかにする。その結果、実態調査から見えた栄養教諭の資質が、カリキュラム構成から教育現場が求める栄養教諭の養成として可能であるか、全国の栄養教諭を養成している大学のカリキュラムやシラバスなどを調査分析し、先進的養成を展開している大学を分類整理する。そして、栄養教諭養成のカリキュラム構成から類型化を試みる。これにより、養成の問題点やカリキュラムから養成の資質の違いを検証し、カリキュラム構成の特徴と養成大学が直面する課題を考察する。

本論文の構成は、第四章から成り、第一章では、学校栄養職員の職務について、学校給食のはじまりから追究し、栄養教諭の職務の基本である学校給食を中心に、戦前・戦後の学校給食の成立過程を追うことで、学校栄養職員の職務の実態や学校栄養職員に求められる資質について明らかにする。第二章では、栄養教諭制度創設に至る経緯の意義と課題を検討し、審議の過程で求められた栄養教諭の資質について明らかにする。はじめに、全国学校栄養士協議会の創設運動から追究し、栄養教諭制度が政治的側面を有していた経緯を踏まえ、栄養教諭制度の審議経過について、文部省の調査研究協力者会議、食に関する指導体制部会、ワーキンググループ、中央教育審議会総会の審議経過、そして国会の衆議院と参議院の文教委員会の審議経過を解明していくことにする。第三章では、栄養教諭の職務実態調査を通して、教育現場ではどのような取り組みを行っているか、はじめに文部科学省が示した栄養教諭の職務内容について検討し、教育現場における栄養教諭の職務の役割、連携調整の在り方、学校全体での取り組み方、コーディネーターとしての役割などを明らかにする。そして、福井県、京都市、札幌市、南国市の四つの実態調査を通して職務内容とその特徴から、求められる資質を検証する。その結果、文部科学省が示す職務内容と実態調査の違いを明らかにし、教育現場が求める資質を解明する。第四章では、実態調査から明らかになった養成の課題について検証し、必要な技能と能力を修得させるにはどうしたらよいかを検討する。また、管理栄養士養成課程のカリキュラム改正とその経緯に着目し、平成12年の栄養士法の改正からの主旨を踏まえ、平成14年の栄養士・管理栄養士のカリキュラム改正について、厚生労働省が開催したカリキュラム検討委員会の基本的な考え方から管理栄養士養成に求められたカリキュラム体系を解明し、養成大学のカリキュラムを分析整理することで、カリキュラムを類型化する。さらに各養成大学のカリキュラムを分析し、その特徴と養成の課題を明らかにする。結論として、栄養教諭養成に求められる資質を考察し、優れた栄養教諭を養成するカリキュラム開発のための基本原則を提案するものである。

第一章　学校給食のはじまりと学校栄養職員に求められる資質

第一節　学校給食のはじまり

(一)　戦前の学校給食

わが国の学校給食の歴史は、明治22（1889）年にはじまり、山形県鶴岡市の私立中愛小学校を発祥の起源としている。山形県教育委員会は、当時の状況を関係古老や現大督寺従持から調査し、大正4年6月、100年以上も出入りしている御用豆腐屋の妻が寺に就任した住持に中愛小学校の様子を語っており、その内容は「給食の提供は、毎日この寺に出入りしている40歳位の女二人がしており、今思うと炊事婦であったようである」[1)]という。当時、栄養士に該当するような人材はなく、炊事婦が給食を提供していたことが窺えた。

山形県では、それ以前の記録として明治6年（1873）に山形市、明治9（1876）年には余目町で、篤志家がそれぞれの学校に米や味噌、野菜等を相当量寄付したことが「学校給食の歩み」に記載されている。ただ、これらは不定期であり、祝日に御馳走を出した場合も想定され、食事を給仕した明確な記録もないので、学校給食の発祥に含めていない。そのため、中愛小学校を明治における学校給食の草創として位置付けている。山形県内の小学校の給食には、明治39年以降、約10年間、篤志家が米や味噌、金銭を寄付し、貧困者の就学奨励のために昼食を提供した記録がある。これらの状況から、中愛小学校の学校給食は[2)]、学校自体が貧困家庭の児童収容を目的としながら、社会事業的要素と就学奨励を兼ねた意味合いが強い。そして、その経緯から、わが国の給食の起源は、民間人による慈善事業的要素と社会事業として実施され、学校栄養職員や栄養士の役割をもつ人材がいないまま、貧困児童の救済として行われていた。

(二) 学校衛生技師会議と給食制度の発足

明治時代の学校給食は、経済的に恵まれない児童生徒、欠食児童が対象であったが、大正時代に入ると栄養面も合わせて考慮されるようになった。

東京府では大正6（1917）年、栄養研究所の所長佐伯矩の指導の下、パンによる学校給食が試行され、栄養バランスを考慮したパンを提供する等、本格的な試みが行われた。この指導の背景には、栄養研究所で指導を受けた岐阜県川上村出身の原徹一の存在がある[3)]。原は医師であったが、大正9年に国立栄養研究所に入り、佐伯の栄養学の考えに基づき、郷里の岐阜県川上村で県内最初の学校給食を実施した。大正10年11月から大正11年4月までの冬季限定で、約250名の全校児童を対象に副食として味噌汁を給与し、当時としては科学的な栄養価計算による献立で、村費による給食を実施した[4)]。この学校給食は貧困救済ではなく、体格の向上や父兄への栄養意識の啓発を目的に栄養改善が行われた。大正12年の学校衛生主事会議の答申「学校看護婦職務規定」の第三条「学校看護婦ハ左ノ事項ニ付学校医ノ職務ヲ補助スヘシ」の（九）に「学校給食及ヒ中食ニ対スル注意」を挙げ、行政面においても学校給食が校内活動の一つとして捉えられた。大正15年には、給食制度の発足として「現下の情勢ニ鑑ミ実施スベキ学校衛生施設ノ適当ナル方案如何」の答申[5)]に、「学校給食ノ実施ヲ促スコト」が示され、昭和二年に、第二諮問事項が具体的に提言されている。

第二諮問　＜学校給食実施ニ関シ留意スベキ事項如何答申＞

学校給食実施ニ関シ留意スベキ事項凡ソ左ノ如シ

一　学校給食実施ニ関スル適当ナル規定ヲ設クルコト

二　学校給食ハ市町村学校又ハ保護者会其他公私団体等ニ於テ之ヲ実施スルヲ適

当トス

三　学校給食ニ関スル経費ハ国費地方費及市町村費ニ依ルヲ本体トスルモ公共団体篤志家ノ寄附並家庭ノ負担ニ俟ツモ妨ゲナキコト

四　学校給食ハ一般生徒児童ニ行フヲ理想トスルモ特ニ栄養不良者虚弱者等ニ実施スルヲ必要トス

五　給食実施ニ際シ主食副食間食ノ別、食品ノ種類及量等ハ被給食者ノ体質環境土地ノ情況等ヲ考慮シ適当ニ之ヲ定ムルコト

六　食堂炊事場炊事用具食器其ノ他ノ設備ハ総テ之ヲ衛生的ナラシムルコト

七　炊夫其ノ他給食従事者ノ健康状態ニ就キ特ニ留意スルコト

八　学校給食ニ関シテハ学校医学校看護婦ヲシテ之ニ関与セシムルハ勿論教科目家庭トノ連絡ヲ図ルコト

九　学校給食並栄養ニ関スル知識ノ普及ヲ図リ且ツ之ガ実施ニ際シテハ特ニ訓育上遺憾ナキヲ期スルコト

（文部省、日本学校給食会「学校給食の発展」より改変し引用　筆者作成）

ここで注目するのは、八の項目である。この時代、学校給食は医師や看護婦（ママ）が中心的な役割を担っていたが、おそらく実態は女性教諭を中心に献立が立てられていたこと、賄い婦などと共同で学校給食が作られていたこと、指導的立場として女性教諭が係わっていたものと推察する。学校栄養職員いわゆる栄養士は、この時点でまだ存在していないが、戦前より学校栄養職員の基礎資格である栄養士の養成は行われていた。大正３年、佐伯矩博士によって、私立の栄養研究所が開設され、大正９年に内務省が設立した国立栄養研究所の初代所長に就任している。佐伯はアメリカで生化学を修め栄養状態と健康の関わりを唱え、大正13年に栄養指導の実践者養成を目的に日本で初めて私立の栄養学校を設置した。大正15年には初めて栄養士が誕生し、卒業生は各県の「栄養技手」として配置され、栄養改善活動を展開している。特に行政組織の中で栄養改善事業の推進力となっている者が殆どであった。

昭和３年10月４日、「学齢児童就学奨励規定　文部省訓令第16号」[6)]が出された。これは就学奨励策として食料・生活の一部給与を内容としたものである。さらに昭和７年９月７日に文部大臣鳩山一郎より北海道府県宛に出

された「文部省訓令第 18 号」は、当時の長引く経済不況下で学齢児童が就学困難に陥っている事態を重くみて、更に強力な就学奨励策を講じたものであった。以下がその内容である。

「学校給食臨時施設方法　文部省訓令第 18 号」昭和 7 年 9 月 7 日

「近時経済界ノ不況ノ影響ニ依ル農山漁村及ビ中小商工業者等ノ疲弊窮迫ノ結果、学齢児童中学校ニ於テ昼食ヲ欠キ或ハ甚シク粗悪ノ食事ヲ摂ルモノ著シク増加シ、為ニ児童ノ健康状態不良トナリ、惹イテ其ノ就学ノ困難ヲ招来セルモノアルハ、教育上誠ニ憂慮スベキコトナリトス。惟フニ、栄養ハ発育ノ基礎ニシテ活動ノ源泉ナレバ是等ノ児童ニ対シ、適当ナル食物ヲ給シ、栄養ノ改善ヲ図ルト共ニ、就学ノ奨励ヲ策スルハ、現下社会ノ情勢ニ鑑ミ、極メテ緊要ナル施設ト云フベシ。依テ今回是等ノ児童ニ対シ、学校給食ヲ実施シ就学ノ義務ヲ果サシメンガ為、臨時ニ国庫ヨリ、之ガ施設費ヲ支出スルコトトナリタルヲ以テ、地方長官ハ、宜シク本趣旨ヲ体シ、学校給食臨時施設方法ニ依リ、昭和三年文部省訓令第 16 号学齢児童就学奨励規程ニ依ル施設ト相俟チ、適当ニ之ヲ実施シ、以テ学齢児童就学ノ徹底ヲ期シ、併セテ保健養護ノ実績ヲ挙グルニ努メラルベシ。(略)」

（文部省、日本学校給食会「学校給食の発展」より改変し引用　筆者作成）

この就学奨励を学校給食の目的とし、国庫支出を図った国の動きを受けて、各都道府県では、10 月 1 日付で、この実施に向けた通牒が出されている。栄養改善を目的とした岐阜県においては、文部省訓令により、学齢児童の就学奨励を学校給食実施の明確な目的としていたが、一歩進んで健康保持および栄養改善を打ち出したものであった。

さらに、昭和 15 年に入り、「学校給食臨時施設方法ニ関スル規程」[7] は継続されていたが,「学校給食奨励規程　文部省訓令第 18 号」が出されている。

「学校給食奨励規定」（文部省訓令第 18 号）（昭和 15 年 4 月 30 日）

小学校児童ノ栄養ヲ改善し体位ノ向上ヲ期スルハ国民教育ノ本旨ニ鑑ミ緊急ノ要務ナリ、ヨッテ今般臨時二国庫ヨリ補助金ヲ支出シ栄養給食ノ実施ヲ奨励セン（略）小学校児童ノ栄養ヲ改善シ体位ノ向上ヲ期スル国民教育ノ本旨ニ鑑ミ緊張の要務ナリ、ヨッテ今般臨時ニ国庫ヨリ補助金ヲ支出シ栄養給食ノ実施ヲ奨励セン（略）第一、本規定ニオイテ学校給食ト称スルハ、小学校児童ノ栄養改善ヲ図

ル為、学校授業日ニオイテ給食ヲ行ウ施設ヲ謂フ

（文部省、日本学校給食会「学校給食の発展」より改変し引用　筆者作成）

この訓令は、体位向上を目指して国庫補助が行われたものであり、これは、主食と副食を内容として栄養不良者、虚弱者、偏食者を対象にしていた。ここで注目したいのは、昭和７年の訓令と昭和15年との大きな変更点であり、小学校児童の体位向上と栄養改善である。つまり、学校教育の中に学校給食を明確に位置づけたものであったと言える。

しかし、栄養に関する専門的知識を持った人材による管理までは求められておらず、給食の指導や献立作成に関しては、医師が中心となって給食が実施されており、栄養士の職務は存在しない。また、全国の学校給食に関する資料を見ても、その実施状況にそれほど大きな変化はなかったことが窺える。

以上のことから、これまで学校給食とそれを管理する専門職の役割について、学校給食のはじまりである明治時代から見てきたが、明治初期には慈善事業と就学奨励、貧困救済に始まり、民間人の手によって給食が開始されてきた。大正時代に入り、一部の県で栄養改善や体位向上を目的として位置付けられてきたが、このことは、慈善事業的な給食事業の展開を一掃し、明確に学校教育の中に位置付けるための給食指導の変遷であったといえる。昭和７年を契機に学校給食が一つの転換期を迎えたが、支那事変の進展に伴い、昭和13年に学徒動員令が公布される時代が訪れることとなった。そうなると、強兵策としての国民の育成が国家の基本となり、これに対する栄養改善として、栄養補給や体位向上が必要になる。その手段として国が学校給食を奨励したと見ることができる。そして、学校給食での栄養改善、体位向上は栄養士ではなく、医師や看護師によって行われたものであったといえる。

本来、栄養改善、体位向上は栄養士の職務であり、学校給食では学校栄養職員に該当する人材が存在することにより改善される必要がある。当時は家庭科教諭が中心となり学校給食の献立作成を実施していたことが分かる。児童の体位については医師、看護婦（ママ）と連携し、測定や栄養改善の指導が行われ

ていたが、学校教育での栄養改善は家庭科教諭がその役割を担っていたことや家庭科の授業を通して食事の指導が実施されていたことが窺えた。

さらに、昭和19年3月15日、東京都は「学校給食準備ニ関スル件通牒」[8]を出した。この中に炊事従事者についての記載があるので紹介する。

「炊事従事者は、東京料理飲食組合において、学校給食隊を組織して学校に配置されている。児童250名に対して、従業員1名の割合で編成した」[9]と記述されており、ここでも戦前の学校給食の状況を見ることができるが、管理する専門職として栄養士に該当する人材はいない。この時点でも、家庭科教諭が栄養教育、学校給食を担当していたものであり、学校給食において家庭科教諭の役割が非常に大きかったことが分かる。

次章では、栄養教諭制度創設にあたり、家庭科教育学会より厳しい反対意見が出されるが、その意図は、家庭科教諭が学校給食に果たした功績と深く関係していたものと推察する。

第二節　学校栄養職員の誕生と役割

(一)　学校栄養職員の採用と配置

敗戦した昭和20年は、特に都市部で食料難が酷く、学童の体位低下は顕著であり、栄養不良者が続出し、学校給食の必要性が叫ばれた。そして、教職員組合や父母等の粘り強い努力があり、児童の生活権や学習権を主張した運動も起こるようになった。この状況の中、昭和21年12月1日には文部・厚生・農林の三省次官通達「学校給食の普及奨励について」が出され、これによって学校給食が開始された。

この通達は、戦後の学校給食のはじまりであったといえる。そして、新しい学校給食の基本であり、大要から学校給食実施方針が初めて示されたのである。この中で学校給食施設費補助の項目に、地方庁職員の増員に要する経費があり、「学校給食施設の普及奨励と共に指導の適正を期するため都道府県に新たに専任の職員を各一人宛設置する」とされた。これは、初めて学校に栄養士が配置されることを意味する。昭和22年12月29日に栄養士法が制定された経緯から、この時期に法整備され、学校給食を管理する栄養士の免許資格について示している。そして、学校給食の教育的効果について、「学校給食の実施による教育効果が期待せられる」として、以下の10項目を挙げている。

①栄養改善による健康の保持増進と疾病の予防、②栄養の知識、③食事訓練を実施する最も好機会であること（手の消毒、食器類の清掃、咀嚼の習慣、食事の作法）、④偏食の矯正、⑤調理場の清掃整頓、⑥民主主義的思想の普及（師弟間の愛情融和を促進する）、⑦家庭における食生活の改善に寄与すること、⑧郷土食の合理化、⑨円満な社交生活の指導、⑩欠席者を少なくすること

このことから、栄養士として栄養改善に主眼を置く職務内容であり、給食を普及、管理する役割が学校栄養職員に求められていたことが分かる。昭和23年7月15日には、教育委員会法（法律第170号）が制定され、昭和24年3月7日、文部省体育局長名で各都道府県教育委員会教育長宛に学校給食実施体制の整備について通達が出されたことにより、学校給食が栄養上を配置して実施されることになった。つまり、学校給食を教育の一環として維持、運営していく職務として学校栄養職員を新たに採用するということである。

学校栄養士協議会名誉会長　田中信[10]は、当時の学校栄養職員採用について以下の回想を述べている。

私は昭和23年4月に世田谷区池上小学校に勤務した。学校給食が開設されても、その管理指導を担当する職員は学校にはいなかったのである。当時、都立乳児院に勤めていた私に再三小学校より要請があり、乳児院を辞めて助教諭の身分で学校給食に転換した。給食室はバラックで、流し台がなく、醤油の樽で野菜を洗い、食缶を洗った。食器は児童がお椀を持ってきた。食事内容は脱脂粉乳にトマトケチャップで作るトマトシチューが主であった。どれも連合軍から配られた無償物資であった。作業員はPTAが雇った婦人と失業対策事業として労働基準局から派遣された戦争未亡人であった。私の仕事は、物資の管理と調理指導、児童に食

べ物の働きを教えることであった。学級ごとにボール紙で作った栄養板と食品カードを作成し、児童に給食時にカードを栄養板に差し込んで食品の働きを学んだ。世田谷区内の学校も次々と栄養士を採用したが、身分は作業員であった。区内には相当数の栄養士が勤務するようになり、世田谷区学校栄養士会を組織した。そして、昭和26年、私は学芸大学臨時教員養成所を終了し、教員二級普通免許証を1年間かけて取得した。

以上の内容から、昭和23年4月に助教諭の身分で採用されたが、多くの栄養士は、作業員の身分で採用されたことが明らかになった。そして田中は教員免許を取得し、栄養士でありながら、学校で職務を遂行し、教諭の免許を担保として児童への食教育を行ったのである。

田中が小学校で求められた職務を整理すると、児童への食に関する指導として、①食べ物の働き、この中では、「食品の働き」が挙げられる。一方、栄養士の専門性として学校給食の管理がその職務であり、物資管理と調理指導がその内容であったことが窺える。つまり、栄養に関する知識を指導する面での教諭としての資質、そして給食を管理運営するための栄養士としての専門的資質が同時に求められ、その担保となるものが教員免許であったといえる。

この通達から、学校給食の意義を徹底させるとして、直接には学童の体位向上を図ること、間接には栄養学的知識の普及により家庭における食生活の改善を図る教育事業であること、そして教職員は勿論、父兄にも充分に徹底させる努力をすることが教育の一環として求められ実施された。しかし、昭和24年7月5日に政令第243号をもって、保健体育審議会令が制定され、学校給食に関する事項を審議する学校給食分科審議会が設けられた[11)]。その中間報告では、学校職員の中に学校栄養職員の如き専任職員を置くことが、学校給食の改善及び充実に関する意見として挙げられていた。このことから、学校に栄養士が配置されたのは、東京都を中心としたものであったと見ることができる。

文部省「学校給食の発展」によると、昭和25年2月、アメリカから寄贈された小麦による完全給食が実施された。そして、当時のユニセフ給食の実施段階では、「この給食には、PTAが熱心に活動した。今日のようにまだ学校栄養職員、調理従事職員の制度がなく、PTAは学校給食に対する奉仕班を編成し、交替で調理、配食、片づけ等の奉仕を続けた」[12]こと、全国的に学校に栄養職員の配置がなかったことが示されている。また、国民食糧及び栄養対策審議会[13]でも昭和25年4月7日付の食栄第3号で審議され、同年10月7日、食栄13号で学校給食に関する建議として、給食直接責任者の設置、学校には栄養士又はこれに準ずる者を置き、この者が直接責任者となって購入食品の品質鑑定、保管、給食時の栄養面、衛生面の考慮を行うよう態勢を整え、このために身分の確立を図ることが挙げられている。

一方、昭和26年2月23日に、文部事務次官の通達から、完全給食の実務方針が決定したが、栄養職員の配置についての規定が明確化されていなかった。東京都では昭和23年から栄養士が学校で採用され、東京都学校栄養士会を発足し、入会者が増加する中、文部省学校給食専門員が中心となり、さらに東京都を拠点として学校栄養士の配置を国で進めるよう国会に請願する運動を開始した[14]。しかし、ガリオア資金が6月30日をもって打ち切られたことにより[15]、完全給食を継続するための財源を日本政府が負担することになった。その上、昭和27年に学校給食に対する国庫負担が大幅に削減されたことで、保護者の負担も増え、学校給食存続の危機となった。さらに、文部次官通達「学校給食実施方針」が出され、学校給食は教育計画の一環として実施するもので、特に児童の合理的な生活学習を実践する場とすることに努め、あわせて家庭への普及および地域社会における食生活の改善に資するといった目標が示され、昭和29年6月3日に学校給食法が公布されている。昭和27年、学校給食法の成立は、無償の学校給食が打ち切りとなり、有償となった。そのため大蔵省は、昼食は親の養育の範囲であると見解を示し[16]、学校給食は教育であることを多くの栄養士関係者やPTA、多くの団体が社会に広く知らせることで、昭和29年5月30日、学校給食法が成立したのであった。

これまでの経緯から、栄養教諭の前身である学校栄養職員は、学校給食が教育の一環として法的に位置付けられたことにより、自らの職務が確実に保障されたことになった。しかし、栄養職員は学校給食を普及管理するための職員であり、栄養教育を普及する目的に採用されたものではなかった。その理由として、埼玉県教育委員会「学校栄養職員必携」から、学校栄養職員の資格が問題として絡んでいることが窺える。学校栄養職員は、学校給食法第5条の3に、義務教育諸学校、又は共同調理場において学校給食に関する専門的事項をつかさどる職員であること、そして栄養士法第2条第1項の規定による栄養士の免許を有する者で学校給食の実務に必要な「知識」又は「経験」を有するものでなければならないと規定されている。

ここでいう「知識又は経験」とは、学校栄養職員が職務遂行のために必要とされているものであり、教育の一環として実施される面、その他学校給食の実施運営上必要な管理面に関する「知識・経験」を含むものである。

この場合の「知識」とは、履修した学歴のいかんによるものではなく、栄養士法[17]（昭和22年法律第245号）、第2条第1項の規定による栄養士の免許を受ける資格を有するもので、学校栄養職員の職務を遂行するために必要な知識があれば足りるというものだった。また、「経験」とは、必ずしも義務教育諸学校又は共同調理場において学校栄養職員の職務を行った一定年数の経験に限らず、市町村の教育委員会事務局などにおいて学校給食の栄養に関する職務に一定の経験があれば足りるとされていた。

学校栄養職員設置の根拠となる学校教育法がある一方、当時の栄養改善法[18]第9条の2には、集団給食施設に栄養士を置くように努めなければならない旨の規定がある。国の栄養士施設等の指標となる栄養改善法の規定から、「特定多人数に対して、継続的に1回100食以上又は1日250食以上の食事を提供する施設（集団給食施設）の設置者は、栄養の指導を行わせるため、当該集団給食施設に栄養士を置くように努めなければならない」（栄養改善法第9条の2第1項）とされ、さらに、「1回300食以上又は1日750食以上の食事を提供する集団給食施設の設置者は、当該施設に置かれる栄養士のうち少なくとも1人は管理栄養士であるよう努めなければならない」[19]（栄養改善法第9条第2項）とあり、栄養士、管理栄養士の配置は努力義務規定であることから、必置ではなかったのである。この規定により、学校栄養職員は学校給食において、栄養士免許の資格が優先の採用であったことで身分を専門職として位置付け、職務内容も給食管理に係わる専門性が求められたのであった。すなわち、学校の栄養士は、戦後の学校給食と共に開拓された新しい分野の職種であり、学校現場には一人しかいない専門職員だが、一定の学校給食費の範囲内で食事内容の充実を図り、児童生徒に豊かで魅力的な学校給食を提供するための栄養管理、衛生管理、物資管理、調理員への調理指導等、栄養に関する専門的知識をもって職務を担当する職員であったといえる。そのため、教育的資質は求められていなかったのである。

（二）　身分保障との闘い

昭和29年5月30日、衆参両院における学校給食に関する附帯決議で、参議院は学校給食を担当する栄養管理職員及び調理に従事する職員の必要数の給与費について国家補助の途を開くこととなっていた。学校給食の主な事項は、学校給食法第2条であり、4つの目標を明示している。その内容は、①日常生活における食事について正しい理解と望ましい習慣を養うこと、②学校生活を豊かにし、明るい社交性を養うこと、③食生活の合理化、栄養の改善及び健康の増進を図る、④食糧の生産、配分及び消費について正しい理解に導くこと、である。

経費の負担区分を設置者が負担する経費と保護者が負担する経費として明示しており、国の補助は、国公私立の小学校の設置者に対して給食開設に必要な施設設備費とし、給食用に小麦を安価で売却することであった。つまり、学校給食法の中に、学校栄養士の名称や役割は一切なく、採用される栄養士は依然として作業員もしくは、その他の単純労働者であった[20]。そのため、昭和31年、義務教育諸学校、共同調理場において学校給食の栄養に関する専門的事項をつかさどる職員は、栄養士法（昭和22年法律第245号）第2条第1項[21]の規定による栄養士の免許を有する者で学校給食の実施に必要な知識又は経験がなければならないとしている。

身分の確立を実現するため、東京都栄養士会だけでなく全国の学校栄養士が一致協力して、昭和36年12月1日に全国学校栄養士協議会を設立し、身分保障に関して、目標は一校一名の栄養士、身分は栄養教諭としての運動を展開した。その結果、昭和38年3月25日、第43回国会、参議院予算委員会第4分科会において、学校栄養職員配置の必要性を訴え、昭和39年度予算で学校栄養職員設置費補助が初めて実現している[22]。主な内容は、共同調理場201人、医療職（2）4等級1号相当の2分の1補助であった。その後、昭和41年度予算で単独校学校栄養職員設置費補助により、単独校150名、共同調理場647名、昭和42年度は単独校330名共同調理場847名、以後昭和47年まで補助が行われ、単独校1,650名、共同調理場1,757名、米飯校31名の学校栄養職員の設置費補助が続けられた。

そして昭和48年には、給食センターの栄養士を含めた栄養教諭の実現に向けて、学校栄養士制度確立の陳情を開始した。学校栄養士の適正な設置促進と栄養士の身分安定向上を図るため、従来の学校栄養職員設置補助金を義務教育費国庫負担金及び公立養護学校教育費国庫負担金で実施する運動を求め、展開したのである。

その理由として、学校栄養士は市町村が設置を促進する趣旨で学校栄養職員設置費補助金を計上しているため、その配置は市町村によって異なる。学校栄養士の給与、身分等も一般職員に比較し不安定であること、一般教員と同様に公立義務教育諸学校の教職員定数法第四次5カ年計画に学校栄養士は学校給食の要であるとして、配置と処遇・身分取扱いの適正化を図るため、一般教職員と同様に学校栄養士をこの計画に盛り込み、市町村立学校栄養職員給与負担法、義務教育費国庫負担法の対象職員とするため、従来の学校栄養職員設置補助金を義務教育費国庫負担金に組みかえると共に、新たに公立養護学校教育費国庫負担金として要求すること[23)]を陳情した。要するに、義務教育水準の維持向上のために必要な職員として、制度上明確に位置付け、地位の確立を目指したのである。そして、市町村が給与費等を負担して学校栄養職員を置く不均衡を避けて、全国的に同一水準の下で適正配置を促進すること、さらに一般的な給与水準の向上を求めること等、このことをきっかけとして学校栄養職員の配置を進め、食事内容の改善向上を図り、児童生徒に魅力的な学校給食の必要性を求めたのである。ひいては、学校栄養職員を県費負担教職員制度に位置付け、校長や教諭、事務職員等と同様の取り扱いを目指したことが大きな要因であったといえる。

昭和49年には、学校栄養士の名称で国法に記載されたことにより、義務教育水準の維持向上のため、必要な職員として明確に位置付けられた。そして、この年初めて「学校栄養職員」は、教育現場に必要な職員として認められることとなった。

しかし、全国学校栄養士協議会名誉会長　田中信は、教育課程の中に給食を正しく位置付けることの必要性を主張し、さらに栄養教諭制度創設を目指したのである。

田中信の発言

学校給食を教育課程の中に正しく位置付けるには、学校給食が充実されているという実証が必要であり、栄養士が教職員として定数標準法に組み込まれている必要がある。教育課程の中に正しく位置付けられれば、誰が指導するかということになる。その際、教師の片手間でよいかという問題があり、その専門となる教師が必要になってくる。それが栄養教諭である。すなわち、給食管理と栄養教育の両方をひっさげて登場することになる。[24)]

このようにして運動が展開され、平成17年に栄養教諭制度創設が実現した。学校栄養職員達は、教育現場で食に関する指導を担った専門職としての身分保障を勝ち取るため、栄養教諭設置を目指したと見ることができる。つまり、教育現場で食教育を行うには、資質の担保である栄養士免許だけでは教壇には立てず、学校教育の中に位置付くには、教諭としての免許状を持って他の教諭と連携し指導出来なければ、いつまでたっても安定した身分で職務を遂行することが難しいという見解である。

第三節　学校栄養職員の職務内容

（一）　昭和61年文部省保健体育審議会答申

学校栄養職員の職務内容は、学校給食法において、学校給食の栄養に関する専門的事項をつかさどるとされていたことで、昭和49年に学校栄養職員の職務内容準則（案）が表1-1として示された。

これによると、学校栄養職員の職務内容は、学校給食法第5条の3「学校給食の栄養に関する専門的事項」について担当処理することになっている。

しかし、明確な形を示さないまま、昭和61年まで至っている。今後、学校給食の充実した発展を図っていくために、学校栄養職員の職務内容をより明確にし、その職務の適正円滑な執行を期する必要があるとの見地から、昭和60年10月、保健体育審議会に、「学校栄養職員の職務内容について」の諮問を行い、答申を受けた[25)]。その結果、以下の7項目が学校栄養職員の職務内容となった。この答申により昭和49年の案を端的にまとめ、また学校栄養職員の専門性を発揮することが求められることになった。そして、その専門性に関する原型を形作ったものが表1-2であった。

（二）　健康教育を担う学校栄養職員の役割

平成9年9月22日、保健体育審議会より「生涯にわたる心身の健康の保

【表 1-1】文部省案に見られる学校栄養職員の職務内容

学校給食実施計画への参画
①学校給食の管理運営の円滑を期するため、学校給食実務計画、学校給食指導計画等の策定に参画し、学校給食に関する校内組織を主宰又は参画すること。
栄養管理
②以下の管理を統括して行うこと。 ・学校給食における所要栄養量を定め適正な食品構成表を作成すること。 ・学校給食の献立を作成すること。 ・学校給食に使用する食品の選定にあたること。 ・学校給食における調理、配食等に関して、栄養管理上の指導を行うこと。 ・その他の学校給食の栄養管理に関する事項を処理すること。
栄養指導
③児童生徒及び児童生徒の保護者等に対して正しい栄養と合理的な食生活について理解を深めさせるための活動を行うとともにこれらの栄養相談に応ずること。
衛生管理
④学校給食の衛生に関し、食品の取り扱い、食品調理の保管及び施設設備、食器類等の適正を期するため、必要な指導助言を行い、関係職員等の健康観察を行い、必要に応じて指導すること。
物資
⑤学校給食用物資購入及び検収に参画し、栄養、児童生徒の嗜好、経済性、地域的実情等を考慮してその合理的購入方法について助言すること。
食品の保存
⑥食品の貯蔵又は保管に関して、味覚、栄養及び衛生の観点から必要な意見を述べ、改善に努めること。
施設設備の維持改善
⑦食品内容の充実、衛生管理の徹底、作業能率の向上、労働安全の確保等の観点から給食室設備の改善充実及び設備の適正配置について助言すること。
給食の実施等
⑧学校給食の安全と食事内容の向上を期するため、検食の実施及び検査用保存食の管理にあたること。
各種調査研究
⑨学校給食の食事内容の改善充実に資するため、児童生徒の食事摂取状況、嗜好、残食等に関して調査研究し、児童生徒の家庭における食生活の実態を把握すること。
その他
⑩その他の学校給食の栄養に関する専門的事項の処理にあたり、これに関連する事項について必要に応じて指導・助言し、また協力すること。

（「学校栄養職員の職務内容の準則」（文部省案）より筆者作成）

【表 1-2】学校栄養職員の職務内容

学校給食に関する基本計画への参画
①学校給食に関する基本計画への参画。 ②学校給食の実施に関する組織に参画すること。
栄養管理
③学校給食における所要栄養量、食品構成表及び献立を作成すること。 ④学校給食の調理、配食及び施設設備等に関し、指導、助言を行うこと。
学校給食指導
⑤望ましい食生活に関し、専門的立場から担任教諭等を補佐して、児童生徒に対して集団又は個別の指導を行うこと。 ⑥学校給食を通して、家庭及び地域との連携を推進するための各種事業の策定および実施に参画すること。
衛生管理
⑦調理従事員の衛生、施設設備の衛生及び食品衛生の適正を期するため、日常の点検及び指導、助言を行う。
検食等
⑧学校給食の安全と食事内容の向上を期するため、検食の実施及び検査用保存食の管理を行う。
物資管理
⑨学校給食用物資の選定、購入、検収及び保管に参画すること。
調査研究等
⑩学校給食の食事内容および児童生徒の食生活の改善に資するため、必要な調査研究を行う。 ⑪その他学校給食の栄養に関する専門事項の処理に当たり、指導、助言又は協力すること。

（「学校栄養職員の職務内容（昭和 61 年 3 月 13 日答申）」より筆者作成）

持増進のための今後の健康に関する教育及びスポーツの振興の在り方について」の答申が出されたことで、学校栄養職員に新たな役割が求められ、同時に社会的にも学校栄養職員に対する関心が大いに高まった。しかし、食に起因する新たな健康問題の課題や学校で食に関する指導が求められていることが浮き彫りになり、その打開策として、学校給食を食の重要性や食に関する指導の「生きた教材」として活用すること、教育活動全体を通し、学校栄養職員が食の専門家として積極的に参画し、関連教科と連携しTeamを組んで健康教育の一環として取り組むこと、学校栄養職員の資質向上策として新たな免許制度の導入を含めた栄養教諭の検討が示された。特に、①児童生徒の成長発達の理解、②教育の意義や課題の理解を検討する必要性が指摘され、この答申により学校栄養職員から栄養教諭への制度が検討されることになった。

時を同じくして厚生省では、昭和63年から取り組んできた国民健康づくり対策が10年目を迎え、第三次国民健康づくり対策を今後どのように進めるかについての検討時期であった[26)]。そして、生活習慣病の新たな対策が導入され、健康的な生活習慣を確立することにより疾病の発症そのものを予防する「一次予防」の考え方が重視されるようになった。要するに、平成9年は、食を通じた健康づくりが重要であるという観点から、国民の健康や生活の質を向上させる今後の栄養政策の在り方を見直すことが、答申の大きな柱になっていたと窺える。これらの状況から、健康栄養教育に係わる人材である栄養士・管理栄養士に求められるニーズが多様化し、学校においては健康栄養教育の担い手である学校栄養職員に対して、新たな役割が求められることとなったのである。平成10(1998)年6月12日、文部省体育局長より「食に関する指導の充実について（通知）」[27)]が出され、その中に、学校では教師と学校栄養職員が工夫して食に関する指導を行い、栄養だけでなく、食を通じて望ましく好ましい人間関係の育成、社会性や強調性を育てるなど、学校栄養職員の積極的な参画・協力を得た指導が示され、これが特別非常勤講師制度に結び付いた。この制度は、「教員免許を持っていなくても、任命権者から免許の授与権に対して届け出を行う」[28)]として、教科の領域の一部又はクラブ活動を担任することができる。健康教育の分野で学校栄養職員、学校医、学校薬剤師といった教育関係者や保健所職員等が当てはまり、これによって健康教育の一層の推進を図ることが期待されたのである。以下の内容は、学校栄養職員の指導内容を示したものである。

「食」に関する指導の充実について（通知）平成10年6月12日文体第55号

1、「食」に関する指導に当たっては、学校の教育活動全体を通して行う健康教育の一環として、児童生徒に「食」に関する知識を教えるだけではなく、知識を望ましい食習慣の形成に結び付けられるような実践的な態度を育成するよう努めること。

2、教科、道徳及び特別活動を通じ、「食」に関連した指導を要する局面においては、発達段階に応じた指導に取り組むよう努めること。その際、各学校の自主的判断により、「食」に関する専門家である学校栄養職員の積極的な参画・協力を得て、学校栄養職員と担当教諭がティームを組んで教科指導や給食指導を行うなど、いわゆる特別非常勤講師として学校栄養職員が創意工夫を加えた効果的な「食」に関する指導を行うことが重要であること。

なお、「食」に関する指導について特別非常勤講師の対象となる教科の領域の一部としては、小学校の教科「家庭」の「食物」、教科「体育」の保健領域における「健康な生活」、中学校の教科「保健体育」の保健分野における「健康と生活」、教科「技術・家庭」の「食物」等が考えられること。

3、特に給食指導においては、栄養バランスの良い食事の摂取の重要性は基より、望ましい食習慣の形成、食事を通しての好ましい人間関係の形成や集団生活に基づく社会性・協調性の涵養等に留意して適切を期すること。

4、なお、去る4月28日に改訂された教育改革プログラムにも示されているように、文部省では、特別非常勤講師として学校栄養職員が「食」に関する指導を行う等、校内外の専門家を活用した健康教育の在り方について実践的かつ総合的な調査研究を平成10年度より3年計画で実施しているところであり、これにも留意されたいこと。

5、平成10年6月10日に教育職員免許法の一部を改正する法律が公布されたことにより、特別非常勤講師制度については、平成10年7月1日以降、小学校における対象が全教科に拡大されると共に、授与権者（都道府県教育委員会）による「許可制」が「届出制」に改められるが、同法の施行については別途通知される予定であるので、制度の運用に当たっては、この通知に十分留意すること。

（三）「食に関する指導体制の整備」と学校栄養職員の役割

平成12年3月、食生活の重要性から文部科学省・厚生労働省・農林水産省の三省合同による「食生活の指針」が定められ、これを推進することが閣議決定された。このことにより学校での食に関する指導の目標が示されることとなった。

平成14年、文部科学省では全国の小学校5年生・中学校1年生に食生活教材を配布し、この活用は学校栄養職員が中心となって行うことになった。同年9月30日の答申「子どもの体力向上のための総合的な方策について」[29]の中で、「食に関する指導体制の整備」を行うことの必要性を示し、学校栄養職員に求められた具体的役割が以下の内容である。

食に関する指導の充実

近年、食生活を取り巻く社会環境などが大きく変化し、人々の食行動の多様化が進む中で、偏った栄養摂取、肥満傾向の増加、生活習慣病の若年化などの食に関する健康問題が引き起こされているが、食生活は人間が生きる上で基本であり、望ましい食習慣や栄養バランスのとれた食生活を形成する観点から、学校における食に関する指導は極めて重要である。

食に関する指導に当たっては、小学校低学年から学校の指導計画に明確に位置付け、食に関する知識を教えるだけでなく、知識を望ましい食習慣の形成に結び付けられるような実践的な態度の育成が必要である。その際、学校給食を食に関する指導の「生きた教材」として活用し、栄養バランスのとれた食事内容等について、体験を通して学ばせることも重要である。また、教諭・養護教諭はもちろんのこと、食に関する専門家である学校栄養職員の積極的な参画・協力が重要である。例えば、教科、特別活動、総合的な学習の時間等における担当教諭とのティーム・ティーチングや、特別非常勤講師に発令しての指導のほか、児童生徒に対する個別的な相談指導等において、学校栄養職員の専門性の発揮が期待される。

なお、学校栄養職員については、食に関する専門家としての知識は基より、児童生徒の成長発達やこの時期の心理の特性等について正しい理解の上で、教育的配慮を持った食に関する指導を行うことが求められている。このような状況を踏まえ、これまでの研修等の事業の改善充実を図ると共に、教育活動を担うにふさわしい指導力を持った学校栄養職員の養成を図ることのできる制度を創設し、このような制度の担保に裏付けられた学校栄養職員を各地域や学校の実状に応じて教育活動に効果的に活用していくことが求められる。このため、いわゆる「栄養教諭（仮称）」制度等、学校栄養職員に係わる新たな制度の創設を検討し、学校栄養職員が栄養及び教育の専門家として、児童生徒に対し、食に関する教育指導を担う体制の整備を行うことが必要である。 一方、国においては、小・中学生を対象とした食生活に関する学習教材や指導者用解説書を作成・配布しており、学校での積極的な活用が期待される。また、この学習教材の充実を図ることも重要である。

さらに、学校における指導のみならず、家庭や地域社会との連携により、食に関する指導の充実を図ることが重要である。具体的には、食生活に関する授業等を保護者と児童生徒が一緒に受けたり、学校栄養職員が「食生活連絡ノート（仮称）」やインターネット等により保護者からの食に関する相談に応じたり、親子料理教室や地域或いはPTA主催の行事に参画するといった取組みが考えられる。

（抜粋、下線筆者）

この答申以降から、多くの学校栄養職員が特別非常勤講師又は非常勤講師として担任とTeam Teaching（TT）を組んで授業が行われるようになった。

近年の児童の食生活の乱れや偏食傾向、生活リズムの問題による朝食欠食率の増加、肥満の増加、ダイエット志向により痩せの増加等が子どもの健康状態に悪影響を及ぼしていることから、中央教育審議会は、子どもの頃からの食習慣の確立が社会的課題であることを提言した。このため学校においては、栄養と教育の専門家として、食に関する教育及びこれを指導する教員が必要であることから、平成16年1月20日、中央教育審議会より文部科学大臣へ答申が出された。この答申が「食に関する指導体制の整備について」[30]である。答申では、栄養教諭の資質の確保として、栄養教諭の免許状の種類及び養成の在り方（免許状の種類、免許状取得のための基礎資格、栄養に関する専門性の養成、教職に関する科目の内容と単位数、養成課程、）栄養教諭の上位の免許状取得のための方策、学校栄養職員に対する措置（教員免許を有しない学校栄養職員に対する措置、他の教員免許状を有する学校栄養職員に対する措置）、その他、栄養教諭としての資質能力は、養成、採用、研修の各段階を通じて形成されていくべきであるとの提言があり、栄養教諭制度は、第159回国会「学校教育法等の一部を改正する法律」が全会一致で可決・成立し、平成16年5月21日に公布され、平成17年4月1日より創設されたのである。

これまで見てきたように、昭和49年以降、身分保障がなされた学校栄養職員は、昭和61年の答申により、その職務内容が学校給食の管理として明確になった。さらに、平成9年の保健体育審議会答申に加え、国の健康栄養政策の転換があったことで健康的な食生活習慣の確立が求められ、「一次予防」に重点を置いた栄養政策が打ち出されたこと、これに係わる人材として学校栄養職員にも新たな役割が求められ、食に関する指導を実践するための教育的側面が加えられたのである。

その大きな要因として、生活習慣病の若年化傾向や児童生徒の食に関する課題が浮上し、学校で食生活改善の指導が必要となったことが考えられる。これらの状況が重なったことで、子どもの時期から食生活改善の知識を指導し、自己管理能力を身に付けることで「自分の健康は自分で守る」ことの必要性が義務教育の中で迫られたのである。その役割をこれまで学校給食を管理運営し、食に関する指導の経験を積んできた学校栄養職員が担当し、学校給食を通してその専門性を発揮することが社会への要請として高まっており、同時にその指導にあたる必要性が求められたことになる。その職務内容を表1-3にまとめた。

【表1-3】健康教育の役割が学校栄養職員に求められた内容

①専門性の資質：成長や発達に関する健康教育の役割、個別的な相談指導の役割
②教育的資質；（指導力を持った学校栄養職員の育成） 家庭科、保健分野などの教科、道徳、特別活動など連携指導する役割 教科の領域の一部又はクラブ活動を担任する 家庭地域との連携力（親子料理教室、PTAの行事の取り組み） 児童保護者の食生活に関する授業
③学校給食の管理（従来からの職務）

（筆者作成）

第四節　学校栄養職員に求められる資質

これまで検討してきたが、学校栄養職員の職務内容から求められる資質は、三つの段階を経て変化している。まず、第一段階は、学校給食のはじまりの時点で求められた資質は、教師としての資質と栄養士としての資質であった。次に、第二段階では、昭和61年の答申により給食を管理する能力が求められ、第三段階では、健康教育を担う役割が加わったことで、教科や担任との連携、食に関する専門家として学校教育活動への積極的参加、さらに学校給食を教材として児童生徒への健康教育を推進する役割から教育的資質が大きく求められるようになったのである。答申が出された段階を追ってその職務内容を検討し、学校栄養職員に求められる資質について分析する。

第一段階では、昭和23年、当時の田中信の回想に基づき、指導した「食べ物の働き」つまり、「食品の働き」について、児童への食教育では、どのようなことを指導する能力として求められたのかについて検討する。実際には、給食時間を活用し指導していたことが読み取れるが、文部科学省「食に関する指導の手引」[31]を参考に検討すると、

第一に、食に関する指導の進め方として、食品は体内での主な働きを中心に「主に体をつくるもとになる」「主にエネルギーのもとになる」「主に体の調子を整えるもとになる」として、三つに分けられるようになることが必要である。さらに、体内での働きによって、食品を分類できるようにするため、日常の食事内容や学校給食の献立を教材として活用することを実施したものと想定できる。そして、田中は調理カードを使用することで、三つの食品群の分類が出来るように指導しており、現在の小学校でも食品の分類を三つに分けることになっている。当時と全く同じということになる。つまり、ここでは、授業実践するための能力が求められたことになる。

第二に、摂取する食品に偏りがあると体内での働きにも偏りが生じやすい

ことから、体内での働きを基にして、食品の組み合わせを具体的に考える力を付ける学習を展開している。それによって、食品カードを使用し、食品を多く組み合わせて摂ることを必要とした指導であったことが分かる。

第三に、日常の食事に使用されている食品をグループ分けする活動を通じて、毎日多くの食品を食べる必要があることを実感できるように指導したものである。田中が食品カードを教材として活用した場合、これらの働きを児童に対して指導できることから、現在の栄養教諭に対する指導内容とほぼ同様であったことが窺える。

以上の授業内容を分析した結果、当時の状況から、これだけの食教育を指導するためには多くの工夫があったと考えられる。まず、食教育を指導するための能力として、①企画力、②提案力、③実行力、④応用力が挙げられる。次に必要な能力として、①教材研究開発能力、②指導力、③食と体の関係を理解することで健康になるための情報を提供する能力、④栄養に係わる専門の働きについてプレゼンテーションする能力、⑤児童にとって新しい情報を発信する能力、⑥食と児童の健康状態を把握し活用する能力、⑦コミュニケーション能力、が田中の授業内容を通し、必要な能力として挙げられる。

一方、学校給食の管理として、田中が担当した職務は、物資の管理と調理指導であった。これらは、現在の栄養教諭の職務である「調理及び配食に関する指導」に該当する。そこで求められる専門職としての能力は、①物資を選定する能力、②食品購入に関する事務処理能力、③在庫確認、整理、月別管理能力、④食材使用量の記録とこれを管理する能力、⑤栄養士としての諸帳簿を作成し記入する能力、⑥給食施設・設備の維持管理能力である。この職務内容は、栄養士としての専門性が必要とされており、学校給食全般を管理するための科目、または給食管理として「給食計画論」が該当する。

これらの状況から、当時の学校栄養士は、食教育（栄養に関する知識を指導すること）と給食を管理する能力を職務を通して位置付けることができる。つまり、昭和23年当時から、教諭としての資質と栄養士としての資質の二つを併せ持つことが求められていたといえる。

第二段階では、昭和 49 年と昭和 61 年に学校栄養職員として身分保障を得たことによる職務上の資質について、表 1-4、表 1-5 で比較検討した。まず、昭和 49 年は、学校給食管理の案として示されており、その管理能力が求められていることが分かる。しかし、昭和 61 年に求められた職務内容では、昭和 49 年の内容を整理した形で給食管理能力が求められた。給食管理能力を養う科目は、給食計画論や給食経営管理論が主体となる。さらに、衛生管理に関する科目として食品の取り扱いが主になるため、食品衛生学、食中毒防止のための内容や法規関係、微生物の繁殖形態や菌の性質、特徴、潜伏期間等を理解することが必要となる。栄養指導に関する職務として、昭和 49 年は、栄養相談能力が求められたが、栄養相談も栄養指導も内容は同じである。相談という言葉を使用するのは、指導という強い表現よりも強制力を伴わない意味合いをもつので、学校や保健所等の公共機関では、栄養相談もしくは栄養相談指導という柔い表現を用いていたことが特徴である。しかし、昭和 61 年は、集団・個別の栄養指導に変わっており、ライフステージ別の指導や臨床検査のデータ活用とそれを読み取る能力、カウンセリング能力、アセスメント能力等、児童生徒の食生活の実態把握を評価判定することが必要になる。児童の情報把握は担任から得ることを考慮すると、担任や保護者との連携から学校・家庭・地域とのかかわりが求められる。

さらに、施設管理の項目が削除され衛生管理と検食の中に区分して分けられたことが特徴である。特に注目するのは、昭和 61 年に献立作成が加えられた点である。栄養教諭の給食管理能力の基本は献立作成能力であるが、昭和 49 年の段階では明確には示されていなかった。しかし、昭和 61 年頃から給食管理の基本である献立作成能力が強調されたこと、当時の課題としては給食の質の向上が求められた。昭和 61 年に示された職務内容はこれ以後、学校給食管理の基本となっていることから、土台となる職務内容が示されたといえる。

【表 1-4】昭和 49 年当時に学校栄養職員に求められた資質

職務内容	求められる資質	資質形成に必要な科目
給食管理	学校給食実施計画の参画、学校給食実務計画作成能力、校内組織活動能力	学校栄養教育論
栄養管理	所要栄養量を求める能力、食品構成を決定する能力、食品選定する能力、調理指導力、配食指導力、栄養管理の事務処理能力	給食計画論、給食経営管理論、基礎調理実習、集団給食実習、食文化論、調理科学、応用調理実習、衛生関係法規
栄養指導	児童生徒と保護者への食教育の指導力、栄養相談能力	栄養教育論、臨床栄養学、応用栄養学、臨床検査、栄養カウンセリング論、学校保健、小児栄養学、臨床発達心理学、児童学
衛生管理	食品の取り扱い能力、食品調理の保管など衛生管理能力	食品学、食品衛生学、食品加工学
物資購入	食品の選定能力	食品学、調理科学、食品衛生学、食糧経済学、給食計画論、給食経営管理論
食品保存	調理保存能力、調理能力、味覚判断力	微生物学、調理科学、食品加工学、食品学、衛生法規関係、
施設設備	衛生管理能力、作業管理能力、労働安全衛生に関する能力	給食計画論、給食経営管理論、公衆衛生学、食品衛生学、衛生関係法規
給食実務	検食評価、検査用保存食の管理能力	給食計画論、給食経営管理論、調理科学、基礎調理実習、応用調理実習、給食経営管理実習
調査研究	児童生徒の食事摂取状況把握能力、アセスメント能力、栄養指導力	統計学、臨床栄養学、応用栄養学、ライフステージ別栄養学、栄養教育論

（筆者作成）

以上の内容から､昭和 61 年の段階では､学校栄養職員にとって「給食管理」という専門性の高い分野での資質が強く求められ、職務として明確に位置付けられたことになる。

第三段階は、健康教育の時代に入り、国の健康栄養政により、栄養士・管理栄養士に求められた役割が多様化したことで、学校栄養職員のニーズは学

【表 1-5】昭和 61 年当時に学校栄養職員に求められた資質

職務内容	求められる資質	資質形成に必要な科目
学校給食の参画	学校給食実務計画作成能力、校内組織活動能力	学校栄養教育論
栄養管理	所要栄養量について運営管理する能力、食品構成作成能力、献立作成能力、企画力 食品選定する能力 調理指導力、配食指導力、栄養管理の事務処理能力	給食計画論、給食経営管理論、調理科学、基礎調理学実習、応用調理学実習、給食経営管理実習、食文化論、衛生法規関係
学校給食指導	担任との連携調整能力 児童生徒への集団・個別栄養指導能力、家庭・地域の連携調整能力	ライフステージ別栄養学、臨床栄養学、臨床検査、栄養教育論、栄養カウンセリング論、学校保健、小児栄養学、臨床発達心理学、児童学
衛生管理	食品衛生管理能力 調理員への指導能力 施設設備の管理能力	食品学、食品衛生学、食品加工学、微生物学、給食計画論、給食経営管理論、衛生関係法規
検食等	食品選択力 安全衛生管理能力 給食管理能力	食品学、調理科学、食品衛生学、食糧経済学、給食計画論、給食経営管理論
物資管理	物資の選定能力、食品選択能力、保管点検能力	微生物学、調理科学、食品加工学、給食計画論、給食経営管理論
調査研究	児童生徒の食事摂取状況把握調査能力、アセスメント能力、栄養指導力	公衆衛生学、統計学、臨床栄養学、応用栄養学、ライフステージ別栄養学、栄養教育論

（筆者作成）

校給食管理だけでなく、健康栄養育を担う教員としての役割が加わった。そして教科との連携やクラブ活動の指導、さらに学校医、学校薬剤師等と一緒に健康教育の推進を担う一員となった。教科や担任と Team Teaching（TT）を組み、食に関する指導の専門家として積極的に教育活動に参画し、本務校の他に非常勤講師制度を利用した食に関する指導が教師の資質として求められた。

平成 14 年の答申には、健康教育としての役割が職務の基本として示されている。昭和61年との違いは、学校給食を「生きた教材」として活用し、食に関する指導を行うことである。教員や家庭・地域との連携をより一層強化し、展開できるよう指導の重要性が挙げられている。その要因として、児童生徒の食に関する健康問題が浮上するが、学校給食を指標に食の重要性と自己管理能力を身に付けさせることが目的であった。健康教育の推進役として学校栄養職員の職務内容を整理し、求められる資質とその資質形成に必要な科目を検討し、まとめたものが表1-6である。学校栄養職員が健康教育を推進するには三つの役割を担う。食に関する指導の役割、個別的栄養相談指導の役割、そして学校給食を教材化する役割である。

昭和61年までの職務は、学校給食の管理と個別指導が中心であり、栄養士としての資質があれば職務内容をこなすことができる。しかし、表1-6で見るように、健康教育が専門性の中心に位置付けられ、学校給食が教材化したことで、全てが教育的側面を有する職務に変わっていったことが分かる。注目すべき点は、食に関する指導が加わったことで、これを学校計画に組み入れ計画的に実施すること、知識を習慣化する指導を行うこと、発達段階を考慮した指導を行うこと、体験学習を中心に活動すること、総合的な学習の時間、特別活動、教科との連携指導が役割として求められた。これらは、栄養士の専門性だけで指導することが困難であり、そのための教育的資質が必要となったのである。

特に教職に必要な科目を学んでいなければ、教科との連携や特別活動の役割が十分果たせないものと推察できる。個別的相談指導では、養護教諭との連携、食生活リズムに関する指導や食生活調査、そして個別指導が加わったが、児童生徒の実態把握が中心となるため、アセスメントが重要となり、臨床的な知識とカウンセリング能力、臨床データの把握等により高度な栄養指導の方法が求められたことになる。学校給食を教材化する役割は、生活習慣病や偏食の改善等、専門性を生かした学校給食を活用することであり、これまで以上に食の重要性を指導すること、学校給食管理の職務を疎かにしない

【表 1-6】学校栄養職員に求められた健康教育の職務内容

食に関する指導の役割	個別的栄養相談指導の役割	学校給食を教材化する役割
学校計画に組み入れ計画的に実施 ・知識を習慣化する指導 ・発達段階を考慮した指導 ・体験学習の展開を中心に活動する総合的な学習の時間、特別活動、教科との連携指導	・専門性の発揮による指導 ・養護教諭との連携 ・生活リズムや食生活調査の実施、個別指導	・偏食の改善 ・若年化により生活習慣病の改善 ・望ましい食生活の指導
求められる能力	求められる能力	求められる能力
企画・実行力、提案力、研究・分析能力、情報発信能力、連携・調整能力、教材開発能力、判断力、応用力、プレゼンテーション能力 コミュニケーション能力	カウンセリング能力、連携・調整能力、企画・実行力、提案力、研究・分析能力、情報発信能力、連携・調整能力、判断力、応用力、教材開発能力、プレゼンテーション能力、コミュニケーション能力	献立立案能力、指導力 学校給食を授業展開する能力、給食管理能力、使命感、企画力、提案力、実行力、マネジメント能力、コミュニケーション能力、教材研究開発能力
資質形成に必要な科目	資質形成に必要な科目	資質形成に必要な科目
学校臨床学、臨床発達心理学、保育臨床学、児童学 学校栄養教育論 食生活論、栄養教育論 栄養教育論実習 他：教職に必要な科目 「家庭・保健」等の教員免許状の複数取得が望ましい。	臨床栄養学、食事摂取基準論、解剖学、病理学、臨床栄養学実習、ライフステージ別栄養学実習、臨床検査、栄養カウンセリング論、小児栄養学、臨床発達心理学、児童学、学校臨床学、基礎調理学実習、応用調理学実習	学校栄養教育論、栄養教育論、栄養教育論実習、臨床栄養学、給食計画論、給食経営管理論、給食経営管理実習、基礎調理学実習、応用調理学実習、調理科学、食生活論、食事摂取基準論、食品学、食品衛生学、微生物学、食品加工実習

（筆者作成）

こと、より一層の献立立案能力が課題となった。つまり、魅力ある美味しい学校給食を立案作成できない学校栄養職員は、食に関する指導能力がないことを意味し、その点で学校栄養職員の職務内容がより拡充したといえる。そして、食に関する指導では教育的資質が求められ、コミュニケーション能力、連携調整能力、企画実行能力、指導力、提案力、研究・分析能力、判断力、応用力、指導案作成能力、教材開発能力等が学校栄養職員の資質に必要視されたのである。

健康教育は本来、栄養士の役割であるが、これまで学校給食を中心に職務内容に携わってきた時代以上に、段階的に幅を広げ、教育的側面に比重が置かれたと捉えることができる。

注及び引用文献

1）山形県育委員会学校給食70年記念事業実行委員会編『学校給食70年の歩み』山形県教育委員会、1959年11月、6～7頁。

2）中愛小学校の給食を現在の給食の種類で見ると、学校給食施行規則第1条では、完全給食とは、パン又は米飯（これに準ずる小麦粉食品、米加工品その他の食品を含む）ミルク及びおかずを指す。週5日が現在の形式であるが、当時は週6日完全給食の型で実施されていた。学校給食は、捕食給食（ミルクとおかずの2種）ミルク給食（ミルクのみ）の3つの種類に分けている。

3）岐阜県教育委員会編『岐阜県教育史資料編近代六（教育意識）』岐阜県教育委員会、330～333頁。

4）文部省、日本学校給食会編『学校給食30周年、日本学校給食会20周年「学校給食の発展」』1976年3月、5頁。

5）同上、6頁。

6）同上、8頁。

7）同上、14～16頁。

8）同上、20頁。

9）同上、20～23頁。

10）田中信『栄養教論制度実現まで50年の歩み（1)』社団法人全国学校栄養士協議会編『季刊　栄養教諭』第1号、日本文教出版、2005年10月、24～27頁。

11）前掲4)、40～42頁。

12）同上、39頁。

13）同上、43～48頁。

14）前掲10)、24～27頁。

15）前掲4)、54～56頁。

16）前掲10)、24頁。

17）「栄養士法（昭和22年法律第245号）」厚生省保健医療局地域保健・健康増進栄養課生活習慣病対策室監修『平成11年版栄養調理六法』新日本法規、1998年8月、1～84頁。

18）「栄養改善法」（昭和27年248号）同、183～185頁。栄養改善法は、平成14年に健康増進法に変わり、栄養士の配置については健康増進法施行規則に規定さている。富岡和夫『給食の運営、給食計画・実務論』医歯薬出版、2009年3月、2～6頁。

19）栄養改善法は、平成14年健康増進法および健康増進法施行規則に変わった。健康増進法、健康増進法施行規則では、管理栄養士必置義務規定となっている。

20）前掲10）、24～25頁。

21）前掲17）、1頁。

22）田中信「栄養教諭制度実現まで50年の歩み（2）」社団法人全国学校栄養士協議会編『季刊 栄養教諭』第2号、日本文教出版、2006年1月、26～29頁。

23）田中信「栄養教諭制度実現まで50年の歩み（3）」同第3号、2006年4月、23頁。

24）田中信「栄養教諭制度実現まで50年の歩み（5）」同第5号、2006年10月、27頁。

25）文部省体育局長「学校栄養職員の職務内容について（通知）」（2004年3月13日）文体給第88号。
http://www.mext.go.jp/b_menu/shingi/chousa/sports/004/toushin/030201b.htm

26）荒井祐介「管理栄養士養成施設カリキュラム改正の経緯とそのねらい」厚生労働省健康局総務課生活習慣病対策室『臨床栄養』Vol.98、No6、医歯薬出版、2001年6月、646頁。

27）文部省体育局長工藤智規「食に関する指導の充実について（通知）」文体給55号
http://www.mext.go.jp/b_menu/shingi/chousa/sports/004/toushin/010701g.htm

28）棚木嘉和「全国学校栄養士健康教育栄養士協議会のあゆみ」社団法人日本栄養士会・中村丁次編『社団法人50周年記念』社団法人日本栄養士会、2009年11月、84～85頁。

29）文部科学省「食に関する指導体制の整備について」（2004年1月20日中央教育審議会答申）文部科学省『文部科学時報』（№1536）平成16年3月号、2004年3月、42～49頁。2002年9月30日「子どもの体力向上のための総合的な方策について」として答申を行い、栄養教諭制度の創設の柱として、食に関する指導体制の整備の方策に結論が出たものである。
http://www.mext.go.jp/b_menu/shingi/chukyo/chukyo0/toushin/04011502.htm

30）中央教育審議会は「食に関する指導体制の整備について（答申）」2004年1月20日文部科学大臣へ答申。http://fish.miracle.ne.jp/adaken/toshin/tosin25.pdf

31）文部科学省『食に関する指導の手引』東山書房、2009年3月、72～74頁。

第二章　栄養教諭制度構想にみる審議経過

平成14年、中央教育審議会答申は、「いわゆる『栄養教諭（仮称）』制度等、学校栄養職員に係わる新たな制度の創設を検討し、学校栄養職員が栄養及び教育の専門家として児童生徒の食に関する教育指導を担うことができるよう食に関する指導体制の整備を行うことが必要である」と、より具体的な提言をした。平成16年の答申では、「食に関する指導体制の整備」について触れており、学校栄養職員は、「食に関する専門家ではあるが、教育的資質が担保されているとは言えない。食に関する専門性を指導面で十分に生かし、自ら責任を持って指導していくには、現在の学校栄養職員の資質に加え、教育に関して必要な資質を身に付けた者がその指導を担うことができるような栄養教諭制度を創設し、効果的な指導体制の整備を図る必要がある。そして、栄養教諭がその高い専門性を生かし、食に関する指導を学校教育活動全体を推進していく中で、栄養教諭の資質の確保として、栄養教諭の免許状の種類及び養成の在り方、栄養に関する専門性の養成、栄養教諭の上位免許状等取得のための方策、学校栄養職員に対する措置、その他、栄養教諭としての資質能力として、その養成、採用、研修の各段階を通じて形成されて行くべきである」と提言している。

学校栄養職員の資質向上策を検討する中で、新しい免許制度が導入され、この役割を果たすことになったのが栄養教諭である。このような経緯から、栄養教諭の職務内容を明確化するための法律として食育基本法の制定、そして学校給食法の改正が行われ、平成17年度に新たな教諭制度として「教育に関する専門性」と「食に関する専門性」を併せ持った栄養教諭制度が創設された。しかし、栄養教諭制度は教育界から唐突であるとして受け入れられる状況になく、制度化を優先するあまり、多くの問題が山積みとなっていた。

従って、本章では、栄養教諭制度創設の審議経過を中心に考察し、その意義と課題を検討する。審議経過については、表2-1に示した順を辿り、①文部省の調査研究協力者会議、②食に関する指導体制部会、③ワーキンググループ、④中央教育審議会総会の審議経過、⑤国会衆参両議院文教委員会等、栄養教諭の設置目的及び職務内容を審議した。次に国会審議と中央教育審議会の審議経過を考察し、栄養教諭の法的位置付けとその課題について明らかにしていく。国会審議では、衆議院の文部科学委員会、参議院の文教委員会等が中心となり、栄養教諭の設置目的及び職務内容や資格、配置等について審議しており、国会審議に至るまでの栄養教諭法案について、多くの困難な問題を注視していきたい。

本章の構成は、審議に先立ち全国栄養士協議会による栄養教諭制度創設に向けた激しい運動があり、実質的に非常に大きな影響力があったことを押さえておきたい。審議経過では、その概要と答申について考察し、国会審議と法制化、結論として栄養教諭制度創設の意義と課題をまとめ、栄養教諭の法的位置付けと課題を明らかにしていく必要がある。これらを踏まえ、栄養教諭制度構想を通し、審議された多くの中から、栄養教諭に求められた資質を分類整理し、その内容を考察していく。

第一節　全国学校栄養士協議会の栄養教諭制度創設の運動

明治時代にはじまった学校給食は、110余年という歴史の変遷をたどり、その後、栄養教諭制度が創設された。全国学校栄養士協議会にとっては悲願達成であり、全国学校栄養士協議会名誉会長 田中信によれば、長期にわたる政治的運動の成果であるという[1)]。

昭和34年に学校栄養士の設置並びに身分保障に関する請願書を提出した際、全国の学校栄養士の一致協力がなければ身分の確立が困難であったことから、全国規模の組織結成に向けて動き出し、総勢2800名の加入運動を展

【表 2-1】栄養教諭制度の審議経過

年月日	審議内容
平成 9 年 9 月 22 日	保健体育審議会「生涯にわたる心身の健康の保持増進」の答申により栄養教諭制度について本格的に検討を開始した。
平成 10 年 6 月 12 日	文部省体育局長より「食に関する指導の充実について（局長通知)」が出された。
平成 10 年 7 月 1 日	学校栄養職員の特別非常勤講師について都道府県教育委員会により「許可制」から「届出制」に改められた。
平成 11 年 4 月 1 日	学校栄養職員を特別非常勤講師として活用する方針を文部省が示した。
平成 13 年 5 月 ～平成 15 年 1 月	文部科学省調査研究協力者会議は、栄養教諭が実施する指導充実のための取組み体制の整備について計 12 回の審議を重ねた。調査研究事項は、①学校栄養職員による食に関する指導の在り方、②学校栄養職員の職務内容の在り方、③学校栄養職員の資質向上方策、④その他、である。
平成 14 年 9 月 30 日	中央教育審議会は「子どもの体力向上のための総合方策について」を答申し、学校における食に関する指導を充実させる観点から栄養教諭制度創設を提言した。
平成 15 年 6 月 ～平成 16 年 11 月	中央教育審議会スポーツ・青少年分科会に「食に関する指導体制部会」が発足し栄養教諭制度の具体的制度設計の審議を行った。計 9 回の審議では、食に関する指導体制の整備のため、栄養教諭（仮称）の創設について、食教育の重要性、栄養教諭にした場合の教育効果などが討議された。初等教育分科会（教員養成部会との意見交換第 21・22 回）でも集中審議を行い、教員養成部会では栄養教諭免許制度の在り方に関するワーキンググループを設置した。
平成 15 年 10 月 ～平成 15 年 11 月	教員養成部会による栄養教諭免許制度の在り方に関する審議のためのワーキンググループは、関係団体の意見聴取を中心に進め、栄養教諭の養成、免許制度の在り方について報告案をまとめ、初等中等教育分科会に報告した。
平成 16 年 1 月 20 日	中央教育審議会は「食に関する指導体制の整備について」を答申し、その中で次の提言をした。①子どもたちが望ましい食習慣と自己管理能力を身に付けられるよう、学校における食に関する導体制を整備する。②新たに栄養教諭制度を創設し学校栄養職員の専門性を確実に指導面で活用できるよう制度を整える。③教育に関する資質と栄養に関する専門性を併せ持つ栄養教諭が、学校給食を生きた教材として活用することで効果的な指導を行う必要がある。

平成16年5月14日	文部科学省は「食に関する指導体制の整備について」の答申を受け、第159国会に栄養教諭法案「栄養教諭制度創設に係わる学校教育法等の一部を改正する法律」を上程、衆参全会一致で可決成立した。
平成17年4月1日	栄養教諭制度を施行した。

（筆者作成）

開した。そして、同36年に全国学校栄養士協議会第1回設立総会を開催するに至り、会長に田中信が就任し、同協議会の達成目標として、一校一名の栄養士を設置、その身分を栄養教諭とすることにした[2)]。

さらに昭和39年頃から、人件費国家補助の定数改善と栄養教諭実現の大事業に向けて応援してもらえる国会議員を選定することにし、その結果、「政府与党という原則に立ち、自由民主党の国会議員に限った、各支部がおすがりする先生を決めていった」という。この田中の回想から、栄養教諭制度創設の運動自体が、かなりの政治的な側面を有して出発したことが分かる[3)]。

（一） 学校栄養職員制度の確立

学校栄養職員が国会議員を巻き込み政治的解決を運ぶようになったのは、石川県支部が地元選出の大物政治家、森喜朗に「おすがりする」と決めたことが大きい。昭和47年12月には、衆院選で本格的に選挙を応援することになり、田中信も石川県に入り、全県下の栄養士に檄を飛ばして選挙応援に走りまわり、選挙の演説会には必ず花束をもって「先生頑張って下さい。学校栄養士も頑張っています」と叫んだ。その後、森喜朗は自民党文教部会副会長に就任し、昭和48年度から学校栄養職員設置新7ヵ年計画が実現したのは、森の「尽力の賜物」であったという[4)]。

その際、全国学校栄養士協議会は、独自の制度案を作成することになり、これが栄養教諭制度に関する最初の草案となった。昭和48年9月7日の支部長会案は、次のような主旨で作成された。

①栄養教諭（所属は教委、センター、単独校の3種)、教委は指導主事、センターは栄養教諭として単独校に籍を置き、センターに出向。単独校は栄養教諭（給食主任、栄養士の2つの仕事をする)。

②関係者全員が栄養教諭になれない場合は給与を教師と同等にして、国1/2、県1/2職員とする。

この案に対し、文部省学校給食課長は、「単独校だけなら栄養教諭が実現しやすいが､センターの栄養士が了承するだろうか。総会で相談してほしい」「栄養教諭実現を図ることは、給食の正しい姿実現のため、是非とも必要であり、センター化への歯止めにも役立つ。そして、センターや市町村教委の栄養士の待遇改善を栄養教諭との格差是正運動として行い、高い地位へ少しでも近づける途を逃してはいけない」と指導している[5)]。

これを受けて同協議会は、直ちに臨時支部長会を開催し、単独校だけ栄養教諭を実現するという案について「全員が栄養教諭にならなければ意味がない。この案を断念する」という意見が多数となった。会長としては、この機会を逃すといつ栄養教諭が実現できるか分からないという思いであったが、臨時支部長会としては、苦楽を共にした同士であるセンター栄養士を見捨てることは､「センターは弁当屋になってしまうことになり、このようなことはではいけない」と、栄養教諭が実現するまで50年でも100年でも待つという意見に収束したのであった。

これに対し､文部省学校給食課長は､「残念です。単独校だけでもなれれば、センターも第一ステップになるのですが。それならば、皆さん自力でなりなさい。何年かかるか､『栄養教諭実現促進期成会』という会をつくって､国会、文部省には勿論のこと、学校栄養士自身に対しても変わらない決意を持ち続けなさい」と指導したという。

後に文部省体育局長より相談があり､「センターを含めた栄養教諭の実現は難しい。本年は教職員定数標準法第四次5ヵ年計画策定に当たるため、栄養職員を定数法に繰り入れたい。しかし、実現は教諭制度実現同様に困難である。どうするか」というものであった。

これを受けて、全国学校栄養士協議会は常任委員会を開き、栄養職員の定数法繰り入れを要望することとし、昭和48年12月、①義務教育の水準を維持向上するため必要な職員として明確に位置付けること（定数法繰り入れ）②財政力のばらつきが大きい市町村の職員として置くことにより配置人員に不均衡が生ずることを避け、全国的に同一水準で配置を進めること（適正配置の促進）③給与水準の向上を図ること（待遇の改善）という三点について国会と大蔵省へ陳情を行った[6]。

その結果、当時の奥野文部大臣は、昭和49年5月30日の文教委員会で、その方針に沿った説明をしている。「学校給食の栄養に関する専門的事項をつかさどり、その適正な配置を促進する必要のある学校栄養職員について、新たにその配置基準を定めるとともに、給与費等を都道府県の負担とし、その2分の1を国庫負担とする」[7] そして、昭和49年6月22日公布の「公立義務教育諸学校の学級編制及び教職員定数の標準に関する法律等の一部を改正する法律」では、学校栄養職員の配置数、職務、資格、そして給与の負担区分が明確に位置付けられたのである。

学校栄養職員は、この法改正によって職務内容と資格が明確になり、県費負担教職員に位置付けられたことにより、従来のように市町村採用での配置が曖昧であったことに比すれば、画期的な地位の確立と言える。全国栄養士協議会会長田中信は、「今回お世話になった諸先生方のご恩は決して忘れず、国会の先生方への御恩返しについて、真剣に考え行動するよう全国の支部長に通知した」[8] という。

こうしてひとまず学校栄養職員制度は確立されたのである。全国栄養士協議会としては、上記の政治的な働きかけを契機に、自民党との政治的結びつきをますます強めながら、栄養教諭制度創設に向けて更なる運動を続けていくことになる。これを踏まえつつ、次節以降では、保健体育審議会や中央教育審議会、そして国会等での審議経過を追うことにする。

第二節　食育重視路線の策定

(一)　平成9年保健体育審議会答申

栄養教諭制度に関する全てのはじまりは、平成9年9月22日の保健体育審議会答申であった（表2-1)。この「生涯にわたる心身の健康の保持増進のための今後の健康に関する教育及びスポーツの振興の在り方について」の答申では、生活習慣病や心の健康問題をはじめ、大凡現代の健康問題を対処するために、学校保健や学校安全、学校給食がそれぞれの果たす機能を尊重しつつも、それらを総合的に捉えていた。特に教育指導面においては、保健教育や安全教育、給食指導等を統合した概念を健康教育として整理し、児童生徒の健康課題に学校が組織として一体的に取り組む必要があるとして学校における健康教育の取り組み体制の強化が求められた。この中で、健康教育における食に関する指導について、個々人のライフスタイルの多様化や外食産業の拡大等、食を取り巻く社会環境の変化が進んでいることが分かる。その背景には、カルシウム不足や脂肪の過剰摂取、偏った栄養摂取、肥満症、生活習慣病の増加及び若年化といった食に起因する新たな健康課題の増加がある。

学校における食に関する指導は、従来から関連教科等において、食生活と心身の発育、食生活と心身の健康の増進、食生活と疾病等に関して行ってきているが、食に関する現代的課題を照らすと、生涯を通じた健康づくりの観点から、食生活が果たす重要な役割を理解した上で、栄養バランスのとれた食生活や適切な衛生管理が実践されるよう指導することが求められていると提言された。そこで、取り組み体制について、学校における指導の充実を図るためにも、教育活動全体を通して行う健康教育の一環として、専門家である学校栄養職員の積極的な協力を得て、関連教科において発達段階に沿った指導を行うと共に、学校給食の今日的な意義を踏まえて、適切な指導に取り組む必要がある。このため、教科等の特性に応じて学校栄養職員とTeamを組んだ教育活動を推進すると共に、学校栄養職員が学級担任等の行う給食指導に計画的に協力し、健康教育への一層の参画を図る必要性があり、健康教育推進のため、食に関する指導の充実と学校栄養職員の役割が示された。

この答申で学校栄養職員は、食に関する専門家として栄養士の免許を有し、栄養学に関する知識や技術を確保したものの、食に関する指導を児童生徒に行うために必要な専門性は、制度的に担保されていない。

従って、今後求められる学校栄養職員の資質は、「①児童生徒の成長発達、特に日常生活の行動についての理解、②教育の意義や今日的な課題に関する理解、③児童生徒の心理を理解しつつ教育的配慮を持った接し方」であり、学校栄養職員の役割の拡大に伴い、食に関する指導を行うのに必要な資質を担保するため、新たな免許制度の導入を含め、学校栄養職員の資質向上策を検討する必要があった[9)]。

これを受けて、平成10年6月12日付で文部省体育局長通知「食に関する指導体制の充実について」が都道府県教育委員会等に出された。食に関する指導に当たっては、学校の教育活動全体を通して行う健康教育の一環として、児童生徒に「食」に関する知識を教えるだけでなく、その知識を望ましい食習慣の形成に結び付けられるような実践的な態度の育成に努めること、教科や道徳及び特別活動を通じ、『食』に関連した指導を要する局面においては、発達段階に応じた指導に取り組むよう努めること、その際、各学校の自主的判断により『食』に関する専門家である学校栄養職員の積極的な参画・協力を得て、担当教諭とTeamを組んだ教科指導や給食指導を行い、いわゆる特別非常勤講師として学校栄養職員が『食』に関する指導に創意工夫を加え、効果的な指導を行うことが要請された[10)]。

(二) 平成10年中央教育審議会答申

平成10年9月21日、中央教育審議会の答申「今後の地方教育行政の在り方について」において、地域や子どもの状況を踏まえ、創意工夫を凝らした教育活動を展開していくには、校長、教頭のリーダーシップに加えて、教員一人ひとりが、学校の教育方針やその目標を十分に理解して、それぞれの専門性を最大限に発揮すると共に一致協力して、学校運営に積極的に参加していくことが求められている。その具体的改善方策として、専門的人材の活用が挙げられ、養護教諭や学校栄養職員、学校事務職員等の職務上の経験や専門的な能力を本務以外の教育活動に積極的に活用すべきと提言された。そして、健康教育の一環として、食に関する指導体制の整備について検討され、学校運営の見直しの観点から捉えられている[11)]。

さらに、平成11年12月10日、教育職員養成審議会第3次答申「養成と採用・研修との連携の円滑化について」では、学校栄養職員は職場に一人配置の場合が多く、特に職場内研修での指導者の確保や職場外での研修は難しいとして、現在実施されている現職研修の問題点を指摘し、食の指導に関する現代的諸課題に適切に対処できる専門性を高め、学校運営に積極的に参画する意欲や態度を培うと共に、職場外での研修を受けやすくする環境整備に努めることが見直され、その方策として学校栄養職員の研修の充実が図られた[12)]。

保健体育審議会と中央教育審議会の答申を受けて、平成12年3月24日には「食生活指針の推進について」が閣議決定され、「国民一人ひとり、とりわけ成長過程にある子ども達が食生活の正しい理解と望ましい習慣を身に付けられるよう、教員や学校栄養職員を中心に家庭とも連携し、学校教育活動を通じて発達段階に応じた食生活に関する指導を推進する」[13)]ことが示された。さらに、平成14年6月25日の閣議決定「経済財政運営と構造改革に関する基本方針2002」では、人間力戦略の一つとして挙げられた健康寿命の増進のため、関係省庁は健康に対する食の重要性に鑑み、いわゆる『食育』の充実が重要政策の一つに位置付けされたのであった[14)]。

（三） 調査研究協力者会議報告

次に、栄養教諭制度を具体化するに当たり、重要な答申が出されているので、その内容を検討する。栄養教諭創設の最初の案を作成したのが「食に関する指導の充実のための取組体制の整備に関する調査研究協力者会議」であり、その第一次・第二次報告を検討する。そして最終的に中央審議会答申で決定されたので、その内容の概略をまとめ、次節でその論点整理を行う。

平成13年5月5日、文部科学省は「食に関する指導の充実のための取組体制の整備に関する調査研究協力者会議」を発足した。学校において食に関する指導の充実のためには家庭や地域社会との連携を図りながら、全教職員が一体となって取り組むことが必要であり、とりわけ学校栄養職員の専門性を生かした教育活動を展開していくことが求められており、『栄養教諭（仮称)』制度の創設についても視野に入れつつ、調査研究を行い関連施策の充実に資する、としている。調査研究事項は、学校栄養職員による食に関する指導や職務内容の在り方、学校職員の資質の向上方策について、同調査研究協力者会議は平成13年7月5日に第一次報告を行った。

栄養教諭に関わる学校栄養職員の食に関する指導は、現行の制度下において行い得るものであるが、今後は栄養の専門家としてだけでなく、教育の専門家としての立場で、児童生徒の成長発達やこの時期の心理の特徴等について正しく理解した上で、教育的配慮を持った指導を行うことができるように施策を講じていく必要がある。他方、食に関する指導の理解不足や指導力のある人材不足等を背景として、各地域や学校における取り組みが区々の実態があり、健康教育における食に関する一層の改善充実が期待されている今日、従来の個々の取組方策だけでは必ずしも十分な対応が図れない状況が考えられる。このような状況を踏まえ、これまでの研修等の事業改善の充実を図ると共に、教育活動を担うにふさわしい指導力を持った栄養に関わる職員養成制度を創設し、このような制度を担保に裏付けされた職員を各地域や学校の実情に応じて効果的に活用していくことが求められる。このため『栄養教諭制度（仮称）』等、栄養に関わる職員の新たな制度の創設を検討し、栄養および教育の専門家として、児童生徒の食に関する指導を担うことができるよう、その指導体制の整備を行うことが必要である、と提言した[15)]。

さらに平成15年2月13日、調査研究協力者会議は第二次報告をした。第一次報告に加え、食に関する指導体制の整備の中で、栄養教諭（仮称）制度の検討が考えられるとし、栄養教諭の在り方として次の内容が提案された。1. 栄養教諭（仮称）の職務内容、(1) 食に関する指導、(2) 学校給食の管理、2. 栄養教諭（仮称）の配置、3. 栄養教諭（仮称）の免許状、4. 栄養教諭（仮称）の身分と扱いである[16)]。

(四)　平成16年中央教育審議会答申「食に関する指導体制の整備について」

その後、中央教育審議会では、部会やワーキンググループで詳細な検討がされ、最終的には平成16年1月20日の中央教育審議会答申「食に関する指導体制の整備について」で、栄養教諭制度の創設が提案されるに至った。以下、その内容を見ていくことにする[17)]（表2-2）。

第一章は、栄養教諭制度を創設する基本的な考え方、第二章は、栄養教諭の職務、資質の確保、配置や身分について、そして第三章は、食育の総合的な方策である。

「基本的な考え方」の説明では、食に関する指導の充実の必要性、学校における食に関する指導の現状、そして食に関する指導体制整備の方向性が論じられ、栄養教諭制度を創設すべきであることが提案された。

栄養教諭の職務では、今までの給食管理業務に加え「食に関する指導」を行うべきであるとし、①栄養という側面に着目した児童生徒への個別的な相談指導、②教科･特別活動等におけるカリキュラム面の取り組みと教育指導、③食に関する教育指導の連携・調整が役割として示された。そして、食に関する指導と学校給食の管理、つまり新しい職務と伝統的な職務の二つを一体的に展開していくことが要請された。また、栄養教諭の免許状の種類及び養

【表 2-2】食に関する指導体制の整備についてのまとめ

第一章　基本的な考え方		
1	食に関する指導の充実の必要性	近年、食生活の乱れが深刻になってきており、望ましい食習慣の形成は今や国民的課題となっている。子ども達が将来にわたり健康に生活していけるようにするためには、食に関する指導を充実し、望ましい食習慣の形成を促すことが重要である。また、「生きる力」の基礎となる健康と体力を育むほか、食文化の継承や社会性の涵養等の効果も期待できる。
2	学校における食に関する指導の現状	現在、学校では、給食の時間や教科指導、学級活動、「総合的な学習の時間」等、広く学校教育活動全体で食に関する指導が行われており、Team Teaching（TT）や特別非常勤講師制度による学校栄養職員の活用も進められているが、その取り組みは地域や学校ごとに区々である。
3	食に関する指導体制整備の方向性	近年の子ども達の食を取り巻く環境の変化に対応し、子ども達が望ましい食習慣と自己管理能力を身に付けていくためには、より効果的な食に関する指導体制の整備が必要である。このため、学校栄養職員の持つ食に関する専門性に加え、教育に関する資質を身に付けた者が、食に関する指導を担えるよう栄養教諭制度を創設すべきである。
第二章　栄養教諭制度の創設		
1	栄養教諭の職務	栄養教諭は、食に関する指導と学校給食の管理を一体としてその職務とすることが適当である。 (1) 食に関する指導 ①児童生徒への個別的な相談指導 ・食生活の現状に鑑み、偏食傾向や肥満傾向、食物アレルギー等がある児童生徒に助言する等、家庭への支援や働きかけも併せて行うことが重要である。 ②児童生徒への教科・特別活動における教育指導 ・教科特別活動における食に関する指導は学級担任や教科担任と連携しつつ、栄養教諭は専門性を生かした指導を行うことが重要である。 ③食に関する教育指導の連携・調整 ・食に関する指導は、給食の時間だけでなく、関連教科等に幅広く関わるため、関与する教職員の連携・協力が必要である。また、啓発活動や保護者への助言、家庭や地域との連携も重要である。栄養教諭は、その専門性を活かして、学校の内外を通じ、食に関する教育のコーディネーターとしての役割を果たしていくことが期待される。 (2) 学校給食の管理

		・学校給食に係る栄養管理や衛生管理等は、専門性が必要とされる重要な職務であり、栄養教諭の主要な職務の柱として、より一層の積極的な取り組みが期待される。同時に、情報化の推進等により管理業務の効率化を図り、食に関する指導のために必要な時間を確保できるよう工夫していくことが求められる。 (3) 食に関する指導と学校給食の管理の一体的な展開 ・栄養教諭は、生きた教材である学校給食の管理と、それを活用した食に関する指導を一体的に展開することが可能であり、高い相乗効果が期待できる。それによって、学校給食の教材としての機能を最大限に引き出せるだけでなく、食に関する指導によって得られた知見や情報を給食管理にフィードバックさせることも可能となる。
2	栄養教諭の資質の確保	栄養教諭に求められる資質能力を制度的に担保するため、養護教諭の例を参考にしつつ、次に示す考え方に基づいて栄養教諭の免許状を創設すべきである。 (1) 栄養教諭の免許状の種類及び養成の在り方 ・栄養教諭の免許状の種類は、専修（修士相当)、一種（学士相当)、二種（準学士相当）の三種類の免許状を設けることが必要。 ・栄養に関する専門性の基礎資格として栄養士の免許取得を求めると共に、一種免許状においては管理栄養士免許を取得するために必要な程度の専門性を、専修免許状においては管理栄養士免許の取得を基礎資格として求めることが適当。 ・教職に関する専門性は、「教職に関する科目」について養護教諭の場合と同程度の内容、単位数を修得すべき。 ・大学における養成を基本としなくてはならないが、専門学校等においても栄養教諭の養成が行えるようにすべきである。 (2) 栄養教諭の上位の免許状取得のための方策 ・栄養教諭としての一定の在職年数と免許法認定講習等における一定の単位修得により、上位の免許状等を取得できる措置を講ずることが必要。 (3) 学校栄養職員に対する措置 ・現職の学校栄養職員に関して、在職年数と免許状認定講習等における一定程度の単位修得により、栄養教諭の免許状を授与することが必要。 ・他の教員免許状を有する学校栄養職員が栄養教諭の免許状を取得する場合には、教職に関する科目を既に修得していることに配慮することが必要。

<table>
<tr><td>3</td><td>栄養教諭の配置等</td><td>栄養教諭の配置は義務的なものとはせず、公立学校については地方公共団体、国立及び私立学校についてはその設置者の判断に委ねられるべきである。なお、共同調理場方式の場合は、栄養教諭の役割に鑑み、共同調理場における給食管理と受配校における食に関する指導を併せて行うことを前提とすべきである。また、学校栄養職員の配置状況から栄養教諭が配置されない学校も想定されるが、近隣の栄養教諭を活用する等、工夫によって食に関する指導の充実を図ることが大切である。</td></tr>
<tr><td>4</td><td>栄養教諭の身分等</td><td>公立学校の栄養教諭は、教育公務員特例法の適用を受け、不断に資質向上に努める必要がある。また、国公私を通じ、学校教育活動全般への積極的な参画が求められる。</td></tr>
<tr><td colspan="3">第三章　食に関する指導の充実のための総合的な方策</td></tr>
<tr><td colspan="3">学校における食に関する指導は、校長のリーダーシップの下、関係教職員が相互に連携・協力して取り組む必要がある。そして、他の教職員も研修等を通じて食に関する理解を深めていかなくてはならない。栄養教諭は、その中で連携・調整の要としての役割を果たしていくべきである。
また、食に関する指導においては、家庭や地域社会の果たす役割が重要であり、給食だより等による情報提供や啓発活動、地域の人材活用によって学校・家庭・地域社会の連携・協力を進めていくことが望まれる。</td></tr>
</table>

（答申「食に関する指導体制の整備」をもとに一部改変して筆者作成）

成の在り方として、栄養教諭免許状の種類は、普通免許状として専修免許状、一種免許状、二種免許状の三種類の構成とすること、同様に専修免許状は修士の学位、一種免許状は学士、二種免許状は準学士を有することが原則とされ、身に付けるべき資質として栄養と教職に関する二つの専門性が求められた。また、専修学校等についても文部科学大臣指定による指定教員養成機関に認められた。

「食に関する指導充実のための総合的な方策」では、校長のリーダーシップの下で、関係する教職員がそれぞれの専門性を十分に発揮しつつ、学校をあげて取り組んでいくことが強調された。また、栄養教諭は、家庭や地域と連携するキーパーソンとしての役割が期待されている。学校・家庭・地域社会の連携による総合的な取組みは中間報告以降に付け加えられた部分だが、食育の第一義的な責任は家庭にあるのが前提で、学校は家庭・地域社会と連携しながら、総合的な取り組みをしていく必要がある。

第三節　審議経過の論点整理

(一)　栄養教諭制度の創設意図

栄養教諭制度創設に批判的な家庭科教育学会から「栄養教諭が何故、栄養士免許を必要とするのか、何故、学校栄養職員であるのか、これまで食事や栄養に関する教育は家庭科、保健体育科の中で行われており、教育的資質の乏しい学校栄養職員が制度化までして行なわなければならないのか、唐突すぎる」という厳しい意見が出されていた。この種の反対意見と疑問は強い口調で論じられないまでも、答申を出す最後の審議になっても消えなかったので、浅見部会長は次のように説明した[18)]。

そもそも栄養教諭制度がどこから出てきた問題なのかは、確実ではないが、現場にいる栄養職員の声が非常に大きかったように感じている。現行制度を十分に活用すれば目的が達成できるのではないかとの意見もあった。また、素晴らしい食教育をしている学校があることもヒヤリングした。そこは学校長がリーダーシップをとり、栄養職員も十分な職能を発揮し、先生方とチームワークを組んで、いい教育をやっている。しかし、残念ながら少数のように感じられ、多くは栄養職員という立場上の違いから、学校教育に関する発言力は小さく、嘆きを持っているようだ。実際、栄養職員は職員会議には出席するなと言われることもあり、そこから排除されてしまうということ、教育に関わっていけないことも現場の声として挙がっている。そういったことから、この制度が重要だろうと考えられる。だが、同時に栄養士や管理栄養士の中で、いわゆる教育という部分が欠落しており、栄養に関する知識はあっても子どもへの指導は必ずしも十分でない。学校給食等では、知識を十分に活用できないことを踏まえ、その教育も変える必要がある。もっと制度を充実させ、必置という形に持っていけないかという逆の御意見もあった。給食自体の義務化はなく、栄養職員の配置も全体ではない現実があり、地方公共団体の財政事情を考えると、拡大することが適当かどうか栄養職員の配置と同じ考え方で、その中身を充実していくという制度的な改変がいいのではないかが、今回御提案した内容である。

このように浅見部会長は、栄養職員たちの声や栄養職員たちの素晴らしい実践、学校内のチームワーク、校長のリーダーシップの可能性や現実に職員会議から排除されている栄養職員の実態と足りない教育への認識への課題を挙げて、栄養教諭を制度として創設することは意義があると説明したのであった。

それでも橋本委員は、「ずっと反対を唱えているわけではなくて、今、学校は何を望んでいるかを第一に考えなくてはならないと思うのです。専科の方々や実技教科の先生方を軽く見ながら、片方だけの配置という形で行っていくのは何か本末転倒しているという気持ちを持って仕方がなかったわけです。栄養職員の職務内容、専門性の職能を生かす、このことは大変重要です。しかし、各教科の全教科配置、こちらの方がさらに最も重要と思います」[19)]といった批判的意見を述べ、栄養教諭よりも専科教員の充実或いは全教科の教員をきちんと配置するという施策の方が重要ではないか、それを後回しにして栄養教諭を優先することは本末転倒の結論ではないかという趣旨を説明した。

この種の意見は、後の国会でも取り上げられる問題となったが、学校職員制度を戦後以来の歴史で見れば、司書教諭、養護教諭、学校栄養職員、調理師、学校事務職員、用務員、スクールカウンセラー、教頭、主任、そして今日では主幹職等があるが、なぜこの段階で栄養教諭を創設するのか、全体的な位置付けはどうするのか、といった類の批判的疑問でもあった[20)]。

横山委員は、地方の選択に任せるという趣旨を説明し、「私もワーキンググループから関わっていて最初から原案を見ているが、私はこの答申で結構だと思う。今、食教育の重要性は誰も否定しないわけです。それが家庭、地域、学校でなされるというのは分かる。今回の中教審答申は、食の重用性を認識しながらも、学校教育の場でどうするかということが論点になり、食の教育をする一つの手段、方法として、栄養教諭の制度を作ろうという結論になっているわけです。従って、その栄養教諭なるものが、現状からして必置ではなくて、個々の設置者の判断に任されている。例えば、栄養教諭を導入するとして、それを家庭科、或いは他の学科とどのように整合させて、組み合わせてやっていくかということは、設置者が判断すればよい話であって、中教審の答申にそこまで設置者の個々の行動を制約するようなことまで書いたら、却って自治体の弾力性を失わせることになる。これは算数とか社会とか必置の教科ではないのですから。あくまでも任意の設置である以上、特にその使い方についてですが、どのように使っていくか、それについては大幅に設置者側の裁量の余地を残すべきだと思います」[21) と、ある種の逃げ道を強調する仕方で賛成意見を述べた。

以上のことからも、栄養教諭創設の経緯に政治的な見えざる手が働いているように感じられる。また、第一節で考察した全国学校栄養士協議会の栄養教諭制度創設運動の経緯を見ると、その内容についても、ある種の合意で進められた感があり、その結果、栄養教諭制度創設の唐突感と違和感を教育界に与えたと言わざるを得ない。それでも、文部科学省が子ども達の栄養と健康問題に関する統計データを示して説明したことは、栄養教諭の必要性を説得する強みであったように思える。

(二)　栄養教諭の職務内容

栄養教諭の職務は「学校給食を通じて子ども達の食に関する指導を行うこと」とされたが、三つの部会のうち、主として、研究協力者会議と食に関する指導体制部会が「食に関する指導」、「学校給食の管理」に関する部分を中心に審議した。栄養教諭のモデルは養護教諭としながら、次のような意見が各委員から出た。「栄養教諭には学校給食を通じて子ども達の食に関する指導を行うことが主な職務となるであろう」、「養護教諭は子ども達の健康を守ることが主な職務であると考えた場合は同様である」、「養護教諭、教員、栄養教諭の学校における役割を整理する必要がある」、「お互いに三者の教員が専門性を発揮して協力して教育活動を行えばよい」等である。これに対し、文部科学省からは、「栄養教諭についても養護教諭の形態に似たものになる」という基本的な考え方が示された[22)]。

そのように栄養教諭の職務が決定付けられたが、児童生徒への個別的な相談指導については特に研究協力者会議の中で審議された経緯があり、個別指導を行うための協力体制の考え方が答申の前面に打ち出されている。一先ず、児童生徒への個別指導を基本として、学校医、校長、養護教諭、担任教諭、スクールカウンセラー、栄養教諭、学校栄養職員等の連携の下、医療機関の管理栄養士も含めた連携体制を早急に整えていかなければならない。

文部科学省は、「現在、個別的な相談指導も学校栄養職員が中心に取り組んでいる。今後は栄養教諭の専管事項になりうると考えられる」として、現時点で他の医療機関と連携したくてもできない実態を栄養教諭が中心となって、ネットワーク構築に取り組んでいくことを説明し、その必要性が答申の中に盛り込まれている[23)]。

審議過程の中には、「教科教育は、食物アレルギーや偏食傾向等の個別事例の教育を行うものではない」といった反対意見もあった[24)]。要するに「個別指導を担う栄養教諭の職務の在り方には賛成できない」という趣旨である。

さらに職務の在り方として、給食活動の時間について学級担任と連携を取った上で、栄養教諭が給食の時間に食の指導を単独で行うことが求められた。文部科学省の考え方として、教育者としての資質を身に付けた栄養教諭になった場合、専門性を生かした指導方法が教育上、効果が高いことからその方法も考えられるのではないか、と説明した。栄養教諭は、栄養士または管理栄養士の免許を有していることから、積極的に健康教育を行うことが職務として構想されたと考えられる。「学校給食の管理と食に関する指導は、同等の位置付けとして栄養教諭の職務となる」、「食に関する指導は、給食の時間に行われており、これが中心となる職種として位置付けることが望ましい」と説明された[25]。

さらに栄養教諭の職務に対し、学校給食の栄養管理と衛生管理のイメージをもっと膨らませるべきである。そもそも給食だよりを読まない或いは親子料理教室に参加できないような家庭への働きかけこそが課題である、といった学校給食の安全性や衛生管理に関する意見も数少ないながら見られた。他にもO-157問題を始め学校給食には弱点があり、特に衛生管理面に関して職務を拡充すべきであるという意見もあった。

ワーキンググループの審議では、教員養成部会の意見として、栄養教諭の職務は必ずしも給食管理を中心としていない。別に給食管理を行う者が必要なのか、という意見も出ていたが、中間報告では、職務は給食管理と食に関する指導の二本立てであると確定した[26]。

(三)　栄養教諭の資質と免許制度

教員養成部会において、栄養教諭は食に関する指導を充実させるために新設するものであり、食の安全性や個人指導に関わる資質として管理栄養士をベースにすべきという意見があった。また、全国学校栄養士協議会のヒヤリングでも、管理栄養士をベースにして欲しいという意見であった。その背景には、子ども達の食生活の乱れが解決せず、保健体育の教員が指導を行っても、肥満傾向、痩身傾向、そして生活習慣病の予防や改善に繋がらない現実問題があり、ここ20年間の学校保健統計から浮き彫りになったからである[27]。

ワーキンググループの審議経過には、栄養指導の対象者が自らの手で食習慣を改善し、健康状態、栄養状態をより良くする能力を習得させる。そのための栄養指導とは、健康状態及び栄養状態の評価、判定から栄養上の問題を把握し、解決するための指導計画を立案し、それに即して実際に指導を行い、その効果を判定し、さらに問題点を把握、再指導することを繰り返す、という方法を学校教育の中で行うことが必要であると論じられていた[28]。

つまり、食と健康の教育課題に対処するためには、その基本的要件として管理栄養士の資格が必要であると構想されていたのである。ヒヤリングの結果からも栄養教諭は管理栄養士という位置付けが求められたことは推測するに難くない。

審議では、教育は人を扱う業務であるため、管理栄養士を基礎資格とした方が質的担保となるのではないか、教育の場においては、高度な職務は教育的手法であり、教員が知っている内容について同じ様に履修させるべきである、学校給食法においては、学校栄養職員は栄養士の免許を有し、栄養の専門的知識をもって栄養の指導を行うことになっている、栄養教諭の制度を作ったとしても高度になりすぎて手の届かないものにならないようにする必要がある、等の意見が開陳された[29]。

しかし、管理栄養士が栄養教諭の基礎資格となれば、未来の栄養教諭として想定されている学校栄養職員は対応が困難であること、短期大学では栄養教諭の養成が出来なくなること、さらに、管理栄養士国家試験との齟齬もきたすこと[30]、といった問題が生じることになるので、中間報告の審議では、委員からの、管理栄養士の資格を栄養教諭の免許の必要条件としないという理解でよろしいか、という問に対し、文部科学省は、「保健師や看護婦(ママ)の資格をベースとして認める養護教諭のケースもあるが、一種免許状の場合、文部科学省が認定した所定の科目を修了した者に与えるというのが普通である。後者の養成方法でも相応の資格は身に付くと考える」と答えている[31]。

第34回中央教育審議会総会（平成15年12月4日）の食に関する指導体制部会の審議経過報告では、文部科学省の考え方が以下のように示された[32]。

> 基礎資格に栄養士或いは管理栄養士の免許を求めるかどうかであるが、栄養教諭の職務のうち給食管理については学校給食法において栄養士の免許が必要とされている。栄養教諭は給食管理を行うため、免許状の種類に関わらず基礎資格として栄養士の免許取得を求められ、最低限でも栄養士の免許を持っていることになる。さらに栄養士の免許に加え、一種或いは専修の場合には、管理栄養士に相

当する程度の専門性を基礎資格として求めていくべきではないか。勿論、大学で修得すべき単位として、そういうものを得させるべきではないかという方向で議論した。

多くの問題点を抱えた中で、栄養教諭がより高度な専門職を目指した経緯は窺えたが、結果的にこの免許制度は現行と変わらず、栄養士免許がその基礎資格となったのである。

(四)　学校の中での組織体制・連携

今回の答申の特徴である「食に関する指導体制の整備の方向性」だが、食に関する指導が、学校教育活動の様々な領域に跨るものであることを踏まえた上で、栄養教諭の専門性を生かし、学校教育活動全体の中で推進していくということが明確に示された[33)]。言わば、栄養教諭制度を期に食と栄養教育について Team 教育で対応するという新しい指導の手法が示唆されたことになる。

児童生徒への個別的な相談指導に学級担任や養護教諭と Team を組んで行う必要性、医学的な対応を要する者には主治医や専門医との密接な連携等、食に関する指導において関係するところは協力し合うことが不可欠であると強調された。また、総合的な方策である「栄養教諭の効果的活用」は、校長のリーダーシップの下、食に関する全体的な計画を作成しながら行っていく等、学校をあげての取り組み、連携・調整の必要性が強調されている。学校の内外を通じた総合的な取り組みでは、食に関する指導は家庭の責任が非常に大事であるとして、家庭を含めた地域社会との連携・協力、さらに関係省庁間では、文部科学省と農林水産省、厚生労働省等の協力関係の構築が要請された。

審議では、上記の内容を踏まえ、学校における食に関する指導の現状は栄養教諭制度が中心的柱となっていることから、学校全体、とりわけ①校長のリーダーシップの下での取り組みが大事であるという意見、②学校栄養職員は、給食管理を通じて食に関する専門性を有しているので、その専門性を活用し、食に関する指導をより良くすることができれば、それは非常に好ましいことであるという意見、③新たに提言されている栄養教諭制度も含めて、学校全体の円滑な連携体制を校長中心に築いていくという意見、に集約できる[34)]。

このことは、関係教員の理解を得ながら、連携できる体制を作っていくことが大切であるという考えで、分科会や部会の議論が進められた。食に関する指導を言い換えるならば、校長がキーパーソンとなり栄養教諭制度の体制整備を後押し、支援し導いていく役割を担っていることになる。しかし、実際には学校ごとの取り組みや食に関する指導について、格差が生じている。そのため、全ての学校ではなく、3分の1の学校に設置される状況になると思うが、栄養教諭が設置された学校とそうでない学校では、そこに家庭科の教師がいた場合と栄養教諭がいない場合とでケースが異なる。この場合にそれぞれが責務を持ち、どの領域で仕事をするのか、明確にしておく必要がある。そこに新たな壁が出来てしまうことは極めて望ましくない。現場における協力体制をどのように作り上げていくか。最終的には校長のリーダーシップであるにしても、どのような科目でも、学習指導要領等に作成されるわけであり、アウトラインは明確にしておく必要があるのではないか。答申にどう書き込むか難しいが、曖昧だと思っている、という意見である[35)]。

答申では、連携が強調されたことで組織体制の見直しが求められているが、校長のリーダーシップを基礎として、さらに明確なアウトラインの必要性が指摘されたのである。

（五）　地方に任された配置、任意配置

中間報告をまとめるため、配置と給食管理業務との関連について随分議論されたが、現段階においては、栄養教諭が行う職務は学校給食の栄養管理・衛生管理であるとし、配置については当面それぞれの設置者の判断に任せる

とされた。

前述の調査研究協力者会議では、栄養教諭制度が制定された場合、学校給食を実施している学校には、当然配置されることになると考え、学校給食が実施されていない学校はどうすべきか、学校教育法において、学校の規模に関わらず養護教諭の場合は配置されているが、栄養教諭については検討が必要、「共同調理場にいる学校栄養職員の地位は学校に置かれている。学校へ指導に行く場合は、兼務辞令をもらっている」等の意見があり、文部科学省は、「現在の法制度では共同調理場は学校ではないので、その位置付けを変えなければ、教員である栄養教諭を配置することはできない、最終的には、栄養職員を栄養教諭に代えていきたいと考えているが、移行措置として、今の学校栄養職員は学校栄養職員のままでよいとする必要があると考えている。しかし、新たに採用する場合は、栄養教諭として採用してもらうのが望ましい。共同調理場の位置付けとして、学校機能のようなものが外にあるという説明ができれば、栄養教諭を配置することができる」と説明した[36)]。

中間報告でも、「学校栄養職員の配置は、今現在それ自体が義務的なものになっていないということもあり、設置者の判断に委ねるべきである」と強調した。答申では、一貫してこの考えを変えてはいない。学校給食の実施そのものは、義務としてすべて実施されるわけではないので、学校栄養職員も学校給食の実施校全てに配置するわけではないし、栄養教諭の配置自体も義務的なものではないというのである。

そのような趣旨で委員からも、「現在の栄養職員を栄養教諭として資質を高めてやるということは、当然、食の指導に対する資質の向上にも繋がる。その問題と実際に栄養教諭制度を創設して活用するか否かは、自治体の判断の問題ということで、一貫して私自身は主張してきたわけです。給食そのものが義務的ではないし、給食をやるにしても自校方式、共同調理場方式、委託方式もあり、その中で給食の実施自体は個々の自治体の責務で、いくら外注しようが、その責任は負うわけですから、給食の適正管理は自治体の責務として必ずやるはずです。自治体の個々の実情にも様々な形態がある。その中で当然コストの意識も考慮し、判断する問題で、中教審はこれが限界だろうと思います。個々の自治体の判断を拘束するような表現はぜひともやめていただきたい」という意見が出されていた[37]。

第四節　国会の審議経過

平成16年1月20日、「食に関する指導体制の整備について」の答申を受けて、文部科学省は第159回国会に栄養教諭創設に関わる「学校教育法等の一部を改正する法律」を上程し、平成16年5月14日に全会一致で可決・成立した。ここに至るまで衆参両議院で26回の審議が重ねられ、関係委員会は、文部科学委員会、厚生労働委員会、予算委員会、農林水産委員会、予算委員会第四分科会、共生社会に関する調査会、そして文教科学委員会であった。これを三つに大別し、審議状況を見ていくことにする。

(一)　衆議院文部科学委員会の審議経過

衆議院文部科学委員会は、平成15年2月16日から採決の同年5月14日まで8回にわたり審議を行った[38]。同年2月16日の委員会では、文部科学省の調査研究協力者会議が3日前に出した「食に関する指導の充実のための取組体制の整備について」(平成15年2月13日、第二次報告) をめぐって意見が交換された。平成13年7月の第一次報告書では、栄養教諭創設を提案していただけであったが、今回の第二次報告書では、さらに踏み込んだ内容で、栄養教諭の職務内容や配置、身分の取り扱いまで掲示しているので、その報告書の内容について遠山国務大臣の見解が求められた。文部大臣は前向きな姿勢を示し、学校給食の食の安全性の確保についても指導中であると説明した。

同年2月18日の審議では、文部大臣より、現代的課題である子ども達の体力の低下や生活習慣病等について、食生活の大切さを教え、改善していく食に関する教育を推進するとして、栄養教諭制度創設を内容とする法律案を今国会に提出することが示された。そして同年3月14日の審議で、初めて文部大臣は、学校栄養職員を栄養教諭にすることが一番望ましいと明言し、司書教諭の発足を例に出し、栄養職員もそのような形にして次のステップへと明確に位置付ける必要があると述べた。

同年3月17日の委員会審議では、文部大臣は、「学校長のリーダーシップにより、教員、養護教諭、学校事務職員、栄養職員が一体となって学校運営を行うことが大原則である。また、教員、養護教諭と共に、学校事務職員、栄養職員は基幹的な職員である」として、給与費について国庫負担の対象と位置付け堅持していくことを示した。そして、義務教育費国庫負担法及び公立養護学校整備特別措置法の一部を改正する法律案の採択について原案が可決・決定された。

さらに、同年4月14日、4月16日、4月20日、4月21日、4月23日、4月27日と委員会が開かれ、学校教育法等の一部を改正する法律案について提案理由及び内容の概要説明があった。改正案は栄養教諭の規定、基礎資格、学校給食法の一部改正についてである。

栄養教諭が必置にならない理由を文部科学省より説明、配置に関しては中央教育審議会で指摘した地方の自主性を尊重し、地方分権の趣旨や学校給食の実施そのものが義務とされていないことを踏まえ、地方自治体が地域の実情に応じて配置を判断することとし、学校教育法上、「置くことができる」と規定した旨が説明された。また、参考人として香川芳子（女子栄養大学学長）より、食の大切さ、生活習慣病の一次予防の必要性、栄養教諭の職務内容と役割、外国での栄養教育の現状等について説明がなされた。注目された論議は、学校栄養士協議会と自由民主党の栄養士議員連盟との関係が、一部の議員のホームページ上の問題（誰でも簡単になれるという表現）として指摘されたことである。

委員会では、答申内容に沿って、配置、健康に関する考え方、特に健康日本21の方向性も含めて幅広く審議された。さらに、厚生労働省、農林水産省の連携から健康問題、食育基本法の検討、栄養教諭の免許制度、学校給食の業務の在り方も審議されており、その結果、法律案は原案のとおり可決・決定した。同年4月27日、衆議院本会議に至り、文部科学委員長池坊保子より文部科学委員会における審議経過及び結果の報告があった。学校における健康教育の充実を図るため、教育職員として新たに栄養教諭を位置付け、免許制度を創設し給与の負担等について所要の措置を講ずるとした。河村文部科学大臣からは提案理由の説明があり、採決の結果、本会全員一致をもって原案が可決・決定し、かつ本案に附帯決議が付された。

(二) 参議院文教科学委員会の審議経過

参議院文教科学委員会は、平成16年5月13日の採決まで6回開催された[39]。平成16年3月11日の審議では、これまで学校が家庭に入っていけなかった部分があり、これについて栄養教諭を制度化することで学校と家庭の連携の強化に努め、家庭に対する食の教育について積極的に取り組んでいくという基本方針が説明された。

同年3月25日と3月30日の委員会において、政府参考人は、栄養教諭の具体的役割、免許制度の内容、学校給食での地場産業の活用について説明し、その活用に向けて予算化を進めていく意向を示した。そして、学校での栄養職員の位置付けについて、校長のリーダーシップで教員、養護教員、学校事務職員が一体となって運営することを大原則とした。給与負担については国庫負担の対象としての位置付けで堅持していく必要性を示した。さらに栄養教諭の配置基準や移行について、文部科学省として地方公共団体への理解を積極的に促す考えを示した。

同年4月27日の委員会では、望ましい生活習慣を身に付けることができるよう家庭だけでなく、学校においても食に関する指導の充実を図ることが重要とされた。栄養に関する高度の専門性を有する教育職員を学校に設置する必要があるとして栄養教諭を位置付け、身分、定数、給与の負担等に必要な措置を講ずるために、学校教育法の一部を改定する法律案が付託された。

同年5月11日の審議では、4月27日の案件で、児童生徒の健康状況、学校給食の管理、栄養教諭の資質、配置の問題等について審議されている。文部科学省は、学校給食の管理について、食中毒等による衛生上の問題発生に対する責任の所在が、現場の責任者としての栄養教諭の責任の範囲についてまで審議に及んだことに対し、栄養教諭は、当該学校の衛生管理業務、学校給食の衛生管理業務の責任者として、作業工程表の作成、調理過程における衛生管理、調理員への指導の業務に引き続き従事するものであることを示唆した。配置に関しては、栄養教諭制度創設に当たり、地方の自主性を尊重する地方分権の趣旨、学校給食の実施そのものが義務とされていないことを踏まえ、地方公共団体が地域の実情に応じた配置について判断することを明確に示した。また、栄養教諭の第七次教員配置改善計画については、厳しい財政状況の中、明確な内容は示されず、役割の重要性を鑑みて改善計画の推進に全力を挙げて取り組むとだけ説明された。

同年5月13日の審議では、参考人高崎市議会議員橋本紀子が、学校栄養職員の経験と大韓民国の事例を踏まえ、栄養教諭の必要性を強調した。参考人雨宮正子からは食教育の実践例、後藤博子委員からは、Team Teaching（TT）の実践例の紹介があった。山本正和委員からは国の方向性から万全の体制で取り組んでほしいという要望に対して、文部科学省は、都道府県教育委員会で単位取得のための認定講習会を実施すること、その為に必要な財源措置の確保に努める考えが示された。これらの審議の後、全会一致で可決し、附帯決議案も承認され同日、参議院本会議において可決された。

（三）　各委員会の審議経過

衆議院文部科学委員会と参議院文教委員会が中心となって栄養教諭制度の

創設について審議したが、その他、関係する委員会でも次のように審議されたので、要点のみ表 2-3 にまとめる。

これら国会審議[40]の概略であるが、国会審議の特徴は、衆参両議院とも

【表 2-3】各委員会の審議内容

	委員会名（開催日）	審議内容
1	衆議院厚生労働委員会（平成 15 年 4 月 23 日、5 月 7 日）	文部大臣は、17 年度から栄養職員ではなく栄養教諭とし、カリキュラムに取り入れることを目指して、食の安全性や栄養の知識を習得してほしい旨を述べた。さらにアレルギーに対する個別指導を学級担任や養護教諭と連携して進めることの必要性を強調した。
2	参議院予算委員会（平成 16 年 2 月 4 日）	文部大臣は、食習慣をきちんと身に付けさせる観点から栄養教諭制度創設の法律案を今国会に提出することを示した。いわゆる知育、徳育、体育プラス食育を重視した人間力の向上の教育改革に努める観点から食育を重視することを示唆した。
3	衆議院予算委員会（平成 16 年 2 月 23 日）	文部大臣は、生活習慣病等について学校段階で一次予防を行うこと、そのために栄養教諭を導入し、健康三原則に努めるとし、栄養教諭が中心となり食事の大切さを位置付けることの必要性から、地産地消問題を学校給食づくりに取り組むことも示した。
4	衆議院農林水産委員会（平成 16 年 2 月 26 日）	栄養教諭制度を活用し、学校現場で食生活の教育をしっかりと行っていくこと、国産物の学校給食への拡大が必要であることを示した。
5	衆議院予算委員会第四部会（平成 16 年 3 月 2 日）	学校給食に関する給食費、食の生産流通、食材購入システム等を具体的に検討する時期であるとし、さらに学校と地域と家庭の三者一体で、学校での食育事業の推進を栄養教諭が積極的に取り組んでいく方針であることを示した。
6	参議院共生社会に関する調査会（平成 16 年 3 月 3 日）	清水嘉与子委員は、養護教諭の在り方を例に出し、「学校には看護婦（ママ）が存在し、次第に養護教諭の形に変化したが、実際では教諭になってから実践看護ができるようになった」として、事態が変われば自分たちが訓練し、実践力を身に付けることにチャレンジする声も出てきていると指摘し、現場の声を聞いて十分活用して欲しいと要望した。

（各種審議会議事録より筆者作成）

積極的に栄養教諭制度創設を推進する方向であったこと、配置は地方自治体の判断に委ねるという任意配置が決定されたことが挙げられる。第159回国会において、栄養教諭制度創設に係る「学校教育法等の一部を改正する法律」が上程され、平成16年5月14日に可決・成立した。その結果、学校教育法、教職員免許法、同施行規則等が改正された[41]。

第五節　栄養教諭創設における意義と課題

これまで栄養教諭制度創設にあたり、その論点を示してきたが、ここで再度整理することで意義と課題を明らかにする。

栄養教諭制度創設に関しては、審議経過でも指摘されているように、教育界に広く理解を求める段階的検討がないままに制度化されたことで、多くの不透明感と唐突感を残した。それは、第一節で論じた全国学校栄養士協議会の政治に傾斜した運動と関連している。栄養教諭制度は、学校給食法以来の栄養職員達の悲願であったので、栄養教諭創設へのプロセスでは、政治的支援を求め、その影響が際立っている。

全国学校栄養士協議会名誉会長である田中信によれば、栄養教諭制度創設の国会請願では、当時の文部省の指導経緯があり、実質的に支援したのが自由民主党の国会議員であった。昭和39年の学校栄養職員に対する国庫補助問題以来、「政府与党という原則に立って自由民主党の国会議員に限り、各支部がおすがりする先生を決めていった」と田中は述懐している[42]。

そのような政治的条件が整えられて、平成15年6月、第1回のワーキンググループから平成16年1月20日の答申、そして第159回国会へ栄養教諭制度創設の「学校教育法等の一部を改正する法律案」が提出され、田中信と全国学校栄養士協議会の悲願であった栄養教諭制度が誕生したのである[43]。

しかし、栄養教諭制度は創設されたが、そもそも栄養教諭とは何を担当するのか、何故、家庭科や保健体育科の教諭に担当させないで栄養教諭を新設するのか、学校・教員側が要請していない制度ではないか、国家財政難の時期にあえて新設する必要はあるのか、など多くの厳しい指摘があった。

制度化された栄養教諭についてみると、その職務は、(1) 食に関する指導、(2) 学校給食の管理、(3) 食に関する指導と学校給食の管理とを一体的なものとして遂行することであった。

(1) 栄養教諭が行う食に関する指導とは、①児童生徒への個別的な相談指導：生活習慣病の予防、食物アレルギーへの対応等、学級担任や他の栄養の専門家と適切に連携をして、個別の相談に応じていくこと、②給食の時間や学級活動、教科・特別活動における教育指導：家庭科、技術・家庭科、体育科、保健体育をはじめとして食に関する指導の関連領域や内容について学級担任、教科担任と連携しつつ栄養教諭は専門的指導を行うこと、③食に関する教育指導の連携・調整そして指導の年間計画の原案を作成し、学校内外を通じて、教職員や保護者、関係機関等の連携を密接に図るコーディネーターとして役割を果たすことである。

(2) 学校給食の管理は、栄養管理や衛生管理、検食、物質管理等の専門性が必要とされる職務であり、栄養教諭の基本となるものである。学校給食は、食に関する指導を効果的に進める上で「生きた教材」であることから、これまで以上に重要な職務となる。さらに、献立作成に関しても給食管理業務の効率化を図り、献立のデータベース化やコンピューターによる物質管理等を行い、調理員の衛生管理の知識向上も求められている。

(3) 食に関する指導と学校給食の管理を一体のものとして展開することは、より高い相乗効果が期待される。食に関する指導から得られた知見や情報を給食管理に取り入れ、体験学習や生産活動、生産者との交流を通し、食との繋がりを実体験すること、児童生徒の食の現状を把握し、栄養管理に役立て、献立の工夫や保護者への食教育の啓発を行っていくことが職務として示された。

以上の三点から、栄養教諭の資質は、教職員免許法で栄養に関する専門性と教職に関する専門性が求められ、すでに前節で明らかにした栄養教諭の免許状が創設された。その免許状の単位は、大学において履修することを必要とする最低単位数として、「栄養に係る教育に関する科目」が専修免許状及び一種免許状では4単位、二種免許状では2単位、「教職に関する科目」は専修免許状及び一種免許状では18単位、二種免許状では12単位、そして「栄養に係る教育又は教職に関する科目」は専修免許状24単位を取得するという内容で、栄養士免許および専修免許状は管理栄養士免許を基礎に教職単位をわずかに付加するというものであった。

配置計画と養成計画については、学校給食の実施そのものが義務化されていないこと、学校栄養職員がこれまで学校給食実施校の全てに配置されているわけではないことから、答申では地方分権の趣旨を踏まえ、地方公共団体が地域の実情に応じて判断すべきとされた。なお、養成計画としては、特段審議過程で取り上げられていない。

このようにして栄養教諭制度が創設されたわけであるが、これによって、従来、断片的な栄養教育になりがちであったものが、体系的に進めることが可能になった意義は大きい。実際に食に関する指導の時間は、年間で数時間程度と継続性はなかったが、今後は、体系的に教育に組み入れ、校長のリーダーシップの下、栄養教諭を中心として食教育の体系化を図ることが求められる。答申では、教科指導との連携を中心に組織体制を組んで食育を推進していくことが提言された。それをリードしていくことが校長の役割とされ、Teamでの連携指導体制となったが、これは従来の栄養教育に比して大きな意義として認めることができるが、課題は浮き彫りとなった。

第一に、配置が地方自治体に委ねられている点である。文部科学省は、ここ1~2年間を学校栄養職員から栄養教諭への移行時期と考えていた。しかし、栄養教諭へ全て移行させるという法的な義務付けがないため、多くの自治体では学校栄養職員を栄養教諭へ配置換えをする措置はとられておらず、その結果、採用枠も広がらなかった。そして、学校栄養職員から栄養教諭への制度的準備はできたが、各県の実態に任せるだけで現状を好転させることは困難であった。ややもすると、実態は何も変わらず、却って栄養教諭制度を歪めることになりかねなかったが、今後は配置のシステムの見直し、栄養教諭を増員する等、抜本的に改善する必要がある。

第二に、配置同様に栄養教諭養成計画にも曖昧さが見られた点である。審議経過では、栄養教諭養成の問題は特段審議されていない。言わば、楽観的な予測の上に栄養教諭制度が創設されたものである。現状､栄養教諭養成は、多くの管理栄養士と栄養士養成施設等で行われており､全国的に増員する等、配置が抜本的に整備されなければ、免許を取得しているだけのペーパードライバー的な栄養教諭養成を導く結果となりかねない。それは栄養教諭を養成している大学にとっても入学者が集まらない等、由々しき事態を招くため、需要と供給の予測に立った栄養教諭養成の計画が必要である。

第三に、栄養教諭の免許状取得単位が、教職単位をわずかに付加するだけで取得できる問題である。学校栄養職員には、教育的資質が担保されているとはいえない状況の中、栄養教諭の職務を果たすための免許としては、「栄養に係る教育に関する科目」と「教職に関する科目」いずれも現状の単位数で十分であるとは言い難い。平成 14 年に管理栄養士、栄養士養成課程のカリキュラム改定が行われ、各大学が特色を持った教育内容で指導できる状況ではあるが、教育現場が求める特色ある栄養教諭養成に向けて、さらに積極的な取り組みが求められる。

審議経過から、総じて曖昧さが残る、制度だけが先行し実質検討課題の山積した栄養教諭制度であった。それだけ現実の条件が厳しかったものと思われるが、多くの課題を抱えながらも、栄養教諭制度が創設されたことは、やはり画期的な意義があると思われる。その内実は、栄養教諭自身が未来に向けて自ら創出していかなければいけないが､その可能性は開かれたのである。栄養教諭は多くの困難な課題を背負いながらも、専門職として自己研鑽に励み、児童生徒と保護者の健康を導いていくことが使命である。栄養教諭は、自らの専門性を確保するために、その必要性を主張し、職務にふさわしい活動を積極的に展開していかなければならない。そうして、ようやく栄養教諭は専門職としての地位を確かなものにすることができるのである。

21世紀は予防医学の時代であり、それを担えるのは医師ではなく栄養教諭や管理栄養士である。未来の子ども達の健康をつくりあげるという大事な使命こそが、栄養教諭に課せられた本当の課題である。今後は、その課題に応えられる栄養教諭制度を充実させていくことが望まれる。

第六節　栄養教諭の法的位置付けと課題

日本における食教育の歴史は短く、栄養教諭制度が創設されて間もない。これまで学校栄養職員は、全国学校栄養士協議会を昭和36年に設立し、半ば半世紀に渡って「一校一名の学校栄養士、身分は栄養教諭」[44]を目標に活動を展開していたが、当時の文部省をはじめ、教育に関する新しい免許制度を設けることは、教育職員の在り方の根幹をなす問題[45]として国会で法案が通ることは想定外と考えられていた。何故なら、栄養教諭制度創設の社会的利益を明確に説明できる必要性と事実がなかったからである。

しかし、平成9年9月22日の保健体育審議会答申[46]において、子ども達の食を取り巻く社会環境の変化と健康問題を改善するために、学校教育の中で食に関する正しい知識を身に付ける指導が必要であるとして、「学校栄養職員の役割の拡大に伴って、食に関する指導等を行うのに必要な資質を担保するため、新たな免許制度の導入を含め、学校栄養職員の資質向上策を検討する必要がある」と提案されたのである。ここでは、栄養教諭が設置される経緯を踏まえて、その法的位置付けと課題を明らかにしていきたい。

(一)　制度化の背景と経緯

昭和50年、我が国では第一次健康づくり対策がはじまり、世界の長寿国となり、人生80年をいかに有意義に生きるかという生活の質が重視された時代であった。そして、昭和63年からは、80歳になっても身の回りのことができ、社会に参加できるような明るく生き生きとした社会を形成することを目的に『アクティブ80ヘルスプラン』[47]を掲げ、健やかで活力ある社会に向けて第二次健康づくり対策が推進された。当時､第一次健康づくりでは、疾病の早期発見と早期治療に重点が置かれ、第二次健康づくりでは、疾病の予防と健康増進という一次予防が重視された。

そして現在、第三次健康づくり対策では、全体に一次予防・二次予防をさらに発展させ、平成17年に食育基本法が制定[48]された。日々の食生活が生活習慣病と深い関係にあることから、生涯に亘り健全な心身と豊かな人間性を育むため、知育、徳育、体育に加えて食育をその基本と位置付け、計画的に国が取り組むことになった。つまり、食育をトータルに行う食育推進計画が､平成18年3月に内閣総理大臣を会長とする食育推進会議で策定[49]され、農林水産省、厚生労働省、文部科学省の三省で担当することになったのである。

学校では、栄養教諭を設置することで、①家庭における食育の推進、②学校・保育所等における食育の推進、③地域における食生活改善の推進、④生産者と消費者との交流の推進、環境と調和のとれた農林漁業の活性化等、⑤食文化継承のための活動支援、について取り組むことになった。

このように栄養教諭創設の背景には、国としての栄養・健康政策の転換と栄養教諭を設置するだけの社会的必要性に至り、21世紀を目前にして、これまでの栄養問題は欠乏症から過剰症へそして生活習慣病へと変化し､保健、医療、福祉の政策が大きな変革を迫られたのである。

これと軌を一にして、平成9年の保健体育審議会答申が出され、栄養教諭創設への契機となった。そして、平成12年には文部科学省に調査協力者会議が設置され、翌年7月の第一次報告で「栄養教諭（仮称）制度」が打ち出され、平成15年2月の第二次報告では、その具体的な職務内容、配置、身分の取り扱いまでが示されたのである。

平成14年6月25日の閣議決定「経済財政運営と構造改革に関する基本方針2002」では、「食育」を充実することが重要政策の一つに位置付けられ、これを受けて中央教育審議会では栄養教諭制度の創設について審議が開始され、翌年1月20日「食に関する指導体制の整備について」の答申[50)]がまとめられた。

最終的には、平成16年の通常国会である第159回国会に栄養教諭に係わる「学校教育法等の一部を改正する法律案」が提出され、平成16年5月14日には衆議院、参議院共に全会一致で可決・成立した。そして、同年5月21日には法律第49号として公布され、教育職員免許法の改正に係わる部分について同年7月1日より施行された。平成17年4月1日からは、栄養教諭制度が全面施行となり、①学校教育法、②市町村立学校職員給与負担法、③教育公務員特例法、④教育職員免許法、⑤学校給食法、⑥女子教職員の出産に際しての補助教職員の確保に関する法律、⑦地方教育行政の組織及び運営に関する法律、⑧公立義務教育諸学校等の教育職員の給与等に関する特別措置法、⑨公立義務教育諸学校の学級編制及び教職員定数の標準に関する法律において整備が行われた[51)]。

この改正は、児童の食生活が深刻化する中で、学校における食に関する指導を充実し、児童生徒が望ましい食習慣を身に付けることができるよう新たに栄養教諭制度を設けること、栄養教諭は、栄養に関する専門性と教育に関する資質を併せ持つ教育職員として、その専門性を十分に発揮し、特に学校給食を「生きた教材」として有効活用しながら、食に関する指導を充実していくことが期待され、文部科学省より関係者に通知された。

(二)　栄養教諭の設置と配置

栄養教諭の設置と配置については、学校教育法で次のように規定された。

第37条　小学校には、校長、教頭、教諭、養護教諭及び事務職員を置かなければならない。
②　小学校には、前項のほか、栄養教諭その他必要な職員を置くことができる。
⑬　栄養教諭は、児童の栄養の指導及び管理をつかさどる[52)]。

中学校、幼稚園及び高等学校並びに盲学校、聾学校及び養護学校の幼稚部及び高等部については、必要な職員として栄養教諭の設置は可能であることと決定された[53)]。

国会審議では、設置について、「学校教育法第37条②」において、「何故、置くも置かないも都道府県の判断になるのか。必置にしなかった点がおかしい。小泉首相の施政方針演説でも食の重要性をあげており、人間力向上のための教育改革を進めている。そのため、任意配置ではなく義務付けるくらいのことは必要である。何故、栄養教諭を第37条の養護教諭の後に入れることが出来なかったのか。これほど食育が大きく位置付けられているのに」という意見が出された[54)]。

これに対し文部科学省から、「栄養教諭制度は現に学校給食を実施しているが、学校等に配置されている学校栄養職員に栄養に関するその専門性に加え、教育に関する資質を身に付けてもらい、栄養教諭として児童の栄養に関する指導と給食管理を一体的に行ってもらうものである。従って栄養教諭の配置は、平成16年1月に提出された中央教育審議会答申で指摘されたように、地方分権の趣旨や学校給食の実施そのものが義務とされていないことから、地方公共団体が地域の実情に応じてその配置を判断することとし、学校教育法上、『置くことができる』と指定した」と説明した。

他方、「学校職員制度を戦後以来の歴史で見れば、司書教諭、養護教諭、学校栄養職員、調理師、学校事務職員、用務員、スクールカウンセラー、教頭、主任、そして今日では主幹職等があるが、何故、この段階で栄養教諭を創設するのであろうか」といった疑問が国会からも出されている[55)]。

また、家庭科教育学会は「栄養教諭が何故、栄養士免許を必要とするのか、何故、学校栄養職員であるのか。これまで食事や栄養に関する教育は、家庭科や保健体育科の中で行なわれており、教育的資質の乏しい学校栄養職員を制度化までして行なわなければならないのか。突然であり、唐突すぎる」と述べている。

中央教育審議会では、この種の疑問は強い口調で論じられないまでも、答申を出す最後の審議になっても消えなかった。同審議会の浅見部会長は、栄養職員たちの声、すばらしい実践、学校内のチームワークと校長のリーダーシップなどの可能性や、現実に職員会議から排除されている栄養職員の実態と足りない教育への認識等の課題を挙げて、栄養教諭を制度として創設することは意義があると説明した[56)]。

だが、橋本委員は、「ずっと反対を唱えているわけではなく、今、学校は何を望んでいるかということ。一番望まれていることは、専科の方々や実技教科の先生方を軽く見ながら､片方だけ配置するという形で行っていくのは、本末転倒のように思われる。栄養職員の職務内容、専門性の職能を生かす、このことは大変重要です。しかし、各教科の全教科配置、こちらの方が最も重要ではないかと思います」と批判的意見を述べている[57)]。

この意見は、栄養教諭よりも専科教員を充実する、或いは全教科の教員をきちんと配置するという施策の方がより重要ではないか、それを後に回して栄養教諭を優先することは本末転倒の結論であるという趣旨である。

中央教育審議会の結論は、横山委員の意見で、地方の選択に任せるという趣旨であり､「私もワーキンググループから関わっていて最初から原案を見ているが、この答申で結構だと思う。今、食教育の重要性は誰も否定しないわけです。それが家庭、地域、学校でなされるというのは分かる。今回の中教審答申は、食の重用性を認識しながらも、学校教育の場でどうするかということが論点になっていたわけです。その結論として、食の教育をする一つの手段、方法として、栄養教諭の制度を作ろうという結論になっているのです。従って、その栄養教諭なるものが、現状から必置ではなくて、個々の設置者の判断に任されている。例えば、栄養教諭を導入するとして、それを家庭科、或いは他の学科とどのように整合させて、組み合わせてやっていくかということは、設置者が判断すればいい話であって、中教審でこの答申の中まで、個々の設置者の行動を制約するようなことまで書いたら、却って自治体の弾力性を失わせることになる。これは算数、社会とか必置の教科ではないのですから、あくまでも任意の設置である以上は、特にその使い方について、どのように使っていくか、大幅に設置者側の裁量の余地を残すべきだと思います」と述べている[58)]。

ここでは省略するが、栄養教諭の設置に至る背後には、全国学校栄養士協議会が自民党を巻き込んだ栄養教諭制度創設運動がある。栄養教諭制度を創設することの唐突感と違和感を教育界に与えことは否めないが、その結果、当面、地方の設置者の裁量によるという現実的判断が選択されたのである。

国会審議の中で最大の焦点は、栄養教諭の配置である。特に栄養教諭の配置と移行期間の関係、定数改善と配置の問題であるが、文部科学省は、学校給食の実施は義務とされていないこと、学校栄養職員は学校給食の実施校の全てに配置されているわけではないことから、地方分権の趣旨を踏まえ、地方公共団体が地域の実情に応じて判断すべきであるという方針を貫いている。

文部大臣は、「現在の配置状況として、10,570 名の栄養教諭の配置計画としている。学校は小・中あわせて 35,000 校あり、学校給食現場は単独校と共同調理場がある。単独校では、一人二校受け持ってもらう、共同の場合は、一人で四、五校を平均に受け持つ形で当面やっていく。今後どのような配置をしていくかは、地方の自治体が対応し、地方の主権、地方の裁量の問題であるため、学校給食そのものが現状必置条件になっていない」と述べている。しかし、この栄養教諭の趣旨は制度を生むことで、食の指導の重要性、さらに地方公共団体に理解を求めながら、学校栄養士の配置の推進を行っていくという考えを示している。そして、制度を作ることが最優先であり、後は設置者の判断に委ねて行くのである。

中央教育審議会の政府参考人であった香川芳子（女子栄養大学学長）も同様の考えが根底にあり、「全校配置で児童生徒の教育が出来るのは良い。しかし、学校給食は設置者が決めることであり、全校配置と法律では決められない。それが出来ないとしたら、無理をして栄養教諭が創設されないよりは、一人でもとにかく創設しておいて、それから徐々にご理解いただいて増やしていけば良い」[59] と制度化優先の考えを示した。

以上の論議により、公立義務教育諸学校の学級偏制及び教育職員定数の標準に関する法律（改正法第８条関係）が決定され、①栄養教諭と学校栄養職員の標準定数を合わせて算定すること、②教職員定数の短時間勤務の職を占める者等の数への換算の規定の適用対象に栄養教諭を追加すること[60]、とした。

いわゆる学校給食の問題点は実施率で、栄養教諭の創設を機に給食の配置がない自治体に対して、運営の見直しを示唆したことになる。文部科学省としては、栄養教諭制度創設によって、今後は学校給食を拡充するよう地方自治体に促すものと推測する。地場産物の食材使用を推奨することで学校給食をさらに地域密着型とし、流通、消費の面から地域との支援体制が構築されるなら、学校給食の実施が求めやすくなるからである。食教育を通して食に対する意識のみならず、地域における教育の体制づくりが進み、新たな地域活性化に繋いでいくこと、それを決定付けたのが後に誕生した食育基本法である。

（三）　栄養教諭の職務

栄養教諭は、小学校、中学校、盲・聾・養護学校の小学校及び中学校に配置され、食に関する指導と学校給食の管理を一体化した職務とされている[61]。国会審議では、学校給食の指導の際、望ましい食生活に関して専門的立場から担任教諭等を補佐し、児童生徒に対して集団または個別指導を行うこと、学校給食を通じて、家庭及び地域との連携を推進するための各種事業の策定及び実施に参画すること、の二つが書かれているが、ここまで現実化しているのに何故、新たに栄養教諭の資格を作る必要があるのか、という趣旨の質問があった[62]。

これに対し、政府参考人 香川芳子は、学校現場の実態から制度の必要性を強調した。栄養職員が栄養指導について一般教諭と協力して当たるように文部科学省から指導があったにしても、実際は、「教員でなく、職員であるからチャンスを与えられない。本人がしたいと思っていても与えていただけない校長が多い。先生方からは教員の仲間ということで、させてもらえない。栄養教諭になればその立場がしっかりするだろうが、家庭科教諭が出来るのではないかということに関しては、肥満児が増えて生活習慣病が主流となり危険であり、アトピー等の子どもへの個別指導は、家庭科教員ではできない。個別指導が依頼できる栄養教諭が適任だと考えている。今置かれた環境で出来ることからやっていくことで、教諭の資格をつけてもらうことは非常にプラスになる」と栄養教諭制度創設を要望した[63]。

文部大臣は、学校教育と地域への指導の二面から栄養教諭の説明をした。「学校栄養職員を教諭化すれば、学校のカリキュラムを作ったり、関連教科と連携し、総合的な学習の時間や特別活動に位置付けたりできるが、今のような栄養士の非常勤では十分な対応はできない。また、食の専門家として学校、父兄、そして地域を結びつける役割を果たすことも期待出来ない」とした。

さらに文部科学省の説明では、食教育の中身として、学校における食に関する指導は具体的には学校給食をはじめ、関連教科や特別活動を通して食品の種類や働きを理解し、バランスの良い食事を規則正しくとること、安全や衛生に留意すること、食事のマナーを身に付けること、気持ちよく会食すること等が生活にとって大切なので、児童がこれらのことを日々の生活の中で理解できるように促し、習慣化を図ることにしている。併せて、食料の生産、流通、消費等の食料事情、自然と勤労に対する感謝の気持ち、伝統的な食事や食材を通じた郷土に対する理解を含んだそれぞれの食生活、食習慣の健全な育成に努めたい旨の考えを示した[64)]。

中央教育審議会では、研究協力者会議と食に関する指導体制部会が「食に関する指導」と「学校給食の管理」に関する部分を中心に審議した。栄養教論のモデルは養護教論とされながらも、審議経過では、「栄養教論は、学校給食を通じて子ども達の食に関する指導を行うことが主な職務となるであろう。養護教論も、子ども達の健康を守ることが主な職務であると考えた場合は同様である。養護教論、教論、栄養教論の学校における役割を整理する必要がある。お互いに三者の教員が専門性を発揮して協力して教育活動を行えば良い。文部科学省からも、栄養教論についても養護教論の形態に似たものになる」という基本的な考え方が示され、職務が決定づけられた[65)]。

特に児童生徒への個別的な相談指導については、研究協力者会議の中で審議された経緯があり、個別指導を行うための協力体制の考え方が答申の前面に打ち出されている。「児童生徒への個別指導を基本に学校医、校長、養護教論、担任教論、スクールカウンセラー、栄養教論、学校栄養職員、そして医療機関の管理栄養士も含めた連携体制を早急に整える必要がある」とされたのであった。

文部科学省は、「個別的な相談指導も現在は、学校栄養職員が中心に取り組んでいる。今後は栄養教論の専管事項となりうると考えられる」として、現時点では他の医療機関と連携したくてもできない実態にあるので、栄養教論が中心となって、ネットワーク構築に取り組むべきであると説明し、答申にその必要性を盛り込んでいる[66)]。しかし、審議過程の中には、教科教育は、食物アレルギーや偏食傾向等の個別事例の教育を行うものではない[67)]といった反対意見もあった。つまり、個別指導を担う栄養教論の職務の在り方には賛成できないという主旨である。

職務の在り方として、学級担任と連携を取った上で、給食の時間に食の指導を栄養教論が単独で行うことが求められた。文部科学省は、「教育者としての資質を身に付けた栄養教諭になった場合、専門性を生かした指導方法は教育上効果が高いことから、その方法も考えられるのではないか」と説明しており、栄養教諭は、栄養士または管理栄養士の免許を有していることから、積極的に健康教育を行う職務として構想されたと考えられる。また、「学校給食の管理と食に関する指導は同等の位置付けとして、栄養教諭の職務となる」、「食に関する指導は、給食の時間に行うことになっているので、これが中心となる職種として位置付けることが望ましい」と説明した[68]。

中央教育審議会・教員養成部会「栄養教諭制度の在り方に関するワーキンググループ」の審議過程では、栄養教諭の職務のイメージは、学校給食の栄養管理と衛生管理の部分をもっと膨らませるべきである。家庭への働きかけについても、そもそも給食だよりを読まない或いは親子料理教室に参加できないような家庭への働きかけこそが課題である、O-157問題をはじめ、学校給食は弱点があるので、特に衛生管理面に関しては職務を拡充すべきである、といった意見も見られた。なお、ワーキンググループの審議で、教員養成部会は、「栄養教諭の職務は必ずしも給食管理が中心ではない」と述べている。別に給食管理を行う者が必要なのか、という意見も出ていたが、中間報告では、職務は給食管理と食に関する指導の二本立てであると確定された[69]。

以上の論議によって、栄養教諭の職務は、児童の栄養に関する指導及び管理をつかさどる、と規定されたのである。

審議経過と文部科学省の説明を踏まえるなら、栄養に関する指導は、①児童生徒に対する栄養に関する個別的な相談指導、②学級担任や教科担任と連携して関連教科や特別活動等の食に関する指導を行うこと、③食に関する指導に係る全体的な計画の策定等への参画が含まれること、また、栄養に関する管理については、①学校給食を教材として活用することを前提にした給食管理、②児童生徒の栄養状態等の把握、③食に関する社会的な問題に関する情報の把握等、が含まれている[70]。

(四)　栄養教諭の資質と免許制度

栄養教諭には、栄養に関する専門性と食に関する専門性が求められ、その資質能力を制度的に担保するために免許状が創設された。国会審議では、「教師としての資質、資格能力を身に付けるにはどのようにしたら良いか、栄養教諭の養成や資質の確保はどのように行われるのか、学校における校長、教職員との一体的な取り組み、学校を中心とした家庭、地域社会との総合対策に求められる資質や能力は非常に高い」[71)] という指摘があった。しかし実際は、学校栄養職員が栄養教諭に移行する特別措置についての審議が中心であった。

資格免許移行の特別措置に反対の立場であった田島委員からは、「管理栄養士は、勤務経験三年プラス大学で10単位取得することで栄養教諭一種免許状が取得でき、栄養士は、勤務年数三年プラス8単位で栄養教諭二種免許状取得の措置が取られる。この勤務年数三年の重みはどの程度か。管理栄養士三年と栄養士三年を単位に換算すると1年が何単位とみなすか。在籍年数三年で15単位程度と換算すると、一年で5単位程度と理解できる。果たして現場の栄養士・管理栄養士が教科もしくは指導に関しての実績をこの三年で積んできたといえるのか。15単位に見合うだけの教諭としての資質を高めてきたといえるのか。センター方式の給食では補えない」[72)] という批判的意見が展開された。

これに対し、文部科学大臣は、「新規の人に12単位余分にやらせるには、二年くらい実習に出さなくてはならない。今の大学における一般教諭についてもこの問題が課題となっている。今後、教諭の資格を取るには、実習も入ってくる。現場にも行って一般教諭がどのような研修をやっていくことできちんとしたい。さらに、新しい知識を蓄えて先生としての資格をもって臨んでいただく。新しい方々にはそれなりの勉強をして教諭になってもらう」との考えを説明した。しかし、田島委員は、「三年間、給食担当の栄養士や管理栄養士をしていれば、子どもを教えたことがなくても簡単になれてしまう、そんな扱いになっている。果たしてこれでいいのか。早く教諭という資格を与えたい思いばかりが先行してしまって、その場しのぎのような感じがする」と批判した。

文部科学省の考えは、学校栄養職員が給食管理の職務や非常勤講師をしてきた経験を評価して、学校栄養職員三年以上の管理栄養士経験者に教育に関する科目2単位、栄養教諭の使命や職務内容について学ぶ教職に関する科目一種免許状について8単位、二種免許状は6単位、そして、学校栄養職員が一定程度特別非常勤として食に関する指導を行った場合、これを考慮して、栄養教育実習を他の教職に関する科目の単位修得で代替できるようにする、という案が紹介された。

さらに、自由民主党議員のホームページには、国会の決定以前に栄養教諭に関する掲載があった件が問題として指摘されており、河村大臣は、「それは軽々しい発言ではなくて、栄養教諭の皆さんの思いというものを知っておられる方がそうおっしゃったと思います」とかわしたが、実は、自民党の栄養士議員連盟が栄養教諭制度創設に大きく関わっていたのである[73]。拙稿で既に明らかにしたが、そこには見逃せない政治的文脈があり、河村大臣自身はこの連盟で積極的に活動していたのである。

以上の論議を経て、教育公務員特例法（改正法第3条関係）と教職員免許法（改正法第4条関係）が改正された。教育公務員特例法、第2条の「教員」の定義に栄養教諭が加えられ、これにより第11条（採用及び昇任の方法）、第13条（校長及び教員の給与）、第14条（休職の期間及び効果）、第17条（兼職及び他の事業等の従事）、第18条（公立学校の教育公務員の政治的行為の制限）、第21条（研修）及び第22条（研修の機会）の規定、大学院修学休業に係る規定（第26条から第28条まで）に栄養教諭が加えられた。なお、初任者研修（第23条）及びそれに伴う条件附任用期間の特例（第12条）並びに10年経験者研修（第24条）の規定は、養護教諭と同様に栄養教諭には適用されない。

中央教育審議会の論点を見ると、資質確保としての基礎資格が問題になっている。文部科学省案には、学校栄養職員は、学校給食の栄養に関する専門的事項をつかさどる職員で、学校給食の栄養管理や衛生管理という給食管理業務を担うとし、このため栄養士の免許を持つことが義務付けられていると示されていた。平成 15 年 12 月 4 日の第 34 回中央教育審議会総会において、文部科学省の見解とは別に管理栄養士を基礎資格とすべきであるという方向で審議された経緯があった。全国学校栄養士協議会のヒヤリングでも、管理栄養士をベースにしてほしいとの意見であり、さらに、ワーキンググループの審議でも食と健康の教育の課題に対処するためには、その基本的要件として管理栄養士の資格が必要であると構想されていたのであった。

反面、栄養教諭の制度を作ったとしても、高度になりすぎて手の届かないものにならないようにする必要がある。一方で、養成の立場から管理栄養士が基礎資格となれば、短期大学では栄養教諭の養成が出来なくなること、未来の栄養教諭としては想定されているが、学校栄養職員は対応が困難であること、さらに、管理栄養士国家試験との齟齬をきたすこと[74]、等の問題が生じることが考えられ、文部科学省は、保健師や看護婦の資格をベースに認める養護教諭のケースもあるが、一種免許状の場合は、文部科学省が認定した所定の科目を修了した者に与えるというのが普通である。後者の養成でも相応の資格は身に付くと考えられる[75]と説明した。

第七節　法的位置付けと課題

栄養教諭は栄養に関する指導として、児童生徒の個別指導、学級担任等と連携して関連教科や特別活動で食に関する指導を行う。そして、学校給食の活用と給食の管理、児童生徒の栄養状態の把握、食に関する社会的問題に関する情報の把握がその職務とされた。これらを進めるための栄養教諭の資質は、教員免許法で「栄養に関する専門性」と「教職に関する専門性」が求められ、栄養教諭免許状としての普通免許状が設けられた。配置は、地方分権の趣旨を踏まえて地方公共団体が地域の実情に応じて判断し、義務とはしないとされた。特段、養成計画は取り上げられなかったが、身分は養護教諭と同様の措置が講じられ、栄養教諭は新しい領域の教員として法的に位置付けられた。

これまで学校教育の中で、断片的な形で食の指導が行われてきたが、栄養教諭の設置によって学校組織が整い、食の指導が年間計画に組み込まれ、継続的指導が可能となったことの意義は大きい。そして、校長のリーダーシップの下、教職員との連携・協力による Team 教育という新しい指導の手法が示唆されたことも意義深いが、課題は山積している。

第一に、栄養教諭は、子どもの健康問題を改善するために、個別指導相談をはじめ、さらに栄養状態の把握が職務内容とされた。このことは、専門職本来の資質が求められたものと解釈できるが、その基礎資格は栄養士免許に留められてしまった。栄養教諭は高度な専門性を持つ職員ではあるが、これまで学校栄養職員は給食管理を専門としていた経験からみれば、非常勤制度の活用から食の指導は出来ても、健康問題の改善に関する個別指導や相談が出来るかというと大いに懸念が残る。何故なら、健康問題を学校給食という特化した部分だけで対応するという矮小化になりかねないからである。

第二に、栄養教諭養成に関しても配置の枠が広がらなければ計画的な養成にはならない。栄養教諭を希望して入学する学生が多いなか、抜本的に配置が整備されなければ、免許状を取得するためだけの養成を導くことになってしまう。

第三に、学校栄養職員が栄養教諭の免許取得に関して、職務経験を加味した特別措置が取られているが、学校栄養職員に教育的資質が担保されているとは言えない状況の中で、職務経験にわずかな「栄養に係る科目」と「教職に関する科目」の単位修得を課すだけで十分とはいえない。教育現場が求める栄養教諭養成に向け、さらに検討が必要である。

第四に、栄養教諭の指導領域が明確には見えてこないことである。連携の下に指導が行われることになっているが、実際には養護教諭や保健体育の領域と重複しており、専門性を生かせる明確な領域設定が課題である。

第五に、栄養教諭制度の創設は、「この時期を逃して再度はない」という政治的運動を背景に成立したものである。そのため、とりあえず現状のまま制度化し、実施する中で改善を図っていくという戦略がとられている。単に、学校栄養職員の地位向上に終わらないで、子どもの健康問題の改善に貢献するという本来の目的に向けた今後の努力が求められる。

栄養教諭制度創設の経緯には、総じて曖昧さと不透明さ、そして教育界に唐突感を残した制度化があった。国会を舞台に、健康問題を発端として非常勤講師制度の導入にはじまり、食育の提唱、栄養教諭制度創設と栄養教諭を必要とする食育基本法の制定という段取りで運ばれてきた。子どもの健康問題という国民の泣きどころをつき、国としてのコンセンサスが得られているかのごとく一気に制度化へと導かれたといえる。

かくして学校栄養職員の悲願は達成されたのであるが、上記のように多くの課題を残していることも事実である。設置された以上は、それらの課題を着実にこなして、栄養教諭本来の使命を全うしてほしいものである。

第八節　栄養教諭に求められる資質

これまで見てきたように、審議経過では、文部省の調査研究協力者会議、食に関する指導体制部会、栄養教諭制度の在り方に関するワーキンググループ、中央教育審議会総会の審議経過、そして国会の衆参両議院文教委員会等を中心に、栄養教諭の設置目的及び職務内容について審議が行われてきた。これらを踏まえ、栄養教諭設置構想の中で、栄養教諭に求められた資質を分類整理し、どのような資質が栄養教諭に求められたのかを分析する。

審議経過については、三つの会議から分類整理した。まず、一つ目は、調査研究協力者会議だが、調査事項は、①学校栄養職員による食に関する指導の在り方、②学校栄養職員の職務内容について、③学校栄養職員の資質向上方策等についての調査研究であった。この中での第一次報告では、学校栄養職員が栄養教育の専門家として児童生徒に食に関する指導を担うことができるよう、食に関する指導体制の整備をすることが必要とされた。そして、食に関する指導体制部会の第二次報告では、栄養教諭の職務内容、配置、免許状等の基本的な方向が提言されている。そして、中央教育審議会スポーツ・青少年分科会「食に関する指導体制部会」を設置して、制度設計を含む専門的かつ具体的事項について調査審議が行われ、栄養教諭免許状の在り方に関するワーキンググループが立ち上がり審議された。ここで栄養教諭の基礎資格は、健康教育の視点を重視するため「管理栄養士」と決定された。しかし、短期大学の養成課程でも免許状を出せるよう配慮してほしい旨の要望があり、審議の結果、基礎資格は「栄養士」に決まった。これらの審議経過から栄養教諭に求められた資質について、様々な議論の末、管理栄養士から栄養士になったことが議論の中心であった。栄養士と管理栄養士が指導する食に関する内容は、①指導方法や内容、②給食時間の衛生管理、③養成カリキュラム、④栄養教諭の法的位置付けであり、養成のカリキュラム構造が異なる問題を含んでいると考えられる。

表 2-4 の栄養教諭制度構想の審議段階で、栄養教諭に求められた資質について審議された内容を基に整理し、審議の段階でどのような資質が必要であったのかを検討した。保健体育審議会の答申には、栄養教諭に求められる資質として、児童生徒に行う専門的な指導が担保されておらず、「児童生徒の心理を理解しつつ教育的配慮を持った接し方」、「児童生徒の成長発達」、「日常の行動の理解」、「教育の意義や課題に関する理解」が挙げられている。

ここで一番大事なことは、基礎資格を管理栄養士とするか栄養士とするかで制度の根幹が変わるということである。中村丁次委員は、「管理栄養士を基礎資格に上げたのは、職務内容に個別指導が加わったからである。栄養教諭の一種免許状が管理栄養士レベルであることが制度の根幹である」と発言

【表 2-4】栄養教諭制度構想の審議思考経過から栄養教諭に求められた資質の分類整理

<table>
<tr><th>審議対象となった資質項目</th><th>栄養教諭に求められた資質の要件</th></tr>
<tr><td rowspan="7">1. 食に関する指導</td><td>児童への個別的な相談指導
偏食傾向、痩身願望、食物アレルギー、スポーツ等をする生徒への個別指導
保護者に対する指導
食生活の実態調査
主治医、学校、病院の管理栄養士との連携調整
アレルギーやその他の疾病を持つ児童への献立、調理教室等の実施</td></tr>
<tr><td>求められる能力</td></tr>
<tr><td>臨床栄養学の知識、疾病の理解、養護教諭、医師、看護師との連携指導、調整力、カウンセリング能力、自己管理能力</td></tr>
<tr><td>職務に必要な能力</td></tr>
<tr><td>カウンセリング能力、判断力、対応力、研究力、分析力、企画力、指導力、プレゼンテーション能力、コミュニケーション能力、連携調整能力</td></tr>
<tr><td>資質形成に必要な科目</td></tr>
<tr><td>栄養教育論、栄養教育論実習、ライフステージ栄養学、臨床アセスメント学、病態栄養学、栄養カウンセリング論、食事療法学、応用栄養学、臨床栄養学、臨床学実習、ライフステージ別栄養学実習、解剖学、基礎調理学実習、応用調理学実習、調理科学、学校栄養指導論</td></tr>
<tr><td rowspan="5">2. 給食時間の指導</td><td>児童への指導は一般教員が理解している教育内容が必要</td></tr>
<tr><td>職務に必要な能力</td></tr>
<tr><td>連携・調整力、企画・実行力、情報・発信力、プレゼンテーション能力、コミュニケーション能力</td></tr>
<tr><td>資質形成に必要な科目</td></tr>
<tr><td>学校栄養指導論、食生活論、栄養教育論、栄養教育論実習</td></tr>
<tr><td rowspan="2">3. 給食管理について</td><td>学校給食法では、学校栄養職員は栄養士免許を有し、栄養の専門的知識を持って栄養の指導を行うことになっている。</td></tr>
<tr><td>学校給食で行う給食管理の内容
栄養管理：栄養所要量、食品構成と献立作成、食事調査、嗜好調査、残食調査、作業工程表の作成、作業動線図の作成</td></tr>
</table>

<table>
<tr><td></td><td>衛生管理：物資検収、水質検査、温度測定、記録確認、HACCPに基づく衛生管理、調理員の健康観察
検食・保存食：検食と保存食の採取、管理、記録
調理指導：調理および配食指導、食品購入に関する事務
そ の 他：在庫確認、整理、産地別使用量の記録、諸記帳の記入と作成、施設・設備の維持管理</td></tr>
<tr><td></td><td>職務に必要な能力</td></tr>
<tr><td></td><td>献立作成能力、マネジメント能力、企画実行力、食品選定力、教材研究能力、使命感、調理指導力</td></tr>
<tr><td></td><td>資質形成に必要な科目</td></tr>
<tr><td></td><td>給食経営管理論、給食経営管理論実習、調理科学、食品学、食品衛生学、衛生関係法規、微生物学、食品加工学実習、食事摂取基準論、調理科学、基礎調理学実習、応用調理学実習、</td></tr>
<tr><td>4. 栄養教諭に求められる資質の内容</td><td>保健体育審議会答申から求められた資質
・児童生徒への専門的な指導が担保されていない。
①児童生徒の成長発達、日常の行動の理解、教育の意義や課題に関する理解、児童生徒の心理を理解しつつ教育的配慮を持った接し方、②児童生徒への成長、発達と日常生活行動の理解、③心理と教育的配慮を持つ接し方
・担任と連携、児童生徒に集団、個別の指導を行う担当教諭のTeam指導
・栄養士の資質の担保、個別指導は栄養士ではなく管理栄養士が行うものである。栄養教諭は肥満やアレルギー等の問題がある場合だけでなく、健康的な人も含めており栄養教育を行うことになるため、高度な専門性が求められる。栄養士には国家試験がないので、資質の担保の面から管理栄養士をゴールにすべきである。
・生活習慣病対策は高度な技術知識が必要であり、制度を創設し、十分な成長を得るためには、十分な知識を持った栄養教諭にする必要がある。
・全国学校栄養士協議会のヒヤリングでも管理栄養士をベースにしてほしい旨の意見があった。
・教員免許状は一種免許状が標準であり、二種免許状を要する者には努力義務として一種免許状を取得することを求める。
・学校栄養職員には、栄養に関する専門性は担保されており、教職に関する科目をきちんと課すことが必要であり、あまり減じなくでもよい。
・個別指導を行う栄養教諭になるには、他の教諭も納得できる高い資質能力をもった管理栄養士がしっかり指導する体制にすべきであ</td></tr>
</table>

る。栄養教諭の質が担保できれば、個別指導は意味がある。子どもの栄養状態や食習慣が個別化しており、全体に対する一般的な指導では疾病効果が得られない。
・栄養教諭の職務は、必ずしも給食管理ではない。安全な給食を提供する義務を栄養教諭の職務の前提とすることは重要である。給食管理が前提になっているが、給食を実施していない学校には栄養教諭は配置できない。
・栄養士の資質担保として、個別指導は栄養士ではなく、管理栄養士が行うものである。役割分担として一般的な健康面も栄養士ではなく管理栄養士が指導を行うとされている。
・中間報告では、給食管理業務との関連は、栄養教諭が食に関する指導のベースとして学校給食の栄養管理・衛生管理を行うというのが前提である。栄養教諭の免許については、食に関する指導が栄養に関する専門性をベースにしていることから、給食管理を行うかどうかに限らず栄養士、管理栄養士の免許が必要である。
・教諭は実際に給食指導を行うが、これまで養成課程で勉強していないため、理解が図られていない。教員養成の中にも食に関する資質を身に付けるようになることが必要である。
・学校教育では、総合的な学習の時間等に教諭が全てについて実践的に児童生徒の教育にあたるには、事前の研修が必要になるので、栄養教諭でも研修を促進することで対応できる。
・教諭になる前に研修の段階で少しでも勉強しておけば、食の指導を行う上で非常に有効である。
・管理栄養士相当程度の方向で審議されていたが「学校栄養職員と同等以上の栄養に関する専門的知識・能力」とはそのような意味か。
・専門性については、管理栄養士や栄養士免許を取得するために必要な程度と記載されている。(文部科学省の考え方)
・管理栄養士・栄養士程度であって管理栄養士・栄養士の資格を有していない者は、給食管理を行わないということか。
・管理栄養士は資格取得の時期に問題があり、資格を有するかどうかで議論があったが同程度としており、栄養士も同様の表現にしている。栄養士免許は、単位取得により大学卒業時までに取得可能である。管理栄養士の国家試験結果がでるのは5月であり、4月採用後に試験の合否が出るという問題がある。(文部科学省の考え方)
・採用時に大学新卒者は二種免許状をもった人間しかいないことになる。
・二種免許状で栄養士ということが定着しては、何のために免許制度を作ったのか分からない。
・栄養教諭は一種免許状で管理栄養士レベルであることが制度の根幹である。

	・管理栄養士免許を一種免許状とするのは就職面でも難しい。 ・本質的に大事なのは、管理栄養士であることである。管理栄養士免許が大学卒業時に取得できないことは問題であり、解決方法が懸念される。 ・神奈川県では、内定後管理栄養士免許を取得できない場合は内定を取り消している。 ・全国学校栄養士協議会のヒヤリングでも、管理栄養士をベースにしてほしいという意見が挙がった。（文部科学省の意見）
5. 養成カリキュラムに求められた内容	①養成の在り方 ・養成課程で何を学ばなければならないかが見えてこない。 ・資質向上としての食に関する指導は高度なものになっており、質の向上にあわせて栄養教諭を養成する。 ・養成課程の内容を踏まえて食に関する指導を行う人材を養成していかなければ、栄養教諭として実力が伴うことにならない。 ・21 世紀の教員養成の在り方を考えてほしい。 栄養教諭の資質 ・個別指導を行う栄養教諭となるには、他の教諭も納得できる高い資質能力を持った管理栄養士がしっかり指導する体系にすべきである。 ・栄養状態や食習慣が個別化してきており、全体に対する一般的な指導では、疾病効果は得られない。 ②カリキュラムについて ・管理栄養士の養成カリキュラムは、非常に柔軟であり、どの部分を強化するか各大学の自由である。栄養教諭を養成する場合、各大学でカリキュラムを教職に関する科目に近づけることは十分可能であるが、カリキュラムは弾力的かつ自由度が高く、どの部分を強化するかは大学の裁量に任されている。 ・管理栄養士の資格ではなく、管理栄養士相当の専門性とすることがよい。 ・児童生徒への指導と学校給食全体の食教育のコーディネーターに必要な定員の確保。管理栄養士課程では、その担保は難しいので、教育領域に関する科目、栄養に関する科目の両方で担保を検討してほしい。 ③資格 ・栄養士、管理栄養士の養成課程では、栄養士は対物業務、管理栄養士は対人業務の観点で設定している。 ・教育は人を扱うので、管理栄養士課程を基礎資格とした方が質的担保となり、栄養士の科目を基礎資格として教職に関する科目を履修する。 その他 ・管理栄養士の養成課程では、教職に関する科目と読めるものも含まれているので、履修科目は少しでよい。

<table>
<tr>
<td>6. 養成の科目構成に求められた内容</td>
<td>・栄養教育実習は給食管理も含めるべきである。
〈栄養に関する科目の履修〉
・教員養成カリキュラムの中で、食に関する科目を充実させる意見があるため、新たな科目を設けることは、大学や学校では時間数・教員配置の問題から難しい。
〈専門に関する栄養における科目〉
・小児保健２単位を課す意見は、管理栄養士の養成課程における「応用栄養学」６単位にはある程度小児保健の内容も含んでいるのではないか。
・教員養成の中では食文化、歴史、学校給食論を履修させるべきではないか。
・管理栄養士養成課程の科目に栄養教育論がある。教育技法、カウンセリング、心理の発達過程の内容を含むため、教職に関する科目を多少軽減してもよいのではないか。
・栄養教育論には教育理念と教育原則、教育方法が含まれる。
・応用栄養学には、児童生徒の心身の発達が含まれるのではないか。これらを検討し教職の科目を減じてもよいのではないか。
・管理栄養士の臨地実習と栄養教育実習は、ある程度重ねられるのではないか。逆に管理栄養士養成カリキュラムには、教職に関する内容をもっと含めることができると考えられる。
・カウンセリングは、教職のものと管理栄養士のものとで若干違う。科目の橋渡しは教職と管理栄養士の両方から歩み寄るべきである。
・栄養教諭養成に関するカリキュラムの検討だが、養成カリキュラムが多いのに変動することになれば、組み立てられなくなるため、カリキュラムは固定されるものと考えてほしい。
・栄養教諭養成カリキュラムに学校給食の実習を含めてはどうか。</td>
</tr>
</table>

（筆者作成）

した。

全国学校栄養士協議会からのヒヤリングの意見でも管理栄養士を基礎資格とした資質担保が必要という要望があった。

要するに、個別指導を行う栄養教諭となるには、平成12年の栄養士法改正で管理栄養士と栄養士の業務区分が明確化され、これにより栄養士は給食管理を中心とした「対物」の管理、管理栄養士は「人」を中心とする栄養指導が職務の基本として位置付けられた。このことから、個別指導は栄養士ではなく管理栄養士が行うものであり、役割分担である一般的な健康面についての指導は、管理栄養士が行う職務とされている。また、栄養教諭は肥満やアレルギー等の問題がある場合だけでなく、健康な人も含めて栄養指導を行う管理栄養士を基礎資格とする方向で進められたものであった。

ワーキンググループでは、他の教諭も納得できる高い資質能力をもった管理栄養士がしっかり指導する体制にすべきであるという見解である。栄養教諭の資質が担保出来れば、個別指導は意味があることになる。子どもの栄養状態や食習慣が個別化しており、全体に対する一般的な指導では、疾病効果が得られないという指摘もあり、基礎資格の問題として栄養教諭に求められる資質が職務内容の全てに影響し、栄養教諭制度そのものが問われることになると考えられる。

しかし、学校給食においての給食管理は、安全、衛生な食事の提供であるため、教諭にならなくても栄養士の配置で十分要件を満たすことができる矛盾点が出てくる。栄養士の配置は栄養士法から給食管理をつかさどるものが配置されていれば足りることであり、給食管理は人への指導ではなく、「対物」の管理であることから栄養士の配置で問題がない。即ち、栄養教諭となることで、教育的資質を求めるのが文部科学省であり、栄養士としての学校給食管理は厚生労働省の管轄である。この二つに跨る免許制度であることが栄養教諭の資質の問題をさらに複雑化していることになる。

また、養成課程の視点から検討すると、栄養士養成課程と管理栄養士養成課程では授業科目の内容にも格差がある。審議経過で指摘された個別的な相談指導では、臨床栄養学の知識が必要であり、アレルギーや肥満の指導、連携指導、カウンセリング、自己管理能力の育成については、栄養教育論及び栄養教育論実習や栄養カウンセリング論の中で行動変容、指導の手技手法まで理解することが必要であり、臨床栄養学、応用栄養学、栄養教育論等、栄養指導に必要な科目を学ぶことで指導力が育成される。栄養士養成課程では、全ての講義が総論で留まり、管理栄養士養成課程にみる各論の講義が少ないことが問題である。このことは、平成14年に栄養士・管理栄養士養成カリキュラムが大きく改正されたことから、管理栄養士は「対人」、栄養士は「対物」の養成を行うことで区別が明確化された。これに沿って養成大学はカリキュラム構成を各大学の独自性を持って編成し直した経緯がある。つまり、養成課程のカリキュラム構造の違いが、栄養教諭の資質に大きく影響を与えていることが分かる。

以上が、栄養教諭の基礎資格を栄養士、管理栄養士のどちらにするかによって起きた栄養教諭制度の根幹を揺るがす問題であった。

審議の末、管理栄養士養成課程でも栄養士養成課程でも、卒業時点で栄養士免許の取得が求められた。何故なら、管理栄養士は、国家資格であるため厚生労働省が実施する国家試験に合格して初めて得ることのできる免許制度であり、栄養士は、都道府県知事から指定された科目を履修し、実習を積むことで無試験、申請により与えられる資格だからである。3月に管理栄養士課程を卒業しても資格は栄養士免許取得のままであり、卒業後の5月に管理栄養士国家試験の結果が公表されるので、管理栄養士養成大学では、卒業時点で国家試験受験資格だけを与えることにした。このことから、採用時の4月には栄養士養成課程も管理栄養士養成課程も栄養士免許資格の取得に留まり、その実情を踏まえ、栄養教諭の基礎資格は「栄養士免許」に落ち着いたのである。とは言っても、管理栄養士養成課程のカリキュラム構成は、高度の専門性を身に付けることを基本として養成されており、人との関わりを中心に高度な専門性をもった栄養教諭養成が行われている。

審議の段階で、栄養教諭の基礎資格は栄養士免許と位置付けられたが、実際に文部科学省が示す「食に関する指導の手引」の中に、栄養教諭が行う個別的な相談指導の進め方が示されている。そこで、栄養士の資格で十分足りているのかを検討する。

指導の進め方を見ていくと、基本的な考え方として、「対象となる個人の身体状況、栄養状態や食生活等を総合的に評価･判定し、家庭や地域の背景、児童生徒の食に関する知識・理解度等を考慮し、児童生徒に適した指導にあたる」[76] ことが示されている。この中で、個別の相談指導を行う際に必要とされる資質について、栄養教諭の指導力として二つのことを求めている。①食物アレルギーや肥満等の指導に関する高度な専門知識と実践的な指導力、②児童生徒の発達段階や心理の特性を考慮したカウンセリングの技術力である。特に個別指導に用いるカウンセリングの技法では、①傾聴、②言葉の繰り返し、③非言語的表現の理解、④明確化、⑤沈黙尊重、⑥ラポールの形成、等を駆使した指導を行い、個に応じた指導計画を作成し、指導内容や児童生徒の変化を詳細に記録すると共に、評価を実施しながら、対象の児童生徒を適正な改善へと導くことが示されている。さらに、生活習慣病の予防や食物アレルギーへの対応を行う場合は、その専門性を生かしたきめ細やかな指導・助言を行うことが期待されている。その他、痩身の指導等も同様に実施することになっている。要するに、カウンセリングの技法を用いて栄養教諭が指導する方法には、児童生徒の栄養状態の評価、判定、栄養計画の策定、栄養指導、栄養モニタリング等の知識や技術が求められることになる。この技術は、現在、管理栄養士教育で培われる内容であり、文部科学省では栄養士免許で良しとされていたが、実際には、指導の手引の中で管理栄養士の専門性を駆使した個別の相談指導が、栄養教諭に求められた資質であったことが大きな矛盾点である。

管理栄養士・栄養士養成課程では、平成14年に抜本的なカリキュラム改正を行った。この経緯には、管理栄養士・栄養士の専門教育・養成で足りていないものが二点挙げられる。

一つは対人業務である。栄養士は、栄養指導では人を対象にするが、人の心と体を理解する能力や対処方法を学んでいない点が不足している。もう一つは、給食管理の部門でトップマネジメントを担える人材が不足している点である。栄養教諭は、厨房管理ではトップマネジメントの職務を行っているが、給食管理の技術として組織に求められる管理能力が足りていない。また、栄養教諭に求められる資質として保健体育審議会の答申は、児童生徒に行う専門的な指導が担保されていないとして、「児童生徒の心理を理解しつつ教育的配慮を持った接し方」、「児童生徒の成長発達」、「日常の行動の理解」、「教育の意義や課題に関する理解」を挙げている。答申の指摘からも言えるように、栄養士である栄養教諭は、対象者である児童生徒にバランスのとれた食事の作り方を指導できても、児童生徒の個々の具体的問題が解決できない指導となることを想定している。給食管理でもトップマネジメントの養成を行っていないこと、しかし栄養教諭が学校給食法改正により学校給食管理者に位置付けられ、「給食経営管理」が求められたことになる。

今回の審議経過は、管理栄養士・栄養士養成の免許制度の在り方について審議されたことが中心であり、要するに、栄養士の養成に関する教育の在り方を審議したのである。その中で養成される栄養教諭に求められた資質は、平成14年のカリキュラム改正を踏まえ、さらには、栄養士法の主旨から健康面についての指導は、管理栄養士が担う職務であることを前提に審議されたものであった。そして、最終的には給食管理の職務が優先した形で栄養士免許が基礎資格となったのである。

注及び引用文献

1) 田中信「栄養教諭制度の実現まで50年の歩み（1）～（6）」社団法人全国学校栄養士協議会編『季刊栄養教諭』創刊号～第6号、日本文教出版、2005年10月～2007年1月、創刊号24～27頁、第2号26～29頁、第3号20～23頁、第4号24～27頁、第5号24～27頁、第6号24～27頁。
2) ここに至る過程では、昭和45年に学校給食主事制度に関する陳情書を提出している。これは、栄養士は調理師の免許がないので、学校給食主事に不適当であるという考え方に対して、栄養士は、食事の調整にあたって調理師の業務を包括的に指導し得ることを前提としているものであり、栄養士免許取得者が調理師の資格を要求される理由はないという主張をした。つまり学校給食主事の資格としては、調理師の資格要件は必要ではなく、管理栄養士または栄養士の資格のみを要件とするという提案で、その結果、「調理師の資格要件」は取り下げられた。
3) 前掲1)、「栄養教諭制度の実現まで50年の歩み（3）」20頁。

4）同上、20 頁。

5）同上、20～22 頁、1973 年 9 月 27 日に指導（1973 年於金沢市全国学校栄養士研究大会後、栄養教諭実現促進期成会第 1 回総会)。

6）当時、代沢小学校の金沢嘉一校長から、「いちいち言わなくてもあなたが外に出て全国の子どものために働くほうがよいか、学校にいて学校の子ども達のために働くほうがよいか、考えて。黒板には行き先を書くだけでいいですから出かけてください」さらに、校長は「あなた方の団体だけでは、そんな大きなことは無理ではないですか、校長会や教員組合とかに頼んではどうですか」と指摘したが、その際、田中は「このような大事業は自力でなければできません。人に頼めばそれだけ力が弱まります。まして組合は社会党だからダメです。私どもは政府与党にお願いしているのです」と答えている。

7）「参議院文教委員会会議録」(17 号)、1974 年 5 月、4～5 頁。

8）前掲 1)、「栄養教諭制度の実現まで 50 年の歩み（5)」24 頁。

9）「生涯にわたる心身の健康の保持増進のための今後の健康に関する教育およびスポーツの振興の在り方について」(1997 年 9 月 22 日保健体育審議会答申)、文部省教育助成局地方課『教育委員会月報』1997 年 12 月号（NO.574)、1997 年 12 月、16～21 頁。

10）文部省体育局長工藤智規「『食』に関する指導の充実について」(通知）1998 年 6 月 12 日文体学第 55 号､国立教育会館『初等中等教育主要最新資料集』(1998 年度版) 1999 年 6 月、29 頁。

11）「今後の地方教育行政について」(1998 年 9 月 21 日中央教育審議会答申) 文部省『文部時報』(No.1466）平 1998 年 10 月臨時増刊号、1998 年 10 月、244～245 頁。

12）「養成と採用・研修との連携の円滑化について」(1999 年 12 月 10 日教育職員養成審議会答申）文部省『文部時報』(№ 1490）平成 12 年 7 月号、2000 年 10 月、22～23 頁。

13）http://www.mext.go.jp/b_menu/shingi/chousa/sports/004/toushin/010701i.htm (2007 年 9 月 23 日取得)

14）「経済財政運営と構造改革に関する基本方針 2002 について」http://www.obihiro.ac.jp/~houjin/images/0625kakugikettei.pdf#search「(2007 年 9 月 23 日取得)

15）http://www.mext.go.jp/b_menu/shingi/chousa/sports/004/toushin/010701.htm (2007 年 9 月 23 日取得)

16）同上。

17）「食に関する指導体制の整備について」(2004 年 1 月 20 日中央教育審議会答申)

文部科学省『文部科学時報』(№.1536) 2004年3月号、2004年3月、42～49頁。

18)「食に関する指導体制の整備について」(第32回中央教育審議会総会議事録中間報告案審議) (2003年9月10日) http://www.mext.go.jp/b_menu/shingi/chukyo/chukyo0/gijiroku/001/03091001.htm (2007年9月23日取得)

19) 同上、〈江上委員〉「一つの方法論が教諭制度によって専門性を深化させて、教育への発言権も高めるということで、それも理解できたわけです。逆に栄養教諭になられたとき、総合的な食に関する指導体制のプランができていないと、ますます栄養教諭になられた方が隘路に陥る可能性もなくはないと思います。校長先生がリーダーシップをとっているところはうまくいっているというお話ですので、これは校長先生の大きな旗振りへの仕事のオブリゲーションを明確にすることも含めて考えていただくとよろしいかなと思いました」

20) 衆議院「第156回国会文部科学委員会議事録」(第2号)、(2003年2月26日)、1～22頁。

21) 中央教育審議会「第36回総会議事録」(2004年1月16日)。http://211.120.54.153/b_menu/shingi/chukyo/chukyo0/gijiroku/001/04011601.htm (2007年9月23日取得)

22) 中央教育審議会初等中等教育分科会教員養成部会「第22回議事録」http://211.120.54.153/b_menu/shingi/chukyo/chukyo3/siryo/002/04012001.htm (2007年9月23日取得)

23) 中央教育審議会初等中等教育分科会教員養成部会栄養教諭免許制度の在り方に関するワーキンググループ「第4回議事要旨」http://211.120.54.153/b_menu/shingi/chukyo/chukyo3/gijiroku/007/03112601.htm (2007年9月23日取得)、および「食に関する指導体制の整備について」(2004年1月20日中央教育審議会答申) 文部科学省『文部科学時報』(No.1536)、2004年3月、42～49頁。

24) 中央教育審議会「第32回総会議事録」(2003年9月10日) http://www.mext.go.jp/b_menu/shingi/chukyo/chukyo0/gijiroku/001/04011601.htm (2007年9月23日取得)。

25) 前掲21)。

26) 前掲24) 議事録および中央教育審議会初等中等教育分科会教員養成部会「第21回議事録」(平成15年11月10日) http://211.120.54.153/b_menu/shingi/chukyo/chukyo3/gijiroku/001/04052101.htm

27) 中央教育審議会 初等中等教育分科会 教員養成部会「第22回議事録」(2004年5月25日)。http://211.120.54.153/b_menu/shingi/chukyo/chukyo3/

siryo/002/04012001.htm（2007年9月23日取得）、および「食に関する指導体制の整備について」（2004年1月20日中央教育審議会答申）文部科学省『文部科学時報』2004年3月号（No,1536）2004年3月、42〜49頁。

28）前掲23）。

29）中央教育審議会 初等中等教育分科会 教員養成部会栄養教諭免許制度の在り方に関するワーキンググループ「第1回議事要旨」（2003年10月6日）。http:// 211.120.54.153/b_menu/shingi/chukyo/chukyo3/gijiroku/007/03102301.htm（2007年9月23日取得）。
同「第4回議事要旨」（2003年11月4日）http://211.120.54.153/b_menu/shingi/chukyo/chukyo3/siryo/002/04012001.htm（同日取得）。
同「第5回議事要旨」（2003年11月17日）。http://211.120.54.153/b_menu/shingi/chukyo/chukyo3/gijiroku/007/03120301.htm（同日取得）。
同「第6回議事要旨」（2003年11月25日）。http://211.120.54.153/b_menu/shingi/chukyo/chukyo3/gijiroku/007/03122501.htm（同日取得）。

30）管理栄養士の国家試験に関しては厚生労働省の管轄であり、試験時期は大学卒業時3月に行なわれるため、管理栄養士養成課程を卒業した時点では栄養士免許のみの取得である。そのため、採用時は栄養士資格という矛盾した問題が起こっている。学校給食の職務を遂行する上で給食管理は、栄養士免許があれば問題がないが、食に関する指導の面で採用時は、管理栄養士課程を卒業しても短期大学を卒業しても基礎資格は栄養士である。このことから、栄養士養成施設からの強い要望で二種免許状を設けることになった。その結果、短期大学及び専門学校においても栄養教諭の養成が可能となったのである（栄養士免許は栄養士養成課程・管理栄養士養成課程で2年以上修了することにより、都道府県へ申請することで取得できる）。

31）前掲24）。

32）中央教育審議会「第34回総会議事録」（2003年12月4日）。
http://211.120.54.153/b_menu/shingi/chukyo/chukyo0/gijiroku/001/03120401.htm（2007年9月23日取得）。

33）同議事録。最終答申の審議過程の中で書き加えられた報告があった。

34）前掲21）。

35）前掲32）。

36）食に関する指導の充実のための取組体制の整備に関する調査研究協力者会議「議事録」（2003年1月16日）。http://www.mext.go.jp/b_menu/shingi/chousa/sports/004/gijiroku/030203.htm（2007年9月23日取得）。

37）前掲21）。

38）以下、次の会議録による。「第156回国会衆議院文部科学委員会会議録」（第2号）（2003年2月26日）、同（第5号）（同年3月14日）、同（第1号）（2004年2月18日）、同（第5号）（同年3月17日）、同（第11号）（同年4月14日）、同（第12号）（同年4月16日）、同（第13号）（同年4月20日）、同（第14号）（同年4月21日）、同（第15号）（同年4月23日）、同（第16号）（同年4月27日）、同（第18号）（同年5月14日）。

39）「第159回国会参議院文教科学委員会会議録」（第1号）（2004年3月31日、同（同年3月25日）、（同年3月30日）、（同年4月27日）、（同年5月11日）、（同年5月13日）。

40）「第156回国会衆議院厚生労働委員会会議録」（第11号）（2003年4月23日）、同（12号）（同年5月7日）。「第156回国会参議院予算委員会会議録」（第3号）（2004年2月4日）、「第156回国会衆議院予算委員会会議録」（第3号）（同年2月23日）。「第156回国会衆議院農林水産委員会会議録」（第15号）（2004年2月26日）。「第156回国会衆議院予算委員会第4分科会会議録」（2004年3月2日）。「第159回国会参議院共生社会に関する調査会会議録」（第4号）（2004年3月3日）。

41）規定改正は以下のとおりである。

学校教育法

第37条　小学校には、校長、教頭、教諭、養護教諭及び事務職員を置かなければならない。

②小学校には、前項のほか、栄養教諭その他必要な職員を置くことができる。

⑬栄養教諭は、児童の栄養の指導及び管理をつかさどる。

教育職員免許法

第2条　この法律で「教育職員」とは、学校教育法第1条に定める幼稚園、小学校、中学校、高等学校、中等教育学校、特別支援学校の主幹教諭、指導教諭、教諭、助教諭、養護教諭、養護助教諭、栄養教諭及び講師（以下教員）をいう。

栄養教諭免許状の種類と所要資格

① 専修免許状：修士の学位を有すること及び栄養士法第2条第3項の規定により管理栄養士の免許を受けていること。

【大学において修得することを必要とする最低単位数】

栄養に係る教育に関する科目	:	4単位
教職に関する科目	:	18単位
栄養に係る教育又は教職に関する科目	:	24単位

② 一種免許状：学士の学位を有すること及び栄養士法第2条第3項の規定により管理栄養士の免許を受けていること又は同法第5条の3第4号の規定により指定された管理栄養士養成施設の課程を修了し、同法第2条第1項の規定により栄養士の免許を受けていること。

【大学において修得することを必要とする最低単位数】
栄養に係る教育に関する科目　：　4単位
教職に関する科目　：　18単位
③　二種免許状：短期大学士の学位を有すること及び栄養士法第2条第1項の規定により栄養士の免許を受けていること。
【大学において修得することを必要とする最低単位数】
栄養に係る教育に関する科目　：　2単位
教職に関する科目　：　12単位

備考：①基礎資格である「学士の学位を有すること」には、文部科学大臣がこれと同等以上の資格を有すると認めた場合を含むものとする。
②大学において修得することを必要とする最低単位数については、「大学」には、文部科学大臣の指定する教員養成機関を含むものとする。

2　普通免許状は、学校（中等教育学校を除く）の種類ごとの教諭の免許状、養護教諭の免許状及び栄養教諭の免許状とし、それぞれ専修免許状、一種免許状及び二種免許状（高等学校教諭の免許状にあっては、専修免許状及び一種免許状）に区分する。

教員免許法施行規則

第10条の3　免許法 別表第2の2に規定する栄養教諭の普通免許状の授与を受ける場合の栄養に係る教育に関する科目の単位の修得方法は、栄養教諭の役割及び職務内容に関する事項、幼児、児童及び生徒の栄養に係る課題に関する事項、食生活に関する歴史的及び文化的事項並びに食に関する指導の方法に関する事項を含む科目について、専修免許状又は一種免許状の授与を受ける場合にあっては4単位以上を、二種免許状の授与を受ける場合にあっては2単位以上を修得するものとする。

第10条の4　免許法 別表第2の2に規定する栄養教諭の普通免許状の授与を受ける場合の教職に関する科目の単位の修得方法は、次の表の定めるところによる。

栄養教諭免許状の最低修得単位数

科目名		左項の各科目に含めることが必要な事項	専修免許状	一種免許状	二種免許状
第2欄	教職の意義等に関する科目	教職の意義及び教員の役割 教員の職務内容（研修、服務及び身分保障等を含む） 進路選択に資する各種の機会の提供等	2	2	2
第3欄	教育の基礎理論に関する科目	教育の理念並びに教育に関する歴史及び思想 幼児、児童及び生徒の心身の発達及び学習の過程（障害のある幼児、児童及び生徒の心身の発達及び学習の過程を含む） 教育に関する社会的、制度的又は経	4	4	2

		営的事項			
第4欄	教育課程に関する科目	教育課程の意義及び編成の方法 道徳及び特別活動に関する内容 教育の方法及び技術（情報機器及び教材の活用を含む）	4	4	2
	生徒指導及び教育相談に関する科目	生徒指導の理論及び方法 教育相談（カウンセリングに関する基礎的な知識を含む）の理論及び方法	4	4	2
第5欄		栄養教育実習（事前・事後指導を含む）	2	2	2
第6欄		教職実践演習	2	2	2

第10条の5　免許法 別表第2の2に規定する栄養教諭の専修免許状の授与を受ける場合の栄養に係る教育又は教職に関する科目の単位の修得方法は、第10条の3に規定する栄養に係る教育に関する科目若しくは大学が加えるこれに準ずる科目（管理栄養士学校指定規則（昭和41年文部省・厚生省令第2号）別表第1に掲げる教育内容に係るものに限る）又は前条に規定する教職に関する科目のうち1以上の科目について単位を修得するものとする。

別表第6の2（第6条関係）について

第1欄	受けようとする免許状の種類と所要資格	栄養教諭	
		専修免許状	一種免許状
第2欄	有することを必要とする栄養教諭の免許状の種類	一種免許状	二種免許増
第3欄	第2欄に定める各免許状を取得した後、栄養教諭として良好な勤務成績で勤務した旨の実務証明責任者の証明を有することを必要とする最低在職年数	3年	3年
第4欄	第2欄に定める各免許状を取得した後、大学において修得することを必要とする最低単位数	15単位	40単位
備考　この表の規定により一種免許状を受けようとする者が、栄養士法第2条第3項の規定により管理栄養士の免許を受けている場合においては、一種免許状の項第3欄に定める最低在職年数に満たない在職期間（1年未満の期間を含む）があるときも、当該在職年数を満たすものとみなし、同項第4欄中「40」とあるのは、「8」と読み替えるものとする。			

義務教育費国庫負担法 第2条関連

第2条　前条に規定する都道府県に係る教職員の給与及び報酬等に要する経費等の国庫負担額の最高限度は、次に定めるところにより算定した額の合計額の3分の1とする。

42）前掲1）、「栄養教諭制度の実現まで50年の歩み（3）」20頁、さらに、全国学校栄養士協議会と政治がより密着度を増したのは「学校栄養士議員連盟の結成」であった。会長森喜朗、幹事長柳川覚治、事務局長北川正恭、最高顧問衆議院議長坂田道太、金丸信、顧問文部大臣経験者他、総数93名であった。その結果、人件費の「国庫負担除外」(1984年12月12日)は守られたと田中は回想している。

43) 当時の文部省と連盟の国会議員団との深い協力関係によって、全国学校栄養士協議会は幾多の危機を免れてきた。文部省と連盟の国会議員団そして全国学校栄養士協議会が三位一体となって栄養教諭創設を達成したのである。一つの職業集団が、社会的に確固たる地位を掴むためには、そのような運動が必要であることを示唆している。

44) 前掲1)「栄養教諭制度の実現まで50年の歩み(2)」26頁。

45) 大木高仁「栄養教諭の職責」『季刊栄養教諭』第3号、2006年、25頁。

46)「生涯にわたる心身の健康の保持増進のための今後の健康に関する教育およびスポーツの振興の在り方について」(1997年9月22日保健体育審議会答申) 文部省教育助成局地方課『教育委員会月報』(No,574) 1997年12月号、1997年12月、16〜21頁。

47) 1997年「第2次国民健康づくり対策」厚生労働省が実施した政策。

48) 食生活は生活習慣病と深い関係にあることから、生涯にわたって健全な心身と豊かな人間性を育むことができるため、食育を総合的、計画的に推進する食育基本法が制定された。

49)食育推進会議で食育推進基本計画が策定され、具体的な取り組みを7つ挙げている。学校では5項目を取り組むことになっているが、「食育推進運動の展開」「食の安全、栄養その他の食生活に関する調査、研究、情報の提供及び国際交流の推進」が加わることになる。

50) 前掲23)「食に関する指導体制の整備について」、42〜49頁。

51) 2004年6月30日「栄養教諭制度の創設に係る学校教育法等の一部を改正する法律等の施行について」(通知) 文部科学省スポーツ・青少年局長、文部科学省初等中等教育長、16文科ス第142号。

52)「学校教育法」『文部科学法令要覧』(2008年度版) ぎょうせい、2008年、105頁。

53) 同上、104頁。

54) 日本共産党石井郁子議員「第159回衆議院文部科学委員会議事録」(第16号) (2004年4月27日)、17頁。

55) 前掲20)、1〜22頁。

56) 前掲18)。

57) 同上議事録、〈江上委員の発言〉一つの方法論が教諭制度によって専門性を深化させて、教育への発言権も高めるということで、それも理解できたわけです。逆に栄養教諭になられたときに、総合的な食に関する指導体制のプランができていないと、ますます栄養教諭になられた方が隘路に陥る可能性もなくはないと思います。校長先生がリーダーシップをとれているところはうまくいっているというお話ですので、これは校長先生の大きな旗振りへの仕事のオブリゲーションを明確にすることも含めて考えていただくとよろしいかなと思いました。

58）前掲 21)。

59）前掲 38）議事録（第 13 号）1～11 頁。

60）2004 年 6 月 30 日「栄養教諭制度の創設に係る学校教育法等の一部を改正する法律等の施行について」（通知）文部科学省スポーツ・青少年局長、文部科学省初等中等教育長、16 文科ス第 142 号。

61）「学校教育法」『文部科学法令要覧』（平成 20 年度版）ぎょうせい、2008 年、105 頁。

62）公明党富田茂之議員「第 159 回衆議院文部科学委員会議事録」（第 13 号）（2004 年 4 月 20 日）1～11 頁。

63）参考人女子栄養大学長香川芳子、同、1～11 頁。

64）政府参考人文部科学省スポーツ・青少年局長田中壮一郎　参考人女子栄養大学長香川芳子「第 159 回衆議院文部科学委員会議事録」（第 14 号）（2004 年 4 月 21 日）、1～31 頁。

65）中央教育審議会初等中等教育分科会教員養成部会「第 22 回議事録」。http://211.120.54.153/b_menu/shingi/chukyo/chukyo3/siryo/002/04012001.htm（2007 年 9 月 23 日取得）

66）前掲 23)。

67）前掲 18)。

68）前掲 21)。

69）前掲 18)、および、中央教育審議会「中央教育審議会初等中等教育分科会教員養成部会第 21 回議事録」（2003 年 11 月 10 日）
http://211.120.54.153/b_menu/shingi/chukyo/chukyo3/gijiroku/001/04052101.htm

70）前掲 60)。

71）第 159 回国会衆議院「文部科学委員会議事録」（第 16 号）（2004 年 4 月 27 日）1～20 頁。

72）第 159 回国会衆議院「文部科学委員会議事録」（第 14 号）（2004 年 4 月 21 日）1～31 頁。

73）同上。

74）前掲 32)。

75）前掲 18)。

76）文部科学省『食に関する指導の手引』東山書房、2009 年 3 月、184～188 頁。

第三章　栄養教諭の職務実態分析

審議経過からは、栄養教諭の基礎資格である栄養士・管理栄養士の免許制度の在り方について審議された。その特徴は、栄養教諭の資質を左右するものが「免許」であり、養成の根幹にかかわる問題であった。本章では、これを踏まえつつ、教育現場の実態調査を通して、栄養教諭がどのような取り組みを行っているか、第一節では、栄養教諭の職務内容について検討し、第二節以下、福井県、京都市、札幌市、南国市の四つの実態調査から職務の在り方について検討する。最後に実態調査を通して栄養教諭に求められる資質について分析する。

第一節　栄養教諭の職務

今や、食生活の乱れは深刻な事態となっており、特に肥満傾向の増大、痩せ願望、生活習慣病の増大は国民的課題である。そのためには望ましい食生活習慣の形成が必要である。そこで食に関する指導を充実することで、「生きる力」の基礎となる健康や体力を育むこと、食文化の継承と社会性の涵養の効果も期待されるとして、学校における「食に関する指導」と「学校給食の管理」を一体的なものとして指導することが栄養教諭に求められている。食育基本法が制定され、翌 18 年 3 月には食育推進基本計画も策定されて、食育を総合的、計画的に推進することとなった。栄養教諭は食育推進のため学校全体の食に関する指導計画の作成、学校、家庭・地域との連携・調整の中核的な役割を担い、食育を推進していく上で不可欠な教員となった。子どもたちが食に関する正しい知識と望ましい食習慣を身に付けることができるよう、学校においても積極的に食育が取り組まれているところである。

本章では、食育基本法、食育推進計画を踏まえて、先進的な取り組みを行っている福井県、京都市、札幌市、南国市を中心に職務内容を分析、検討することで、法律で示された職務内容が実際にはどのように実践されているのか、栄養教諭の職務内容の在り方について考察する。調査を進めるにあたり、全国の特徴ある学校を中心に食育実践を体型的に分類することを目的とした。その根拠は、栄養教諭の配置に関しては地方自治体の裁量に委ねられていることから、県の行政レベル、政令都市レベル、特徴的な市レベルの三区分に設定したものである。今後ともそれぞれのレベルで調査を続ける予定であるが、今回は四地域の事例について報告する。

(一) 食に関する指導と学校給食管理

栄養教諭は、教育と栄養に関する専門性を併せ持つ教員として「生きた教材」である学校給食を活用して効果的な指導を行うことが期待されている。平成 16 年答申「食に関する指導体制の整備について」では、食に関する指導とこれまで行ってきた学校給食の管理を一体的な職務とすることが適当とされた。そして、平成 17 年 4 月、栄養教諭制度が発足し、学校における栄養教諭の職務内容が示された。表 3-1 にその内容を示した [1)]。

【表 3-1】栄養教諭の職務内容

区　分		具体的内容
食に関する指導	児童生徒への個別的な相談指導	・養護教諭や学級担任と連携して、偏食傾向、強い痩身願望、肥満傾向、食物アレルギーおよびスポーツを行なう児童生徒に対する個別指導。 ・保護者に対する個別相談。 ・主治医・学校医・病院の管理栄養士等との連携・調整。 ・アレルギーやその他の疾病を持つ児童生徒用の献立作成および料理教室の実施。
		・学級活動および給食時間における指導。 ・教科及び総合的な学習の時間における学級担任や教

	児童生徒への 教科･特別活動等における 教育指導	科担任と連携した指導。 ・給食放送指導、配膳指導、後片付け指導。 ・児童・生徒集会、委員会活動、クラブ活動における指導。 ・指導案作成、教材・資料作成。
	食に関する指導の 連携・調整	【校内における連携・調整】 ・児童生徒の食生活の実態把握。 ・食に関する指導（給食指導を含む）年間指導計画策定への参画。 ・学級担任、養護教諭等との連携・調整。 ・研究授業の企画立案、校内研究への参加。 ・給食主任等校務分掌の担当、教員会議への出席。 【家庭・地域との連携・調整】 ・給食だよりの発行。 ・試食会、親子料理教室、招待給食の企画立案、実施。 ・地域の栄養士会、生産者団体、PTA 等との連携・調整。
学校給食管理	給食基本計画への参画	・学校給食の基本計画の策定、学校給食委員会への参画。
	栄養管理	・学校給食摂取基準および食品構成に配慮した献立作成、献立会議の参画・運営。 ・食事状況調査、嗜好調査、残菜調査等の実施。
	衛生管理	・作業工程表の作成および作業動線図の作成と確認。 ・物資検収、水質検査、温度チェック・記録の確認。 ・調理員の健康観察、チェックリスト記入。 ・「学校給食衛生管理基準」に定める衛生管理責任者としての業務。 ・学校保健委員会等への参画。
	検食・保存食等	・検食、保存食の採取、管理、記録。
	調理指導その他	・調理および配食に関する指導。 ・物資選定委員会等出席、食品購入に関する事務、在庫確認、整理、産地別使用量の記録。 ・諸帳簿の記入、作成。 ・施設・設備の維持管理。

上記のほか、栄養教諭は教員として研修への参加および学校運営に携わることが考えられる。
（文部科学省スポーツ・青少年局学校健康教育課：平成 16 年 5 月 31 日「学校給食法等の一部改正する法律」の説明会資料および『三訂「栄養教諭―理論と実際―」第 2 版』平成 24 年 2 月 1 日より引用改変して筆者作成）

栄養教諭の職務内容とは、食に関する指導として、児童生徒への個別的な相談指導があり、生活習慣病の予防、食物アレルギーの対応など栄養の専門家である栄養教諭が中心となって学級担任や他の栄養の専門家と適切に連携して個別相談に対応していくこと、そして専門性を生かした食に関するカウンセラーとしての役割が期待されている。

児童生徒への教科や特別活動等における教育指導では、家庭科、技術家庭科、体育科、保健体育をはじめとして食に関する指導に関連する領域や内容について学級担任、教科担任と連携しつつ栄養教諭は専門性を活かした指導を行うこと、個別指導以外にも給食の時間、学級活動、教科指導、学校教育全体の中で専門性を生かして積極的に指導へ参加すること、特に給食の時間や学級活動の時間では学級担任と連携することで継続的、計画的に指導を行うことが要点となっている。

食に関する指導の連携・調整では、効果的な指導を行う上で、校長のリーダーシップの下、関係する教職員が十分な連携･協力に取り組む必要がある。特に、栄養教諭の職務の基本は、食に関する指導の年間計画の原案を作成し、関係する教職員の共通の理解を図り、連携・協力して取り組むことができるよう学級内外との連携を密接に図るコーディネーターとしての役割がある。そして広く家庭や地域社会との連携を図り、地域・社会関連機関への行事の参加も期待されている。

一方、これまでの職務である学校給食管理については、衛生管理をはじめ専門性が必要とされるものであり、栄養教諭の柱となる職務と位置づけられる。学校給食は食に関する指導を効果的に進めるための「生きた教材」であり、栄養教諭の専門性が最も発揮できるものとしてこれまで以上に積極的な管理体制が必要となった。衛生管理をはじめ、給食帳簿類や物資管理の情報化により業務内容の効率を図り､食に関する指導の時間を十分確保すること、より一層の安心・安全な学校給食の提供に向けた衛生管理の強化が必要とされたのである。

これらの内容が示されたことで、栄養教諭の職務は食に関する指導と学校給食管理の一体的な展開によって、より高い相乗効果が期待されたものである。食に関する指導によって得られた知識、情報を給食管理にフィードバックさせ、体験学習で栽培した食材や地域の食材を学校給食に用いることで、生産活動と日々の食事の繋がりを実感するなど、食に関する指導を通じて児童生徒の食の現状を把握し、不足しがちな栄養素を補うため、献立の工夫や保護者への啓発がなされた。そして、学校では食に関する全体計画の作成により体系的・継続的に取り組むことになった[2)]。

栄養教諭制度発足後の2ヶ月後には食育基本法[3)]が成立し、翌年の18年3月に政府の食育推進会議において食育推進計画[4)]が策定された。都道府県では栄養教諭の配置が進められ、食に関する指導の具体的取り組みが行われた。食育基本法は①家庭における食育の推進、②学校・保健などにおける食育の推進、③地域における食生活改善の取り組みの推進、④食育推進運動の展開、⑤生産者と消費者との交流の促進及び環境と調和のとれた農林漁業の活性化、⑥食文化の継承のための活動への支援、⑦食の安全性、栄養その他の食生活に関する調査、研究、情報の提供及び国際交流の推進について取り組むこととなり、食育推進計画では平成22年度までの基本的な食育推進に関する施策とその目標が設定された。平成22年までの5年間の食育推進目標が示され、総合的な食育の推進が行われている。表3-2は食育推進計画の内容をまとめたものである。

平成20年6月には学校給食法の改正[5)]等が行われ、これによって栄養教諭は、学校給食を活用した食に関する実践的な指導を行うものとされた。栄養教諭の指導は、学校給食を「生きた教材」として活用しながら食に関する指導を行うこと、食に関する年間の指導計画の作成をすること、その目標として、食に関する判断力と食習慣を養い、伝統的食文化の理解と生命と自然を尊重する態度を養うことがあげられ、学校給食では地場産物の活用が要請された。

【表 3-2】食育推進計画の具体的内容

- ・栄養教諭がコーディネーターとして食育を推進していくこと。
- ・食の時間や家庭科、体育科など各教科及び総合的な学習の時間等で食育に関する指導を促進し、学校における食育を組織的、計画的に進める。
- ・食に関する指導計画の作成や食に関する指導を行う上で手引き書の作成と配布、学校長、教職員などが食育の重要性について理解を深めるようシンポジウムを開催し意識の啓発を推進する。
- ・学校給食の充実の観点から、より一層の普及と献立内容の充実を促進する。
- ・各教科で学校給食が「生きた教材」として活用されるよう取り組む。
- ・栄養教諭が中心となり食物アレルギー等への対応を推進する。
- ・生産者団体と連携して地産地消を促進するために学校給食で食材を活用し、米飯給食の普及と定着を図り、子どもに地域の生産に関する情報などを伝達する。
- ・単独調理方式による教育上の効果について周知と普及を図り、子どもの食習慣改善のためのフォーラムを生産者団体と学校給食の関係者を対象に開催する。
- ・養護教諭と連携して、子どもの健康状態の改善を推進し、食生活が健康に及ぼす影響について調査研究し、成果を生かした効果的な指導プログラムの開発を推進する。
- ・子どもへの個別指導は、過度の痩身や肥満が心身の健康に及ぼす影響など、健康状態の改善に必要な知識を普及し実践を図る。

（筆者作成）

しかし、栄養教諭の配置数は現状では充分とはいい難い。平成 17 年当初、北海道 10 人、福井県 10 人、大阪府 10 人、高知県 5 人、の 5 つの都道府県で 34 人の栄養教諭の配置に始まり、平成 18 年度に 359 人、平成 19 年度では 986 人、そして平成 20 年 4 月 1 日 [6] では 1,897 人の栄養教諭が配置され、ようやく 100 名を超える県が出てきたところである [7]。平成 22 年までの食育推進目標を達成するにはさらなる配置が望まれるところである。文部科学省 スポーツ・青少年局学校健康教育課健康教育企画室によると栄養教諭配置状況は、平成 21〜26 年度までは以下の通りである。（単位：人）

平成 21 年度 2,663、平成 22 年度 3,379、平成 23 年度 3,853、

平成 24 年度 4,262、平成 25 年度 4,624、平成 26 年度 5,021

このような中で食に関する指導の 4 つの先進的事例を中心に、栄養教諭の職務内容の実態と在り方について検討する。

第二節　福井県の実態調査

(一)　栄養教諭の設置構想

平成17年2月21日、福井県知事は記者会見で、「2005年の行政改革として66億円の財源を確保し、マニフェストにあげた特別事業政策推進枠に充当して財政の健全構造を維持しながら事業を進める」[8)]と表明した。その中で、食育は農業以外のセクションに跨るものとして、伝承料理を学校給食に活用、栄養教諭の配置、食育モデル校の推進等を部局横断で実施することを明らかにした。同年4月、マニフェスト[9)]「福井新元気宣言」(Ⅰ元気な社会)[10)]の中で、イキイキ・長生き「健康長寿」を目指すための計画が立てられた。県では農林水産部、健康福祉部、教育庁の部局連携による「元気いきいき福井をつくる食育推進事業」を展開し、全国に先駆けて栄養教諭10名を配置した。平成12年の全国調査によると福井県は男女の平均寿命が全国第二位の健康長寿県となり、旬の幸をバランスよく食べる食生活が実践されていたが、子ども達に目を当てると偏った食事や食生活の乱れによる肥満や痩身の増加、生活習慣病の若年化、朝食の欠食、孤食の習慣化など食に関する課題が顕在化していた[11)]。この実態から食育の重要性が再認識され、県民が健康な食生活を実践することで、豊かな人間性を育み、生涯健やかな生活を送ることを目指して、①食に関する知識を深める、②福井型食生活を実践する、③福井県の食文化の知識を深める、④食への感謝の心を育む、を食育のねらいとして、家庭、地域、学校において、子どもから大人まであらゆる世代を対象に農林水産物の生産から食べるまでの体験を重視した食育の取り組みが行われた。平成17年6月の食育基本法の成立によって、子どもたちに、食に関する正しい知識や望ましい食習慣を身に付けさせること、健康のための自己管理の重要性と健康長寿の発展のため、学校では栄養教諭が中心となり食に関する指導が進められた。栄養教諭は平成18年度に24名を採用、19

年度は未定、現在、学校栄養職員93名中34名が各地域に配置されている。

（二） 教育庁、スポーツ保健課の事業

平成16年11月4日、栄養教諭制度実現に向け、それを統括するスポーツ保健課では未来を託す人づくり「新・元気はつらつ福井っ子づくり推進事業」[12] の検討が行われた。その事業概要は、児童生徒の肥満傾向、痩身傾向などの健康問題に対応するために栄養教諭を配置し、学校における食に関する指導を充実するというものであった。表3-3は福井県の子どもの健康状況と栄養職員の配置状況である。

福井県の現状は、平成16年度には学校栄養職員が配置されており、「給食管理」を主な職務として学校給食の献立作成と給食の提供、調理場の衛生管理を担っていた。これまで学校における「食に関する指導」は、一方的な情報提供がほとんどで、家庭や地域と連携した取り組みがなされておらず、栄養に関する専門性を生かした個別指導も行われていないこと、幼児期から児童期まで地域内の組織や家庭が連携し一貫した食育の推進が必要であること、食育に関する教職員の意識を高め効果的な指導の体制が必要であることなどが挙げられる。

教育庁は制度の導入により、子どもが将来に渡って健康に生活できるよう、栄養や食事のとり方について正しい知識に基づき自らが判断し、実践していく「食の自己管理能力」や「望ましい食習慣」を身につけさせること、「食育」を学校教育活動全体の中に位置付け、食に関する指導に係る学校全体の取組みや、家庭への働きかけ、地域の生産者との連携等、その中心的な役割を栄養教諭が担うことで、地域や家庭と連携し学校における食育の充実を図る必要がある。栄養教諭配置による授業内容として、栄養に関する専門性と教育に関する資質を併せもつことが求められた。表3-4は県の配置計画である。ひとまず、福井県の設置構想はこうして進められたのである。

【表 3-3】福井県児童の健康状況調査及び栄養職員配置状況

調査項目	調査年度・平成	小・中学校区分	福井県平均%	全国平均%
肥満傾向	平成 15 年調査 平成 15 年調査	小学校平均 中学校平均	9.1 9.6	8.0 9.7
痩身傾向	平成 15 年調査 平成 15 年調査	小学校平均 中学校平均	0.9 2.9	2.3 3.5
朝食欠食	平成 12 年調査 平成 12 年調査	小学校 5 年生平均 中学校 2 年生平均	6.0 7.4	小 5　6.0 中 2　7.3
平成 16 年度福井県学校栄養職員の配置状況				
正規学校栄養職員　70 人	内　訳			
	小学校 36 人	中学校　6 人	共同調理場 22 人	県立 6 人
臨時任用　12 人	—	—	—	—
計　82 人	—	—	—	—

（平成 16 年度スポーツ保健課のインタビュー調査の結果より筆者作成）

【表 3-4】福井県における栄養教諭配置計画

・平成 17 年度、児童の健康に関しての課題（肥満・痩身等）を抱える市町村の小学校の単独調理校及び県立学校一校、合計 10 名を配置する。
配置地域：福井市 2 名、敦賀市、武生市、小浜市、勝山市、鯖江市、丸岡町、永平寺町に各 1 名、県立 1 名。
・平成 18 年度以降は、17 年度の成果を検証した上で、計画的に（3〜5 年）配置する。
・勤務校における給食管理及び食に関する指導の他、担任・養護教諭等、主治医や学校医とも連携し、児童生徒の検診や実態を把握した上で、児童生徒や保護者の個別指導にあたる。
・近隣の高等学校において、朝食をきちんと食べ、適正体重を認識し体重コントロールを実施するよう働きかけ、年代毎の生活環境に応じた健康づくりに寄与する。
・栄養教諭育成講習会（国庫委嘱事業 930 千円）。
・「学校栄養職員」から「栄養教諭」へ移行するための単位取得講習会を開催する。
・栄養教諭配置に関する予算要求額は、8,789 千円（国庫 3,603 千円、一般 5,186 千円）、内訳は、栄養教諭給料 8,489 千円、事例集 300 千円。
・事業結果と成果は食に関する指導の充実として、指導実践状況のアンケート調査を行う。
・中間成果として、①偏食や朝食欠食の児童が減少する、②三食をしっかり食べる、③好き嫌いを減らす、④間食をとり過ぎないなどの「自己管理能力」を身に付ける。同時に児童生徒及び保護者へアンケート調査を実施。
・最終成果として、肥満傾向の割合について、平成 22 年度を目標に県平均 9.4％ → 7.0％にする（児童生徒の実態調査から）。この目標は、「元気な福井の健康づくり応援計画」の目標水準である。
・痩身傾向の割合について、平成22年度までに県平均1.9%→1.4%にする。
・朝食欠食児童生徒の割合について、平成22年度までに県平均6.7%→5.2%（平成17年全国平均を目標にする）。

（筆者作成）

（三） 栄養教諭の職務内容の実態

福井市の中心部に位置する和田小学校[13]では、体づくり部会が「望ましい食生活が実践できる子どもの育成」を研究目標に食に関する正しい知識、健全な食生活習慣を身につけさせるための個別指導、授業づくり、特別活動、家庭への啓発に取り組んでいる。

個別指導

個別指導では、肥満指導が中心に行われている。
養護教諭との連携で食生活調査[14]を実施し、食生活バランスガイド[15]を活用した調査表を作成し、一日に「何をどれだけ食べたらよいか」をわかりやすく示した指導に取り組んでいる。食生活バランスガイドが保護者や児童に理解できるよう独自の様式を作成し、指導前に二日分の食事記録を記載してもらい評価するという具体性のある指導を行っている。さらに、個別指導カルテ[16]を作成し、養護教諭に子どもたちの過去の身体記録や既往歴等の情報を記録してもらうことで、栄養指導カルテの拡充に努めている。担任へも個別指導カルテを配布し、肥満児童の食の実態について具体的に記載してもらう。肥満やアレルギーのある子どもが中心であるが、各クラスへ5〜6枚配布し、個別指導の事前の洗い出しを行う。子どもには栄養教諭と一緒にできそうなところから各自の目標を設定させ保護者と一緒に取組むことで、学校における栄養指導・相談の形態[17]をつくりあげている。

食物アレルギーの対応

食物アレルギーについては除去食が基本であり、代替食の提供は福井県の実情では難しいといわれているが、ここでは代替食の提供に取り組んでいる。加工食品を使っている場合は難しいが、なるべく代替品の提供を目標に、親が代替食を持ってくるという負担を少なくする配慮がされた。そこには保育所等では手厚く代替食を提供しているが、学校に来た途端にできないという状況を改善したいという栄養教諭の思いがあった。アレルギーは1～2年で治るものではないので成果というのは難しい。統一献立だからできない、学校給食は大量調理で手がないからできない、という理由で栄養士が切ってしまう傾向にあるが、今はそんな時代でもないということで取り組んでいる。

授業づくり

食に関する授業を計画的に実践することを目標に、より効果的な学習ができる教材研究（教科・領域の教材を作成）と、発達段階ごとのねらいにそって単元構成から授業の実施までを考案した授業実践[18]が行われている。これを表3-5に整理した。

栄養教諭が取り組む総合的な学習の時間では、地元産の食材の素晴らしさを知ることを目的に、特に5年生はホテルのシェフによる地ビール栽培の農場見学[19]そしてビールを使ったパスタ作り、さらに、給食食材が作られている農場の見学を栄養教諭がコーディネート[20]する。地元の食材を知ることに気づき、進んで使用する意識を高める、農場見学では食の安心・安全性の視点から生産者の工夫や努力を理解し生産者に感謝するなど、地域を巻き込んだ食育の取り組みが行われている。

授業づくりでは県主導型の指導が行われている[21]。教育庁スポーツ保健課では、授業研究会を県内四つのブロックに分けて指導している[22]。

＜教育庁スポーツ保健課の指導に対する考え方＞

TTで行う授業の基本として、これらの授業に入るには、「どうしてそこで栄養教諭が必要なのか」という目的をしっかり持って授業にはいらなければならない。栄養教諭が思った通りにがんがん知識の理解でいくと、それこそ家庭科の時

【表 3-5】食に関する授業内容の一覧（教科、領域等に関係する教材）

学年	教科等	単元・主題名
1年	道徳	心のこもった給食（郷土愛）「給食じまん」
	生活科	「ともだちいっぱいつくるんだ」
	道徳	健康に暮らそう（基本的な生活習慣）「うんこのはなし」
2年	算数科	「ひょう・グラフととけい」
	生活科	「やさいをそだてよう」
	道徳	食べ物がたりない子どもたち（生命尊重）「せかいのどこかで」
3年	総合的な学習	「魚のはたらきを知ろう」
	社会科	農家のしごと「お米はかせになろう」
4年	総合的な学習	「かみかみメニュー」
	学級活動	「よいおやつの選び方を考えよう」
	体育科	「育ちゆく体とわたし」（保健）
5年	総合的な学習	「日本の誇り、米の文化を大切にしよう」 「米作りのさかんな庄内平野の発展」 「地場産食材を使った料理」（ホテルシェフによる出前授業） 農業見学・収穫体験 家庭科「作っておいしく食べよう」の発展
	社会科	わたしたちの生活と食料生産「これからの食料生産と私たち」
	家庭科	「かんたんな調理をしてみよう」 「作っておいしく食べよう」～どんなものを食べているだろう～
6年	理科	「動物の体のはたらき」
	総合的な学習	平均を生活の中に生かそう 「給食の食材・残食を調べよう」
	道徳	世界の国に心を向ける（国際理解・親善）「ハンガーマップ」（ゲストティーチャー　ICA 職員）
	体育科	「病気の予防」（保健）～生活習慣病を予防しよう～
	家庭科	「食に合うおかずを作ろう」　どんな食事にするか考えよう ゆでたり、いためたりしてみよう 「楽しく食事をくふうしよう」　一食分の食事について考えよう
	算数科	「平均を使って」の発展

（筆者作成）

間になってしまう。学活なんかで入る機会が多いが、学活というと子どもたちの実態があってじゃどうしようか、話し合ってこれからこのようにしていきましょうという自己決定がある、という流れの中で、どうしてこの部分で栄養教諭が必要なのか、栄養教諭が入っていれば知識を教えることによって話し合いが深まり、自己決定のための授業が主導になる。そのために栄養教諭が入るというように、はっきりした目的を持って入らなければならない。

・家庭科の授業では、家庭科の中に入り込むなら家庭科の授業の目的を達成するために、栄養教諭がどの部分でどのような知識を子どもたちに与えるのか、活動を入れてくるのか、そういったことをはっきりしなければいけない。

・学活の授業では、栄養教諭が箸の持ち方の授業をしても、本当に必要なのは、箸の持ち方を授業で子どもたちが知識を得て、生きた教材を給食の時間に授業で学んだことをやってみようと言ってやらせる、あとは家庭に知らせて家で定着するように協力してくださいよと働きかける、それで子どもたちに、正しい箸の持ち方が定着していくわけです。授業でやって給食で実践してみて家庭で定着していくという流れがないといけないので、給食指導は栄養教諭だけではなく担任がやらなければならない、そのようなことを栄養教諭に指導しています[23)]。

食に関する指導が各教科との連携、地域を含めた発展性のある取り組みが注目できる。なによりも授業研究会を通して栄養教諭の育成が行われており、そこでは栄養教諭個々の資質が問われる厳しい状況がある。

（四）　福井県における食育の取り組み

図 3-2 は福井県の食育実践の取り組みを図式化したものである。

通常の食育の取り組みは図 3-1 が基本型である。栄養教諭は校長、教頭からの指示に従って食育に取り組むことで平面的な組織図となる。しかし、栄養教諭がより活発に食育を推進するにはどのような支援や整備がされているのかを見ると、福井県では栄養教諭が中心となり養護教諭や担任への働きかけをすることで児童、保護者、地域の指導が行われていることが分かった。その特徴から「栄養教諭主導型」の食育実践として位置づけることができ、構図からも明らかである。教育庁による支援体制づくりが前提であるが、基本的に栄養教諭が各学校で食に関する指導のオーダーを教員側に要請する。そのために、「授業をさせてもらうという手法」がとられていた。学校内での協力体制はまだまだ不十分であり、一般教諭が栄養教諭を受け入れる状況

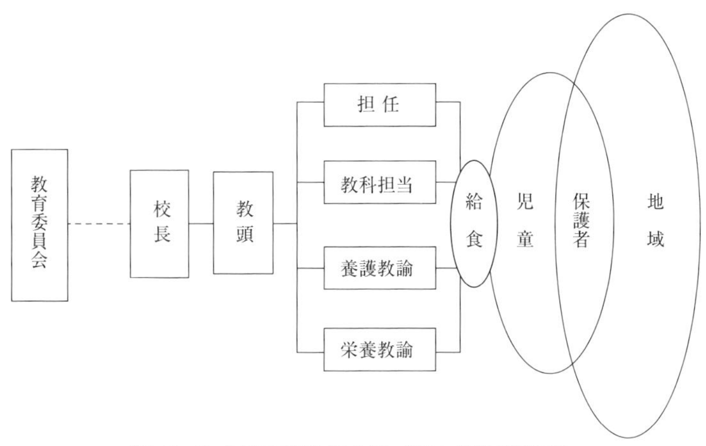

【図 3-1】食育の取り組み図（基本的教員組織）

（筆者作成）

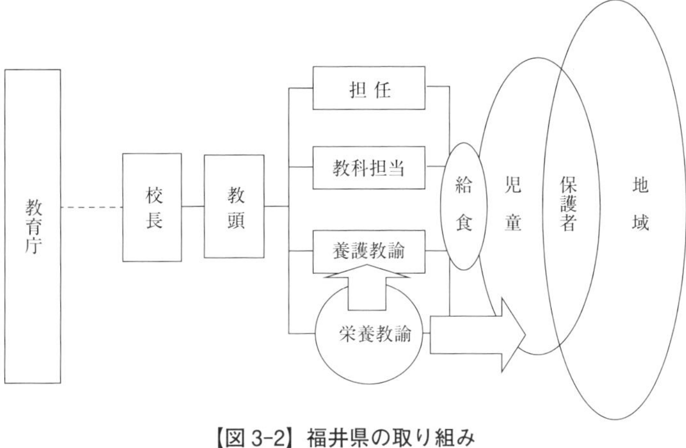

【図 3-2】福井県の取り組み

（筆者作成）

にはなっていないことから、校長のリーダーシップの下に栄養教諭への積極的な受け入れ体制を構築していくことが課題である。

職務内容に関する実態では、肥満指導とアレルギー児童への除去食を中心に食教育が行われていた。この二つは、栄養教諭として最も必要不可欠な職務である。専門職としての資質が求められる指導である。文部科学省では、個別的な相談指導において、基本的な考え方を挙げている[24)]。

＜文部科学省の考え方＞

個別的な相談指導は、対象となる個人の身体状況、栄養状態や食生活等を総合的に評価・判定し、家庭や地域の背景、児童生徒の食に関する知識・理解度を考慮し、児童生徒に適した指導に当たることが大切である。

以上の内容から、アセスメントをしっかりすることによる栄養の専門性を求めた職務内容が示されている。しかし、栄養士法との関連から、肥満指導等については、医師の指示の下、管理栄養士が実施することになると解釈できる。そのため、栄養教諭は、学校医等と連携して指導がなされることになるが、栄養教諭の基礎資格が「栄養士」である場合には本来指導できないことになってしまう。実際に厚生労働省が示す資格では、栄養指導は管理栄養士の職務として位置付けられているため、栄養士とした場合には、職務の範囲が狭められることになる。現実的な課題として挙げておく。これらのことを考慮しても、実際指導にあたらなくてはならない。生活環境・食環境の変化に伴い、児童生徒の健康状態、栄養状態も多様であり、複雑であるため肥満傾向等を原因とする生活習慣病の予防を含めて指導がなされなくてはならない。アレルギー対応でも児童が増加傾向にあり、学校での対応は食に関することのすべてが栄養教諭に求められているのが実情である。

肥満指導においては、栄養教諭の専門性を発揮して行う指導であり、食習慣以外の生活習慣や心の健康とも関連することが問われる。ここでは、学級担任や養護教諭、学校医や主治医等と連絡を取りながら共通理解の下に対応することが基本となる。基本的には食に関する問題の対応は家庭であることから、保護者への助言・支援の働きかけを行うことが重要である。

文部科学省は、栄養教諭の指導の留意点として、児童が重荷となり他の児童からのいじめにならないように学級の実態を踏まえてきめ細かな配慮をすることを示している。

今回の肥満児童の指導では、養護教諭と連携し、保護者や児童への配慮として担任への調査依頼で児童の実態を把握し、情報の共有を持って個別指導の事前の洗い出しを行うなかで、子どもができそうなところから栄養教諭と一緒に目標を設定させ、保護者を加えて取り組む相談指導が行われていた。特に夏休みの時期になると生活が不規則となり、肥満指導では体重の変化が顕著であることから、この時期でも児童と保護者へ継続した指導が行われていた。ここでの栄養教諭の役割を検討すると、 第一に、食に関することに問題がある児童の把握を行い、食習慣を含む生活習慣や栄養摂取に関する指導、保護者に対する食習慣を含む生活指導や栄養摂取に関する指導が行われていた。

第二に、アレルギーの指導では、除去食と代替食の提供に取り組んでいた。保護者の負担を少なくする配慮と、保育所から行なわれていた手厚い代替食の提供を継続する試みが行われていた。文部科学省ではアレルギーの対応について、医師の診断により原因食品が明確な場合に対応するという基準を設けている。学校内の協議により学校長が原因食品を除いた給食の提供を決定している。

この学校のアレルギー対応は、家庭において原因食品を除いた食事により不足する栄養素の補充が目的であること、保護者が実費負担に理解があること、家庭でも原因食を除いた食事を摂取していることの三点を挙げることができ、学校全体への説明を行う等の規定とは別に栄養教諭独自の判断で実施していることが分かった。

給食の提供について文部科学省は、全教職員、学級担任、給食調理員などが連携して食物アレルギーについて説明理解を求めること、食物アレルギーについて学級で説明し、その対応食を実施することになっている。今回の指導は、保護者を通して食物アレルギーを持つ児童の実態は理解しているが、学校全体の理解、校長、教頭、保健主事、学校医、養護教諭等の連携の下に指導方針を決めて実施するという指導計画がなされておらず、保護者と栄養教諭だけでの対応であった。いわば学校全体での食教育が浸透されていないと捉えることができる。

栄養教諭の職務実態の取り組みから成果と課題をまとめると、成果として、①授業づくりは、食の体験学習や教科での学習が互いに繋がっていることに気づかされたこと、②食の大切さを学校全体で共有できたがアレルギーに対しては学校全体で理解ができていないこと、③全学年を通して自分の食生活の見直しができ、健康の自己管理の意識を高めることができたこと、④給食の残食率が前年度の4%から0.2%に減少した等が挙げられる。

一方、①教員間では自分の領域を守る人がいるためスムーズな展開には至らないこと、②食育を全職員で実践することの壁はまだまだ高いこと、③栄養教諭の授業の定着が不十分であり、教科との連携が各学年やクラスで均一化がなされていないこと、③食の授業づくりでは、地域や児童の実態をカリキュラムに反映させた継続的な実践が必要であること、④学校から食育便りを通して望ましい食生活を発信することで知識は理解しても、実際に家庭環境や地域の実践が見えないこと、⑤月単位の献立作成と体験学習の計画とが十分には関連づけられていないことが課題であった。

第三節　京都市の実態調査

（一）　栄養教諭の設置構想

京都教育委員会では、平成15年頃から栄養教諭創設の話が出た段階で、学校栄養職員から栄養教諭への採用方法について検討を行っていた。栄養教諭の配置に関しては、京都市では古くから学校栄養職員は、教員免許状が必要な職種でないことから、病院、民間企業の勤務を経て学校栄養職員に採用された者が多く、民間的な発想と社会経験を生かした魅力的な人材の採用が行われていた。

平成16年度から本格的に栄養教諭配置に向けた準備を進めたものであり、平成15年の段階で京都市には学校栄養職員72名がおり、現在72名中55名が栄養教諭、1名が定年退職したし後、再任用で栄養教諭が56名配置されている。残りの者は、文部科学省が求めている栄養教諭としての勤務年数を残しているので、ほぼ栄養教諭の認定講習会を受けて単位を取得した者は栄養教諭として採用された。その理由は、財政上、負担にはならないため、30年20年学校栄養職員として勤務している者から順に栄養教諭に採用するという考え方である。栄養職員の指導力を向上させるなどの課題は残るが、京都市では総合教育センターの栄養教諭の研修委託で指導案の作成、教材作成、給食紹介[25]ビデオ作成等を行い、食育研修講座を年6回実施し[26]、文部科学省から指導者を招くなど指導力の向上にも努めてきた。これらの研修により、栄養職員は指導を理解していないという声を刷新し、社会経験豊かな魅力ある教員づくりからの採用へ取り組んだのである。政令都市独自の食育推進を展開し、栄養教諭が要として京都市が掲げる「京（みやこ）食育推進プラン」[27]を実践している。

また、平成17年度から研究指定校制度を創設し小学校で食育推進を進めた。これが国と合致した。平成18年に国が食育推進計画を作成した折、政令都市として独自に食育推進計画を策定することが望ましいと提言したことで、平成19年3月に学校給食の重要性と食育推進の必要性から、栄養教諭の配置を数値目標に定め、増員の方向を打ち出した。

さらに、地域の団体である財団法人日本料理アカデミーが食育推進を通して日本料理の普及を目指し、子どもたちのために「日本料理に学ぶ食育カリキュラム」[28]の策定を家庭科教員と共同で行い、家庭科の時間を中心に家庭科教諭、栄養教諭そして食の専門家である料理人との連携で食育の授業がつくられている。老舗料亭の料理人が加わることで京都ならではの食文化を取り入れた地域色のある食育の推進は非常に興味深いものであった。

(二)　京（みやこ）・食育推進プラン

政令都市として独自の食育推進計画の策定に取り組んだ京都市では、保健、福祉、教育、生産流通、消費などあらゆる分野での食育を総合的に推進するための、「京（みやこ）・食育推進プラン」を策定した。健康で豊かな生活を送る健康寿命の延伸及び生活の質の向上を目的に、七つの柱を立て目標を数値化し、計画期間を2006（平成18）年度～2010（平成22）年度に設定し、①家庭における食育の推進、②地域における食育の推進、③保育所（園）における食育の推進、④幼稚園・学校における食育の推進、⑤生産流通関係と消費者との交流促進、⑥食品の安全性の確保、⑦京の食文化の継承について取り組んでいる。基本理念は京都から発信する「『食』の再発見」として、長い歴史を持つ食の伝統を培ってきた京都において、食の重要性や食への感謝の念を再認識し、食に関して今一度見つめ直す市民運動を展開し、生涯にわたって心身ともに健やかに暮らしていける街づくりを目指した。食育実践の目標値を表3-6に示す。

特に④幼稚園、学校における食育の推進では、幼児期は朝食を食べる習慣

【表3-6】食育実践の目標値

目標項目	現状（平成18年度）	目標値(平成22年度)
栄養教諭の配置 ※平成20年度8月の調査から	25名 ※56名	60名
小学校給食における米飯給食の充実	週3回 ※19年より週4回実施	週4回以上
食育体験学習	平成16年度のデータ 93%	98%以上

（筆者作成）

を付けること、食事のマナーを身に付ける等、正しい生活習慣を身につけることで美味しく食べることを目指す[29]。そこで栄養教諭の配置の拡大を図るなど、学校における食に関する指導を充実し、望ましい食習慣の育成を促す。学校給食の中で、地産地消―知産知消―を進めるとともに、米飯給食の充実を図る他、京のおばんざいなど伝統的な京都の献立が積極的に取り入れられた。

地域や日本料理の普及を目指して設立した日本料理アカデミーと共に、各教科・領域との連携を図りながら、食育を推進していく。学校での目標達成は、栄養教諭の配置を進めること、食育推進の重点目標は、「学校における食育事例集」や「京都市児童の食事内容調査結果報告」等、食育啓発冊子を作成し、食育の振興並びに家庭・地域への働きかけを行う。各学校においては、食育の計画的かつ系統的で継続性のある取り組みを進めるため、地域の実態を捉え、各教科・領域などの関連性をもった食育年間計画を作成し、地域や学識経験者、日本料理アカデミー等による食の専門家と連携を図りながら実践されている。このように、京都の栄養教諭設置構想は地域性を生かして、子どもの心と体を育てる食育の推進が進められたのである。

（三） 栄養教諭の職務内容の実態

日本料理に学ぶ食育カリキュラムの実践

京都を中心に日本料理の普及を目指し、国内外で多様な展開を行っている老舗料亭の料理人が組織する「日本料理アカデミー」と協力体制をとっている。食に対する感謝の念と食べ物の良し悪しを判断できる力、食材を調理する力を子どもたちにつけることで「食を見極める力」を養う教育に携わりたいというのである。プロの料理人が京都のすべての子どもたちに、日本料理の良さや食文化を理解し、食の大切さ、だしの魅力を伝えることができるよう系統的で継続性のある食育カリキュラムを作成した。その指導は、発達段階に応じた適切な教科や領域が各学校の教育課程に位置付けられるよう組まれている。

この食育カリキュラムは味覚教育、食材教育、料理教育の三つの視点で組み立てられている。特に家庭科の授業では京都市スタンダード（指導計画）の題材構成に基づいて、日本料理に学ぶ食育カリキュラムとの関連が組まれている。総合的な学習の時間と生活科では単元ごとに学習の流れを示しており、各学校の実態に応じて展開することができる。指導の基本となるのは、「おいしさの秘密“だし”をあじわおう」「おいしい料理を作ろう」そして「おいしい食事をありがとう」の三段から学ぶもので、料理人が出前講義をして、本物の食材をみたり味わったりが行われる。栄養教諭も加わり、家庭科の時間、総合的な学習の時間等を通して調理実習が行われている。調理実習は栄養教諭が行う授業の随所にとりいれられ、京都ならではの料理と授業をコラボした新しい形式の食育授業が作られていた。表3-7は5年生家庭科のカリキュラムである。

京都市梅小路小学校の実践

京都の台所を支える市場と商店街に程近い梅小路小学校[30]では、栄養教諭が様々なところで担任と連携した授業が行われている。体験活動を取り入れた栽培園（学校園）を活用して食べられる食材づくりを中心に、「自分で育てて、料理に使う」体験活動が行われていた。子どもの健康と食をテーマに、食生活アンケートを実施し、子どもが作れるおやつを考案し、「水無月おやつ作り」の調理実習が行われた。栄養教諭が取り組む総合的な学習の時間、家庭科、生活科の授業に京都の伝統を伝える調理実習である[31]。

総合的な学習の時間では、旧暦6月1日（現在の6月30日）に宮中で氷を口にすると夏ばてをしないという風習があり、京の人々は氷に似せたお菓子を食べて夏場の健康を願ったという伝統の和菓子の「水無月」を家庭科の授業でとりあげる。老舗の和菓子職人から伝授されたレシピを用い、お菓子の形の三角形は牛乳パックの底を活用して作る。この実習には、小学校と大学

【表 3-7】日本料理に学ぶ食育カリキュラム

	4月～7月	9月　10月	11月　12月　1月	2月　3月
基本案	**1　見つめよう家庭生活** ・家庭の仕事をみつけよう ・できる仕事をふやそう ・工夫して仕事を続けよう	**2　料理って楽しいね！　おいしいね！** ・1日の食事を調べよう ・たまごや野菜を調理しよう ・なぜ食べるのか考えよう	**3　塗って！　使って！　楽しい生活** ・暮らしの中の布製品をさがそう ・作り方をしらべよう ・楽しく作ってたくさん使おう	**4　工夫しよう！かしこい生活** ・身の回りのものをみなおそう ・作り方を調べよう ・不用になったものをいかそう ・品物の買い方を考えよう
	5月～7月	9月～10月	11月　12月　1月	2月　3月
日本料理と食育の関連内容	**衛生的で安全な調理** プロの板場がきをつけていること	**食事の選び方** 新鮮なものの選び方、保存法 **ゆでてみよう** ・おいしくゆでるコツやポイント、味わい方の学習 **いためてみよう** ・おいしくいためるためのコツやポイント	**食事の選び方** 新鮮なものの選び方、保存法 **ゆでてみよう** ・おいしくゆでるコツやポイント、味わい方の学習 **いためてみよう** ・おいしくいためるためのコツやポイント	なし
	プロの料理人による指導 **おいしい料理をつくろう** ・心をこめて料理をしよう ・感謝のきもちで食事をしよう	プロの料理人による指導 **おいしい料理をつくろう** ・野菜が食卓にのぼるまで ・旬にあった食材を選ぼう ・だしを使って日本料理を作ろう	プロの料理人による指導 **おいしい料理をつくろう** ・野菜が食卓にのぼるまで ・旬にあった食材を選ぼう ・だしを使って日本料理を作ろう	

（5年生家庭科（京都市スタンダード）より筆者作成）

の連携による食育推進研究が行われている関係で、栄養教諭を目指す栄養教諭養成大学の学生ボランティアが参加して子どもたちの補助をする。保護者も自由参加ができる。調理実習の前には栄養教諭からお菓子の由来や旧暦の読み方を学び、担任とのTTで進められる。教科書でただ覚える授業よりは、専門的で具体的な言葉を覚えながら進む実習から認識が広がり効果的学習に結びつく。

＜保護者の意見＞

季節にはこのようなことを折々に学校で教えていただけるので親よりも子どもの方が良く知っていることが多い。家庭で教えないことも生活に結びついていることも教えることができるので、家でも作ってみようという関心がわく。昨年は4年生が魚をさばいてみりん干を作る授業があり参加した。暗記・暗唱よりこのようなやり方がいい[32)]。

今年度は、朝ごはんの充実を目標に、保護者から朝食レシピを集めて子どもと取り組めるメニュー作りの実習を計画している。また、ランチルームを活用した甘味の学習では、6年生が休日に飲む清涼飲料水の糖度を測定しこれに着目しながら飲料に含まれる糖について理解する授業が行われていた。

興味深いのは計量教育の授業であった。学校給食は、低中高学年で主食の量が異なる。学年が上がった時点で、子どもたちが毎日食べているご飯を計量して一人分の基準量を知るという学習である。「給食の基準量を食べられるようにしようね」を目標に、給食を活用して計量を指導する必要性は、「何をどれだけ食べるとよいのか」という基礎基本を定着させることになり、栄養教諭であればこそできる授業として注目できた。

教科との連携では、国語の授業で教材に咀嚼判定ガムを使用していた。「噛むことの力」が自分たちにどれだけあるかを知る。するめなどを噛むことで「噛む実験」を取り入れ、ロングマットがどのくらい引けるかという体感をさせている。噛む授業をさらに発展させた総合的な学習の時間では、授業の中で「歯の広場」と題して噛みごたえのあるおやつ作りに挑戦し、実際にグミを作って食べてみる。そして噛むことの大切さが調理実習を交えることで体験を通じてより深く学ぶ授業が行われていた。

(四) 京都市における食育の取り組み

まず、栄養教諭の職務内容の実態として、京都市梅小路小学校では幅広い食育授業の展開を実践している。文部科学省が示す職務内容を参考にして、かつ、学校独自の授業計画を作成しながら食教育が行われていた。栄養教諭は授業の中で担任への資料提供を行い、食育の授業や教科との連携では、学年でオリジナルな授業作りを実践しているが栄養教諭は年間計画を立てるところまでには達していない。食に関する指導を進めていく中で方向性を検討している段階であった。教科との連携ではどこでするかは、単発的に授業が入ってくるため難しいという。また、学年ごとに学校菜園で作る野菜も異なるため、それにあった授業をしなくてはならない。栄養教諭の授業数はこれまで84回すべてTTで行われている。授業内容は教科書形式ではないので年間計画を立てて1時間ごとにというわけには行かない。授業に使用するプリントは毎回作成しており、学校の実態に合わせるため全市的な教材の統一化はできない。京都市では栄養教諭が作成した授業内容や教材は学校間で格差が生じる等の課題が山積する。さらに、この学校は研究指定校であり、これまでにない授業を編み出すという課題がある。栄養教諭は組織的な体制の中で食の中核的役割を担い、子どもたちの中では「勉強を教えてくれる先生」として支持されており信頼が高い。

＜校長の意見＞

担任と一緒に指導案について話し合える立場となり、総合的な学習の時間では栄養教諭がいなければ進まないくらいになった。「管理職、教務主任は全体にコーディネートをするべし」とされているが、専門的なものが入ってくると、食育は専門的なもので栄養教諭がいると非常に助かる[33)]。

ここでは、栄養教諭自ら信頼と実績を挙げて着実に足場を固め、存在意義と必要性が構築されていることが大きな成果といえる。

これらの状況から、栄養教諭の役割について以下のことが分かった。

第一に、授業作りに視点がおかれることで、栄養教諭本来の年間計画が立たないことが明らかになった。研究指定校であるが故の授業の多さであるが、本来の職務の上に授業実践があることを基本とするならば、例外的な事例といえる。教科との連携から国語、体育など多くの授業モデルを作っている状況であるから、授業の内容は今後の授業手法の拡充になることが期待できる。

第二に、栄養教諭の作成する献立は全市的な取り組みが可能であるが、授業では「生きた教材」として統一した内容の教材を使用することができないという課題がある。授業の中で食育全体の質を上げるには、全市的な統一教材を活用した授業が必要であり、教科との連携でも格差を埋めることのできる授業づくりと教材作りが必要である。

図 3-3 は、京都市の食育取り組みを示したものである。教育委員会が土台づくりと食育の方向付けを示したことで栄養教諭にとって活動しやすい環境が整えられた。さらに、地域との密着度が高いことで、京都の伝統的な食文

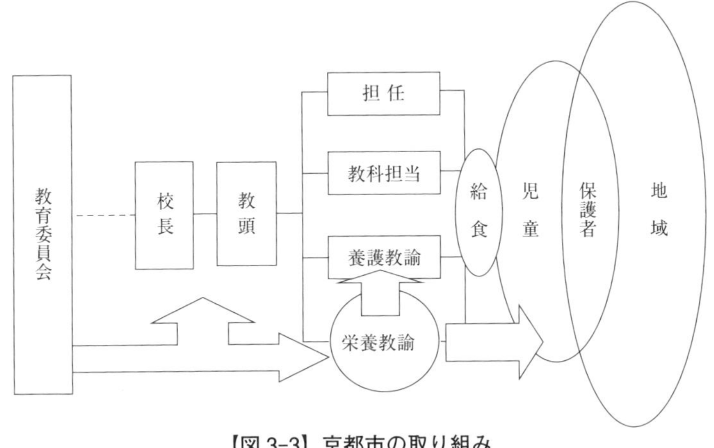

【図 3-3】京都市の取り組み

（筆者作成）

化の伝承の点からも日本料理アカデミーが加わり、特色のある食に関する指導と調理実習や給食と融合した授業形態が可能になった。栄養教諭と家庭科教諭そして食の専門家であるプロの調理人の三位一体による「地域連携強化型」の食育実践がその特徴であり、構図からも明らかである。

第四節　札幌市の実態調査

(一)　栄養教諭の設置構想

札幌市の栄養教諭構想は、平成11年「楽しさとゆとりの改善プラン事業」に遡る。この事業は、まず、給食の食器などを改善しランチルームを設けて家庭と同じ環境で学校給食の提供をすること、調理員の委託化を推進して学校栄養職員を中心とした食育を進めるものであった[34)]。この時点では、配置している職員をいかに連携させるか、どのように機能させていくかという課題があり、これを解決するためにブロック制を導入した[35)]。ブロック制を敷くことは、ブロック単位で年間の目標、指導計画を共有しながら児童の実態にあった献立作成を行うことである。その校区の子どもたちが中学校へ上がることで､小中連携を円滑に進めることも含めての導入であった。現在、行政区単位で11ブロックに分けられており、小中あわせて22ブロック存在する。ここで作成した献立を基準献立として各学校へ持ち帰り、学校ごとに行事などに合わせて組み換えをした形で給食が提供されている。

平成16年には札幌市教育推進計画[36)]が策定された。この中では食に関する指導を柱に、①指導計画を基に総合的な学習の時間や給食時間を活用して食に関する指導の充実に取り組むこと、②学校から家庭に対して試食会、給食便り等で情報提供を行うこと、③地域と連携をしながら食の指導を進めること、④郷土食や行事食を学習内容にあわせ献立に生かすことで食習慣に対する関心を高めること、⑤地産地消により、生産・流通・商品の理解を深め食に関する指導を総合的に進めることが挙げられた。こうして食の環境が整備されたことにより、平成19年1月に20人の栄養教諭を採用した。この採用は試行的なものであり、栄養教諭たちが1年間取り組んだ実践から問題点と課題を洗い出し、それを研究しながら次の採用を検討するのである。その課題を整理していくために、食に関する指導検討委員会が立ち上げられ学校の状況報告を求め検証を進めた。平成20年3月に食に関する指導検討委員会がまとめを公表した[37)]。これらの経緯から、札幌市の栄養教諭設置構想は子どもたちの給食環境や学校栄養職員の業務を段階的に整備したことで、推進計画に掲げる総合的な学習の時間や給食時間を活用した食育実践が展開されることになったのである。そこで注目する取り組みが、平成18年4月より実践された「さっぽろ学校給食フードリサイクル事業」である[38)]。

(二)　栄養教諭の職務内容の実態

「さっぽろ学校給食フードリサイクル」の実践

学校給食の調理くずや残食などの生ごみを堆肥化し、その堆肥を利用した食物を給食の食材にする「フードリサイクル」が行われている。この取り組みは単に学校給食の調理くずや残食のリサイクルだけでなく、食育・環境・教育の観点から「ものを大切にする子ども」を育てるための教育的効果に結びつく組織的な取り組みである。札幌市全体、環境局、経済局、教育委員会、公社との連携、堆肥を作るリサイクルセンター（会社）、作物づくりにはJAと農家、そして農政部との連携により、それぞれの役割を共有しながら進めている。PTAにも周知し、将来的には家庭においてリサイクルの場面をつくり、子どもたちの食教育を育むという事業である。当初、モデル校として小学校2校を選び、2校の小学校のうち1校は学校全体で取り組んだ。そこでは、野菜嫌いの子どもが多く給食の残量をみるとサラダが23%を示した。フードリサイクル事業により、最終的に残量は6%にまで減少した。一方、5年生を中心にフードリサイクルに取り組んだ小学校では、5年生と他の学年との残量の差というのが著しい結果を示した。このように1年間で効果が出た要因として、学校菜園で畑を使い環境問題であるリサイクルに取り組ませたことである。この効果から、19年度には3校へと増やし5校でフードリサイクルを実践した。しかし、この取り組みは学校全体でフードリサイクルを位置付け実践することになるため、各学校ではそれぞれに取り組みたい目標もあり、全部の学校でというわけにはいかない。そこで、小学校では、教材園のある学校に限り、平成20年度は12校の教材園活用校で実施することになっている。調理くずや残量を公社が運びきれないで堆肥となっていない学校は19年度で60%であったが20年度は75%を目標にした。その結果、19年度はレタスを札幌市内の全学校に提供し、市内の栄養教諭はレタスを教材に食に関する指導を進めた。20年度はたまねぎの「札幌黄」という古来品種を改良したものを植えて、レタスと合わせて市内の全小学校に提供し食の指導を行っていく予定である。

中学校においては教材園がないため、フードリサイクル重点校では調べ学習を中心に取り組み、市民にも呼びかけて発表会が行われた。

札幌市真駒内曙中学校の取り組み

平成19年度にフードリサイクル事業の重点校となった曙中学校は、学校経営にこれまでなかった食に係る項目を重点に加え、特別委員会である「食指導検討委員会」を設置した[39]。メンバーは、栄養教諭、教頭、直接学年で総合的な学習に取り組んだ教員である。この学校は生徒数386名、12学級の中規模校である。まず、「中学校教育で食に係ることはどんなことがあるのか」について検討した結果、社会科では流通面、理科の授業では腐敗に係る部分で食との関連を考えた。食指導委員会では各学年と教科担当に委ね、全体の流れを委員会が示した。食に関する指導計画は教育環境運営計画に位置付け教育環境の中で、指導目標と年間指導計画を策定した。表3-8に栄養教諭の活動目標を示した。

校内研究授業は、理科、社会、家庭科が行う。特に理科の授業では、2年

【表 3-8】栄養教諭の取り組み

栄養教諭の活動目標
①基本的に子どもと接点を持つこと ②給食だけを作るのではなく日常的に活動すること
栄養教諭の指導重点目標
①食の時間を生きた教材である給食を有効利用し、給食の栄養価、食材や作り方、その日の献立で伝えたいことを明確にする。 ②給食だより、給食カレンダーを作成し、これらを朝の学活で掲示し、給食のお代わりの参考資料に活用する。 ③１年生の総合的な学習の時間で、フードリサイクルを中心に調べ学習を通して、食の問題、食と環境についてまとめ、市民フォーラムで発表する。

（筆者作成）

生全学年に、「細菌の働きと発酵食品」をとりあげ、理科の教員は食に関する指導の関連、栄養教諭の必要性を検討した。実際に発酵を学ぶにはパンづくりを体験させ、発酵食品のよさを理解するのに納豆をとりあげた。これまで、理科の授業を通して栄養教諭との連携はなかったが、栄養教諭が入ることで授業が膨らみ興味ある内容に発展し、栄養教諭の必要性も理解できた[40]。

家庭科のねらいは、フードリサイクルを中心に食品のごみとその分別を重点に、給食を通してフードリサイクルの理解を深めることとした。道徳講演会では、生活習慣病の話と食の安全を学び、校外学習では、炊事活動の事前指導を通じて栄養を学ぶ、炊事活動ではフードリサイクルからごみの処理、食材の選択等について取り組んだ。栄養教諭の授業準備は短時間ではできないものが多く、実際に給食管理をしながら取り組むことから業務内容の見直しが課題となった。

札幌市立山の手南小学校の取り組み

平成 18 年度から学校給食フードリサイクルの重点校として食に関する指導とフードリサイクルをタイアップさせた形で指導を進めている[41]。児童に関しては知識のある子どもが多く、食に関する基本的な生活習慣が完成されており、朝食は9割以上の子どもが食べてくる。しかし、児童自身が受け身傾向にあり、自分の健康を自分で守ることの姿勢が希薄であるという。そこで栄養教諭はフードリサイクルと体験学習を絡めながら、食事を立体的にとらえ、知識ではなく自分のこととして考えられるようにしたいという目的をもって取り組んだ。また、5年生から6年生は以前に心と体の授業を行っていたことで、食育の土台づくりがあった。表3-9に栄養教諭が考案するフードリサイクルの指導内容を示した。

また、栄養教諭が食に関する指導カリキュラムを考案し、フードリサイクルを絡めた形で食育の全体計画を作成し、さらに学年ごとに食に関する指導の年間計画が作られていた[42]。

これを基に、各学年では具体的にどの教科で食に関する指導をするのか、教科の中でどのように横断的な指導ができるのかに視点をあてたクロスカリキュラムを作成[43]し、授業を進めていた。表3-10は6年生のクロスカリキュラムである。教科の中に横断的に食に関する指導が位置付けられている。

いずれにしても、平成18年度から2年間の取り組みにより、フードリサイクルの仕組みを理解し、栽培から調理試食を体験することで食品に興味関心が高まり、作って食べる楽しさを実感することができたようである。反面、フードリサイクルの素晴らしさと、残さないで食べることの一見矛盾した内容をどのように伝えるかという課題が残っている。

また、フードリサイクルを学校・家庭・地域の取り組みとして広く発信し[44]、そのよさを啓発することで家庭と地域を巻き込みながら活動する、PTAのガーデニングボランティアの協力を得て堆肥を使用した大豆栽培を行う、収穫した野菜をいただく場を工夫する、給食試食会を保護者や地域に向けた啓発の場とする等、フードリサイクル事業を進めることで、学校・家庭・地域をトライアングルに位置付けた健全な心身と豊かな人間性を育むための基盤づくりが行われていた。

【表 3-9】栄養教諭が考案するフードリサイクルの指導

- ・フードリサイクルがどのようなものかを知り、食料問題、ごみに関するモラルなどについて学年に応じて学習する。
- ・子どもたちに「自分たちは何ができるか」を伝え、食べ残しはなぜでるのか、自分たちにできること、野菜くずはフードリサイクルにしてよいが、食べ残しは出さないようにするという気持ちへ導く。
- ・フードリサイクルの活用の仕方として、体を動かす、五感を使って学びとる、フードリサイクルの土に触れる、匂いを嗅いでみる、実際に工場で見学する、教材園で農家の人を招きレタスを栽培する等、家庭で経験のない子どもが多い中、作物の成長を観察し、収穫したものをどのように食べるか計画を練る、苦労して世話した結果作物ができる、購入した野菜にも手間がかかっていることを体験する。

（筆者作成）

【表 3-10】食に関する教育クロスカリキュラム（6 年）

到達目標	・日常の食事に関心をもち、バランスのとれた食事の大切さがわかるようにする。 ・食事を通して豊かな心と好ましい人間関係を育てるようにする。			
指導内容	・食事が体に及ぼす影響や食品をバランスよく組み合わせて食べることの大切さを知り、健康な食生活を送ることができること。 ・楽しい雰囲気の中で、みんなと仲良く食べることができること。			
節の柱	Ⅰ節　あつまろう	Ⅱ節　ひろげよう	Ⅲ節　ふかめよう	Ⅳ節　たしかめよう
食に関する教育クロスカリキュラムと体験活動	**国語** 続けてみよう……新聞記事スクラップ→年間を通して食に関する記事を収集し意識化を図る			
	家庭科 見直そう！毎日の食事・ご飯と味噌汁 おかずの必要性		**家庭科** まかせてね！ きょうのご飯 あったかご飯に挑戦！ バランスの良い食事を考えてみよう！	**家庭科** 伝えよう！　ありがとうの気持ち お別れパーティに家族を招待しよう！
	ご飯・味噌汁実習 お米はどんな風に炊き上がるの？ つくってみよう！			
	理科 インゲン豆やジャガイモを育てよう		**算数** 残食をグラフにまとめてみよう	
		学年の栽培 フードリサイクル堆	**知識の活用**	

		肥で土作りだ！		
	社会 各時代の食事をしらべよう 縄文・弥生・飛鳥・奈良・平安・鎌倉	**図工** 野菜の心…野菜の色の美しさ		**国語** 海の命
		保健 病気の予防・抵抗力	**保健** 病気の予防・食生活	
				社会 世界の人々と私たち 世界の人々はどんな食事しているかな？
	世界 HOTCOM.			
フードリサイクル	残渣回収			
	じゃがいも、大豆、コーン、ズッキーニ、インゲン栽培		**収穫・調理** **収穫・食べる**	

（指導案をもとに筆者作成）

（三） 札幌市における食育の取り組み

札幌市の食育の取り組みを図 3-4 に示した。フードリサイクル事業に取り組むことで全市的に行政部局の連携そして地域・家庭を巻き込んだ立体的な「民間連携重視型」の食育実践が特徴である。小学校では学校給食の目標である物を大切にすること、感謝の心を持つことがフードリサイクルを通して学ぶことができていた。中学校では、小学校のフードリサイクルの取り組みをさらに発展させて、現状の食の問題を直視し、調べ学習を通して食と環境問題について考えることが行われており、中学生らしい発想による理想的な総合的な学習の時間を組み立てていた。その中で栄養教諭の役割はコーディネーターとして機能しながらも総合的な学習の時間をマネジメントする能力を発揮していたことが分かった。

中学校に栄養教諭が配置されたことで、生徒たちは勿論のこと教員自身も食に関する様々な指導や活動を通して食に対する意識が変わり、栄養教諭と連携した授業を進めることでさらに食に関する意識が定着した。これらのことから、中学校でも栄養教諭の職務の可能性が感じられ、配置の拡充につながることを期待したい。校長の言葉は食に対する実践の重みを感じさせる貴重な発言であった。

<曙中学校校長の発言>

学校で行ういろいろな活動は、基本的には子どもの日常生活の中に生きて初めて意義がある。当然学校だけではなく、家庭・地域が一体となって取り組むことになる。そういうことをどこまでできる活動かというのが一つの課題だが、そうした考えをしっかり持っていかなければ実生活に根ざした活動にはならない。栄養教諭が取り組む活動は負担にはなるがそれほど大々的な活動ではないが､家庭･地域の理解を生むことが大きな役割を果たしているのではないか。食にかかわることは、学校教育を考えた上でやはり抜けてはならないところではないかと思いますけれども[45)]。

一方、山の手小学校では、家庭や地域にフードリサイクルを発信することでPTAのボランティア活動から連携が広がっている。むしろ、この広がり

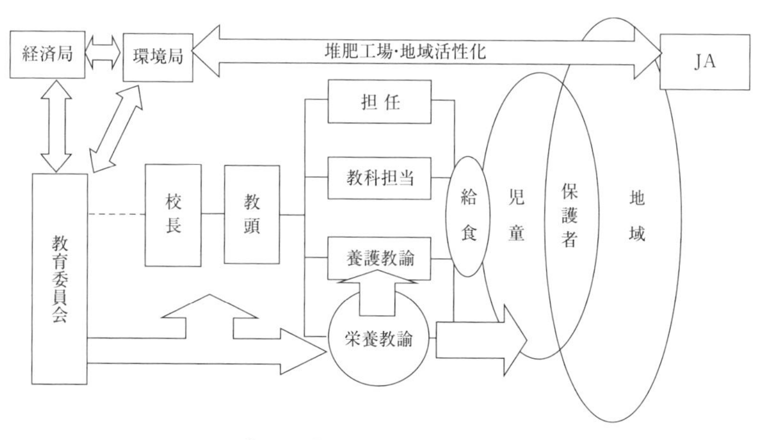

【図 3-4】 札幌市の取り組み

（筆者作成）

を学校はチャンスと受け止め、家庭との関係を結んでいく物理的で具体的なものにしていくことが望まれる。ひいては地域に根ざした学校づくりとなり、学校と地域が子どもたちを育てていく力に変えていくことになるのではないだろうか。

クロスカリキュラム作成の背景には栄養教諭の奮闘があった。栄養教諭自身、一人で全ての食に関する指導をするには限界があるという。それは、中身が狭くなりがちであるため、担任へ「本校はこのような考え方で食に関する指導をします」という説明をしないことには授業の中で食に関する指導が根付いていかないという。栄養教諭が具体的な指導計画を示したものを参考に、各学年ができることを話し合い、クロスカリキュラムが完成したのである。栄養教諭はできれば教科に入っていきたいが、先生方のイメージでは給食指導は給食指導、食に関する指導は学級活動というところから受け入れられないでいる面があり、理科でも社会科でも関係したところで可能であればそこに関連付けた献立を示して、使ってくださいという意識で取り組んでいる。フードリサイクルは全市的な取り組みであり、先生方への話が浸透しやすかったという。栄養教諭は、自分の力で食に関する指導を作り出さなければならない立場で、教育委員会からの指示があって学校へ下りてくる組織体制が活動しやすい環境を与えられたことになった。

これらの実践から、栄養教諭の役割とは、栄養教諭は中学校での配置は少ないが、フードリサイクルは、食と環境問題として中学校の調べ学習を通して生徒の発想を柔軟に膨らませることのできる総合的な学習の時間になることが分かった。そして中学校における栄養教諭の配置拡充の手がかりとなった。

第二に、全市的な取り組みであるフードリサイクル事業により、学校・家庭・地域が連携したことで、地域に根ざした学校づくりのきっかけになることが分かった。その結果、学校と地域が子どもたちを共に育てる役割を見いだすことに繋がった。

第三に、フードリサイクル事業は、教育委員会主導の授業であり指示系統が明確である。組織的な体制の中で活動できることは栄養教諭にとって環境整備がなされ、教員全体から受け入れられやすいシステムづくりとなった。その結果、民間重視の食育実践型が構築され、栄養教諭からは学校と地域が連携・調整の土台となり、職務内容も拡充したことで、今後の活動にも期待が持てた。

第五節　南国市の実態調査

(一)　栄養教諭の設置構想

高知市の隣に位置する南国市は人口５万人の高知県第二の都市である。肥沃な土地と豊かな地を意味する言葉で、「土佐のまほろば」とはこの地方を指す[46)]。南国市は教育委員会主導による学校給食の改革[47)]を通して、食育を推進してきたことで全国から注目を浴びている。その理由は、学校給食の改革を町づくりへと発展させ、地元の米を導入した学校給食が一つの町を救ったことだった。南国市は、正規の面積の半分が山の中である。平場で生産された米は８月に出荷され付加価値の高い米となって市場に出回る。

しかし、中山間地方の米は山の中の棚田でつくられるため質は良いが売れない。この時期、東北地方の米と競合するからである。そこで、中山間地域において学校給食米を生産することは、地域の農業の方向づけを示すことになり、南国市の活性化と農村集落の活性化に繋がったものであった。また、地元の食品会社や農業高校、地元農家との連携により、学校給食独自の商品開発が行われた。地元の米を学校給食に取り入れ地元の野菜を使っておかずを作り、さらにデザートからドリンクまで地域色の強い学校給食の実施は地産地消が教育面からの大きな意義を持つ。子どもたちの米作り体験学習は小学校の社会科で米作りが教材として扱われ、自分たちが食べる米を生産している中山間の圃場を学習田に借りることで、児童が田植え・稲刈りの体験学

【表 3-11】南国市の概要

①平成 9 年度に地元中山間米を学校給食に導入した教育改革を推進。食をめぐる教育活動の充実は食を中核として、健全な食生活者の育成を図り、「食」を素材として、生きる力の育成を図り、「上手な食べ方教育」から「賢く食べる教育」への転換を図る。
②平成 11 年度には、「食育」を学校教育の中核に据えることを提案し、13 校の全小学校で無洗米を導入し、全校で家庭用電気炊飯器による自校炊飯を開始し熱々のご飯を提供。
③平成 15 年には完全米飯給食の実施。
④平成 16 年、平成 17 年には文部科学省による「安全かつ安心な学校給食推進事業」「学校を中心とした食育推進事業」の指定。
⑤平成 19 年 9 月 1 日には、食育のまちづくり宣言。

(南国市食育のまちづくり条例をもとに筆者作成)

習をする[48)]。学習田で刈り取られた米も学校給食に使う。そして、この活動は米作りが教材として使われる総合的な学習へと発展した。

＜前南国市教育長の言葉＞

戦後の学校給食の役割は大きな成果を収めて終わった。与えられるばかりでやってきた学校給食の役割が終わったということである。これから先の学校給食は時代の要請を感じとり、新たな付加価値を持った学校給食づくりを基本に、みんなで作りあげていく、このことなしには学校給食を考えるわけにはいかない[49)]。

南国市の栄養教諭設置構想は学校給食が起爆剤となって進められ、町づくりと農業の復興は総合的な学習の時間づくりへと繋がり、地域性の高い食育実践となったのである[50)]。表 3-11 に南国市の概要を示す。

(二)　栄養教諭の職務内容の実態

食農教育における栄養教諭の役割

御免野田小学校は児童数 156 名の食育推進モデル校である。南国市内に 13 校ある小学校のうち唯一栄養教諭が配置されている。ここでは食農教育と栄養教諭の役割に注目したい[51)]。

平成 15 年度から学校経営の中に食と農を位置づけ、食育を基礎に、学力、心の育成に取り組んでいる。食農教育を柱に生きる力を育むためには単発的な取り組みではなく、計画的に教育課程に位置づけた方向が検討された。具体的には学校の取り組みを家庭に発信する、それと同時に地域や関係機関の力を借りる、御免野田小学校では高知農業高校との連携や出前授業、そして高知大学農学部の協力で全学年で食農教育を実践する。平成20年度は農業技術センターに依頼し、品種改良について紫唐辛子を植えたところである。表3-12は御免野田小学校が取り組む食農教育カリキュラムである[52)]。

食農に取り組んだ理由は、児童の家庭環境をみると、116家庭のうち2家庭が専業農家、子どもは土を知らない状況であり、野菜を食べないといっても仕方がなかった。そこで自分が野菜を作り汗をかくことで感謝の心を知り、自分たちが栽培し苦労したことで農家の人の苦労と重なるという実体験を通して、食を学ぶための農育栽培活動を行ったのである。栽培したものを収穫し、調理する一連の体験の中に栄養教諭の役割がある。食材の旬の栄養について知り食の大切さ学ぶ、栄養に関しては栄養教諭の専門性を生かした授業[53)]を通して人とふれ合い、多くの体験学習から感性と五感を使い体得させていくことが豊かな心を育くむ土台になるからである。

ここでは、学級担任が1年生から6年生まで食に関する授業を担当する。担任はどのように学習するのか、地域との連携は何をするのか、また、保護者、農家の方々からの協力もある。栄養教諭の役割として、給食をどのように教材化をしていくのか[54)]、教科との関係はどうか、農作物の栽培はどのようになっているのか等についてコーディネートをしながら、学級担任と地域の方々、そして関係機関の連携の中で子どもたちに食の自立を目指した教育を行っている。そのため、学校給食が大きな役割を持つ。

栄養教諭はこれまで先生方の授業を参観しながら一緒に勉強してきた。それは食農教育をする中で、文部科学省が示す食に関する指導の目標を評価基準に位置づけて指導案を検討し進めてきたからである。学級担任とTTの形で朝食の授業、野菜の収穫時期、調理の時間等にかかわることをはじめ、生

【表 3-12】御免野田小学校食農年間指導カリキュラム　２年生改編

	4月	5月	6月	7月	8月	9月
給食目標	食の大事さを知り決まりを守って楽しい食事をする	朝食をしっかり食べよう	衛生に気をつけて丈夫な骨や歯をつくろう	暑さに負けない食事をしよう		生活リズムを整え健康な生活をしよう
給食時間における指導	食事のマナー給食のきまり	朝食	手洗い 骨や歯をつくる食品	夏ばてしない食生活		規則ただしい生活リズム
指導内容	食事のマナーを身に付ける	朝食をとろう	手洗いの仕方を知る 骨や歯をつくる食品	砂糖のとりすぎに注意		夏ばてを回復する
生活科	**町探検に行こう** ・種を買いに行こう ・田植え **夏野菜を育てよう** ・おおきくなったでしょ！ 土つくり、種まき、 草ひき、水やり		**野菜を取り入れよう** サラダパーティーをしよう		夏休み	町ともっと仲よくなろう **冬野菜をそだてよう** 土作り 苗うえ 水やり 草ひき
国語	たけのこくん	おしえてあげる宝物				
算数	時計と表やグラフ		長さの単位			
図工		ごちそうを作ろう				おもちゃの祭りへようこそ
音楽				ともだちと一緒に		
体育						
道徳		朝ごはんの秘密				
学級活動	係りをきめよう			サラダパーティーをしよう		小さな畑

（『食農教育』をもとに筆者作成）

活科の食農教育では１年間の活動の中で食に関すことが位置づいていた。

このような土台作りがあったこと、そして栄養教諭の受け皿がしっかりした中に配置されたことが専門性の発揮に繋がった。また、食農教育研究会では栄養教諭が全体計画を作成し、コーディネーターとして原案作成を担当して先生方と一緒に検討する。これらの職務を積極的に行っていく背景には校長が食教育を学校経営[55]の中に位置付けて、教職員全員で取り組む体制作りがあったことが大きい[56]。栄養教諭からは、そういった体制作りがあったことが大事だと印象的な言葉を聞いた。

＜栄養教諭の発言＞

食は点の指導ではいけないと私は思っている。点が線になり面になり、先生方と意識が同じレベルになって取り組まなくては効果は出ない。その辺は恵まれている環境にいた。私が授業をやらせてくださいといっても必要ないと言われることもあるかもしれないので、授業は先生方がプロなので、子どもたちのことも知っているし、上手に子どもと係った授業をされるのだと思うが、そこで専門性ということで一緒に係りを持たせてもらい、より効果をあげていかないといけない。

個別指導における栄養教諭の役割

さらに同校における活動状況を見てみよう。個別指導では、「あなたは肥満だから今度のこの時間にここへ来て話を聞いてね」というのではなく、カウンセリング的な個別指導をするように栄養教諭になる前から指導を受けていた。しかし、呼びかけはしても、本当に自分が肥満だからどんなふうにしたらよいか、という悩みを抱えている子どもは少ないという。月に１回ニコニコ教室という日を設けて、「この時間なら体に関すること、食に関すること、何でも聞くよ」、ということで教室を設け、どうぞと呼びかけると子ども達は、牛乳が嫌いだ、朝なかなか起きられない等と来る子は何名かいる。それでも生活リズムや食に関することで、ある程度意識をしているということだけでも凄いことだという。つまり、栄養や食育に関して深い掘り起こしをきちんとしていればこそ個人的相談にも来るが、認識が浅いうちは浅いものしかこないということである。栄養教諭の指導経験によれば、自分が肥満を自覚してそこへ行って相談するというところまでは、子どものレベルではなかなか難しいことをここ数年で感じたとのこと。肥満度の高い子どもには、学校側から保護者に向けてアプローチをし、保護者に話をするだけではなく、肥満指導の医師がいる病院を紹介するなど、保護者へも一歩進んだ取り組みができるようにアプローチをしていくことが今後の課題である。

コーディネーターの役割からマネジメントの役割へ

家庭・地域の連携と学校内での調整は、研究主任と共に先生方の話し合いの中でコーディネーター役として取り組んでいる。

栄養教諭は、学校組織において研究主任を中心とした研究推進部会に位置付けられている。総合的な学習をコーディネートするだけではなく、学力、学校課題、そして子どもたちの課題を解決するため、食に関する指導だけの栄養教諭だけではなく学校の一員であることを考え、専門性を発揮していく軸になるよう、学校の目指す子ども像、課題解決のための一人として組織体制で動けるよう、研究推進部に所属している。栄養のことと給食のことを栄養教諭だけに任せてはいけない。きちんとした条件を整備していくのは管理職の仕事であるという。そこには強いリーダーシップを発揮できる校長の思いが込められていた。

養護教諭との連携における栄養教諭の役割

養護教諭との連携においては、肥満指導で養護教諭が中心になり高知大学医学部との連携が行われている。コーディネートは養護教諭であるが栄養教諭も加わる。授業も養護教諭と一緒にT3、T4となってかかわる。養護教諭は身体検査やミニ保健指導等を行い、食べること、排便のこと、歯のこと、肥満のことなどのミニ指導を栄養教諭が行う体制が整えられている。また、起床、朝食、排便、就寝の四項目について一週間の生活調査が実施されている。寝ることが遅い子は、朝ご飯は時間がなくて食べられないなどの関連があり、習慣化している子どもがいて、生活リズムが壊れている。極端に乱れている子の保護者へは、養護教諭との連携で生活リズムの指導も行っている。

栄養教諭の授業時数は、兼務校を含めて105時間の担当である。しかし、実際は105時間を超えるという。これらの時間数を担当しての教育の成果は、残食状況では野菜嫌いの子どもが年度当初は存在しても１年間給食を食べる中で克服ができており、ほとんど残菜がなく1％以下である。偏食の子どもは時間がなくて食べられないため少々残すが掻き集めても100 g程度という結果からも、食農教育では栄養教諭の果たすべき役割が大きい。

(三)　南国市における食育の取り組み

食育実践から注目できることは、学校給食が地域の町おこしを成功させたことである。地元にとってお荷物であった地域の棚田米を有効利用することで学校給食米に仕立て上げ、子どもたちに米作りの体験学習を導入し、これを教育教材として学校教育に位置付け、総合的な学習の時間の定着を図ったことである。そして学校給食を中心に、旬の食材を活用し、他の地域との食材交流や地域食材による加工品の開発で、地域の活性化に結びつけたことである。当時の教育長は、与えられるばかりの学校給食の役割は終わったとして、新たな付加価値を持った学校給食づくりを基本に市全体でつくりあげていくことを提言した。南国市における学校給食の付加価値とは、町おこしと地産地消による商品開発の２つを生んだ教育改革であった。図3-5は南国市の食育実践の取り組み図であり、教育委員会主導による「地域密着型」の食育実践が特徴である。市の行政改革をも視野に入れた教育委員会の挑戦は、学校給食を媒介として地域おこしへ発展したことが図式化により明確化することができた。

栄養教諭の役割として、御免野田小学校では、食農教育をカリキュラムの中に位置づけ、実体験を通して食を学ぶための農育栽培活動から、収穫し、調理する一連の流れが豊かな心を育くむ土台づくりを実践する職務と位置づけた。教科との関係、農作物の栽培などのコーディネートをしながら、学級担任と地域の人々との連携を通して、子ども達に食の自己管理能力を育成することの役割を担っていた。食農教育研究会では栄養教諭が全体計画を作成し、コーディネーターとして原案作成を手がけ、担任との授業構成をどうするか、地域との連携では何をするのか、保護者や農家の人達とのかかわり方、給食をどのように教材化するのか、農作物の栽培はどうなっているのか等について検討した。さらに学校給食の中で教育的効果をどう繋げるか、最終的には児童が農業体験を通して自分の食生活全般を振り返り、よりよい生活習慣や食習慣を考えることができるようになることが学習活動の内容である。実はこの工程を食農教育の中で、栄養教諭がマネジメントをすることが求められていたと窺えた。

学校での個別指導の実際は、カウンセリング的な個別指導を導入しているが、児童は自分の肥満を自覚して相談するというレベルにはなっていないため、栄養や食育に関して日常の中で深い掘り起こしを行うことが必要である

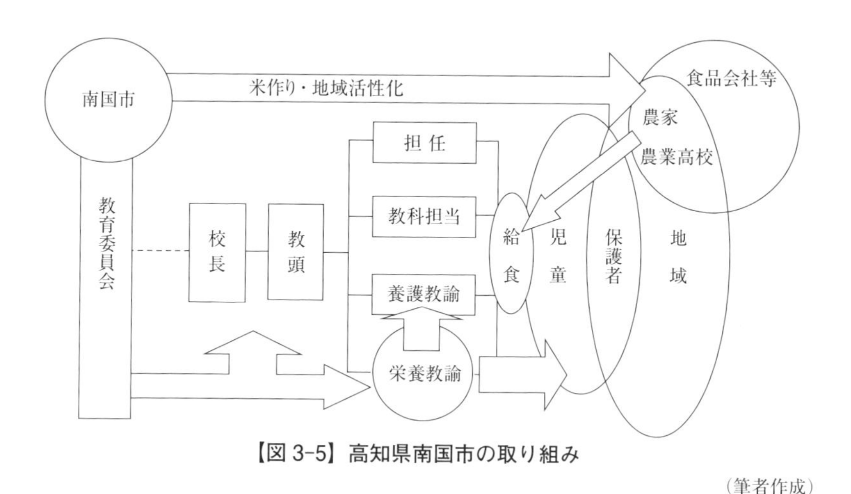

【図 3-5】高知県南国市の取り組み

（筆者作成）

ことが分かる。そのため指導経験から、肥満度の高い児童には、学校側から保護者に向けてアプローチをし肥満指導の医師がいる病院を紹介する等、保護者へ一歩踏み込んだ取り組みが必要であることが明らかになった。

コーディネーターとしての役割は、学校組織の中で研究推進部会に位置付けられ、学力、学校課題に取り組み、学校全体を意識した中で専門性を発揮する軸となる組織体制作りがあった。つまり、栄養教諭が活動する条件が整備された中で、役割を担う体制が作られていた。この体制づくりは、さらにはコーディネーターからマネジメントへの役割が求められる可能性を秘めていた。

養護教諭との連携は、栄養教諭と養護教諭の役割を明確に区別し、専門職として専門性の理解と尊重の中で連携が行われていたといえる。ここでは、カリキュラムに食農教育を位置づけて、学校全体の中で栄養教諭を育てあげていくという体制づくりがあり、食の専門性を学校組織の中に生かして発展させる役割が栄養教諭に求められていた。

第六節　食育実践の類型と栄養教諭に求められる課題

これまで、栄養教諭の職務について四つの事例を中心に実態調査を行い検討してきた。職務の実態は学校によりその取り組みは区々であるが、文部科学省が示す内容に沿って、学校全体が組織体制を整備して栄養教諭の活動を支援していた。

先進的食育実践を展開している四つの事例から実践の特徴を基に、食育実践を体型的に分類、整理し、食育の取り組み案を示した。栄養教諭が行う実践は、「栄養教諭主導型」の食育実践、栄養教諭と家庭科教諭そして食の専門家が連携した「地域連携強化型」の食育実践、全市的に行政部局の連携に地域・家庭を巻き込んだ「民間連携重視型」の食育実践、さらに、教育委員会主導による「地域密着型」の食育実践、このように四つの型がある。これらの実践例からいえることは、教育委員会主導型の指導と首長部局の支援体制が整ってこそ、栄養教諭の専門性が発揮できるということだ。四つの食育実践例から、食育の推進ができる専門職は栄養教諭だけであった。

当初、栄養教諭創設の審議経過で栄養教諭の基礎資格は管理栄養士とされていた。最終的には栄養士に位置付けられたが、今回の調査からも栄養教諭は個別の栄養支援ができる力、つまり管理栄養士の資質が必要とされていた。管理栄養士の資質が必要に求められる職場は医療機関であり、病院栄養士の存在があり、地域全体の疾病状況を理解した上で、乳幼児から老人まで各世代別の栄養改善に貢献できる。この知識と経験を食育推進に役立てる必要性を感じている。例として、数多くある治療食のレシピを具体的に地域に示すなど、栄養教諭の助っ人として健康教育の支援、地域の人への支援そして食品開発や様々な事業の中に地域の栄養士会を加えて連携体制を強化することにより、効果的な食育実践が可能となる。そこで図 3-6 を検討した。地域の中に栄養士会や医療機関を含めた「総合力強化型」の食育推進を展開することで、児童の健康教育や地域との連携に専門職の支援を得ることができ、栄養教諭のコーディネート力、ひいてはマネジメント能力の拡充が期待できることになる。栄養教諭の職務実態については、以下のことが明らかになった。

まず栄養教諭の職務の中で最も注目されている個別的な相談指導の在り方である。個別指導は学校栄養職員の時代にはなかった職務内容であり、専門性に繋がるハードルの高い内容である。そのため、栄養指導の手技、手法が明確化されないままに肥満や食物アレルギー等に対する指導が求められた。今回の調査からは、指導方法について以下のことが明らかになった。①児童の食生活の背景を含めて栄養アセスメントを行い、個別のプログラムを作成して指導すること、②手法としてカウンセリングの技法を用いて個別指導を行い、日常から食と健康の意識付けを深く行うことが必要であること、③児童は自らの健康状態を自覚できないことを認識して個別指導に取り組むこと、④学校側から保護者に向けて一歩踏み込んだ指導の必要性がある。

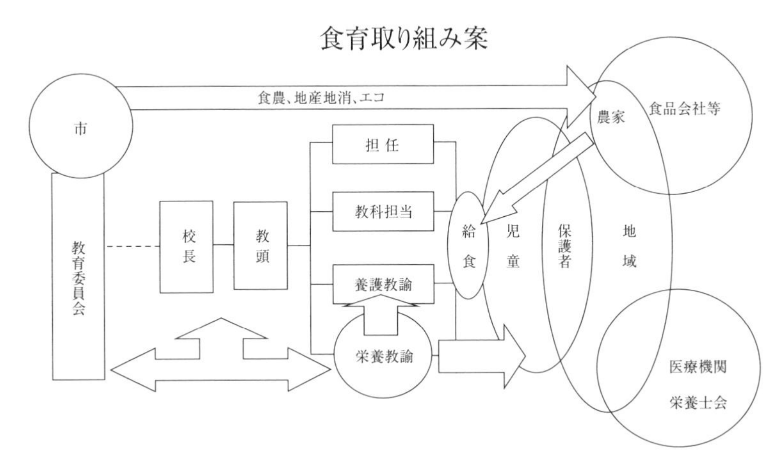

【図 3-6】食育実践の取組図「総合力強化型」の提案

（筆者作成）

第二に、生活リズムに関する指導で南国市の調査結果から、自分が肥満だからどのようにしたら良いのかという悩みを抱えている子どもが少ないこと、栄養や食育に関して深い掘り起こしをしていればこそ個人的相談に来る児童もいるが、認識が浅いうちは相談には来ないこと、日々の指導の中で、まずは食に関することや生活リズムに関することに意識を持たせる働きかけが必要である。一方、養護教諭との連携は、専門職としてお互いを理解、尊重し、専門性の区分を明確にして連携することが必要である。

第三に、教科における連携指導は、食に関する指導が年間計画の中に組み込まれていた。食農教育を年間計画の中に位置づけ、教科と連携し継続性のある指導が行われていたこと、それをさらに発展させた形で教科との連携をクロスカリキュラム化させた取り組みがあった。クロスカリキュラムの導入では、栄養教諭が学年ごとに食に関する指導で何ができるのかを示した食育全体計画を作成し、各学年が具体的に教科の中で横断的な指導ができるカリキュラムを作成し、年間を通して継続的に教科指導に取り組む試みが行われていた。これによって、単発的になりがちな教科との連携が継続性を持ち効果的な指導として定着できることになる。教科連携の在り方を示唆した先進的な取り組みといえる。

第四に、注目できたのは中学校における総合的な学習の時間の取り組みである。栄養教諭が中学校へ配置されるケースは決して多くない。札幌市では自校給食を実施している中学校に栄養教諭を配置して食育を柱に全市的な取り組みであるフードリサイクル事業を導入した総合的な学習の時間が組まれていた。調べ学習を通して各教科や担任との連携、地域との連携により総合的な学習の時間の軸が作られていた。総じて中学校においては、総合的な学習の時間が希薄といわれているが、中学校においてこそ栄養教諭は総合的な学習の時間のコーディネーターとしての可能性が感じられた事例であった。

第五に、学校・家庭・地域との連携では、PTA のボランティア活動の中にフードリサイクル事業を位置付けた取り組みが連携の強化に繋がっていた。学校側と保護者にとって共通の話題があり連携が容易になる。家庭でも身近な問題として取り組める内容であったことが効果的な連携に結びついた。一方、地域団体との連携により食育カリキュラムが作成され、その中に教員が加わることで技術の向上のための連携が可能となる。

第六に、給食指導は学校栄養職員がこれまで取り組んできた職務内容である。学校給食を「生きた教材」として活用するからには、これまで以上においしい給食、賢く食べる給食づくりと安全・安心な食材選択と衛生管理の強化が求められる。

これまで見てきたように、栄養教諭は教育現場において、食育をはじめとして教科の連携、個別指導では専門性の高度化への対応など様々な役割が求められていた。今後は社会や地域全体の食を通じた総合的なマネジメントが栄養教諭に求められる課題であることが明らかである。

第七節　栄養教諭の職務実態を通して求められる資質

四つの先進的事例を検討した中から、栄養教諭の職務内容について、文部科学省が示した栄養教諭の職務内容と実態調査を通して職務に求められた具体的内容を分析整理し、教育現場が栄養教諭に求める資質について検討したものが、表3-13である。

実態調査の結果から、食に関する指導では、児童生徒への個別的な相談指導、児童生徒へ教科･特別活動等における教育指導がその中心の職務であり、学校給食管理ではアレルギーへの対応が注目された。これらについて、実態調査を通して栄養教諭に求められる資質を分析する。

食に関する指導の領域では、「児童生徒への個別的な相談指導」が、栄養教諭の主たる職務内容であった。個別相談指導では、文部科学省の「食に関する指導の手引」から、対象となる個人の身体状況、栄養状態や食生活等を総合的に評価、判定し、家庭や地域の背景、児童生徒の食に関する知識、理解度などを考慮し、児童生徒に適した指導に当たることが大事とした。教育現場では、アレルギーや肥満指導が中心であり、学級担任、養護教諭、学校医、主治医などと密接に連携を取りながら共通理解の下、適切に対応することが求められていた。特に栄養や食事に対する知識がない児童生徒やその家族に対して、断片的知識の提供や改善の強制をするのではなく、児童生徒が個々に抱える健康や栄養の問題を解決するために問題点の分析、個々人に適した指導・助言、指導後の評価を行いながら、その児童生徒にとって適切な食生活の形成と改善を進めていく活動が行われていた。これを総じて「栄養力」と位置付けたい。養護教諭、学級担任と連携して指導するため児童の洗い出し、保護者と共に指導すること、相談教室を開催する場合には、児童の悩みを日々深く掘り起こすことが重要であり、児童自ら相談に来るよう日頃から児童とコミュニケーションを持つ活動をすることで意識の定着につなげ

【表 3-13】栄養教諭の職務内容の分類整理

<table>
<tr><th colspan="2" rowspan="2">区　分</th><th>文部科学省が示した職務内容</th><th>実態調査による職務内容</th><th colspan="2" rowspan="2">教育現場が求める資質</th></tr>
<tr><th>具体的内容</th><th>具体的内容</th></tr>
<tr><td rowspan="4">食に関する指導</td><td rowspan="2">児童生徒への個別的な相談指導</td><td rowspan="2">・養護教諭や学級担任と連携して、偏食傾向、強い痩身願望、肥満傾向、食物アレルギーおよびスポーツを行う児童生徒に対する個別の指導。
・保護者に対する個別相談。
・主治医・学校医・病院の管理栄養士等との連携調整。
・アレルギーやその他の疾病を持つ児童生徒用の献立作成および料理教室の実施。</td><td>福井県・南国市</td><td rowspan="2">カウンセリング能力
判断力
対応力
コーディネート力
企画力
提案力
実行力
連携調整力
応用力
使命感
栄養士力</td><td rowspan="2">総合的なマネジメント能力</td></tr>
<tr><td>個別指導
アレルギー、肥満児童の指導が中心。
養護教論、学級担任と連携して指導するため児童の洗い出しをして保護者と一緒に指導。
相談教室を開催：児童の悩みを聞く日々の深い掘り起しがないと児童自ら相談にくることは少ない。
方法：アセスメント、個別のプログラム作成、カウンセリング技法を用いた相談指導。
アレルギーの対応
代替食の提供、献立の検討。</td></tr>
<tr><td rowspan="2">児童生徒への教科特別活動等における教育指導</td><td rowspan="2">・学級活動および給食時間における指導。
・教科及び総合的な学習の時間における学級担任や教科担任と連携した指導。
・給食放送指導、配膳指導、後片付け指導。
・児童・生徒集会、委員会活動、クラブ活動における指導。
・指導案作成、教材・資料作成。</td><td>福井県・京都市・札幌市</td><td rowspan="2">授業づくりを通した指導力
教育力
コーディネート力
企画力
提案力
実行力
応用力
連携調整力
研究・分析力</td><td rowspan="2">授業評価分析力・総合的なマネジメント能力</td></tr>
<tr><td>授業づくりを考案する
道徳、生活科、算数科、社会科、体育科、家庭科、理科、総合的な学習の分野で授業内容と教材研究を含めた単元設定を行う。また授業内容を提案し学級担任と連携した取り組みを行う。
・地域・学校・家庭との連携。
・食の専門家との連携指導。
・マネジメントしながら授業づくりを提案し実践する。</td></tr>
</table>

	食に関する指導の連携調整	【校内における連携・調整】 ・児童生徒の食生活の実態把握。 ・食に関する指導（給食指導を含む）年間指導計画策定への参画。 ・学級担任、養護教諭等との連携・調整。 ・研究授業の企画立案、校内研修への参加。 ・給食主任等校務分掌の担当、教員会議への出席。 【家庭・地域との連携・調整】 ・給食だよりの発行。 ・試食会、親子料理教室、招待給食の企画立案、実施。 ・地域の栄養士会、生産者団体、PTA 等との連携・調整。	・食に関する指導の土台となるクロスカリキュラムを考案する。（食に関する指導が各学年の中で横断的に位置付く） ・栄養教諭養成大学との小大連携の研究推進を行う。	教材研究開発力 授業評価分析力 自己研鑽能力 プロデュース力 実践力	
学校給食管理	給食基本計画への参画	・学校給食の基本計画の策定、学校給食委員会への参画。			総合的なマネジメント能力
	栄養管理	・学校給食摂取基準および食品構成に配慮した献立作成、献立会議への参画・運営。 ・食事状況調査、嗜好調査、残菜調査等の実施。			
	衛生管理	・作業工程表の作成および作業動線図の作成・確認。 ・物資検収、水質検査、温度チェック・記録の確認。 ・調理員の健康観察、チェックリストの記入。 ・「学校給食衛生管理の基準」の定める衛生管理責任者としての業務。 ・学校保健委員会等への参画。	アレルギーの児童へ代替食の献立作成。 代替食をつくるための作業工程の工夫と改善。	献立作成能力 献立活用能力 企画力 提案力 実行力 教材研究開発能力 調理開発能力	

	検食保存食等	・検食、保存食の採取、管理、記録。	保護者への献立に関する連携・調整とその対応。	調理技能力 マネジメント能力 食品の選択力 使命感 栄養士力	
	調理指導その他	・調理および配食に関する指導。 ・物資選定委員会等の出席、食品購入に関する事務、在庫確認、整理、産地別使用量の記録。 ・諸帳簿の記入、作成。 ・施設・設備の維持管理。			

（実態調査をもとに筆者作成）

る必要がある。

実態調査から職務内容を総括すると健康教育をつかさどる専門職として「栄養士力」が求められていると捉えることができる。この「栄養士力」は、個別指導の方法においても、アセスメントによる児童の実態把握をすること、個別のプログラムを提案し作成すること、カウンセリング技法を用いた相談指導をすることが必要となる。その結果、教育現場で栄養教諭に求められる資質は、カウンセリング能力、判断力、対応力、コーディネート力、企画力、提案力、実行力、連携調整力、応用力、使命感、といった資質を持ち合わせて初めて職務内容を遂行できるものであると見ることができる。つまり、栄養教諭が個別授業に求められることは、栄養指導に必要な専門的資質を磨き生かすことである。

本来、管理栄養士が行う栄養指導は、身体状況の把握や食生活の実態をすべて一人で把握し、提案、実践することが必要である。実態調査からは、栄養教諭の役割は養護教諭や学級担任との連携調整を行いながら、個別栄養相談指導につなげていた。そして、それぞれの役割を決定し、相談指導全体をコーディネートする役割から、さらに発展させた「総合的なマネジメント能力」が求められていたと見ることができた。

次に、アレルギーの対応では、給食管理の職務内容と連動した形で行われることが分かった。表3-13からは、文部科学省が示す具体的職務内容として、疾病を持つ児童生徒用の献立作成及び料理教室の実施が行われているのみであり、いわゆる献立作成と除去食（アレルギーの基本となる食材を抜く）の提供が基本である。実態調査では、代替食の提供という一歩踏み込んだ取り組みがなされていた。アレルギーを持つ児童に対して献立作成をして保護者と連携し、代替食を提供する。食材の選択や使用方法など綿密に作業工程が示されなければ現場で調理することは難しい。手間のかかる調理となるため集団給食ではアレルギーの原因となる食品を抜いて提供する段階までしか行われていない。しかし、児童生徒の健康問題を優先するならば、保育所での代替食の提供が行われている経緯から、さらに延長した形で学校でも提供する必要があるというのが、栄養教諭の見解である。家庭との連携により、献立の内容を保護者と打ち合わせるなど手間のかかることではあるが実施しない時代でもないだろうということで、学校給食の中で代替食の導入に踏み込んだことは、栄養教諭の職務の基本となる給食管理の分野で業務の改善から一歩踏み込んだ給食をマネジメントするという職務拡充を図った点で評価できる。この取り組みから、栄養教諭の裁量によって、学校給食を通して健康教育を実践するという使命感と自分で課題を発見し解決する力が専門職に求められていたといえる。教育現場で求められる資質は、献立作成能力、献立活用能力、提案力、企画実行力、教材研究開発能力、調理開発能力、調理技能力、マネジメント能力、食品の選択力、使命感、栄養士力（アレルギー食の提供を含む）であった。

第二に、食に関する指導における「教科・特別活動等における教育指導」の領域についてである。教科及び総合的な学習の時間における学級担任や教科担任と連携した指導でのかかわりから、効果的な学習を目指して、発達段階に応じた単元構成と授業実践を考案した授業づくりが行われていた。表3-5、表3-10、表3-12で示したように、学級担任や地域の食の専門家との連携など授業で求められる役割が高度化している。特に表3-5では、栄養教諭が開発した道徳、生活科、算数科、社会科、体育科、家庭科、理科、総合的な学習の時間の分野で授業内容と教材研究を含めた単元設定を行い、学級担任と連携した取り組みが行われていた。ここでの資質は、授業づくりを通した指導力であり、これを、「授業力」と位置付けることにする。栄養教諭にはこの「授業力」を強化することが求められていた。

第三に、教科との連携では、家庭科とのかかわりとして、表3-7の日本料理に学ぶ食育カリキュラム5年生の授業内容からは栄養教諭に求められる資質を検討した。家庭科教育では、食に関する実践的･体験的な活動を通して、家庭生活への関心を高めるとともに、日常生活に必要な基礎的な知識と技能を身に付け、家族の一員として生活を工夫しようとする実践的な態度を育てることが目標である。家庭科という教科の特性から、家庭生活で衣食住に関する内容について、実習や観察、調査などの学習を通して、家庭生活に関心を持たせ、日常生活に必要な基礎的知識と技術を身に付けて、個人として生活的自立の基礎を育成することが重要になってくる。そのためには、児童一人ひとりが自分を生かすように題材構成や使用する教材を個に応じて工夫し、問題解決的な学習により個人の課題を追究すること等、弾力的な学習が栄養教諭に求められている。教科及び総合的な学習の時間における学級担任や教科担任と連携した指導をすることで、指導案作成、教材作成、資料作成が必要となる。栄養教諭は家庭科の授業の特徴を理解した上で、連携した授業を作りあげる必要がある。ここで求められる資質は、連携調整力、そして授業づくりを通した指導力、授業作りを構成する企画力、提案力、応用力（栄養教諭が自分で課題を発見し、解決する能力）、研究・分析能力、教材研究開発力である。総じてここでも栄養教諭に求められる資質は「授業力」であった。

実態調査では、旧暦に宮中で氷を口にすると夏ばてをしないという風習があり、京の人々は氷に似せたお菓子を食べて夏場の健康を願ったという伝統の和菓子を家庭科の授業で栄養教諭が調理実習を行った。老舗の和菓子職人から伝授されたレシピを用い、お菓子の形に牛乳パックを活用した。ここでは、小学校と大学の連携による食育推進研究が行われており、栄養教諭養成大学の学生ボランティアが参加して子どもたちの補助をしながら、保護者も参加し、お菓子の由来や旧暦の読み方を学んでから調理実習へ、担任とTTで進められた。教科書でただ覚える授業よりも、専門的で具体的な言葉を覚えながら進む実習は、認識が広がり効果的学習に結びついていた。家庭で教えないことも生活に繋がることも栄養教諭は教えることができるという保護者の声は、暗記・暗唱の授業よりもはるかに身に付くと評価が高かった。また、栄養教諭と栄養教諭養成大学の連携により、学生はボランティア活動を通して児童の補助をすることで栄養教諭の調理実習の指導方法、担任とのTTの進め方や授業構成などを学ぶことができ、実習が立体感を持つ授業となった。学生にとってこれらの活動は実践力の育成となり、授業をつくりあげるという認識が広がり効果的学習方法を身に付けることのできる場となった。

授業に関連した取り組みとして注目できたことは、栄養教諭が食に関する指導の土台となるクロスカリキュラムを考案したこと、食に関する指導が各学年の中で横断的に位置付くよう積極的に年間計画を通して授業を定着させていくことの必要性を強く要望していたことである。具体的には、どの教科で食に関する指導をするのか、教科の中でどのように横断的な指導ができるのかに視点をあてたクロスカリキュラムの構築が行われていた。

第四に、小中学校における総合的な学習の時間の活用は、文部科学省の「食に関する指導の手引」で、地域や学校、児童生徒の実態などに応じて、横断的・総合的な学習の時間や児童生徒の興味・関心に基づく学習など創意工夫を生かした教育活動を行うものとしている。総合的な学習の時間は、自らの課題を見つけ、自ら学び、考え、主体的に判断し、よりよく問題を解決する資質や能力を育てること、学び方や物の考え方を身に付け、問題点の解決や探究活動に主体的、創造的に取り組む態度を育て、自分自身の生き方ができるようにすること、各教科や道徳、特別活動で身に付けた知識や技能等を相互に関連づけて、学習や生活に生かしてそれらを総合的に働くようにすることがそのねらいである。

以下、中学校の総合的な学習の時間について、栄養教諭に求められた役割を検討する。

中学校における栄養教諭の配置が少ない中、その役割に注目すると、総合的な学習の時間では、課題別にグループ毎に調べ学習が中心となる。体験や活動を通して理解して尊重する心を育むことが行われている。環境にやさしいことを考えることで、自分の生活や食事を見つめ直すこと、日常生活の在り方を見直すことなどが取り上げられている。今回は調べ学習を中心に、フードリサイクル活動を題材にして環境問題を重点に給食との関係を理解し深める学習を行っていた。栄養教諭のかかわりは、教頭、学年の教科担当教諭との役割分担によって、栄養教諭への支援の具体化がなされ、常に連携し相談しながら授業を進めていた。フードリサイクルの授業づくりを通して各教科の枠を超えた横断的・総合的な学習や児童生徒の興味関心に基づく学習を取り入れ、地域や学校、児童の実態に応じて、創意工夫した授業展開があり、総合的な学習の時間の教員として栄養教諭が全体をコーディネートする役割を担っていた。そこからさらに発展した形で「総合的なマネジメント能力」を発揮していたことが注目できる。総合的な学習の時間は栄養教諭にとって、新たな役割を担う挑戦であり、その結果、総合的な学習の時間を担う教員の一人として位置づけられていたのである。

第五に、中学校における教科との連携では、特に理科の授業「細菌の働きと発酵食品」で、他教科、領域における食に関する指導との関連や各学年間の系統を踏まえた取り組みを整理し、食の専門家として資料の提供や体験学習を通して生徒の課題に応える授業を展開していた。そのためには、授業計画の立案、実態把握、カリキュラムづくり、単元の構想、実践を通して、教科担任との役割を分担する作業から検討することが必要になる。発酵ではパン作りの体験、発酵食品として納豆を取り上げ、発酵食品のよさを理解するため食材の種類や栄養と健康とのかかわり、調理の仕方、調理技術、安全面、衛生面から学習内容の解決に支援し、授業の最後に生徒の実態観察が行われていた。栄養教諭の役割は、総合的な学習の時間と同様に授業づくりの構成、準備、単元の展開で教科担当教諭と役割分担を通してマネジメント能力を発揮しながら、授業が行われた。

これらの一連の授業に対する栄養教諭の意識として、教科との連携で、何のために授業に入るのか、授業に入ることで授業効果にどのように生かされるのか、といった目的を持って取り組むことが必要であった。また、授業の中で、どのような知識を与え活動につなげるか、授業で実践したことを家庭でどのように定着させるか、というプロセスを踏んで授業実践が行われていた。実態調査を通して、栄養教諭の資質形成には、授業づくりを通した指導力、いわゆる「授業力」が求められていることが明らかとなった。

審議経過や答申で示された栄養教諭の役割は、教科との連携や総合的な学習の時間を通して、コーディネーターの役割が求められていたが、実態調査の結果から、コーディネーターをさらに発展させた「総合的なマネジメント能力」が求められていたのであった。

以上の分析結果により、栄養教諭養成課程では、これに必要な技能と能力を修得させていくことが重要な課題として明らかになった。

注及び引用文献

1) 文部科学省スポーツ・青少年局学校健康教育局「学校給食法等の一部改正に関する法律」の説明会資料（2004 年 5 月 31 日）2004 年。
2) 中央教育審議会「食に関する指導体制の整備について 答申」（2004 年 1 月 20 日）2004 年。
3)「食育基本法」（2005 年 6 月 17 日）（法律第 63 号）。
4)『食育推進基本計画参考資料集』（2006 年 6 月）2006 年。この計画とは食育推進基本計画を指すものである。食育推進会議「食育推進基本計画」（抄）（2006 年 3 月

31 日）2006 年。

5）井上惠嗣「学校給食法の改正について」文部科学省スポーツ・青少年局学校健康教育課健康教育企画室、（於）栄養教諭研究会「講師井上惠嗣氏指導の資料」（2008 年 8 月 4 日）2008 年。

6）文部科学省「平成 17 年度～平成 20 年度の栄養教諭の配置状況」（2008 年 4 月 1 日）『文部科学省スポーツ・青少年局学校健康教育課健康教育企画室資料、（於）栄養教育研究会』2008 年。配置が進んでいる都道府県は兵庫県 285 名、北海道 261 名、鹿児島県 163 名、大阪府 139 名、京都府 122 名である。

7）同上。国立大学附属学校では 2008 年度 4 月 1 日現在で 52 名。

8）「福井県知事記者会見概要」（2005 年 2 月 21 日）。
http:www.perf.fukui.lg,jp/doc/kouho/kaiken170221.htuml（2008 年 3 月 31 日）

9）福井県「福井元気宣言」http://imfo.pref.fukui.jp/lenmin/chiji/genkisengen1.htuml

10）福井県「福井元気宣言」（Ⅰ元気な社会）1～8 頁。
http://imfo.pref.fukui.jp/lenmin/chiji/sin-genkisengen2.htuml

11）福井県健康福祉部健康増進課『健康長寿ふくいの食育活動マニュアル』2005 年 11 月。

12）福井県スポーツ保健課「Ⅱ -5 未来を託す人づくり」『新・元気はつらつ福井っ子づくり推進事業』2004 年 11 月、1～2 頁。

13）福井市立和田小学校「学校要覧」2007 年、1～6 頁。

14）福井市立和田小学校「栄養指導教材食生活調査表」2007 年、1 頁。

15）食生活バランスガイドとは、厚生労働省と農林水産省により作成されたもので、厚生労働省作成の「食生活指針」を具体的な行動に結びつけるものとして食事の望ましい組み合わせやおおよその量をわかりやすくイラストで示したもので、国民の食生活改善を目指して作成されたものである。

16）福井市立和田小学校「栄養指導教材個別相談個人カルテ」2007 年、1 頁。

17）福井市立和田小学校「栄養指導教材健康個別相談のご案内」2007 年、1 頁。

18）福井市立和田小学校『平成 17 年度福井県和田小学校実践記録』1～89 頁。

19）福井市立和田小学校『食に関する指導案・活動事例集』2006 年 3 月、1～74 頁。

20）青山幸子（福井市立和田小学校栄養教諭）「研究発表望ましい食生活が実践できる子どもの育成 発表要旨」福井県「第 57 回 2006 年度全国学校給食研究協議大会」文部科学省、全国学校給食研究協議大会実行委員会、67～70 頁。

21）福井県教育庁「食に関する指導の模擬授業」「生活、総合な学習の時間」『食育指導者養成研究研修講義・演習 5』（2007 年度）1～20 頁。

22）福井県教育委員会『学校における食育実践事例集』2006 年 3 月、1～115 頁。
23）インタビュー調査、2007 年 8 月 2 日。
24）文部科学省『食に関する指導の手引』「個別的相談指導の進め方」東山書房、2007 年 3 月、184～179 頁。
25）京都教育委員会『楽しい学校給食』、京都教育委員会、2008 年 1 月、1～3 頁。
26）京都教育委員会『京都市版食に関する指導実践事例集』、京都市教育委員会、2008 年 3 月、1～204 頁
27）京都市『京（みやこ）食育推進プラン（概要版）』、2007 年 3 月、1～13 頁。
28）京都市教育委員会、特定非営利活動法人日本料理アカデミー『日本料理に学ぶ食育カリキュラム指導資料集』2008 年 3 月、1～73 頁。日本アカデミーでは食育を通して、自分たちの土地に対しての理解を深めてほしいという思いから、「地産地消」という言葉を、「知産知消」と位置づけて、土地の産物を知り、おいしくいただく方法を知ることを表現している。プロの料理人からの指導を受けることで、子どもたちは、風土を理解し、自分たちの土地に愛情と誇りを持ってもらうよう食の指導に取り組んでいる。
29）京都市『京都市版 京（みやこ）・食事バランスガイド』京都市保健福祉局、2008 年 3 月、1～14 頁。厚生労働省と農林水産省が共同で作成した食事バランスガイドを、京都市健康増進課と保健福祉課が京都の料理や食習慣の体系に合わせた京都独自の食事バランスガイドの作成を手がけた。これを「京（みやこ）食事バランスガイド」といい、京都市民の食生活改善の資料として活用している。
30）京都市立梅小路小学校「梅小路小学校学校要覧」（平成 20 年度）2008 年、1～4 頁。
31）京都市立梅小路小学校『平成 19 年度文部科学省指定校梅小路教育』2007 年 12 月、1～166 頁。
32）インタビュー調査、2008 年 7 月 4 日。
33）インタビュー調査、2008 年 7 月 4 日。
34）札幌市教育委員会『札幌市の学校給食』1～7 頁。
35）札幌市教育委員会「栄養教諭・学校栄養職員ブロック会設置要領」1～26 頁。
36）札幌市教育委員会「札幌市教育推進委員会計画」2004 年 9 月、30～40 頁。
37）札幌市教育委員会 食に関する指導検討委員会『食に関する指導検討委員会のまとめ』2008 年 3 月、1～14 頁。
38）札幌市教育委員会総務部管理課（栄養指導担当）『平成 19 年度 さっぽろ学校給食フードリサイクル実践報告書』2007 年 3 月、1～78 頁。
39）札幌市立真駒内曙中学校『曙の教育』（平成 20 年学校要覧）（第 36 集）2008 年、

1〜78頁。
40）札幌市立真駒内曙中学校『食に関する指導（栄養教諭の取り組み）資料』2004年9月、1〜37頁。
41）札幌市立山の手南小学校『「さっぽろ学校給食フードリサイクル」モデル校事業計画書』2008年4月、1〜2頁。
42）札幌市立山の手南小学校指導部学校活動給食係「学年の食に関する指導の目標」2008年、1〜13頁。
43）札幌市山の手南小学校「山の手小学校食に関する教育クロスカリキュラム」（平成20年度）1〜6頁。
44）札幌市山の手南小学校「PTAだより」2008年、1〜2頁。
45）インタビュー調査、2008年6月5日。
46）南国市教育委員会、南国市学校給食会『南国市の学校給食〜教育のど真ん中に食育を〜』2005年1月、1〜47頁。
47）南国市教育委員会『南国市学校給食・南国食育プラン21南国市の食育』2006年4月、南国市で取り組む食育の全体計画。
48）JA南国市『米づくりセミナー』（平成16年度）1〜2頁。
49）インタビュー調査、2008年7月7日。
南国市「食育のまちづくり宣言」（南国市告知第81号）（2005年9月1日）1頁。
南国市「南国市食育のまちづくり条例」（条例第34号）（2005年12月22日）1〜2頁。
50）NHK、JA『日本農業のトップランナーたち』1〜37頁。南国市教育委員会事務局学校教育課「南国市の食教育」（2008年7月6日）。
51）南国市立後免野田小学校『食農教育』2008年、1〜5頁。
52）南国市立後免野田小学校『2006・2007年度南国市立教育研究所研究推進校研究委託事業 研究紀要』2007年10月、1〜184頁。
53）南国市立後免野田小学校『ぼくとわたしのHAPPY LUNCH』2008年3月、1〜11頁。
54）南国市立後免野田小学校「学校給食予定献立表」2008年4月〜7月分、1〜4頁。
55）南国市立後免野田小学校「後免野田小学校の学校経営」2008年、1頁。
56）南国市立後免野田小学校「後免野田小学校の学校経営と特色ある教育」「生活科・総合的な学習の時間全体構想」「学校運営機構」2008年、1〜2頁。

第四章　栄養教諭養成大学におけるカリキュラム分析

栄養教諭養成カリキュラムの検討の背景には、第一章で栄養教諭の前身である学校栄養職員に求められた職務内容の役割や、第二章で分析した栄養教諭の資質を左右する免許制度の在り方が栄養教諭養成の根幹にかかわる問題であったこと、第三章では、栄養教諭の職務実態を通して、健康教育をつかさどる職員として「栄養士力」や教科の連携では、授業づくりを通した指導力、総じて「授業力」が求められた。審議経過や答申で示された栄養教諭の役割は、教科との連携や総合的な学習の時間を通じたコーディネーターであったが、実態調査から、コーディネーターをさらに発展させた「総合的なマネジメント能力」が専門職として求められていた。これらの実態から、栄養教諭養成課程では、必要な技能と能力を修得させていくことが重要であり、養成のカリキュラムについて分析する。

まず、各大学の栄養教諭養成カリキュラムは、食の専門家として高度な専門性を育成するものとして構成されているのか、どのような特色もった養成を展開しているのか、そのカリキュラム構成によって栄養教諭の資質の違いを明らかにする必要がある。

本章では、全国の栄養教諭養成課程を持つ管理栄養士養成大学134校を対象に調査協力を依頼し、協力校は72校であった。調査資料として、シラバス、時間割、学生便覧、履修の手引、栄養教育実習の資料、実践報告書等を収集して分析検討を行い、先進的な栄養教諭養成を展開している大学のカリキュラムについて検討した。調査結果から最終的に分類整理を重ねることで4つの大学を先進事例として取り上げることができた。4校のうち、奈良女子大学へのインタビュー調査を依頼したが、特段、先進的な栄養教諭養成を行っていないという回答があり、インタビュー調査の協力は得られなかった。

その結果、先進的養成を行っている大学、お茶の水女子大学、京都女子大学、女子栄養大学の３校へインタビュー調査を実施した。資料分析を中心にインタビュー調査データを統合することで、栄養教諭養成カリキュラムの構成がどのような類型に分かれているのかを考察し、カリキュラムの類型化を試みながら、課題を明らかにする。

第一節　管理栄養士養成大学における栄養教諭養成課程のカリキュラム——カリキュラム改正とその経緯——

(一)　栄養士法の改正

栄養教諭養成の基礎資格である栄養士・管理栄養士の養成は栄養士養成施設と管理栄養士養成施設のカリキュラムによってその資質が形成される。そのため、ここでは管理栄養士養成課程のカリキュラムについて見ていくことにする。

管理栄養士養成課程におけるカリキュラム改正の直接的ベースとなったのが、平成12（2000）年３月に行われた栄養士法改正[1)]である。それまで管理栄養士と栄養士の位置付けには、職務内容の記載がなく、明確ではなかった。この改正は管理栄養士の職務内容が明確化し、業務を見直すことで高度な専門的知識及び技術を持った管理栄養士の養成を行い、栄養士の資質向上を図ることが目的であった。栄養士法[2)]の改正により、管理栄養士の業務を「複雑困難な栄養の指導」から、①傷病者に対する療養のために必要な栄養の指導、②個人の身体状況、栄養状況等に応じた高度の専門知識及び技術を要する健康の保持増進のための栄養指導、③特定多人数に対して継続的に食事を提供する施設における利用者の身体状況、栄養状態、利用状況等に応じた特別配慮を必要とする給食管理及びこれらの施設に対する栄養改善上必要な指導等を行うことになった。この意味について、厚生省保健医療局地域保健・健康増進栄養課生活習慣病対策室は、個人の身体状況や栄養状態、食行動等を総合的・継続的に判断し、指導する栄養評価・判定の手続き等の高度な専門知識や技術を持ち、傷病者に対する療養のために必要な栄養指導の業務に対応できる人材と位置づけた。このため、管理栄養士に必要な知識、技術を系統的に修得させ、実際の栄養指導に応用できる能力を身に付けられるカリキュラムの構築が必要となった。

(二)　管理栄養士に求められる基本的考え方

厚生労働省では、平成12（2000）年に「管理栄養士・栄養士養成カリキュラム等に関する検討会」[3]を開催している。基本的な考え方は、①必要な知識・技術が系統的に修得でき、教育内容の充実強化と効果的なカリキュラムの体系化を図る、②栄養評価・判定に基づく適切な指導を行うため、臨床栄養学を中心とした専門分野の教育内容の充実、演習・実習の充実強化を図る、③専門分野の教育内容の充実強化に対応できるよう、教員や施設・設備の見直しを行うことを方針とした。特に管理栄養士養成カリキュラム改正にあたっては、①管理栄養士が果たすべき多様な専門領域に関する基本となる能力を養う、②管理栄養士に必要とされる知識技能、態度及び考え方の基本的能力を養う、③チーム医療の重要性を理解し、他職種や患者とのコミュニケーションを円滑に進める能力を養う、④公衆衛生を理解し、保健・医療・福祉・介護システムの中で、栄養・給食関連サービスのマネジメントを行うことが出来る能力を養う、⑤健康の保持増進、疾病の一次、二次、三次予防のための栄養指導を行う能力を養うことである。

(三)　管理栄養士養成施設に求められたカリキュラム体系

カリキュラム改正[4]が行われたことで、表4-1にまとめたように専門教育の内容は「専門基礎分野」と「専門科目」に分けられ、「教育内容」と「教育目標」が示された。管理栄養士養成大学では教科科目の設定と単位数について独自性を生かして設定できるようになった。同時に授業を担当する教員

【表 4-1】管理栄養士養成大学のカリキュラム構成（教育内容と教育目標・教員数）

区分	教育内容	単位数		教育目標	教員数		
		講義演習	実験実習		専任		助手
専門基礎分野	社会環境と健康	6	10	人間や生活についての理解を深めるとともに、社会や環境が人間の健康をどう規定して左右するか、あるいは人間の健康を保持増進するための社会や環境はどうあるべきかなど社会と健康のかかわりについて理解する。 ・人間や生活を生態系に位置づけて理解する。 ・人間の行動特性とその基本的メカニズムを理解する。 ・社会や環境と健康との関係を理解するとともに、社会や環境の変化が健康に与える影響を理解する。 ・健康の概念、健康増進や疾病予防の考え方やその取り組みについて理解する。 ・健康情報の利用方法、情報管理や情報処理について理解する。 ・保健・医療・福祉・介護システムの概要を理解する。	10人以上	3人以上（内1人以上は「人体の構造と機能及び疾病の成り立ち」を担当、その内1人以上は医師）	
	人体の構造と機能及び疾病の成り立ち	14		⑴人間の構造や機能を系統的に理解する。 ・正常な人体の仕組みについて、個体とその機能を構成する遺伝子レベル細胞レベルから組織・器官レベルまでの構造や機能を理解する。 ・個体として人体が行う食事、運動、休養などの基本的生活活動の機能、並びに環境変化に対する対応機能を理解する。 ⑵主要疾患の成因、病態、診断、治療等を理解する。 ・生活習慣病、栄養疾患、消化器疾患、代謝疾患、感染症、免疫・アレルギー疾患、腎疾患の概要を理解する。 ・疾病の発症や進行を理解する。 ・人体と微生物や毒性物質との関係について理解し、病原微生物の感染から発症、その防御の機能を理解する。			
	食べ物と健康	8		食品の各主成分を理解する。また、食品の育成・生産から加工・調理を経て人に摂取されるまでの過程について学び、人体に対しての栄養面や安全面等への影響や評価を理解する。 ・人間と食べ物のかかわりについて、食品の歴史的変遷と食物連鎖の両面から理解する。 ・食品の栄養特質、物性等について理解する。 ・新規食品・食品成分が健康に与える影響、それらの疾病予防に対する役割を理解する。 ・栄養面、安全面、嗜好面の各特性を高める食品の加工や調理の方法を理解し修得する。 ・食品の安全性と重要性を認識し、衛生管理の方法を理解する。			
小計		28	10				

専門分野	基礎栄養学	2	8（教育内容ごとに1単位以上）	栄養とは何か、その意義について理解する。 健康保持・増進、疾病の予防・治療における栄養の役割を理解し、エネルギー栄養素の代謝とその生理的意義を理解する。	1人以上	管理栄養士3名
	応用栄養学	6		身体状況や栄養状況に応じた栄養管理の考え方を理解する。 妊娠や発育、加齢など人体の構造や機能の変化により伴う栄養状態等の変化について十分に理解することにより、栄養状態の評価・判定（栄養アセスメント）の基本的な考え方を習得する。また、健康増進、疾病予防に寄与する栄養素の機能等を理解し、健康への影響に関するリスク管理の基本的な考え方や方法について理解する。		
	栄養教育論	6		健康・栄養状況、食行動、食環境等に関する情報の収集・分析、それらを総合的に判定・評価する能力を養う。また、対象に応じた栄養教育プログラムの作成・実施・評価を総合的にマネジメントできるよう健康や生活の質（QOL）の向上につながる主体的な実践力形成の支援に必要な健康・栄養教育の理論と方法を修得する。特に行動科学やカウンセリングなどの理論と応用については演習・実習を活用して学ぶ。 さらに、身体的、精神的、社会的状況等ライフステージ、ライフスタイルに応じた栄養教育の在り方、方法について修得する。	1人以上（内1人以上は管理栄養士）	
	臨床栄養学	8		傷病者の病態や栄養状態の特徴に基づいて、適切な栄養管理を行うために、栄養ケアプランの作成、実施評価に関する総合的なマネジメントの考えを理解し、具体的な栄養状態の評価・判定、栄養補給、栄養教育、食品と薬品の相互作用について修得する。特に各種計測による評価・判定方法やベッドサイドの栄養指導などについては実習を活用して学ぶ。また、医療・介護制度やチーム医療における役割について理解する。 さらに、ライフステージ別、各種疾患別に身体状況（口腔状況を含む）や栄養状況に応じた具体的な栄養管理方法について修得する。	同上	
	公衆栄養学	4		地域や職域等の健康・栄養問題とそれを取り巻く自然、社会、経済、文化的要因に関する情報を収集・分析し、それらを総合的に評価・判定する能力を養う。また、保健・医療・福祉・介護システムの中で、栄養上のハイリスク集団の特定とともにあらゆる健康・栄養状態の者に対し適切な栄養関連サービスを提供するプログラムの作成・実施・評価の総合的なマネジメントに必要な理論と方法を修得する。 さらに各種サービスやプログラムの調整、人的資源など社会的資源の活用、栄養情報の管理、コミュニケーションの管理などの仕組みについて理解する。	同上	

	給食経営管理論	4		給食運営や関連の資源（食品流通や食品開発の状況、給食に関わる組織や経費等）を総合的に判断し、栄養面、安全面、経済面全般のマネジメントを行う能力を養う。マーケティングの原理や応用を理解するとともに、組織管理などのマネジメントの基本的な考え方や方法を修得する。		同上	
	総合演習	2	—	専門分野を横断して、栄養評価や管理が行える総合的な能力を養う。			
	臨地実習	—	4	実践活動の場での課題発見、解決を通して、栄養評価・判定に基づく適切なマネジメントを行うために必要とされる専門的知識及び技術の統合を図る。 ※給食の運営に係わる校外実習の1単位を含む。			
小計		32	12				
合計		60	22		16人以上		5人以上
		82					

（管理栄養士養成施設の指定基準より一部改変・筆者作成）

数と助手の配置についても示された。

新しい管理栄養士養成のカリキュラム体系では、専門基礎分野6領域と専門基礎分野8領域に区別された。専門基礎分野の教育内容は、講義演習で28単位、実験実習で10単位を取得する必要がある。まず、①社会環境と健康（講義演習で6単位）、ここでの教育内容は、人間生活について理解を深めること、社会や環境が人間の健康をどう規定し左右するか、あるいは人間の健康を保持増進するための社会や環境はどうあるべきか、について社会や環境と健康の関わりについて理解することである。その目標は、人間や生活を生態系に位置づけて理解する。人間の行動特性とその基本的メカニズムを理解する。社会や環境と健康との関係を理解するとともに、社会や環境の変化が健康に与える影響を理解する。健康の概念、健康増進や疾病の予防の考え方やその取り組みについて理解する。健康情報の利用方法、情報管理や情報処理について理解する。保健・医療・福祉・介護システムの概要を理解することが教育目標である。②人体の構造と機能及び疾病の成り立ち（講義演習14単位）では、人体の構造や機能を系統的に理解する。ここでは、正常な人体の仕組みについて、個体とその機能を構成する遺伝子レベル、細胞レベルから組織・器官レベルまでの構造や機能を理解する。個体として人体が行う食事、運動、休養などの基本的生活の機構、環境変化に対する対応機能を理解する。また、主要疾病の成因、病態、診断、治療等を理解する。ここでは、生活習慣病、栄養疾病、消化器疾患、代謝疾患、感染症、免疫・アレルギー疾患、腎臓疾患等の概要を理解する。疾病の発症や進行を理解する。病態評価や診断、治療の基本的考え方を理解する。人体と微生物や毒性物質との相互関係について理解し、病態微生物の感染から発症、その防御の機構を理解することが教育目標である。③食べ物と健康（講義演習8単位）では、食品の各種成分を理解する。また、食品の生育・生産から加工・調理を経て、人に摂取されるまでの過程について学び人体に対しての栄養面や安全面等への影響や評価を理解する。ここでは、人間と食べ物の関わりについて食品の歴史的変遷と食物連鎖の両面から理解する。食品の栄養特性、物性等について理解する。食品の栄養特性、植物等について理解する。新規食品・食品成分が健康に与える影響、それらの疾病予防に対する役割を理解する。栄養面、安全面、嗜好面の各特性を高める食品の加工や調理の方法を理解して修得する。食品の安全性と重要性を認識し、衛生管理の方法を理解することが教育目標である。以上の①②③を併せて実験実習で10単位を取得する。

次に、専門分野では8つの領域から構成されており、講義実習32単位、実習演習では教育内容ごとに1単位以上の実験実習が行われ、8単位以上を取得することになる。まず、①基礎栄養学（2単位）では、栄養とは何か、その意義について理解する。目標は健康の保持・増進、疾病の予防・治療における栄養の役割を理解し、エネルギー、栄養素の代謝とその生理的意義を理解する。②応用栄養学（6単位）では、身体状況や栄養状態に応じた栄養管理の考え方を理解する。妊娠や発育、加齢など人体の構造や機能の変化に伴う栄養状態等の変化について十分に理解することにより、栄養状態の評価・判定（栄養アセスメント）の基本的考え方を修得する。また、健康増進、疾病予防に寄与する栄養素の機能等を理解し、健康への影響に関するリスク管理の基本的考え方や方法について理解することが目標である。③栄養教育論（6単位）では、健康・栄養状態・食行動、食環境等に関する情報の収集・分析、それらを総合的に評価・判定する能力を養う。また対象に応じた栄養教育プログラムの作成・実施・評価を総合的にマネジメントできるよう健康や生活の質（QOL）の向上につながる主体的な実践力形成の支援に必要な健康・栄養教育の理論と方法を修得する。特に行動科学やカウンセリングなどの理論と応用については演習・実習を活用して学ぶ。さらに身体的、精神的、社会状況等ライフステージ、ライフスタイルに応じた栄養教育の在り方、方法について修得することが目標である。④臨床栄養学（8単位）では、傷病者の病態や栄養状態の特徴に基づいて、適切な栄養管理を行うために、栄養ケアプランの作成、実施、評価に関する総合的なマネジメントの考え方を理解し、具体的な栄養状態の評価・判定、栄養補給、栄養教育、食品と医薬品の相互作用について修得する。特に各種計測については実習を活用して学び、また医療・介護制度やチーム医療における役割について理解する。さらに、ライフステージ別、各種疾病別に身体状況（口腔状態を含む）や栄養状態に応じた具体的な栄養管理方法について修得することが教育目標となっている。⑤公衆栄養学（4単位）では、地域や職域等の健康・栄養問題とそれを取り巻く自然、社会、経済、文化的要因に関する情報を収集・分析し、それらを総合的に評価・判定する能力を養う。また、保健・医療・福祉・介護システムの中で、栄養上のハイリスク集団の特定とともにあらゆる健康・栄養状態の者に対して適切な栄養関連サービスを提供するプログラムの作成・実施・評価の総合的なマネジメントに必要な理論と方法を修得する。さらに各種サービスやプログラムの調整、人的資源など社会的資源の活用、栄養情報の管理、コミュニケーションの管理などの仕組みについて理解することが教育目標となっている。⑥給食経営管理論（4単位）では、給食運営や関連の資源（食品流通や食品開発の状況、給食に関わる組織や経費等）を総合的に判断し、栄養面、安全面、経済面全般のマネジメントを行う能力を養う。マーケティングの原理や応用を理解するとともに、組織管理などのマネジメントの基本的な考え方や方法を修得することが教育目標である。⑦総合演習（2単位）では、専門分野を横断して栄養評価や管理が行える総合的な能力を養う、⑧臨地実習（4単位）では、実践活動の場での課題発見、解決を通して栄養評価・判定に基づく適切なマネジメントを行うために必要とされる専門的知識及び技能の統合を図ることが目標である。この実習には給食の運営に係わる校外実習のⅠ単位が含まれている。以上の内容から、専門基礎分野38単位、専門分野44単位が必要とされ、総単位数82単位、卒業要件は124単位である。これまでのカリキュラム改定では、総単位数に大きな変化はないが、平成5年度から一般教育科目、保健体育科目、外国語科目に改変され、弾力的運用が図られるようになった。この背景には、平成3年2月、文部科学省の大学設置審議会において、大学及び短期大学は、その教育理念・目的に基づき学術の進展や社会の要請に適切に対応しつつ、特色あるカリキュラムの構築が展開されている。大学設置基準及び短期大学設置基準の大綱化により制度の弾力化を図る答申が出されたが、その基準を改正し、各大学が独自性を持ったカリキュラムの構築を実現する地盤固めを行っている。これに伴い、管理栄養士養成施設の管轄である厚生労働省でも、平成4（1992）年9月、栄養士法施行規則（厚生令第51号）の改正により、カリキュラム編成について、基礎教育科目の設定または専門教育科目の充実を図るため、管理栄養士学校指定規則において以下の大綱化の方針が示されている。その方針は、①栄養士の在り方、基本的な考え方を教授する科目の設定または充実、②情報の展開等を踏まえた実践的な栄養指導を教授する科目の設定または充実、③国際化への対応を図る科目の設定または充実、④健康づくり運動について教授する科目の設定または充実、⑤栄養学の基礎となる科学知識の充実を図る科目の設定、⑥近年において進展の著しい臨床栄養、公衆栄養等の充実を図る科目の設定をしたものである。以上のことを踏まえて、表4-2をみると、専門基礎分野と専門分野に加えて、基礎分野では、人文科学、社会科学、自然科学、外国語、保健体育の5領域を位置づけて、講義又は演習で42単位を取得することになる。このように、栄養教諭の基礎資格である栄養士・管理栄養士の免許取得のための養成カリキュラムは表4-2厚生労働省の管理栄養士養成施設の指定基準に基づいて養成が行われている。

これらの経緯から4つの栄養教諭養成大学のカリキュラム構成を見ていくことにする。はじめに、栄養教諭養成のカリキュラム構成図を作成したので検討する。図4-1を栄養教諭養成カリキュラムの基本型と位置づけたが、教

【表4-2】管理栄養士養成施設の指定基準、教育内容および単位数

<table>
<tr><th colspan="2" rowspan="2">教育内容</th><th colspan="2">単位数</th></tr>
<tr><th>講義又は演習</th><th>実験又は実習</th></tr>
<tr><td>基礎分野</td><td>人文科学
社会科学
自然科学
外国語
保健体育</td><td>42</td><td></td></tr>
<tr><td rowspan="3">専門基礎分野</td><td>社会・環境と健康</td><td>6</td><td rowspan="3">10</td></tr>
<tr><td>人体の構造と機能及び疾病の成り立ち</td><td>14</td></tr>
<tr><td>食べ物と健康</td><td>8</td></tr>
<tr><td rowspan="9">専門分野</td><td>基礎栄養学</td><td>2</td><td rowspan="7">8</td></tr>
<tr><td>応用栄養学</td><td>6</td></tr>
<tr><td>栄養教育論</td><td>6</td></tr>
<tr><td>臨床栄養学</td><td>8</td></tr>
<tr><td>公衆栄養学</td><td>4</td></tr>
<tr><td>給食経営管理論</td><td>4</td></tr>
<tr><td>総合演習</td><td>2</td></tr>
<tr><td>臨地実習</td><td></td><td>4</td></tr>
<tr><td>小計</td><td>32</td><td>12</td></tr>
<tr><td rowspan="3">合計</td><td rowspan="2">専門基礎分野＋専門分野</td><td>60</td><td>22</td></tr>
<tr><td colspan="2">82</td></tr>
<tr><td>専門基礎分野＋専門基礎分野＋専門分野</td><td colspan="2">124</td></tr>
</table>

栄養士法施行規則第11条関係別表4（管理栄養士養成施設）教育課程編成基準
資料：栄養士法施行令の一部を改正する政令等の施工について
（健発第935号平成13年9月21日厚生労働省健康局通知別表より改変して筆者作成）

養教育科目、専門科目、専門科目の中に専門基礎分野と専門分野があり、資格科目として教職課程の中に栄養教諭養成が設定されている。教養教育科目は各大学で独自に教科を設定でき、専門基礎分野、専門分野でも科目名と科目は同様に設定できるのが特徴である。専門基礎分は専門分野への導入科目が設定されており、専門分野は表 4-2 で示したように、管理栄養士としての資質形成を担う分野であると同時に、栄養教諭においては基礎資格となる栄養士免許、管理栄養士免許取得のための専門領域である。教科の内容から栄養教諭の専門的な資質が形成され、そこで専門分野に係わる 8 領域（基礎栄養学、応用栄養学、栄養教育論、臨床栄養学、公衆栄養学、給食経営管理論、総合演習、臨地実習）を五つの資質形成がなされる分野として分類した。基礎栄養学と応用栄養学は、栄養の基礎となる資質を養う科目とし、栄養教育論は栄養の教育の基礎となる資質を養う科目、臨床栄養学、公衆栄養学、給食経営管理論は栄養の実践的資質を養う科目として分類した。総合演習は各教科横断的にかかわることで総合的な資質を養うものと位置づけ、臨地実習は学外実習であり管理栄養士として臨床現場での資質を養うものとした。資格科目である栄養教諭養成の教職科目のうち、栄養教諭一種免許状（教育職員免許法第 5 条別表第 2 の 2）の基礎資格となる栄養に係わる教育に関する科目（教職員免許法施行規則第 10 条の 3）である学校栄養教育論については、栄養教諭の基礎的資質を養う科目と位置づけた。ここでは、専門分野の科目である栄養教育論は栄養教育の基礎を養う科目であることから、養成大学の中には、学校栄養教育論をこの分野に組み込んで指導を行っている大学もある。栄養教育論を担当する教員は、兼任で学校栄養教育論を担当している実態があり、言い換えるならば、学校栄養教諭が行う食に関する指導の資質形成は、栄養教育論と学校栄養教育論の 2 つの分野から行われていると位置づけることができる。学校給食については、給食経営管理論、さらに、専門基礎分野の食べ物と健康も該当する。これらの基本を踏まえて栄養教諭養成の教育内容について見ていくことにする。

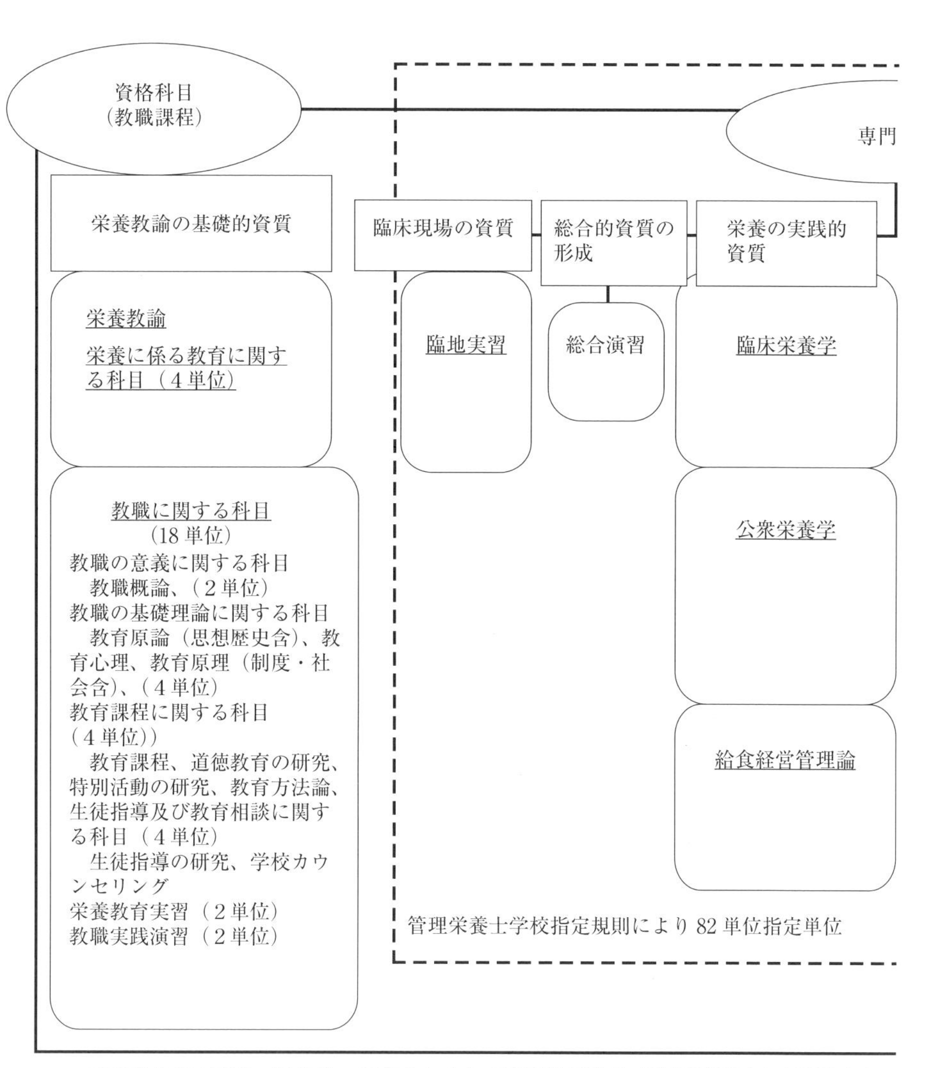

資格科目
(教職課程)
専門
栄養教諭の基礎的資質
臨床現場の資質
総合的資質の形成
栄養の実践的資質
栄養教諭
栄養に係る教育に関する科目（4単位)
臨地実習
総合演習
臨床栄養学
教職に関する科目
(18単位)
教職の意義に関する科目
教職概論、(2単位)
教職の基礎理論に関する科目
教育原論（思想歴史含)、教育心理、教育原理（制度・社会含)、(4単位)
教育課程に関する科目
(4単位))
教育課程、道徳教育の研究、特別活動の研究、教育方法論、生徒指導及び教育相談に関する科目（4単位)
生徒指導の研究、学校カウンセリング
栄養教育実習（2単位)
教職実践演習（2単位)
公衆栄養学
給食経営管理論
管理栄養士学校指定規則により82単位指定単位
卒業要件124単位—82単位＝42単位により「専門科目選択（指定規則外)」を配置する。

【図 4-1】栄養教諭養成

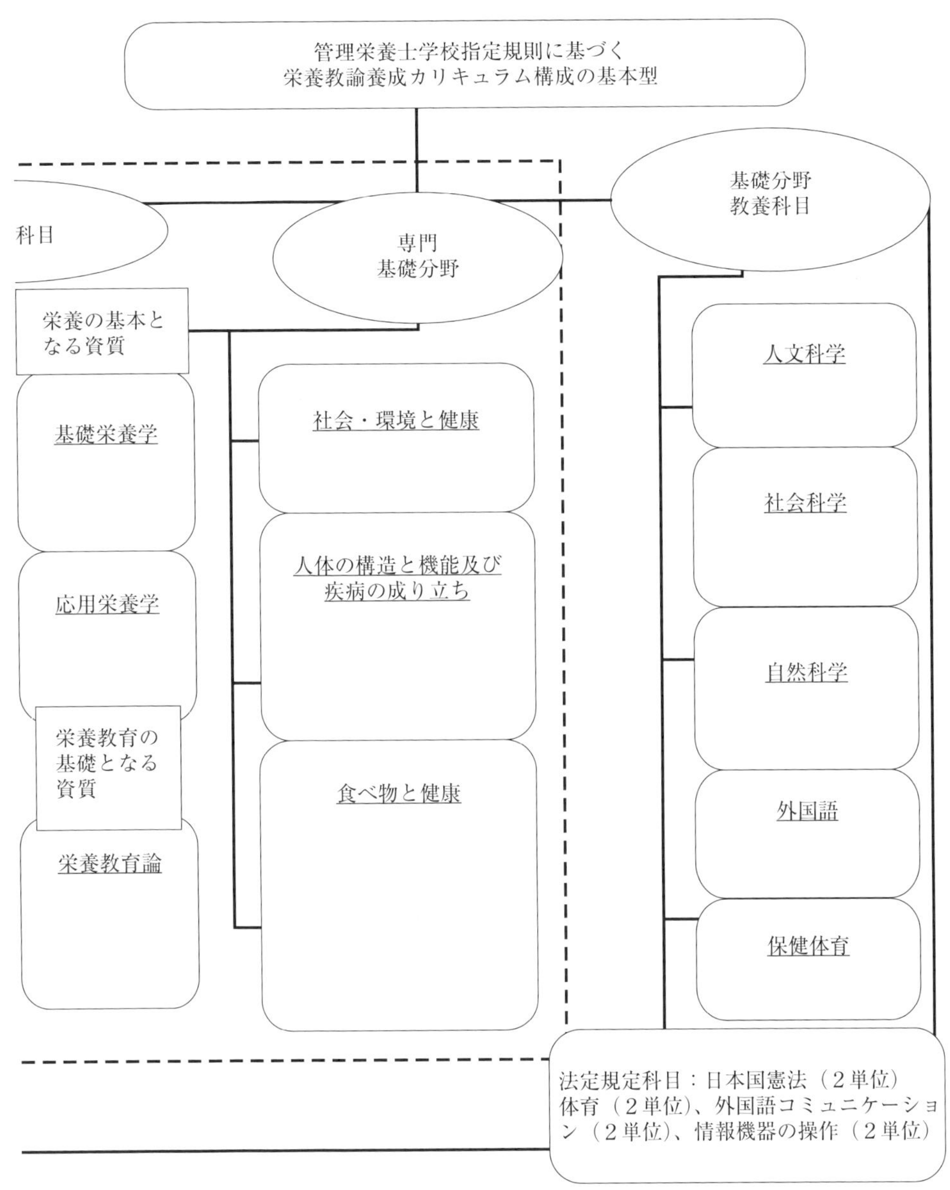

（管理栄養士学校指定規則（教育課程編成基準）より改変して筆者作成）

カリキュラムの基本型

(四) 栄養教諭養成課程のカリキュラム

平成17(2005)年4月1日、栄養教諭制度は、平成16(2004)年1月20日の中央教育審議会「食に関する指導体制の整備」の答申を受けて創設された。答申では、近年の子どもの食生活の乱れから、学校における食に関する指導の重要性が示され、指導体制の整備の柱として栄養教諭制度を創設した。栄養教諭は、「栄養に関する専門性」と「教育に関する資質」を併せ持つことが期待されていることから、栄養教諭免許状取得[5)]には、栄養士免許の基礎資格が必要になる。章末に掲載した注及び引用文献の表1から表4に整理したものは、栄養教諭免許状に関する資格取得の要件及び「栄養に係る教育に関する科目」、「教職に関する科目」に関する必要単位である[6)]。

表1には、栄養教諭の免許状の種類について整理した。専修免許状、一種免許状、二種免許状の三種類があり、一種免許状は、普通免許状の中で標準的なものとして考えられている。これらの免許を取得するのに必要最低の履修単位数は、二種免許状取得の短期大学の2単位で、教職に関する科目は12単位と履修科目が極めて少ない中で栄養教諭二種免許状が取得可能となる。専修免許状に関しては、栄養教諭の食に関する指導の資質形成に必要な科目の履修単位が24単位と非常に多い特徴を持つ。また、現職の学校栄養職員から栄養教諭への移行措置は、三年の在職年数があれば修得単位数が軽減され、他の教員免許を有する場合には更に単位数が軽減される。栄養教諭免許状取得には、管理栄養士・栄養士の基礎資格に加え、「栄養に係る教育に関する科目」「教職に関する科目」を履修し、各免許状が定める必要単位を修得しなければならない。

表2には、栄養に係わる教育に関する科目について、どのような内容を学ぶのかを示した。「栄養に係わる教育に関する科目」について、中央教育審議会「食に関する指導体制の整備について」の答申では、食文化を含む食に関する課題を踏まえ、栄養教諭としての使命や自覚、職務内容について理解を深めることが必要であるとしている。一方、文部科学省は、「栄養に係る

教育に関する科目」として想定される内容を参考として挙げている。その内容から、総論的な内容と実践的な内容に大別できる。「栄養に係る教育に関する科目」は4単位であることから、多くの栄養教諭養成課程で、2単位が講義を中心とした授業、残りは演習を中心とした授業を行っている[7)]。養成大学が行う授業では、総論をⅠとし各論をⅡとして指導が行われている。短期大学の二種免許状に関しては総論と各論をあわせた指導が行われており、栄養教諭の職務内容が中心であるが、基本的には養成大学の総論と同様の授業内容を実施しているので以下に示す。

①栄養教諭制度創設の意義と課題、②学校給食の意義と役割及び新学校給食法の成立、③食生活の現状と学校給食、④食に関する指導の年間計画の作成と学校組織、⑤新学習指導要領と食に関する指導カリキュラム、⑥教科との連携指導、⑦総合的な学習、特別活動、道徳教育について、⑧世界の食卓、⑨戦後の食の問題、世界の食文化類型と特徴、食文化の伝播、⑩日本の食文化の特徴と郷土料理、⑪給食指導と児童のかかわり、⑫学校・家庭・地域との連携、⑬栄養教諭に求められる役割と課題、⑭先進的地域の食育、⑮個別相談指導等がその内容である。模擬授業や指導案作成、小学校給食実習等は集中講義の形にして給食実習と併せて15回実施している。一種免許状については、総論と各論の区別がされており、栄養教諭を退職した者や学校栄養職員や家庭科教諭であった教育委員会出身者が学校栄養教育論Ⅱの各論を担当している大学が多く、模擬授業、指導案作成等を中心に授業が行われている。

表3には、栄養に係わる科目である学校栄養教育論の指導内容を整理した。また、「教職に関する科目」は、答申の中で、養護教諭の養成課程と同程度の内容・単位数を基本として、教職の意義等に関する科目、教育の基礎理論に関する科目、教育課程に関する科目、生徒指導及び教育相談に関する科目、総合演習、栄養教育実習について修得することが必要であると考えられており、表4にその内容を整理した。

「教職の意義に関する科目」では、教職の意義と教員の役割、職務内容、進路選択で2単位、「教育の基礎理論」では、教育理念や歴史思想、障害のある幼児や児童生徒の心身の発達と学習の過程、教育制度、経営的な事項が含まれ4単位である。「教育課程」では、意義と編成方法、道徳、特別活動の内容、情報処理や教材活用を含む教育方法と技術で4単位、「生徒指導と教育相談」では、指導の理論と方法、カウンセリングの基礎知識などが加わり4単位である。

更に、栄養教諭免許状取得には、2科目の学外実習が必要である。一つは「教職に関する科目」に含まれる「栄養教育実習」で、もう一つが栄養士・管理栄養士として必要な臨地実習に含まれる「給食の運営に係る校外実習」である。この実習は、栄養教諭の基礎資格である栄養士免許取得のための実習で厚生労働省の管轄である。「栄養教育実習」は2単位であるが、1単位は事前・事後指導であり、実習校で行う教育実習は1単位分となる。教育実習1単は、大学設置基準等より30時間から45時間までの範囲で大学が定める時間の授業で栄養教育実習も同様に扱われている。1単位は、おおよそ一週間（5日）で非常に短く、一種免許状、二種免許状とも1週間の実習である。「栄養教育実習」は、文部科学省が想定される具体的内容としてあげられている通り、教諭としての内容が中心となる。一方、「給食の運営に係る校外実習」では、学校給食の衛生管理・検食・調理指導・物資管理等がその中心となる。一週間の実習では、学校給食の献立立案、作業工程表の作成、食材の発注、調理作業、衛生管理、帳票類の作成、児童への配膳指導、給食の時間の指導等が実習内容である。自校給食を実施する学校では、学生が立案した献立を給食として児童生徒へ提供することが行われている。

栄養教諭の審議経過からは、養護教諭をモデルに文部科学省は栄養教諭構想を検討した。その特徴としては、実習時間が短く、教諭としての資質を一週間で体験するには課題が多い。現実的には、教育実習に出る前から、大学で模擬授業の支援をする形をとっており、教育的資質がはたして短期間の実習で身につくのかという疑問の声は教育現場からも挙がっている。つまり、教育的資質というよりも、学校給食を基本に教材活用をすることがその中心であり、個別相談指導として肥満、アレルギー等の対応を想定し、健康教育を担う専門職教員として栄養士、管理栄養士免許の資格を有した職務が想定されていたと捉えることができる。

しかし、実態調査からは、教科との連携、総合的な学習の時間のコーディネーターとしての役割が基本である。その中でも実際には教育的資質が強く求められ、さらに総合的なマネジメント能力が求められていたことが明らかであった。当初、文部科学省が構想した栄養教諭制度とは異なる実態が浮き彫りとなったのである。

第二節　先進的栄養教諭養成大学におけるカリキュラム分析

本節では、栄養教諭養成のカリキュラム構成がどのような類型にわかれているのかを分析する。これまでみてきたように栄養教諭養成のカリキュラムの特徴は、各養成大学が栄養教諭の基礎資格である栄養士・管理栄養士の資質の向上、さらに、高度な専門的知識および技術をもった資質の高い管理栄養士を養成することにある。その最終目標は、国民の健康及び生活の質の向上に寄与すること、社会の多様なニーズに対応した支援のできる栄養士・管理栄養士に近づけることである。これまでのカリキュラムは行政主体で栄養士養成が行われてきたが、栄養士法の改正により、平成 14（2002）年、現行カリキュラムの施行時からは、各養成大学が独自性をもってカリキュラム体系を構築する責務の下に作られることになった。その結果、各養成大学と行政が連携した仕組みづくりを目指すこととなり、現状のカリキュラムとなったのである。

(一) お茶の水女子大学

栄養教諭養成の特色

女子師範学校として設立された経緯から135年以上の教員養成の歴史を持つ大学であるが､管理栄養士養成をスタートさせたのは平成16年4月であり、平成17年4月から栄養教諭養成（一種免許状）が行われたことで、管理栄養士養成の歴史はまだ浅く、栄養教諭養成と同時にはじまったとみることが出来る。教員養成の歴史を有する点では、栄養教諭養成の浮沈を担っている意識の下に、附属小学校の副校長が家庭科教員の立場から、児童の食育、学校給食の現状などについて意見、協力を得て全国のモデルとなる栄養教育実習の具現化を検討した経緯があった。大学独自のプロジェクトである「食育推進プログラムの構築」を展開し、附属学校園との連携により、お茶の水女子大学から発信する栄養教諭の教育プログラムの構築をめざしたものである。そして、SHOKUIKUステーションを開設し、ナーサリー（保育園)、幼稚園から大学まで、子どもの発達を見通した「食」を中心とする総合教育・研究を実施した。基本的にこのプロジェクトは3年間実施され、栄養教諭養成のカリキュラムを作ることではじめたものであり、プロジェクトを立ち上げ、試行錯誤しながら栄養教諭養成課程が開始されたとみることができる。発達段階を通じた食育実践が栄養教諭養成における教育の充実を図り、栄養教諭の教育プログラムを構築すること、食育分野のリーダーとなる栄養教諭とその指導者を養成することを目的としたものであった。これらの事業を実施する拠点をSHOKUIKUステーションとして設置し、講師2名（うち栄養教諭免許状取得者1名）助教1名（栄養教諭免許状取得者)、アカデミックアシスタント3名、その他事務補佐、非常勤教員5名が兼任でプロジェクトの事業を担当した。特に、附属小学校で行う栄養教諭教育実習の事前事後指導、教材研究、附属小学校との教育実習のための連携の役割が主だったものであり、栄養教諭教育はこのプロジェクトによって最大限の効果を上げている。つまり、教育プロジェクトの構築は、「どのような教育実習を行うか」に重点が置かれ、学内のプロジェクトのメンバーや附属学園等では、シンポジウムや分科会において、全国から栄養教諭に関心のある学生や有識者の意見を集約して検討を重ねたものである。お茶の水女子大学は、これまで家庭科教員の養成を行ってきた実績があり、食育を教科教育の中で行ってきた家庭科と新しい教員養成の制度である栄養教諭とは、具体的にどのような連携体制を構築するとよいのか、プロジェクト担当責任者の藤原葉子教授は、家庭科教員と栄養教諭の両方を育成する大学にとって大きなテーマであったと述べる。このテーマは、家庭科だけでなく、食に関する指導として教科教育に対し、栄養教諭がどのように関わるとよいのか、という問題であり、そのような栄養教諭をいかに育成するべきかが課題であった。

プロジェクトリーダー藤原葉子教授の発言

このプロジェクトでは、栄養教諭の教育実習が具体的に何をやるのかがわからない。最終的に教科書をつくり、準備をしてまとめたということで教科書を作成した。しかし、だれも養成をどうやるかわからない状況であった。実習先の学校もわからず、大学もわからない。その結果、プロジェクトを通して、3年かけて養成の教科書をまとめた。一応、最初はじめた時には、栄養教諭は授業ができるように育てるのか疑問があり、授業はきちんとできるように育てるぞということで取り組んだ。家庭科との関係では、家政学部の中に家政学の食物があり、食物の家庭科教育をやってきた。教育部門で培ったものから管理栄養士課程を作った経緯がある。家庭科免許状を捨てず栄養教諭免許状を取らせるということ、当初は家庭科を重要視していたことから、家庭科の授業のできる力量のある栄養教諭を養成することになった。管理栄養士のカリキュラムでは授業が沢山あり、栄養教育と家庭科教諭との専門の授業数が違う。そこで、教員になりたくても単位数がたりない。しかし、栄養教諭の単位数が取りたい。教育という意味では両方できるようになりたい。実習をみていると家庭科と栄養教諭は違う。家庭科で授業を組み立てるのを見ていると、栄養教諭に良いという事ではなく差はなく両方として、需要として2つ免許を持っていること、学生もどちらがいいのか見えていないから、大学側としてはどういう教育をするのか先々にみえてくるかもしれないということで、2つの免許取得を実施した。今は家庭科教員が厳しいので、学生が修士まで進む。専修免許がとれているので、栄養教諭をやりたいというのがよくわからない。意識として、栄養教諭はやりたいという学生も多い。プロジェクトをやって、学校栄養士で就職した学生は２名である。東京都は栄養教諭の採用がないので。しかし、栄養教諭になりたい目的をもっている子は多い。家庭科は空きがなくて非常勤が多いから、栄養教諭はとりあえず取っておくというのが多い。しかし、栄養教諭と家庭科の両方の免許取得にしたのは２年間までであり、「家庭科のできる力量のある栄養教諭を育てる」つまり、『力量有る人材を育てる』ことが目的であった。家庭科の方が食がわかるからである[8)]。

つまり、栄養教諭としての資質の担保として家庭科教諭免許状の取得を義務付けたのである。歴史ある家庭科教員養成に取り組んできたお茶の水女子大学としては､栄養教諭養成は先の見えないどうなるかわからない段階でも、教諭として力量のある人材を育てることに主眼をおいた養成を選択したのである。生活科学部における栄養教諭養成は、教員としての資質の他に生活者としての視点に立った捉え方が出来ることが必要であり、この点は、家政学の視点が基本となっている。その結果、学科の枠を超えた科目の修得が可能であることから、管理栄養士の資質が最優先に養成されるのではなく、家政学の視点を全面に出した管理栄養士養成がある。その意味では、家政学的に食がわかる栄養教諭の養成に力を入れている。要するに、地域との連携、家庭との連携、食料経済の理解、食文化の伝承、食の安全性の理解など幅広い生活科学分野の知識の修得と個々の人間形成となる科目が統合された中で、家庭科的教員の資質も兼ね備えた栄養教諭の養成を目指したと捉えることができる。

カリキュラム構成

お茶の水女子大学生活学部食物栄養学科のカリキュラム構成を図式化し、図 4-2 に示した。先ず､教職に関する科目が基本となっている。この中では、教員免許の家庭科を取得することが中心に位置づけられており、中学・高校教諭一種免許状と栄養教諭一種免許状の二つを取得することができる。カリキュラム全体をみると、全学共通科目、コア科目（教養教育)、学部共通科目、食物栄養学科専攻科目・必修、と食物栄養学科専攻科目・選択から構成されている。食物栄養学科では単位取得の上限がないため、学生は自分が求める授業を自由に選択できる。食物栄養学科専攻科目の必修以外は自由選択科目が多いことで、向上心を満足することができ、教養を養うことを目的としたカリキュラム構成になっている。つまり、大学の理念である広く知識を授け、学術の教授、研究に役立てる、知的、道徳的かつ応用力を養うことで社会の諸分野で有為にして教養高き女子を養成することを目的とした構成である。学部の教育目標では、個別発達や心の健康、人間と社会の関係、生活と文化など多角的な視点からアプローチできる人材、人間と生活を総合的に理解して分析する力を備えた人材を養成することからも、学部共通科目を中心とする選択科目に重点を置くカリキュラムであり、管理栄養士養成でありながらも、分析力の優れた栄養士を養成していることになる。特に教養教育では、文理融合型の専門領域の壁を超えた教育体制が構築されており、生命と環境、色、音、香、生活世界の安全保障、ことばと世界、ジェンダーに沿って、講義・討論・発表、実験実習、演習を組み合わせた系列科目を用意して自然、人文、社会の多面的な角度から、実験実習、演習を通して読み、書き、聞き、語り、作るの５つの能力を身に付けることができる。

　また、これまでは、少人数（定員20名）の基礎ゼミを設置し、プレゼンテーションや討論のやり方などを実地に学ぶ場としてきたものを、平成20年からは「文理融合リベラルアーツ」に取り込まれ、一般教養とスキル育成の学習を提供する。英語教育では、学習効果の向上を目的に、平成16年度より定期的に学生全員にTOEIC試験を課し、習熟度を判定して語学のクラス分けを実施した。アンケート調査から、これによって一律の授業への不満が減少し、約３分の２の学生が授業レベルは自分に合っていると感じている。成績の伸びない学生には「英語基礎強化ゼミ」を用意している。各種外国語検定試験での上級合格者に対し、外国語科目の単位認定を行っている。海外の大学での六週間程度の語学研修による語学単位取得も可能となっている。理

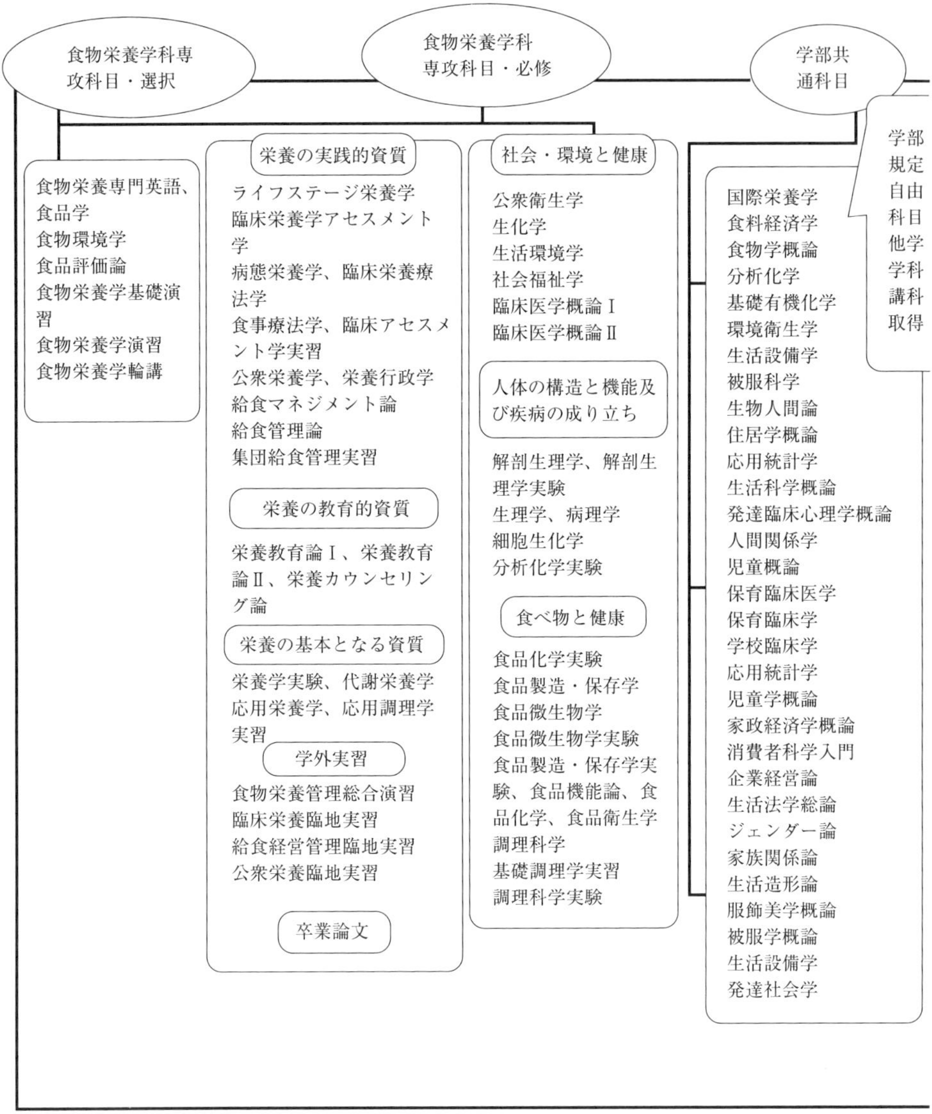

食物栄養学科専攻科目・選択

食物栄養学科専攻科目・必修

学部共通科目

学部規定自由科目他学学科講科取得

食物栄養専門英語、食品学
食物環境学
食品評価論
食物栄養学基礎演習
食物栄養学演習
食物栄養学輪講

栄養の実践的資質

ライフステージ栄養学
臨床栄養学アセスメント学
病態栄養学、臨床栄養療法学
食事療法学、臨床アセスメント学実習
公衆栄養学、栄養行政学
給食マネジメント論
給食管理論
集団給食管理実習

栄養の教育的資質

栄養教育論Ⅰ、栄養教育論Ⅱ、栄養カウンセリング論

栄養の基本となる資質

栄養学実験、代謝栄養学
応用栄養学、応用調理学実習

学外実習

食物栄養管理総合演習
臨床栄養臨地実習
給食経営管理臨地実習
公衆栄養臨地実習

卒業論文

社会・環境と健康

公衆衛生学
生化学
生活環境学
社会福祉学
臨床医学概論Ⅰ
臨床医学概論Ⅱ

人体の構造と機能及び疾病の成り立ち

解剖生理学、解剖生理学実験
生理学、病理学
細胞生化学
分析化学実験

食べ物と健康

食品化学実験
食品製造・保存学
食品微生物学
食品微生物学実験
食品製造・保存学実験、食品機能論、食品化学、食品衛生学
調理科学
基礎調理学実習
調理科学実験

国際栄養学
食料経済学
食物学概論
分析化学
基礎有機化学
環境衛生学
生活設備学
被服科学
生物人間論
住居学概論
応用統計学
生活科学概論
発達臨床心理学概論
人間関係学
児童概論
保育臨床医学
保育臨床学
学校臨床学
応用統計学
児童学概論
家政経済学概論
消費者科学入門
企業経営論
生活法学総論
ジェンダー論
家族関係論
生活造形論
服飾美学概論
被服学概論
生活設備学
発達社会学

家政系：類型１　教職教養科目・家政学的教養重視型（複数免許状取得型）

【図 4-2】栄養教諭養成

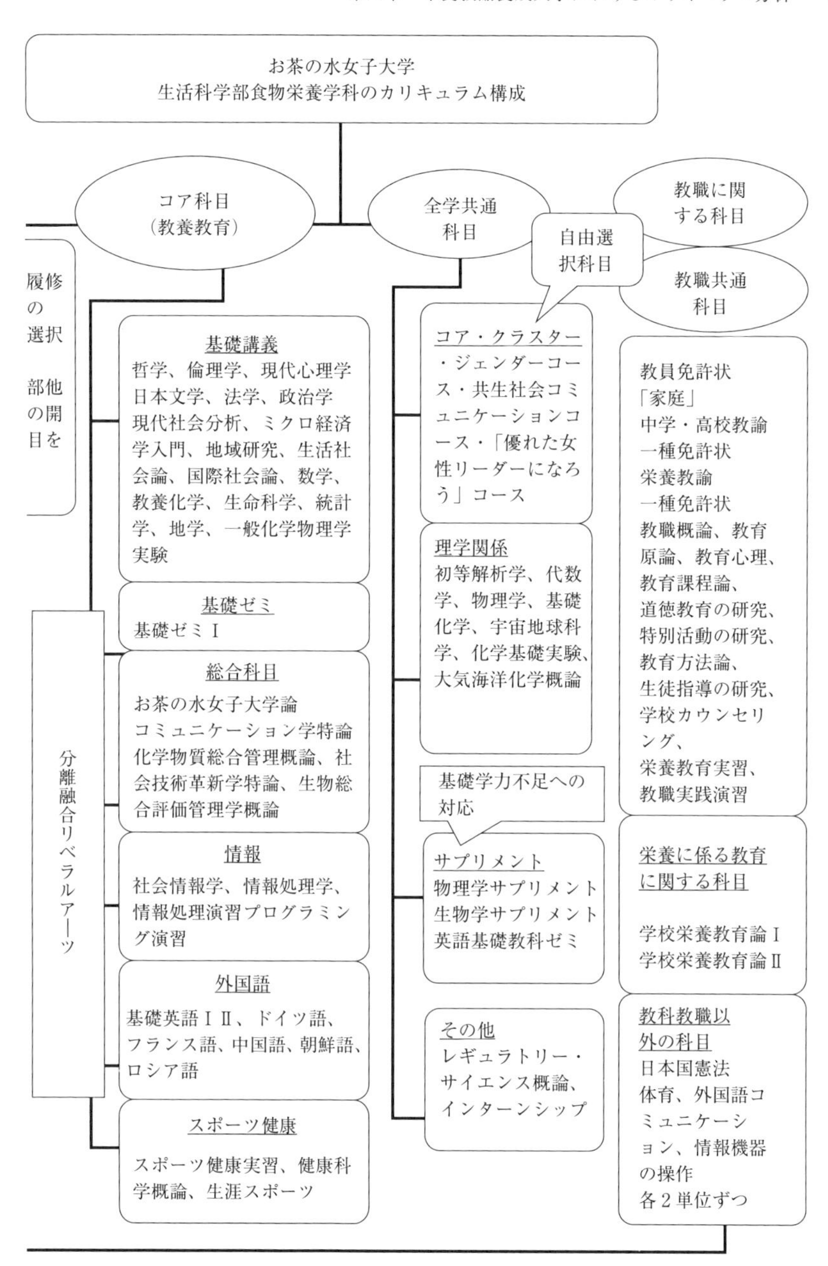
お茶の水女子大学
生活科学部食物栄養学科のカリキュラム構成
コア科目
（教養教育）
全学共通
科目
教職に関
する科目
自由選
択科目
教職共通
科目
履修
の
選択
部他
の開
目を
基礎講義
哲学、倫理学、現代心理学
日本文学、法学、政治学
現代社会分析、ミクロ経済
学入門、地域研究、生活社
会論、国際社会論、数学、
教養化学、生命科学、統計
学、地学、一般化学物理学
実験
基礎ゼミ
基礎ゼミⅠ
総合科目
お茶の水女子大学論
コミュニケーション学特論
化学物質総合管理概論、社
会技術革新学特論、生物総
合評価管理学概論
情報
社会情報学、情報処理学、
情報処理演習プログラミン
グ演習
外国語
基礎英語ⅠⅡ、ドイツ語、
フランス語、中国語、朝鮮語、
ロシア語
スポーツ健康
スポーツ健康実習、健康科
学概論、生涯スポーツ
分離融合リベラルアーツ
コア・クラスター
・ジェンダーコー
ス・共生社会コミ
ュニケーションコ
ース・「優れた女
性リーダーになろ
う」コース
理学関係
初等解析学、代数
学、物理学、基礎
化学、宇宙地球科
学、化学基礎実験、
大気海洋化学概論
基礎学力不足への
対応
サプリメント
物理学サプリメント
生物学サプリメント
英語基礎教科ゼミ
その他
レギュラトリー・
サイエンス概論、
インターンシップ
教員免許状
「家庭」
中学・高校教諭
一種免許状
栄養教諭
一種免許状
教職概論、教育
原論、教育心理、
教育課程論、
道徳教育の研究、
特別活動の研究、
教育方法論、
生徒指導の研究、
学校カウンセリ
ング、
栄養教育実習、
教職実践演習
栄養に係る教育
に関する科目
学校栄養教育論Ⅰ
学校栄養教育論Ⅱ
教科教職以
外の科目
日本国憲法
体育、外国語コ
ミュニケーシ
ョン、情報機器
の操作
各２単位ずつ

（筆者作成）

タイプの類型

系科目では分野間の相互的な基礎学力補完のためには、高校で未履修の理科科目の補完授業「生物サプリメント」「物理サプリメント」を開講している。学士課程では、他学科・他学部および大学院博士前期課程の一部の科目の履修も可能であり、さらに国内他大学との単位互換制度による単位互換が認められている。資格取得に関しては、教育職員免許状取得課程の他に多くの資格取得のための課程を有している。食物栄養学科では、栄養教諭一種免許状、中学校教諭一種免許状および高等学校教諭一種免許状「家庭」、管理栄養士国家試験受験資格、栄養士、学芸員、社会教育主事、社会調査士、日本語教育基礎コース、食品衛生監視員、食品衛生管理者任用資格取得が可能である。また、実社会で就業体験を積みたい学生のために種々のインターンシップを取り入れた科目を開設し、諸企業・官公庁のインターンシップ活動を一定の条件の下で単位認定している。特に教養教育は、学生個々の習熟度に配慮した英語教育を重点的に行い、理科教育、授業履修の柔軟性、インターンシップの単位化、そして資格取得の幅広さから授業科目や教育内容の多様化が特徴といえる。これらのことから学生の多様なニーズ、研究成果の反映、社会からの要請等に配慮した教育が展開されている。

これまで見てきたように、教養教育は全学の教員が担当することにより実施している。このリベラルアーツを中心とする教養教育を展開できる背景には、全学の教育システム改革推進本部の下に、リベラルアーツ部会が設置されており、教養教育の企画・運営がおこなわれて、この部会がカリキュラムを所管する委員会等と密接に連携し、全学的な連携体制の下に機動的に企画・運営され、全学の教員が担当するよう機能している特徴を持つ。さらに、このような柔軟な教育プログラムの編成が可能な要素には、大学院の教員組織が、研究院で構成されており、研究には基幹部門として文化科学、人間科学、自然・応用科学の三系と、最先端科学の人材を集める最先端融合部門の先端融合系があり、従来の細分化された学問分野にとらわれずに組織化されている。研究院に所属する各教員は教育院および学部での教育に対して弾力的に担当することによって、より柔軟な教育プログラムの編成が可能となっている。

専門科目の教育

食物栄養学科の専攻科目（必修・選択）と学部共通科目（自由選択科目）から構成されている。専攻科目・必修では管理栄養士養成施設の指定基準である専門基礎分野と専門分野に沿う教育内容で科目が配置されている。この中には卒業論文が含まれている。食物栄養学科専攻科目・選択では食物栄養専門英語、食品学、食物環境学、食品評価論、食物栄養学基礎演習、演習や食物栄養学輪講などがある。他学部他学科の開講科目を取得することが可能であるため、中・高一種教員免許状取得「家庭」については、学部共通科目から教員免許科目に必要なものを選択できる。1年次には基礎的にコア科目である一般教養科目が多く、基礎ゼミ、外国語等人間形成の最も基礎となる教養科目が中心であり、教職関連科目は可能な限り1年次に履修することを指導している。2年次には管理栄養士養成の専門基礎科目である社会、環境と健康、人体の構造と機能及び疾病の成り立ち、食べ物と健康が中心であり、コア科目と教職関連科目を組み合わせて履修する。3年次は管理栄養士養成の専門科目を中心に、教職関係では介護体験実習を盲聾養護学校で二日間実施し、社会福祉施設で五日間受講する。ただし、栄養教諭履習者は介護体験はない。4年次は卒論研究で研究室配属、準備は3年次後期から開始され、臨地実習、教育実習のカリキュラム構成となっている。ここで特徴的なことは、学科共通科目と学部共通科目が設定されている点である。特に栄養教諭養成の特徴ある科目として、学部共通科目の中に、発達臨床心理学概論、保育臨床医学、学校臨床学、児童学概論、生活科学概論、食料経済学、人間関係学などの他大学にない栄養教諭として幅広く学習領域を広げることが可能となる科目を配置している。

栄養教諭養成課程

教職に関する科目では、栄養教諭免許状の取得要件として、過去には栄養教諭一種免許状を取得する学生は家庭科教員免許状取得に必要な科目を履修することを義務付けていた。表4-3にお茶の水女子大学栄養教諭一種免許状取得のための科目に栄養教諭一種免許状取得要件をまとめた。栄養に係わる教育に関する科目4単位、教職に関する科目は18単位であり、お茶の水女子大学の栄養に係る科目の規定科目は、「学校栄養教育論Ⅰ」と「学校栄養教育論Ⅱ」である。教職科目は教育の基礎理論に関する科目、教育課程に関する科目は本来選択科目であるが、教職に関する科目は選択必修科目となっている。

また、教職課程では、中学、高校教諭一種免許状「家庭」を取得することを前提にカリキュラムが組まれており、中学校一種免許状取得の場合、必要単位数は教科に係わる科目20単位、教職に関する科目31単位（高校一種の場合は27単位）教科に関する科目20単位、教職に関する科目31単位（高校一種の場合は27単位)、教科・教職以外の科目：8単位、教科または教職に関する科目8単位(高校一種の場合は16単位)､栄養教諭に係る教育に関する科目:4単位、栄養教育実習2単位、合計単位数73単位（高校一種の場合は77単位）栄養教諭と家庭科教員免許状の両方を取得すると、全単位数は81単位となる。しかし、教科に関する科目のうち、24単位分はコア科目（一般教養科目）や管理栄養士養成科目などの卒業必修科目から読み替えることが可能となり、57単位分を取得する。管理栄養士必修と合わせると160単位を超え、かなり厳しい状況といえる。学生によっては、自由選択科目を履修し190単位以上履修することもあるそうで、家庭科教諭免許状を履修しないで栄養教諭一種免許状のみを取得する場合は、「学士の学位＋管理栄養士免許（管理栄養士養成課程修了）＋ 22単位」となる。しかし､卒業必須単位にあてはめると、読み替え科目が減ることから、140単位以上は必要となる。管理栄養士養成課程では卒業必須単位数が多くなることから、両免許取得を勧めていた経緯がある。

（二）　奈良女子大学

栄養教諭養成の特色

女子高等師範学校を全身とする奈良女子大学の栄養教諭養成であるが、かつては女子教員や幼稚園の保母の養成を行う事を目的に創設された経緯がある。平成 17（2005）年 4 月に生活環境学部生活環境学科を食物栄養学科及び生活健康・衣環境学科に改組し、現在の食物栄養学科に管理栄養士養成課程を設置した。お茶の水女子大学と類似した形で附属学校園である幼稚園、小学校、中等教育学校とすべての校園が揃っている特色を生かし、栄養教諭に求められる教員としての資質が担保できる養成を行っている。平成 18 年度には、大学と附属学校園との一体化した取り組みが行われ、「食の教育プロジェクト」を発展させ、「食教育実践研究部会」「食教育支援研究部会」「カリキュラム研究部会」を置いた。奈良女子大学附属小学校では、いち早く平成 18 年 4 月から栄養教諭を配置して給食指導、食教育の実践を行った。教育を支える高度な教育・研究機能を有し、国立大学法人における栄養教諭の専修免許状課程指定校でもある。食物栄養学科では、食物の栄養性、機能性、安全性、嗜好性についてバイオサイエンスをベースに研究、教育が行われており、科学的概念と実践的知識を同時に身につけた管理栄養士、栄養教諭、家庭科教諭（中・高）の育成を目指し、専門基礎分野と専門分野、その他の専門科目からなるカリキュラム構成となっている。管理栄養士養成課程では、食品衛生監視員・食品衛生管理者任用資格の取得も可能である。

カリキュラム構成

図 4-3 は、奈良女子大学生活環境学部食物栄養学科のカリキュラム構成を示したものである。平成 18 年度から、学部教育の体系を整理して「教養教育科目」を基礎科目群と教養科目群に分け、「専門教育科目」（各学部専門科目）

【表 4-3】お茶の水女子大学生活科学部食物栄養学科 栄養教諭一種免許状取得のための科目

1. 栄養教諭一種免許状：基礎資格および最低修得単位数（教育職員免許法第 5 条別表第 2 の 2）

教育職員免許状の種類	基礎資格	最低履修単位数	
		栄養に係わる教育に関する科目	教職に関する科目
栄養教諭一種	学士の学位を有すること、かつ管理栄養士の免許を受けていること又は指定された管理栄養士養成施設の課程を修了し、栄養士の免許を受けていること。	4 単位	18 単位

2. 栄養に係わる教育に関する科目（教職員免許法施行規則第 10 条の 3）　○の科目は選択必修を示す

法定規定科目（各科目に含める必要事項）	お茶の水女子大学規定科目		単　位
・栄養教諭の役割及び職務内容に関する事項 ・幼児、児童及び生徒の栄養に係る課題に関する事項 ・食生活に関する歴史的及び文化的事項	4 単位	○学校栄養教育論 I	2
・食に関する指導の方法に関する事項		○学校栄養教育論 II	2

3. 教職に関する科目（教職員免許法施行規則第 10 条の 4）　○の科目は選択必修科目を示す

科目	法定規定科目（各教科に含める必要事項）	お茶の水女子大学規定科目　20 単位修得			
教職の意義等に関する科目	・教職の意義及び教員の役割 ・教員の職務内容（研修、服務及び身分保障等を含） ・進路選択に資する各種機会の提供等	2 単位	○教職概論	2 単位	1 年生に履修 中 2 高 2
教育の基礎理論に関する科目	・教育の理念並びに教育に関する歴史及び思想	4 単位	○教育原論 （思想・歴史）	2 単位	中 6 高 6
	・幼児、児童及び生徒の心身の発達及び学習の過程（障害のある幼児、児童及び生徒の心身の発達及び学習の過程を含）		○教育心理	2 単位	
	・教育に関する社会的、制度的又は経営的事項		○教育原理 （社会・制度）	2 単位	
教育課程に関する科目	・教育課程の意義及び編成の方法	4 単位	○教育課程論	2 単位	中 12 高 10 各教科教育法 4 単位 3 年次
	・道徳及び特別活動に関する内容		○道徳教育の研究 ○特別活動の研究	2 単位 中のみ 2 単位	
	・教育の方法及び技術（情報機器及び教材の活用を含）		○教育方法論	2 単位	

生徒指導及び教育相談に関する科目	・生徒指導の理論及び方法 ・教育相談（カウンセリングに関する基礎的な知識を含）の理論及び方法	4単位	○生徒指導の研究 ○学校カウンセリング	2単位 2単位	中4高4
栄養教育実習習		2単位	○栄養教育実習（事前・事後指導含）	2単位	4年次
教職実践演習		2単位	○教職実践演習（栄養教諭）	2単位	4年後期

4. 特に必要なものとして文部科学省令で定める科目（教職、教科以外の科目）
（教育職員免許法別表第1備考第4号、教育職員免許施行規則第66条の6）コア科目：教養科目を示す

法定規定科目	単位数	お茶の水女子大学規定科目	
日本国憲法	2単位	「法学Ⅰ（日本国憲法）」	2単位　必修　コア科目
体育	2単位	「スポーツ健康実習」	2単位　必修　コア科目
外国語コミュニケーション	2単位	中級英語、ドイツ語初級(演習)Ⅰ、ドイツ語初級演習Ⅱ、フランス語初級（演習）Ⅰ、フランス語初級（演習）Ⅱ中国語初級（演習）Ⅰ、中国語初級（演習）Ⅱ	2単位 これらの中から2単位選択履修
情報機器の操作	2単位	情報処理学：1年次に履修 情報処理演習：所属学科で決められたものを履修	2単位　選択　コア科目 2単位　必修　コア科目

5. お茶の水女子大学が定める特別科目　※中学校教論と高等学校教論の免許の両方を取得することが望ましい

学部学科	取得免許		教職に関する科目	教科に関する科目	教科と教職に関する科目	介護体験
家政学部 食物栄養学科	家庭科教諭免許 栄養教諭免許	中学校（一種）	20単位	31単位	8単位	必要
		高等学校（一種） 栄養教諭	20単位	27単位 免許法では23単位	16単位	−

（2007年度　学生便覧、2010年度　開講科目年度開講科目より改変して筆者作成）

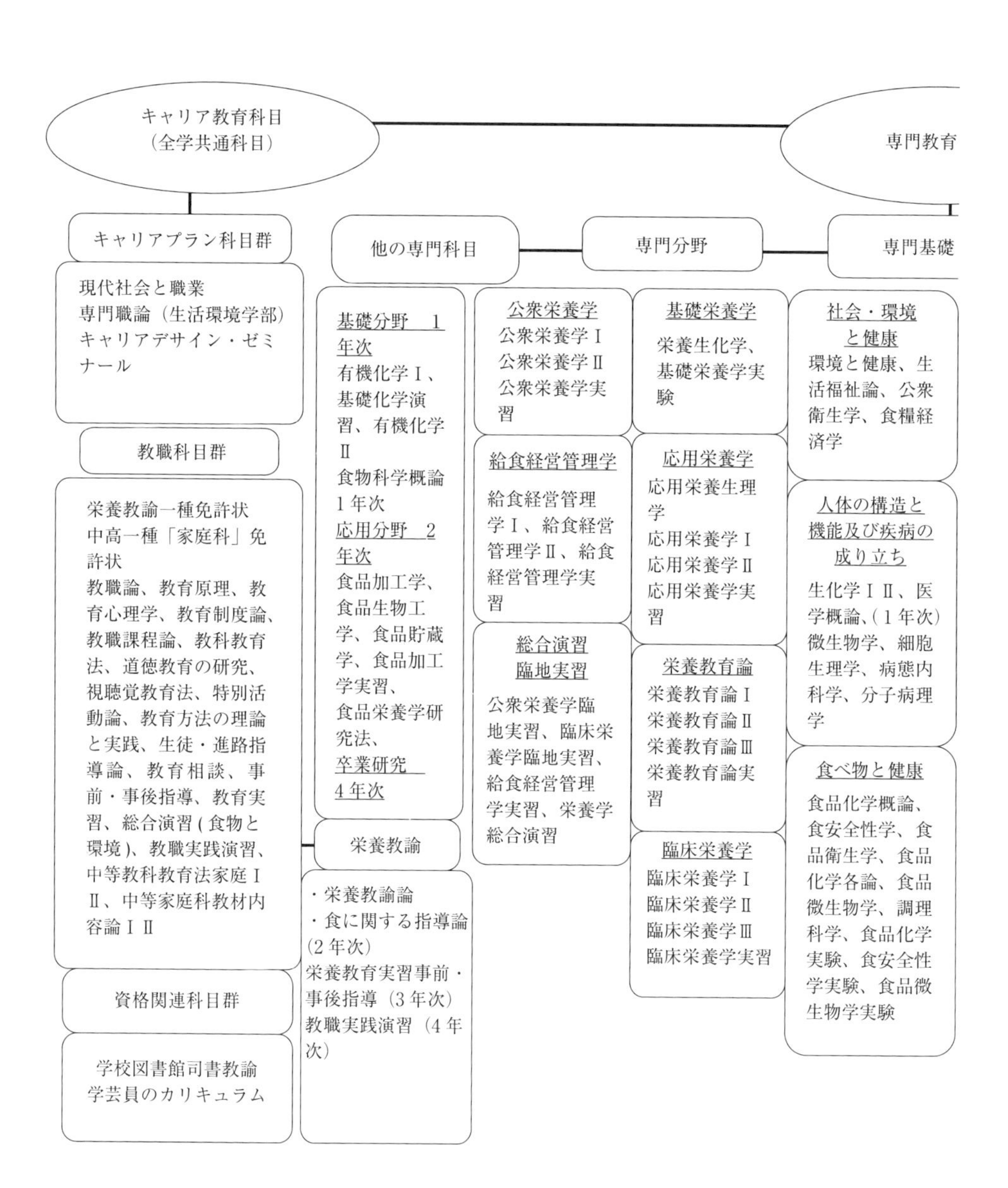

家政系：類型1　教職教養科目・家政学的教養重視型（複数免許状取得型）

【図 4-3】栄養教諭養成

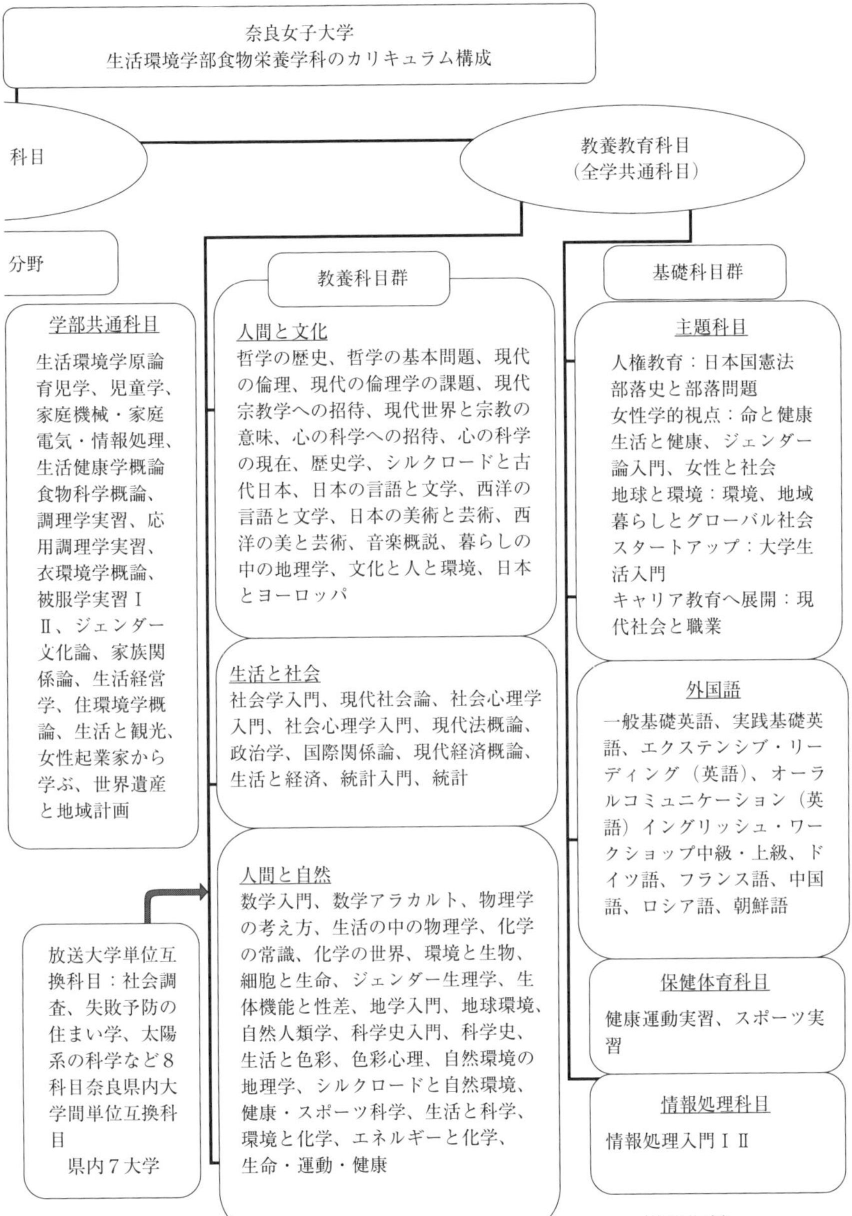

奈良女子大学
生活環境学部食物栄養学科のカリキュラム構成

科目

教養教育科目
（全学共通科目）

分野

教養科目群

基礎科目群

学部共通科目

生活環境学原論
育児学、児童学、家庭機械・家庭電気・情報処理、生活健康学概論
食物科学概論、調理学実習、応用調理学実習、衣環境学概論、被服学実習Ⅰ Ⅱ、ジェンダー文化論、家族関係論、生活経営学、住環境学概論、生活と観光、女性起業家から学ぶ、世界遺産と地域計画

放送大学単位互換科目：社会調査、失敗予防の住まい学、太陽系の科学など8科目奈良県内大学間単位互換科目
県内7大学

人間と文化

哲学の歴史、哲学の基本問題、現代の倫理、現代の倫理学の課題、現代宗教学への招待、現代世界と宗教の意味、心の科学への招待、心の科学の現在、歴史学、シルクロードと古代日本、日本の言語と文学、西洋の言語と文学、日本の美術と芸術、西洋の美と芸術、音楽概説、暮らしの中の地理学、文化と人と環境、日本とヨーロッパ

生活と社会

社会学入門、現代社会論、社会心理学入門、社会心理学入門、現代法概論、政治学、国際関係論、現代経済概論、生活と経済、統計入門、統計

人間と自然

数学入門、数学アラカルト、物理学の考え方、生活の中の物理学、化学の常識、化学の世界、環境と生物、細胞と生命、ジェンダー生理学、生体機能と性差、地学入門、地球環境、自然人類学、科学史入門、科学史、生活と色彩、色彩心理、自然環境の地理学、シルクロードと自然環境、健康・スポーツ科学、生活と科学、環境と化学、エネルギーと化学、生命・運動・健康

主題科目

人権教育：日本国憲法
部落史と部落問題
女性学的視点：命と健康
生活と健康、ジェンダー論入門、女性と社会
地球と環境：環境、地域
暮らしとグローバル社会
スタートアップ：大学生活入門
キャリア教育へ展開：現代社会と職業

外国語

一般基礎英語、実践基礎英語、エクステンシブ・リーディング（英語）、オーラルコミュニケーション（英語）イングリッシュ・ワークショップ中級・上級、ドイツ語、フランス語、中国語、ロシア語、朝鮮語

保健体育科目

健康運動実習、スポーツ実習

情報処理科目

情報処理入門Ⅰ Ⅱ

（筆者作成）

タイプの類型

「キャリア教育科目」キャリアプラン科目群と教職科目群、資格関連科目群からなる三本柱のカリキュラムが構成されている。

「教養教育科目（全学共通科目）」

教育目標である質の高い教養教育を行うことで幅広い教養を備えた人材の育成として、教養教育科目（全学共通科目）の中に「基礎科目群」と「教養科目群」を設けている。「基礎科目群」では、主題科目、外国語、保健体育科目、情報処理科目からなっており、奈良女子大学の教育全体の基礎であり、入学後の早い時期に選択履修すべき科目を揃えていることがわかる。「教養科目群」は、三つの分野である人間と文化、生活と社会、人間と自然、そして放送大学の単位互換の科目を中心に、ここでは学生の興味･関心に応じて、幅広い教養を身に付ける科目群を設定している。この科目群の特徴は、4年間の在学期間に渡り履修できるシステムである。同時に専門教育科目が、この三つの分野の科目と連動していることがわかる。つまり、専門科目の基礎を養うこと、さらに視野を拡充していけるように4年間の中で履修することができる。

「専門教育科目」

専門科目は、専門基礎分野、専門分野、その他の専門科目の分野から構成されており、全学教育目標の「創造性を生み出す教育」を実現するための科目とみることができる。学部の教育理念、教育目標を掲げて具体化された専門カリキュラムといえる。生活環境学部では、「生活とそれを取り巻く環境」を分析し、豊かに創造する能力の育成を目指している。専門領域を学びながら、資格も取得でき、研究目標も示されているので、大学院へスムーズに連結可能であり、高度専門職を目指すことができるカリキュラム体系といえる。履修単位数は124単位以上と教養教育科目と専門教育科目については最低履修単位数の基準が設けられている。『専門教育ガイド』には、学科の専攻別に履修モデルが示されており、体系的な専門教育のプランが明確化されている。これを見ると、1〜2年次に教養教育科目、学部共通科目、教職科目を履修し、3年次では専攻の専門科目、実験・実習が多く組み込まれ、4年次で卒業研究を行うカリキュラム構成である。その他に、栄養士免許の取得、管理栄養士国家試験受験資格、栄養教諭一種免許状、家庭科教員免許状、食品衛生監視員、食品衛生管理者任用資格取得が可能である。さらにキャリア教育科目の教職科目群を履修することで栄養教諭の他に中高一種免許状「家庭科」を取得することができる。そのため、教職に関する科目と教科に関する科目（家庭）もしくは栄養に係わる教育に関する科目（栄養教諭）を合わせて履修でき、基礎科目群のうち、日本国憲法と情報処理Ⅰを履修することが義務付けられている。栄養教諭免許状の取得には、栄養士免許および管理栄養士受験資格の取得も必要となる。図4-3のカリキュラム構成からは、お茶の女子大学とカリキュラムが非常に類似しており、教養教育と資格科目に力をいれていることがわかる。深い学識を備えることを教育目標に掲げており、情緒豊かで品位ある人材、また、様々な事象を総合的に理解・判断した上で、目的意識を持って主体的に行動し、社会をリードする人材の育成をめざすカリキュラムが構成されている。

栄養教諭養成課程

表4-4に奈良女子大学栄養教諭一種免許状取得のための科目をまとめた。栄養に係わる教育に関する科目は、奈良女子大学規定科目として、「栄養教育論」と「食に関する指導論」の二科目がある。教育課程の構造は、教員免許状取得のために必要な科目として、教育職員免許法の定めによる「教科に関する科目」（教科科目）、「教職に関する科目」（教職科目）、「教科又は教職に関する科目」に大別されている。栄養教諭の場合は「栄養に係わる教育に関する科目」（栄養教育科目）、「教職に関する科目」（教職科目）及び「栄養に係わる教育又は教職に関する科目」（栄養教育または教職科目）がある。

【表 4-4】奈良女子大学生活環境学部食物栄養学科　栄養教諭一種免許状取得のための科目

1. 栄養教諭一種免許状：基礎資格および最低修得単位数（教育職員免許法第 5 条別表第 2 の 2）

教育職員免許状の種類	基礎資格	最低履修単位数	
		栄養に係わる教育に関する科目	教職に関する科目
栄養教諭一種	学士の学位を有すること、かつ管理栄養士の免許を受けていること又は指定された管理栄養士養成施設の課程を修了し、栄養士の免許を受けていること	4 単位	18 単位

2. 栄養に係わる教育に関する科目（教職員免許法施行規則第 10 条の 3）

法定規定科目（各科目に含める必要事項）	奈良女子大学規定科目		単位
・栄養教諭の役割及び職務内容に関する事項 ・幼児、児童及び生徒の栄養に係わる課題に関する事項 ・食生活に関する歴史的及び文化的事項	4 単位	栄養教諭論	2
・食に関する指導の方法に関する事項		食に関する指導論	2

3. 教職に関する科目（教職員免許法施行規則第 10 条の 4）

科目	法定規定科目（各教科に含める必要事項）	最低単位数 18 単位　奈良女子大学規定科・必修単位 20				
				単位		
教職の意義等に関する科目	・教職の意義及び教員の役割 ・教員の職務内容（研修、服務及び身分保障等を含） ・進路選択に資する各種機会の提供等	2 単位	教職論	2	2	1 年次以上
教育の基礎理論に関する科目	・教育の理念並びに教育に関する歴史及び思想	4 単位	教育原理	2	6	2 年次以上
	・幼児、児童及び生徒の心身の発達及び学習の過程（障害のある幼児、児童及び生徒の心身の発達及び学習の過程を含）		教育心理学	2		
	・教育に関する社会的、制度的又は経営的事項		教育制度論	2		
教育課程に関する科目	・教育課程の意義及び編成の方法	4 単位	教育課程論 （道徳の指導も含）	1	4	2 年次以上
	・道徳及び特別活動に関する内容		特別活動論	1		
	・教育の方法及び技術（情報機器及び教材の活用を含）		教育方法の理論と実践	2		

生徒指導及び教育相談に関する科目	・生徒指導の理論及び方法	4単位	生徒指導論・進路指導論	2	4	2年次以上
	・教育相談（カウンセリングに関する基礎的な知識を含）の理論及び方法		教育相談	2		
栄養教育実習		2単位	事前・事後指導（栄養教育実習）	1	2	3年次以上
			栄養教育実習	1		
教職実践演習	※22年度入学者は25年度より開講	2単位	教職実践演習（栄養）	2	2	4年次

4. 特に必要なものとして文部科学省令で定める科目（教職、教科以外の科目）
（教育職員免許法別表第1備考第4号、教育職員免許施行規則第66条の6）

法定規定科目	単位数	奈良女子大学規定科目	単位
日本国憲法	2単位	日本国憲法	2
体育	2単位	スポーツ運動実習	各1
外国語コミュニケーション	2単位	外国語	各1
情報機器の操作	2単位	情報科学入門 情報処理入門	2 2

5. 奈良女子大学が定める教職に関する特別科目（教員免許に関する教養教育科目）

科目名	単位	科目名	単位
※いずれか1科目以上履修することが望ましい			
哲学の歴史	2	現代宗教学への招待	2
哲学の基本問題	2	現代世界と宗教の意味	2
現代の論理	2	部落史と部落問題	2
現代論理の課題	2	人権と差別	2

（2009年度、20010年度全学教育ガイド、履修案内・シラバス、専門教育ガイド、専門教育科目履修案内より改変して筆者作成）

また、教科科目は、全学共通で開講され2年次以上で履修可能、必修単位は免許状の種類で細分化されている。教職全体の基礎となる科目は、教育の基礎理論、指導法、教育実習が該当する。そして、教科科目（栄養教育科目）は、教科の専門的な内容を扱い、基本的には各学部・学科の専門科目は、1年次から履修できるものがある。免許教科毎、開講学科毎に履修すべき科目が異なる。教科又は教職に関する科目（栄養教育又は教職科目）は、教科科目や教職科目から選択履修する科目グループをいう。免許教科毎に教科科目と一部の教職科目を組み合わせて履修するため「教科科目」と一括して扱っている。教員免許状取得のために必要な教養教育科目は、「日本国憲法」「外国語」「健康運動実習」「情報処理入門」各2単位を履修する。その他、奈良女子大学が定める教職に関する特別科目として、八つの教養教育科目（哲学の歴史、部落史と部落問題、人権と差別、現代宗教学への招待、現代の理論など）からいずれか1教科以上を履修することが決められている。

カリキュラム構成からみるお茶の水女子大学と奈良女子大学教員養成の類型

女子高等教育機関として奈良女子大学は、お茶の水女子大学と非常に類似する点が多い。両校の栄養教諭養成の基本は、複数免許状取得であり、ともに家庭科教諭と栄養教諭免許状を履修することである。カリキュラム構成もほぼ類似した科目が網羅されている。共に家政学が母体であることから、学部共通科目においても類似したものが多く、開講科目も同様のものが多い。しかし、お茶の水女子大学と大きく違う点は、教師養成を基盤に家政系の食を扱いながらも奈良女子大学では、食品の加工技術や機能性をベースに養成されていることから、食品の分野に特化した教育が中心であることがわかる。つまり、食品の分析や食品実験系に精通する管理栄養士養成が行われており、科学的に捉える視点を身に付けた栄養教諭が養成されているとみることができる。反面、お茶の水女子大学は教師としての資質を前面に打ち出し家政学を基盤として、生活に視点を当てた教諭としての資質を兼ね備えた栄養教諭の育成と捉えることができる。しかし、この二つの養成大学に足りないものは、厚生労働省が目指す生活習慣病の予防を目的とした栄養指導による食生活の改善のための指導の方法や指導の技術、そしてチーム医療、福祉、介護の分野で、臨床を中心に活動できる管理栄養士養成の形態とは異なり、研究を中心に日本のリーダーとして栄養教諭、管理栄養士を育てることが目的である。傷病者の治療や健康教育の視点から求められる管理栄養士としての実践的資質を目指した養成形態とは言い難い。つまり、現場の栄養士を管理する役割を担う管理栄養士、栄養教諭の養成であることがカリキュラム構成から窺える。特に、お茶の水女子大学では、食を中心とする管理栄養士養成であり、個別発達や心の健康、人間と社会の関係、生活と文化、など生活者の視点から分析する力を身に付けた管理栄養士養成、ひいては栄養教諭養成が行われていることになる。要するに、従来型の管理栄養士養成を基盤においた教育と見ることができる。カリキュラム構成からは、家政学に視点を当てた教員養成を中心とする教養重視と位置づける。そこで、お茶の水女子大学、奈良女子大学を類型１として、『教職教養科目・家政学的教養重視型』の栄養教諭養成と位置付けることにした。

インタビュー調査から、お茶の水女子大学の方向性として、臨床的知識を教育の全面にだすことは、国立大学で管理栄養士養成を担当する教員が少ない中、非常に難しい。高等師範の系譜から教育というキャリアがある中で管理栄養士養成をするのであれば、教育的環境を生かして栄養教育という分野でのスペシャリストを養成していけるか、専門職のどの部分に養成の視点を当てるかが今後の課題である。

一方、栄養に係わる教育に関する科目と教職に関する科目ではどのような教員を養成しているのかについて検討した。奈良女子大学では、「食に関する指導論」の中で、食に関する個別指導にコーチングを導入した指導を行っている点が興味深い。お茶の水女子大学は、教職科目にある「学校カウンセリング」で、グループワークや、グループディスカッションを導入して、「見る・聞く・解る」のアセスメントやカウンセリング活動を学校という資源で制約にあふれた環境の中で、効果的に実施する際の注意点について検討することが行われており、興味深い。

(三) 京都女子大学

栄養教諭養成の特色

京都女子大学の養成の特色をまとめた。平成14年の栄養士法改正によって、京都女子大学で重視してきた基礎科目の食品学、栄養学、衛生学、調理学が大幅に縮小せざるを得なくなった。そのため「人体」や「食べ物」についての基礎知識が乏しいため、入学直後には全学生が演習形式で「基礎の生物」「基礎の化学」を学び、「食物栄養基礎演習」では献立作成に関する基礎知識・技術をしっかり学ぶことを目指している。その上で、栄養教諭一種免許状取得のための「教職に関する科目」や「教職、教科以外の科目」の中から必要な単位と「教職、教科以外の科目」を1年次から履修する。3年次から全ての教科をコース別の三系列で養成する。栄養教諭養成は、「健康栄養系列」に属するクラスで受講する。栄養教諭を目指す者だけでクラス編成された中ですべての教科において、栄養教諭としての資質向上のための教育が行われ、栄養教育教材の作成や栄養指導方法にも力を入れた指導がなされている。「栄養教育実習」は2単位であるが、4年次で教育実習1単位・一週間で完結することが基本となっているが、3年次から一年間をかけて栄養教育実習指導（事前指導）を「家庭」や「保健」の免許状取得のための教育実習・事前指導に準じて行い、一般の教諭としての資質を向上させている。

栄養教諭養成の特色として、附属小学校の「ランチタイム」に栄養教諭を目指す学生がボランティア活動で参加し、教育実習の前に児童とふれあう機会を設けて栄養教諭の資質を高めている。ボランティアでは幼稚園でのキッズクッキングの学生ボランティア等を斡旋して資質の向上を目指している。

京都女子大学は家政学部であることから、学部の目標は、「生活の質の向上を目指し、人類の福祉に貢献する実践的総合科学」として定義している。特に「食」の専門家として幅広く社会の各分野で貢献できる人材の養成を目指し、食物を健康と栄養の面から総合的に理解すること、心豊かな食生活の実現に向けて、食文化、国際的食料事情までを視野にいれた食の指導のできる専門家の育成を掲げている。そこで、実践力のある栄養教諭の育成、「家庭・保健」の教員免許状に加え、「栄養教諭一種」が認可されたことで両方の資格を取得できる特徴を生かした栄養教諭養成を行う。給食の時間だけでなく、各教科や学校教育全体の中で段階的、系統的、総合的に計画・立案・実施し、地域の特徴を生かした食文化の伝承、子ども本来の豊かな創造性を育むことができる栄養教諭養成を目指している。

食物栄養学科では、管理栄養士の専門性や将来の進路を考慮し、三系列の選択コース制を導入したカリキュラムであり、栄養教諭を希望する学生は一クラス40名の健康教育系列に属することの優先権を持つことができ、栄養教諭を目指す者だけで教員としての資質形成が行われている。免許・資格取得のための単位数が示された中で、4年間の履修モデルに沿って、自分にあったものを選択して免許・資格取得ができるシステムである。

栄養教諭に係わる履修モデルは、①管理栄養士国家試験受験資格＋栄養教諭一種免許状を取得するパターン、②管理栄養士国家試験受験資格＋栄養教諭一種免許状＋中学校教諭一種免許状「家庭」＋高等学校教諭一種免許状「家庭」を取得するパターン、③管理栄養士国家試験受験資格＋栄養教諭一種免許状＋中学校教諭一種免許状「家庭」「保健」＋高等学校教諭一種免許状「家庭」「保健」を取得するパターンである。しかし、3年次で「健康教育系列」を履修することが望ましいが、他の系列を選択しても教員免許状は取得できる。大学の規定では「保健」だけの免許状の取得はできないことになっているため、「保健」の免許状取得希望者は「家庭」の免許状と合わせて取得することになる。教職を履修する学生には、「人権と教育」の履修が義務付けられている。京都女子大学では、教職課程を履修する学生が多く、各学科に教職課程を設けている特色を持つ。学生が積極的に資格を取得する傾向にあり、栄養士免許、管理栄養士国家試験受験資格、栄養教諭一種免許状の他に、食品衛生管理者と食品衛生監視員（任用資格）、フードコーディネーター民間資格二級、三級、家庭科料理検定二級、三級、食生活アドバイザー等の資格も取得できる。

全国の管理栄養士養成課程でも数少ない「栄養クリニック」を開設し、学部や大学院の研究に活用することで、より実践的な専門家の養成を目指している。栄養クリニックの目的は、健康や栄養にかかわる学術研究を深めること、これを社会に還元することであり、市民に向けた栄養と健康に関する情報発信を行っている。栄養クリニックでは、疾病診断は行わず、子育て支援教室、高齢者の食事教室、料理教室、テーブルコーディネート講座、個別栄養相談などが行われており、生活習慣病の予防、健康増進のための栄養相談を必要とする市民を対象に学生にとってクリニックでのかかわりが実践的資質を身に付ける場として位置づいている。

カリキュラム構成

図4-4には家政学部食物栄養学科のカリキュラム構成を示した。カリキュラムの特徴は、基礎領域、専門領域、発展領域の三つの柱に分かれている点である。教員免許状が複数取得可能であることから、家政学部という学部関連からも、カリキュラム構成はお茶の水女子大学、奈良女子大学と類似しており、次に示す学部教育目標が基本となっている。

学部の教育目標

・食の専門家として幅広く社会の各分野で貢献できる人材の養成を目指す。
・食物と健康と栄養の面から総合的に理解する、心豊かな食生活の実現に向けて、食文化、国際的食料事情までを視野にいれた食の指導のできる専門家を育成する。

平成5（1993）年、これまで食物学科であったものを現行の食物栄養学科に名称変更し、平成6年（1994）年には、家政学部に「衣・食・住全体にわたる人間生活」を教育研究の対象に置き、さらに福祉生活学科を発足さることで、これまでの家政学の内容を変革することを目的に家庭生活や社会生活の多様化に対応した。そのため家政学部の教育研究の対象は、「人類の福祉に貢献する総合的な教育・研究」を目指して、広く「人間生活」そのものを対象とし、生活の意義、つまり「人間を中心とした視点」から探求することを教育目標としたのである。その結果、京都女子大学の管理栄養士養成課程の栄養教諭養成においては、「人間生活」を研究対象に、「生活の意義」の視点から自然、社会と調和した心豊かな生活を総合的に捉える家政学の特性をあらわしたカリキュラムが構成され、その中で栄養指導は、対象者の生活全般を理解した管理栄養士養成および栄養教諭養成を実現しているのである。以下が栄養教諭養成における教育内容である。

家政学部食物栄養学科栄養教諭養成のカリキュラム構成については、インタビュー調査を通して、表4-5に科目群と卒業要件、カリキュラムの特徴をまとめた。まず、食物栄養学科の教育目標は、「健康の維持・増進」、「疾病の予防・治療」の立場から「食」と「健康」の結びつきを学ぶことを教育の理念・目的とし、医学・理学・農学を基調にした科学的な視点から21世紀の食卓のあるべき姿を模索しながら教育にあたっている。この目標は、学部目標である人々の心豊かな生活を創造する家政学の視点から、食と健康の専門知識を学ぶこと、管理栄養士の資格取得について十分な知識と技能を身につけることで、健康の維持・増進、疾病の予防・治療の立場から幅広い分野で活躍できる食と健康の専門職の育成を目指していることがわかる。これを基本にカリキュラムを見ていく。

特徴的な構成として、発展領域に学生が自己選択で受講できる多彩な科目を開講している。基礎領域の科目群では、六つの分野から教養を高める教育を展開し、その筆頭に建学の精神を強調する建学科目「仏教学」、基礎科目的な教養外国語「言語コミュニケーション科目」を置き、それらにアドバン

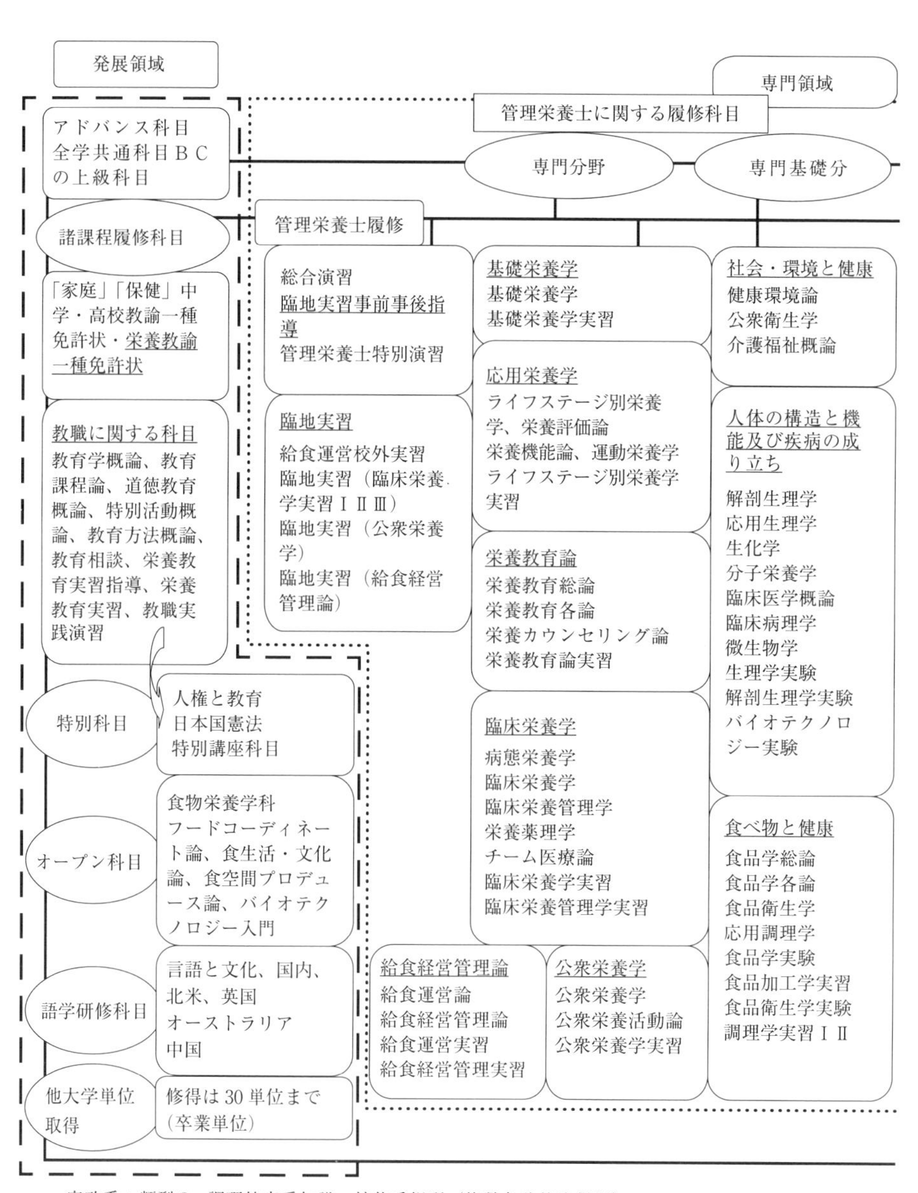

家政系：類型２　調理健康系知識・技能重視型（複数免許状取得型）

【図 4-4】栄養教諭養成

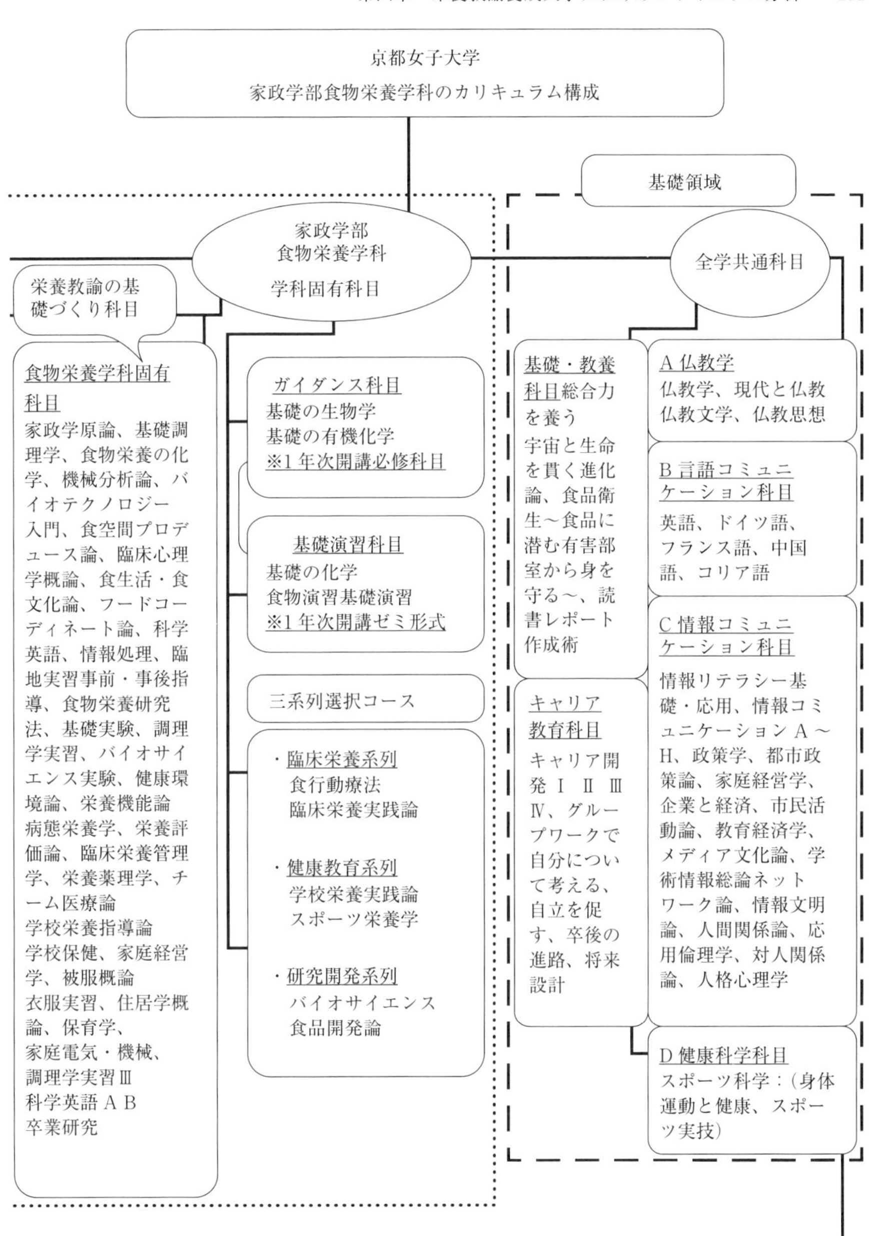
京都女子大学
家政学部食物栄養学科のカリキュラム構成
基礎領域
家政学部
食物栄養学科
学科固有科目
全学共通科目
栄養教諭の基礎づくり科目
食物栄養学科固有科目
家政学原論、基礎調理学、食物栄養の化学、機械分析論、バイオテクノロジー入門、食空間プロデュース論、臨床心理学概論、食生活・食文化論、フードコーディネート論、科学英語、情報処理、臨地実習事前・事後指導、食物栄養研究法、基礎実験、調理学実習、バイオサイエンス実験、健康環境論、栄養機能論
病態栄養学、栄養評価論、臨床栄養管理学、栄養薬理学、チーム医療論
学校栄養指導論
学校保健、家庭経営学、被服概論
衣服実習、住居学概論、保育学、
家庭電気・機械、
調理学実習Ⅲ
科学英語ＡＢ
卒業研究
ガイダンス科目
基礎の生物学
基礎の有機化学
※1年次開講必修科目
基礎演習科目
基礎の化学
食物演習基礎演習
※1年次開講ゼミ形式
三系列選択コース
・臨床栄養系列
食行動療法
臨床栄養実践論
・健康教育系列
学校栄養実践論
スポーツ栄養学
・研究開発系列
バイオサイエンス
食品開発論
基礎・教養科目総合力を養う
宇宙と生命を貫く進化論、食品衛生～食品に潜む有害部室から身を守る～、読書レポート作成術
キャリア教育科目
キャリア開発ⅠⅡⅢⅣ、グループワークで自分について考える、自立を促す、卒後の進路、将来設計
A仏教学
仏教学、現代と仏教
仏教文学、仏教思想
B言語コミュニケーション科目
英語、ドイツ語、フランス語、中国語、コリア語
C情報コミュニケーション科目
情報リテラシー基礎・応用、情報コミュニケーションＡ～Ｈ、政策学、都市政策論、家庭経営学、企業と経済、市民活動論、教育経済学、メディア文化論、学術情報総論ネットワーク論、情報文明論、人間関係論、応用倫理学、対人関係論、人格心理学
D健康科学科目
スポーツ科学：（身体運動と健康、スポーツ実技）

（筆者作成）

タイプの類型

【表 4-5】京都女子大学のカリキュラム構成・卒業要件

科目群区分	科目群	卒業に必要な単位数	
		必修	自己選択
基礎領域	仏教学	8	アドバンス科目の修得単位
	言語コミュニケーション	8	必修 8 単位を超えて履修した単位
	情報コミュニケーション	4	アドバンス科目の修得単位
	健康科学科目	2	
	基礎・教養科目	6	必修 6 単位を超えて履修した単位
	キャリア科目	2	アドバンス科目の履修単位
専門領域 (専門基礎分野・ 専門分野)	ガイダンス科目 基礎演習科目	8	必修 68 単位を超えて 修得した単位
	学科・専攻固有科目 (三系列選択コース科目を 含む) 学科固有の科目は管理栄養 に関する科目は専門基礎分 野・専門分野に区分	60	
発展領域	諸課程履修科目		修得単位
	オープン科目		修得単位
	特別科目		修得単位
	語学研修科目		8 単位まで
	他大学取得科目		30 単位まで
単位数		98	34
		132	
家政学部食物栄養学科 120 名			
食物栄養学科で取得できる資格			
①栄養教諭一種免許状、②高等学校家庭・保健一種免許状、③中学校家庭・保健一種免許状、④図書館司書、⑤図書館司書教諭、⑥栄養士、⑦管理栄養士国家試験受験資格、⑧食品衛生管理者、⑨食品衛生監視員、⑩情報処理士			

(履修の手引より一部改変して筆者作成)

カリキュラムの特徴

基礎領域：学びの基礎や教養を修得する。仏教学は大学の原点であり自己を見つける。

基礎教養科目：新たな価値を創造する力を身に付ける。女性として充実した人生を過ごすための総合力を養う。

キャリア教育科目：職業観、自己表現力を育む。インターンシップで体験と研究会を融合し、より高い職業意識を養う。

専門領域：専門性を深める

基礎演習では、少数制教育を中心に、1 年次から 4 年次まで一貫した指導体制をとり卒業研究に向けて指導が行われる。ゼミ形式により大学における学習方法を学び、専門書の読み方、文献資料の収集方法、レポート論文の書き方、発表の仕方などを修得する。

発展領域：自由に学び、能力を伸ばす。

- アドバンス科目（2 年次以上がキャリア科目を履修）：言語コミュニケーション科目、情報コミュニケーション科目の上級科目を目指すことができる。
- オープン科目：学科の枠を超えて学びを深めることができる。

ス科目を設定している。基礎的な科目を受講した後に発展的に学ぶ場を設け、発展領域にアドバンス科目を置いたものである。さらに学科固有の科目の中のいくつかをオープン科目として他学部・他学科から受講できるよう開放しており、その範囲はかなり広いことが分かる。必修科目、選択科目、自由選択科目についても、学生の自主学修を重視して、より広い自由選択にしている。しかし、食物栄養学科では、管理栄養士養成を行っていることで、厚生労働省が示す免許取得のための必修科目が多く、自由選択に制限が加わってくるものと理解できる。次に三領域の科目群を詳しく見ることにする。

基礎領域

基礎領域科目群は、全学部・学科に共通する基礎的な科目群として開講されている。大学の理念である仏教精神に基づいた情操豊かな人間性の育成、高等教育の基礎となる高い教養を培う全学的な教育理念を具現化する基礎を学ぶ内容となっている。

三科目群（仏教学、言語、情報）にはアドバンス科目を設けている。学生の多様な要望を取り入れるために、学内の科目群では各運営委員会を設けて担当者の横の連携や各学部の意見を反映するための組織として機能した委員会を有している。建学の精神である仏教学は1年、3年次に必修8単位であり、主要な科目として開講し、その一部の時間を用いて「月例礼拝」の行事を行い宗教行事と共に教職員の講話、仏教文化や世界文化遺産などのビデオ鑑賞等が実施されている。この科目により世界宗教である仏教の思想を学ぶとともに自己の人生、人間の命、人の心などを深く学び心の豊かさを育む機会となり、その後の専門の学修の基盤となっている。さらに、2年次に仏教思想、仏教文化などへの広がりを期待してアドバンス科目を開講している。言語コミュニケーション科目は、英語と初級外国語を学び、読解力や言語運用力、コミュニケーション力など、社会で必要なスキルを身につけて、言葉の理解と異文化理解を目指している。特に2年次以降には継続してその上級を目指し、あるいは異文化として学ぶものとして、4年次まで学修できるようにアドバンス科目が設けられている。情報コミュニケーション科目は、コンピューターの基本操作、ワード・エクセルなどのアプリケーションの活用を学ぶことから開始される。後期は応用に入りCGの制作などITスキルを学ぶ。学部・学科により情報処理の学修に質的相違があることも含めて、指導内容を二つのコースに分けて、2年次以降、上級の情報処理を学ぶアドバンス科目を開講している。健康科学科目は、元々体育実技となる科目であり、これを健康保持と健全な人間形成を目指して、健康と体力づくりの基礎知識、健康管理そして運動実技の方法を学んでいる。教養・基礎科目は、豊かな教養や表現力、分析のための思考力を高めることを目的に開講されているが、教育内容はテーマを設定し、次世代に求められる女性の総合力を培うことをねらいに開講されている。キャリア教育科目は、卒業後の進路や女性としての生き方を考える科目として開講されている。将来設計する力、意思決定する力を身につけることを目的に開講している。

専門領域

専門領域では、栄養教諭の基礎資格となる管理栄養士養成を主眼としたカリキュラムを構成している。1年次・2年次で大学共通に設置されている基礎領域や発展領域の科目群によって基本的な教養を養うとともに、基礎学力の向上のため、1年次の前期に開講するガイダンス科目に「基礎の生物」、「基礎の有機化学」を配し、基礎演習には、「基礎の化学」「食物栄養基礎演習」を置くことで専門分野の基礎を学び、その上で2年次・3年次では専門分野の食物栄養学科固有科目を配置して、家政学部としての色彩を強めている。この専門科目は、家政学に関する特徴的科目であり、栄養教諭をはじめ教員免許状に必要な科目をこの中から選択履修することで免許資格を得ることができる。そして、栄養教諭一種免許状、中学校・高等学校教諭一種免許状（家庭・保健）、任用資格の食品衛生管理者、食品衛生監視員、情報処理士の就職に関する資格取得が不可欠で多様な資格として取得できる。本来、管理栄養士養成課程では、家庭科･保健の教員免許状を取得することは非常に困難で、取得できない大学が多く、母体が家政学部であるがゆえに、「家庭・保健」の教員免許状が取得できる仕組みがある。学科固有の科目群には、栄養教諭養成において栄養教諭の資質を育成するための、京都女子大学の独自性をもつ特徴的な科目が配置されている。

例えば、学校栄養指導論、学校保健、保育学、栄養評価論、健康環境論、臨床医学概論、臨床心理学、栄養薬理学、食空間プロデュース論、食生活・食文化論、フードコーディネート論等だが、栄養教諭として食に関する専門知識や管理栄養士としての専門性が求められる個別指導において、より深く知識を修得できる科目が含まれている。そのため専門職教員として健康教育の土台となる知識の修得を可能にしている。特に学校保健、臨床心理、臨床医学概論、栄養薬理学、栄養評価論は栄養教諭の職務内容である食に関する指導の「児童生徒への個別的な相談指導」において、具体的内容を指導する上で非常に有用な科目群である。また、「学校給食」や「児童生徒への教科特別活動における教育指導」では、食空間プロデュース論、食生活・食文化論、フードコーディネート論等の科目が有用な科目となる。その上に、専門基礎分野では、食物・栄養学関係、公衆衛生学や介護福祉などの現代社会に必要な社会・環境・健康について学んだ後、解剖生理学・臨床医学、臨床病理学など医学関係の講義科目を学び、専門分野を横断した実験・実習を含む学科固有科目を学ぶことで、次第に高度な学修となるよう系統的に履修ができるように構成されている。また４年次には、学外実習の単位取得以外は卒業研究を行う。卒業研究は４年次の１年間を通して実験、調査を行って論文にまとめ、論文指導は９月に中間試問を行い、研究の目的、意味づけを述べさせ、翌年１月に論文提出、最終的には２月に口頭発表の形をとる。卒業発表は公開とし、ここでは質疑応答の力量が問われ学修の最終目標として成果を示すことになる。なお、平成23年度より、新カリキュラム編成により卒業研究について系統的に学ぶことができる。まず､｢入門演習科目｣を開設し、1年次に開講される少人数によるゼミ形式の科目を設けた。教育内容は、専門書の読解、文献資料の収集方法、レポートの作成、論文の書き方、プレゼンテーション技法などを受けることができる。1年次からの演習で段階的に力をつけることができ、各学科・専攻の専門分野の導入教育として必修科目となっている。1年次は入門演習、2年次は基礎演習で、専門性の高い演習内容となり、選択する演習のテーマを3年次、4年次までに見つけるための準備期間にあて、3年次で専門演習を行い、専門的な学びを深めることを目的に課題解決能力を磨く時期にあてた。この段階で選択した学びのテーマを集大成として卒業研究に結び付けることになる。4年次では、卒業演習としてこれまでの学びのスキルを生かして、卒業研究を仕上げるための調査・資料収集・論文作成、プレゼンテーションを中心に指導されることになる。即ち、この演習を通して少人数制で個々の学生の特質に合わせた教育が可能となる。週一回の演習を通して、学生と教員の距離、学生間の距離が近づくことで、人間関係構築の訓練となりコミュニケーション能力の向上も期待できる。また、演習での共同研究やチームワークなど仲間との討論発表、意見交換を活発化することにより、お互いを高め合うことで協調性も身につく。4年間の演習を通して､最終的には課題解決能力であるテーマや課題を発見し、レポート作成、プレゼンテーション、討論によって、社会で求められる「アカデミックスキル」を養い、卒後に活かせる総合的な力を付けることが可能となることが見込まれている。

発展領域

発展領域はカリキュラム改正により、平成23年度から『自由・発展領域』に名称変更している。アドバンス科目は、基礎領域（仏教学、言語コミュニケーション科目、情報リテラシー科目、キャリア教育科目）の上級科目であり、2年次以降に開講される。専門的な学習によりスキルアップすることがそのねらいである。オープン科目は、学科の枠を超えて、各学科・専攻の専門科目の一部を自由に履修することができるようになっている。より幅広い知識を養うことが目的である。他大学単位取得科目は、「大学コンソーシアム京都」が組織されて、46 校が参加する 500 以上の講座の中から、興味に合わせて受講科目を選択することができる。この単位互換制度を利用して、2 年次以降の学生が他大学の講義を受講して単位認定を受けている。特徴として京都の企業、行政機関、NPO 団体などへインターンシップや資格取得講座等の多様なプログラムが用意されている。語学研修科目は、海外語学研修（約 1 ヵ月間）、国内語学研修（10 日間）に参加し、所定の成績を修めた場合に卒業に必要な単位として認定される。

諸課程履修科目については、平成 23 年度の新カリキュラム編成により発展領域から独立したが、その特徴は変わらないので見ていくことにする。

栄養教諭養成課程

表 4-6 に京都女子大学家政学部食物栄養学科が開設する栄養教諭一種免許状取得のための科目についてまとめた。栄養に係わる教育に関する科目として京都女子大学規定科目は「学校栄養指導論」と「学校栄養実践論」である。教職に関する科目では、「教職論」、「教育学概論」、「教育心理学」が栄養教育実習の必修かつ先修科目となっている。これらは 1 年次の早い段階から学ぶことで教職意識を深めることに繋がっている。また、京都女子大学が定める特別科目として「人権と教育」を 2 単位取得しなくてはならない。

その他、中学校・高等学校教諭一種免許状、博物館学芸員、社会教育主事、図書館司書、学校図書館司書教諭、情報処理の資格取得に必要な科目などを諸課程履修科目として開講している。食物栄養学科では、高等学校教諭（家庭・保健）、中学校教諭（家庭・保健）、栄養教諭、栄養士、管理栄養士国家試験受験資格、食品衛生管理者（任用資格）食品衛生監視員（任用資格）の他に情報処理、図書館司書、学校図書館司書教諭の 12 資格が取得可能となっており、

【表 4-6】京都女子大学家政学部食物栄養学科　栄養教諭一種免許状取得のための科目

1. 栄養教諭一種免許状：基礎資格および最低修得単位数（教育職員免許法第 5 条別表第 2 の 2）

教育職員免許状の種類	基礎資格	最低履修単位数	
		栄養に係わる教育に関する科目	教職に関する科目
栄養教諭一種	学士の学位を有すること、かつ管理栄養士の免許を受けていること又は指定された管理栄養士養成施設の課程を修了し、栄養士の免許を受けていること。	4 単位	18 単位

2. 栄養に係わる教育に関する科目（教職員免許法施行規則第 10 条の 3）○の科目は選択必修を示す

法定規定科目（各科目に含める必要事項）	京都女子大学規定科目		単位
・栄養教諭の役割及び職務内容に関する事項 ・幼児、児童及び生徒の栄養に係わる課題に関する事項 ・食生活に関する歴史的及び文化的事項	4 単位	○学校栄養指導論※ 2 回生後期	2
・食に関する指導の方法に関する事項		○学校栄養実践論※ 3 回生後期	2

3. 教職に関する科目（教職員免許法施行規則第 10 条の 4）

○の科目は選択必修科目を示す
※は必修科目かつ栄養教育実習の先修科目

科目	法定規定科目（各教科に含める必要事項）	京都女子大学規定科目　20 単位		単位	学年
教職の意義等に関する科目	・教職の意義及び教員の役割 ・教員の職務内容（研修、服務及び身分保障等を含） ・進路選択に資する各種機会の提供等	2 単位	○教職論※	2	1 回生
教育の基礎理論に関する科目	・教育の理念並びに教育に関する歴史及び思想	4 単位	○教育学概論※	2	1 回生
	・幼児、児童及び生徒の心身の発達及び学習の過程（障害のある幼児、児童及び生徒の心身の発達及び学習の過程を含）		○教育心理学※	2	1 回生
	・教育に関する社会的、制度的又は経営的事項		○教育行政学	2	3 回生

教育課程に関する科目	・教育課程の意義及び編成の方法	4 単位	○教育課程概論	1	2 回生
	・道徳及び特別活動に関する内容		○道徳教育概論 ○特別活動概論	1 1	2 回生
	・教育の方法及び技術（情報機器及び教材の活用を含）		○教育方法概論	1	2 回生
生徒指導及び教育相談に関する科目	・生徒指導の理論及び方法	4 単位	○生徒指導論 （生徒指導と教育相談）	2	3 回生
	・教育相談（カウンセリングに関する基礎的な知識を含）の理論及び方法		○教育相談	2	2 回生
栄養教育実習		2 単位	○栄養教育実習指導 ○栄養教育実習	1 1	4 回生
教職実践演習		2 単位	○教職実践演習 （栄養教諭）	2	4 回生

4. 特に必要なものとして文部科学省令で定める科目（教職、教科以外の科目）
（教育職員免許法別表第 1 備考第 4 号、教育職員免許施行規則第 66 条の 6）○の科目は全て必修

法定規定科目	単位数	京都女子大学規定科目・単位		単位		学年
日本国憲法	2 単位	○日本国憲法		2		2 回生
体育	2 単位	○スポーツ科学A ○スポーツ科学B		1 1		1 回生
外国語コミュニケーション	2 単位	○英語ⅠA1 ○英語ⅠA2	英語ⅠB1 英語ⅠB2	1 1	1 1	1 回生
情報機器の操作	2 単位	○情報リテラシー基礎		2		1 回生

5. 京都女子大学が定める特別科目

学部学科	教職課程	科目及び単位
家政学部食物栄養学科	栄養教諭一種	人権と教育　2 単位※　（2 回生）

（2010 年度単位修得要領より筆者作成）

諸課程履修科目を支援する役割を教職支援センターが担っている。

食物栄養学科固有の科目の中に、表 4-7 に示す栄養教諭養成の基礎資格に関する専門性の特化として、臨床栄養系列、健康教育系列、研究開発系列の選択コースを設け、各系列に選択必修科目を置いた。京都女子大学では、平成 16 年度から学科の入学定員を 120 名に増員したことにより、専門的なコース分けによる養成が可能となり、出口を見据えた教育に発展したと同時に専門性の幅も広がったことになる。そして、基本的に学生ボランティア活動を通じて実践力向上に向けた養成を行っている。栄養教諭を履修する学生は、健康教育系列に属し、3 年次の段階から京都女子大学附属小学校で食育活動の実践体験や地域の小学校で栄養教諭と共に食に関する指導のボランティア活動を展開している。体験学習を通じて実践力の向上を目指した栄養教諭養成がコース選択制の下に行われている点が大きな特徴である。

専門コース別での栄養教諭養成では、まず、栄養教諭を目指す者だけでクラス編成され、その中で教材研究、栄養指導の方法などに力をいれた指導を実施している。第二に、3 年次から 1 年間かけて、栄養教育実習の事前指導が行われているが、「家庭科」や「保健」の免許状取得のための教育実習・

【表 4-7】栄養教諭養成の基礎資格に関する専門性の特化—専門コース別での栄養教諭養成—

3 年次から系列に属するクラスで受講		
①	臨床栄養系列	病院における臨床栄養学を中心に学ぶ管理栄養士 病院、疾病予防センター、老人福祉施設等、臨床栄養を中心とした大学院進学想定コース ※実践教育に「栄養クリニック」を開設
②	健康栄養系列	栄養教諭、スポーツ栄養士、学校、保健所、幼稚園、産業給食や事業所の管理栄養士 栄養教育やスポーツ栄養分野の大学院進学想定コース ※附属小学校、地域の小学校との食育指導の連携
③	研究開発系列	食に関する専門知識、安全性、保健機能食品等の分野の管理栄養士 食品・医薬会社の品質管理、研究補助員、事業所 食品に関する基礎資格分野の大学院進学想定コース

（履修要項、履修の手引きより改変して筆者作成）

事前指導に準じて行われている。そのため一般教諭としての資質を養うこともできる。第三に、ボランティア活動を通じて実践力を養っているが、附属小学校、地域の連携小学校で食に関する指導を教員の指導の下、栄養教諭と一緒に食に関する指導に携わることで教員の資質向上に繋げている。また、教職に関する支援体制は、教職支援センターがその役割を担っているが、各学部学科に教員養成課程を設けており、教職支援センターの功績は大きい。栄養教諭養成に関しても、教育カウンセラーによる個別アドバイス、教員採用試験の筆記、面接対策講座の開設、教員採用試験模擬試験の実施、教師塾、学生ボランティアの紹介などが行われており、教育経験のあるカウンセラーが常駐し、相談や面接指導を行い、教員としての資質を高めるための支援体制が整備されている。さらに、栄養教諭の基礎資格である管理栄養士養成の実践力向上には、附属研究施設として京都女子大学栄養クリニックを平成20年7月に開設し、ここでは3年次以上の学生が学生ボランティアに登録をして管理栄養士として実践力向上を目指した教育が行われている。栄養クリニックは、健康・栄養に関わる学術研究を深め、その成果を学部大学院の教育、社会一般に還元することが目的である。ここでの活動は、生活習慣病の予防や健康増進のための栄養相談を必要としている市民を対象に、栄養相談実践講座、個別栄養相談、子育て支援教室、高齢者の食事教室、料理講習、テーブルコーディネート講習の7つのプログラムを用意し、食と健康に関する情報発信と実践教育を展開している。専門の管理栄養士が指導員として担当するが、指導員はすべて学科の管理栄養士である教員が行っている。学生が栄養相談などのボランティア活動を通じて教員の指導の下に栄養相談に関する体験学習をすることにより、より実践的な管理栄養士の養成を目指したものといえる。

これまで見てきたカリキュラム構成から、学科の特色に応じた実践的な諸資格課程や進路支援サポート体制により、実社会で活躍する高度な専門性を身に付けた実践家を養成するカリキュラム構成と捉えることができる。特に栄養教諭養成の開始前から何をどう指導していくかという事柄を教育委員会と練り上げて検討してきた中から栄養教諭養成が行われていた経緯があった。しかし、インタビュー調査の結果から、ボランティア活動等を通じて学生の実践力や調理系の技術の養成に力を入れている反面、京都市内には栄養教諭の実習施設である小学校の受け入れがないということが判明した。養成の形態は整っていても、実習先での実践は京都女子大が栄養教諭養成で積み上げた集大成を発揮させる場である。その施設がないことは、実践的資質が養われても教育現場でどのようにその力を生かし、伸ばしていくかが見えない養成となっている。栄養教諭は給食を「生きた教材」として活用することがその基本である。教育現場の実習が出来ない環境では、学校給食の管理能力に欠けること、栄養士として力量が伴わないことになる。実践力の場がボランティア活動だけにとどまっていることに懸念が残る。ボランティア活動を生かして身に付けることで、教育現場でその力を発揮し、児童とのかかわりが実習の効果に結び付く。その意味では、ボランティア活動自体の役割も生きてくるが、教育現場の経験がないままでは、栄養士としての資質も教諭としての資質も中途半端なものになりかねない。

栄養教諭養成担当教授中山玲子先生のインタビュー調査から

中山玲子教授の発言：栄養教育実習の問題点

給食指導を京都市に申し入れしたのですが、一週間の教育実習では短すぎる。四週間の実習に比べ、五日間という実習では慣れたころで終わってしまう。できたら一週間は給食の実習で二週目を教育実習にしてもらえないか、二週間続けて実習をしてもらえないかとお願いしたが、その協議会に集まった学校で、本学だけがその提案をした。他は「そこまでしなくてもいいです」ということだったので、特別京都女子大学だけには・・・ということにはならないということになった。栄養教諭の職務から考えたら給食の献立がキチンとできること、教材として使える献立が立てられるとか、それをいろんな教科でも活用できる力をつけることで学校へ実習に生かせてもらう。本来は健康教育系列 40 名を学校にと考えていたが、受け皿が無くなって。必ずしも栄養教諭は履修するが採用試験は受けない学生もいる。事業所とか介護福祉施設の給食実習に行く学生もいるのが実情です[9]。

中山玲子教授の発言：栄養教諭設置時からのカリキュラム構想

栄養教諭の教職課程では、教職論、教育課程概論、教育方法概論は栄養教諭に関連深い科目を教育委員会から指導してもらうことで取り組んでいる。栄養教諭設置の時に私の方で教育委員会の教員と特別につくったものです。家庭科の教諭を目指す学生も、一緒に履修をしていくことになっている。教育課程概論は新学習指導要領のねらいや学級活動の時間について学ぶため栄養教諭として特に関連の深い教科である。京都市の教育委員会の指導主事を経験された方が指導教諭になっていただいた。この先生は、教育課体育健康教育室の栄養職員、栄養教諭の研修等を担当されており、実際の指導にあたってこられた方なので、講義に来ていただいている。

こちらは方法なので、どういう授業をするか、京都市で梅小路小学校など先駆的な小学校の内容を示して、指導案とか授業の組み立て方、媒体等について1単位7時間のため、本来文部科学省が最低限1単位ということで他の教科の教育方法概論は2単位であるが、栄養教諭養成では1単位としている。二人の教員は、特別に17年の認可申請の時から、このような内容でいこうかということでシラバスを検討し、テキストも特にないが方法概論は食に関する指導の手引等を使い、毎年新しいものを先生方がプリントとして作ってくださり、授業方法が形として定着している。他学部他教科等、本学の場合は家庭科の中高の免許状「保健」も取得できるため、全部取っている学生もいる。栄養教諭が3クラスで120人定員、一時60名取っていた。現在は40名。指導教諭は元々が家庭科の免許状を履修していて教育機関で栄養職員等をやってきた経歴がある。現在、学科の特徴として三系列でやっている。平成16年にこのカリキュラムにして80人定員を短大からクロースして120も40人クラスで授業をはじめようという時に、出口がいろいろあるが、二回生までは3組で授業系列の希望をとってイーブンになるようにして、基本は厚労省の管理栄養士のカリキュラムを98%履修するが、系列必修のところに栄養教諭の科目を入れている。ほとんど健康栄養系列は40名の栄養教諭を取っている。他の系列を取っていても負担を軽くすることが一年間で取れる単位を制限する動きがあるので、本学での健康栄養系列はそれを踏まえて行っている。臨床栄養系列などを取る学生もいるが、系列必修を履修し興味があれば他に履修する。食行動論なども系列を広げて取っている学生もいる。基本が管理栄養士なので。出口を見据えて、臨地実習とリンクさせている。

教職課程を含むカリキュラム構成からみる京都女子大学の栄養教諭養成の類型

京都女子大学のカリキュラム構成は、類型１のお茶の水女子大学、奈良女子大学と類似している特徴を持つ。図 4-4 のカリキュラム構成は、類型１と同様に家政学が母体である点が一致している。食物学科固有科目は、バイオテクノロジーや食空間プロデュース論、フードコーディネート論など、食と生活を基本とする科目が配置されている。管理栄養士養成では出口を見据えた教育がその特徴として示されているが、注目できるのは、コース別の栄養教諭養成となる三系列選択コースである。時代を意識した確かな専門性の養成と技術が求められるカリキュラム構成であり､食と生活の視点だけでなく、食物を健康と栄養の面から総合的に理解することを目的に養成される点が類型１とは異なる。また、専門性にプラス実践を加えた形で、栄養教諭にはボランティア活動で児童とのかかわりを持たせている。管理栄養士養成の点からは、栄養クリニックの実体験が栄養指導の技能と技術を養うことに繋がることで実践力の向上を目指している。

家政学が母体であるが、三系列選択コースを用意したことで、家政学に傾斜した管理栄養士、栄養教諭の養成から脱却して、学生の卒後の進路を臨床、健康教育、研究の三つに設定し、専門性に特化した養成で、「心豊かな生活を創造する」従来の家政学の視点から、食と健康を総合的にとらえる家政学へと変貌を遂げたカリキュラム構成である。栄養教諭として健康の維持増進、疾病の予防と治療の立場、つまり、「知識、技術、医療、保健」の幅広い資質を兼ね備えた栄養教諭養成を目指しているといえる。これを類型2として、複数免許状取得型でありながらも『調理健康系知識・技能重視型』の養成と位置づけることができる。

一方、栄養に係わる教育に関する科目と教職に関する科目ではどのように教員を養成しているかを検討した。学校栄養実践論は、学校における食に関する指導の実際を理解し実践力を身に付けることを目標にしており、食教育のコーディネーターとしての役割、児童の保健の実態や教科との連携、食のカウンセラーとしての個別相談指導、食物アレルギー等も含めた個別相談の取り組みを中心に学んでいる。特別活動概論は、担任と連携した栄養教諭の役割を中心に、栄養教諭の実践的な指導力をつけて行くことがねらいである。教育方法概論は、食に関する指導の学習の評価、学校栄養職員から栄養教諭までの経緯、学校給食の指導方法と給食教材の活動等を学ぶ。教育相談ではカウンセリング理論とその方法の解説、生徒の実際的対応を考えるなど実践力が身に付くように配慮し、指導する内容であることが興味深い。

(四)　女子栄養大学

栄養教諭養成の特色

平成17年に栄養教諭養成課程が新設され、栄養に係る教育に関する科目4単位および教職に関する専門科目として女子栄養大学規定科目の20単位を履修する。女子栄養大学は、現職の学校栄養職員に対して栄養教諭免許状授与のための講習会をはじめて実施した大学である。

インタビュー調査から、現在行われている栄養教諭養成の状況として、栄養教諭を目指す学生が年々減少傾向にあることが明らかになった。栄養教諭養成は、女子栄養大学教職課程栄養教諭委員会が担当する。教員養成の特色として栄養教諭の他に、家庭科教諭、養護教諭の養成が行われている。これらの教諭を養成するに当たり、各教諭別に委員会を組織し、委員長を置き、委員長同士の連携をとることが行われている。教諭養成の枠組みについては各委員会で検討し、それを学科会議にかけ最終的に教授会で決定する方式を取っている。関連科目の授業は2年次より開講されることになる。

女子栄養大学は、管理栄養士を目指すことが教育の根幹であることから、管理栄養士養成課程は200名の学生を有しており、全てのことは学生の責任で判断し行動することが基本となっている。学生数が多いことから、自己責任の体制に成らざるを得ないと学科長はいう。

女子栄養大学の顕著な特徴は、食によって健康を維持改善する方法や食文化を研究し、かつそれを実生活で実践できる人々を育てることである。そして、正しい食生活によって人々の健康を守ることを目的とし、必要な研究教育を行い、この目的を達成するために、この分野で有能かつ円満な人材を育成することで食、健康、食文化に焦点をあてている。

平成23年には、新カリキュラムが編成され、福祉の分野が教育の視点に組み込まれた。教育の理念として、健康、福祉のために貢献できるエリートの養成を掲げており、建学の精神である実践栄養学は、21世紀の国民の健康づくりを支える社会教育の場で高い能力と技量を持ち、リーダーシップを発揮する管理栄養士を育てることにある。この中で栄養教諭養成の教育目標は､栄養学という専門的な基盤に立った特色ある栄養教諭養成を目指すこと、そして専門的な立場からその知識を活用し実践できる能力を養うことが女子栄養大の栄養教諭養成と捉えることができる。学校教育の目標を具現化するためには、児童生徒の教育に携わる教員の資質能力に負うところが極めて大きい点からも、教員としての責任感や使命感がその前提として指導の基本にあると窺える。教員になるためには学問としての豊かさと教養、専門的知識と実践力を養うとともに、優れた人間性や指導力を身に付けることが女子栄養大学の目指す養成であった。

女子栄養大学実践栄養学科石田裕美学科長の発言

栄養教諭に関しては、選択制、資格取得は学生の自由選択です。現在、減ってきている。開講当時から新設された時は、かなりの学生200名定員に対して100名は栄養教諭を取っていたが、現在は40人程度、昨年から減っている。免許更新制度になって、栄養教諭の免許状を取得してそれを生かせる就職先がない。その割には大変。4年間の学業が大変。管理栄養士のハードルが高いがゆえに両立できない。非常に難しい。ガイダンスをしているが、そこに更新制度が入ってきたことで、取れるものは取っておくの感覚にはなっていない[10]。

栄養教諭養成は学科で担当せず、専門教職課程委員会に任せている。専門の教員は家庭科等の免許状を持つ教員と文部科学省で栄養教諭制度を担当した金田雅代氏が非常勤講師である。

石田裕美学科長の発言

栄養教諭養成は、学科というより、栄養教諭委員会の組織がある。独立して教職委員会がある。家庭科、栄養教諭、養護教諭の並びの組織、そこが主導して行われるので学科としてはお任せしている。栄養教諭としての自覚をものすごく促した養成をしている。栄養士・管理栄養士部分よりも教諭の資格がのしかかる責任感などを教諭として打ち出した養成をしている。専門教科を教えている金田先生は非常勤の形になり、組織の中には入っていない。そこが担当者全員が共有できているかどうかであるが、うまく機能していない。教育実習の検討はしているが、教科一つひとつの検討はしていない。委員会の委員長は栄養教育の専門なので家庭科の免許状をもっているので。

＜養成の方向性をどのように捉えているか＞

基本、管理栄養士としてのスキルがあった上で、教職、教師の自覚、子ども向けの授業展開の両方を併せ持つ。栄養教育論で学ぶ教育技法とは違う。子どもの学校教育として教育技法が加わる。栄養教育実習へ行くために学校の先生がサポートしてくれるその先生が２名いる。実習指導、実習に行くための実習指導準備で２名が担当している。教員としてのマナーが必要だという仙波先生は家庭科教育の中心で、その他非常勤、小学校の校長をされていた。実習に行くまでの準備をする間に細かなことをする。きちんとした指導になる。教育実習が終わった後の報告会、こんなことを学んできましたの報告をする。

＜実習後はどのように学生の意識が変わるのか＞

栄養教諭の教育実習を終えた時点では、管理栄養士としての視点が強いというイメージがある。資格としての視点が強いと感じた。授業でとりあげ、児童の実態、見たこと、特に栄養教諭だけでなく意識して感じた。１週間しか実習がない中で他の教員にない武器はなにか、ということか。そういうことをコメントした。栄養学を学んできたことの強みは何か、教師として並ぶと栄養・食から他にない立場から指導できなければ意味がない。専門職として、健康教育、食が軸にできる教師になってほしいと思う。学校の中で、学生のうちに、家庭科教諭と養護教諭の教育をしているのだから、この学生たちと一緒にできる取り組み演習のプログラムができるといいと思う。

＜管理栄養士の養成の目指すところは何か＞

資格に耐えうる人材に育成する。管理栄養士像が多岐にわっている。この中である程度自分で見極められる人になる力、自分で考えていく力を育てる。病院の栄養士はこうでこうだからではなく、倫理的使命感をしっかり持つことが必要である。200名の大規模な中で栄養士を養成しなくてはならない。資格があるから取るが免許状として生かすか、プロ意識を持つ資格を人として雇用されているが、本人は免許状の意識をもっているか確認しているとは限らない。免許状の取得の意味、管理栄養士でない場合の学生はどう意識をもって、自分を生かして社会に貢献して行くか、管理栄養士を意識していないか等。どうするかの課題も多い。

1学年200名の学生に対して、資格をもつことの意識をいかに徹底していけるかが、今後の課題とみた。

カリキュラムの構成

実態調査から、栄養学部の研究の対象は、食で人々を健康にすることを目指して、「生活への対応」そのものを対象とし、食、栄養、健康の視点で高度な専門的人材の育成を目指すことが教育目標であった。管理栄養士、栄養教諭を養成している実践栄養学科の教育目標は、「傷病者への疾病改善、人々の健康の維持増進を通じて、社会に貢献する指導的人材の養成」を目的として、栄養学の専門知識を基盤に、臨床医学、公衆栄養、給食管理の場を通して栄養・食事指導を実践できる能力を備えた専門性の高い管理栄養士の養成を目指している。つまり、女子栄養大学の栄養教諭養成カリキュラムは、人の健康の保持増進を研究し、それを食生活の視点から、さらに管理栄養士の役割の多様化・高度化に対応できる実践栄養学を担うためのカリキュラム構成がなされていると見ることができる。

特に、栄養学の知識を基盤に、病院、学校、福祉施設、事業所、保健所・

保健センター、食産業全般でその知識能力を発揮することを意識したものである。図4-5は、栄養学部実践栄養学科のカリキュラム構成をまとめたものである。基礎・教養教育科目群（学科共通）と総合科目群の2つの柱から構成されており、総合科目群が基礎専門科目群と専門科目群に分かれている。カリキュラム構成としては、これまで見てきた家政系を中心としたカリキュラム構成に比べ、スリム化されていることが特徴である。その理由は、平成4年9月、栄養士法施行規則（厚生令第51号）の改正に伴って、カリキュラム編成について、基礎教育科目の設定または専門教育科目の充実を図るため、管理栄養士養成施設の学校指定規則において、大綱化の方針を示したことを契機に専門科目が過度に重視され、学生の視野の狭隘が指摘されたことから、カリキュラムの全面改定を行い、栄養学部に共通の基礎・教養科目を設けた経緯があった。そのため、学科の基礎教育科目群は学科共通となり、人文科学分野、社会科学分野、自然科学分野、外国語分野の四構成とし、総合科目群を二大別に体系化した構成をとり、カリキュラム全体をスリム化したものである。そして厚生労働省管理栄養士養成施設の指定基準に基づいたカリキュラム構成を目指したことがその特徴と見ることができる。次にカリキュラム構成について検討する。

基礎・教養科目群の特徴

人文科学分野10科目20単位、社会科学分野7科目14単位、自然科学分野8科目16単位、外国語分野6単位を選択、計24単位を卒業要件としている。この分野には、保健体育および情報処理に関する科目の配置がないことに注目できる。いわゆる、専門基礎科目群の中に含めた対応で科目の読み替えをしているものであるが、科目名からも情報科学基礎や健康づくり運動処方演習と、専門基礎科目らしい名称である。この読み替えは、栄養学部だけの特色であり、管理栄養士の社会的な役割を実際の場を踏まえて基礎教養科目は必要最低限に留め、専門基礎科目や専門科目の充実や総合分野に国家試

専門科目群

総合分野
(国試対策、研修・体験等)

総合講座
実践栄養学特論Ⅰ Ⅱ Ⅲ(管理栄養士国家試験対策)
実践栄養学特論Ⅳ
実践栄養学特論Ⅸ(解剖生理学各論)
実践栄養学特論Ⅹ(生化学)
実践栄養学特論Ⅴ(家庭料理技能検定)(海外語学研修)
実践栄養学演習Ⅵ(農園体験)
実践栄養学特論Ⅶ(読書)
実践栄養学特論Ⅷ(アウト・ドア)
実践栄養学持論Ⅸ(外国語アドバンスクラス)
実践栄養学持論Ⅹ(生化学)

演習
卒業研究

栄養教諭分野

栄養教諭必修科目

栄養教諭論
栄養教諭論実践研究

教職専門分野
教諭論、教育原理(教に関する社会的、制度的又は経営的事項含)
発達と学習の心理学
教育課程論
道徳教育研究
特別活動研究
教育方法論及び技術
生徒指導、教育相談
栄養教諭教育実習指導
栄養教諭教育実習
教職実践演習(栄養教諭)

五系科目群
選択コース

・臨床栄養系
看護・介護論
臨床栄養活動論
臨床栄養実習
・地域保健・福祉栄養系
地域栄養活動論
地域保健・福祉栄養学
地域栄養調査実習
・スポーツ栄養系
スポーツ概論、運動栄養学、スポーツ栄養実習
・フードマネジメント系
給食システム論
フードマネジメント論(マーケティング論含)
フードマネジメント実習
・食品開発系
情報提供論
食品開発・品質管理論
食品・メニュー開発実習

＊平成24年度入学生からは、五系科目群から六系科目群となる予定。

①臨床栄養系、 ②福祉栄養系
③地域栄養教育系、 ④スポーツ栄養系
⑤給食マネジメント系、⑥食品開発系

公衆栄養分野

公衆栄養学
栄養疫学
地域栄養計画論
地域栄養計画実習

給食経営管理分野

給食管理論
給食管理実習
給食経営管理論
給食経営管理実習

管理栄養士実践演習、管理栄養士総合演習、管理栄養士活動演習

臨地実習
臨地実習Ⅰ(校外実習)臨地実習Ⅱ

栄養系：類型3　栄養士養成の知識・技能・実習重視型

【図4-5】栄養教諭養成

女子栄養大学
栄養学部実践栄養学科のカリキュラム構成

総合科目群 ⇔ 専門基礎科目群 ― 基礎・教養教育科目群 学科共通

基礎栄養分野
基礎栄養学
実践栄養学
実践栄養学基礎演習

応用栄養学分野
栄養管理（アセスメント論含）
食事摂取基準論
ライフステージ栄養学
ライフステージ栄養管理実習

栄養教育論分野
栄養教育学
栄養・健康教育実践論
栄養・食情報システム論
栄養教育実習

臨床栄養分野
臨床栄養学
医療栄養学（栄養薬理学含）
臨床栄養管理
臨床栄養管理実習
臨床栄養教育
臨床栄養教育実習

理化学生物学分野
理学的化学的基礎
理化学基礎実験
生物学的基礎

社会・環境と健康分野
情報科学基礎
健康管理論（情報処理基礎を含）、健康管理情報処理実習Ⅰ Ⅱ、公衆衛生学、環境保健学、
衛生学実習（微生物学実習含）、社会福祉論、健康づくり運動処方演習Ⅰ Ⅱ

人体の構造と機能及び疾病の立ち分野
解剖生理学、解剖生理学各論、解剖学実習
栄養生理学（運動生理学含）
栄養生理学実習
分子栄養学、生化学
栄養学実験、生化学実験
微生物学、病理学、免疫学
臨床医学総論、臨床医学各論

食べ物と健康分野
食品学総論、食品学各論（食品加工学含）、食品化学実験、食品栄養学実験、食品機能学、調理学、
調理・加工実験、基礎調理学実習、応用調理学実習
食品衛生学、食品衛生学実験

人文科学分野
人文科学概論
哲学、美学、文学
文化論、食文化論
文化芸術論、心理学
社会心理学、文化人類学

社会科学分野
社会科学概論、社会学
経済学、歴史学、地理学
教育学、日本国憲法

自然科学分野
自然科学概論、数学
物理学、化学、動物学
植物学、自然人類学
環境生態学

外国語分野
・英語Ⅰ Ⅱ Ⅲ
・ドイツ語Ⅰ Ⅱ Ⅲ
・フランス語Ⅰ Ⅱ Ⅲ
・外国語コミュニケーション

（筆者作成）

タイプの類型

験対策を導入することで専門性の強化と管理栄養士全員合格を目指した専門職養成カリキュラム構成であると捉えることができる。

専門基礎科目群と専門科目群

この科目群は管理栄養士養成施設の指定基準に沿って構成されている。専門基礎科目群には、理化学生物分野を配して栄養学の基礎科目となる有機化学、生化学、生物学などの管理栄養士養成の基礎となる知識を学ぶためのものである。社会環境栄養分野、人体の構造と機能及び疾病の成り立ちでは、管理栄養士、栄養教諭養成の特徴的科目として、免疫学、臨床医学総論、臨床医学各論がある。免疫学では、抗原抗体反応について理解し、アレルギーの仕組み、発症の機序、診断・検査法、アレルギーの予防治療など栄養教諭として個別相談指導に有益で病識を高めることができる科目構成である。臨床医学総論では疾病の原因、病態、症状の診断、臨床検査所見、治療の概要を理解する。臨床医学各論では、総論で学習しなかった諸疾患について、疾病の原因、病態、症状、診断、治療まで理解し、解剖生理学、生化学、病理学と関連づけて授業が行われている。即ち、管理栄養士としてより専門的で高度な知識を充足する科目の設定がされている。カリキュラムで注目したい点は、食べ物と健康分野で平成14年度のカリキュラム改正により、調理系を重視しない、いわゆる単位数が削減になった科目である「調理学」、「基礎調理学実習」、「応用調理学実習」などが開講されている。建学の精神に基づく食で人々を健康にするには、調理学系を重視した教育内容が重要であるという考えに基づいた科目設定がその特色と見ることができる。

専門科目は、管理栄養士養成施設の指定基準をそのまま配置している。女子栄養大学の管理栄養士養成で最も特徴的な教育内容として、表4-8に示す五系科目群がある。この科目は、コース選択制を導入したものであり、社会のニーズを睨んだ科目の設定は、栄養士の社会的活躍の場を想定し、専門科目分野に設けたものである。各系は実践的な立場から専門知識をさらに深く身に付けることを目的とし、五系科目群の講義科目は3年次の前期から開講され、4年次には帰属を決定する。各系の教育効果を上げるために、40～50人を上限として、必要な場合には3年次前期までの成績を考慮して人数を制限した教育が行われている。この五系科目群では、管理栄養士としての専門知識と技能を伸ばすため、専門性の高い科目群を配置している特徴がある。以下がその内容である。

【表4-8】五系科目群：選択コースの内容

3年次前期から五系科目群で系列に則したクラスで受講		
①	臨床栄養系 （看護介護論）	看護の基本概念、成人看護、高齢者看護の目的と方法を理解する。
②	地域保健・福祉栄養系 （地域保健福祉栄養学）	住民主体で生活の質を高める栄養活動を理解し、行政組織の特徴、役割、方策決定や連携の在り方を考える。
③	スポーツ栄養系 （スポーツ概論、運動栄養学）	履修要項には掲載なし
④	フードマネジメント系 （給食システム論）	外食産業に関して業界特性、市場動向、経営環境、マーケティングの基本事例を学ぶ。日本の外食産業企業、レストラン経営の店舗に関する基本知識を学ぶ。
⑤	食品開発系 （食品開発品質管理論）	食品産業と消費者の両方の立場から食品開発に関する知識を深め品質管理の諸問題を学ぶ。

（履修の手引き・インタビュー調査資料より改変して筆者作成）

管理栄養士に求められる社会のニーズに対応した科目、つまり栄養活動をするための職務内容を考慮した五系科目群で構成され、コース選択制を導入することで、より深く栄養士の職種を意識した学びにより、卒業後の就職先を意識したものと推察する。調査結果から、五つの系に属さなくても基本的にはよいことになっているが、そうなると実験・実習が選択できない不利益が発生し、カリキュラム構成上の課題が残る。なお、平成24年度入学生からは、五系科目群から六系科目群となる予定である。

栄養教諭分野の科目群

この科目群は、平成17年に設置したもので、表4-9のように、女子栄養大学の栄養教諭一種免許状取得のための教科専門科目2科目と教職専門科目群の12科目、教職論、教育原理、発達と学習の心理、教職課程論、道徳教育研究、特別活動研究、教育方法および技術、生徒指導論、教育相談、栄養教諭教育実習指導、栄養教育実習（学外実習）、教職実践演習（栄養教諭）を加えて履修することになる。栄養に係わる教育に関する科目の規定科目は、「栄養教諭論」と「栄養教諭論実践研究」の2科目である。教職に関する科目は2年次・3年次で履修単位を全て取り終えることで4年次には栄養教育実習と教職実践演習のみとなる。つまり、栄養教諭一種免許状取得者は、卒業要件に加えて、管理栄養士国家試験受験資格必修36単位の取得と栄養教諭必修科目の取得が必要である。さらに、国家試験受験対策に係る科目である「実践栄養学特論」も単位取得をすることになり、管理栄養士だけを目指す学生よりも単位数が増加傾向となる。女子栄養大学では単位数の上限が設定されておらず、必要に応じて学生の学びが深まる反面、科目数が多いことで総合的な理解に欠ける点もあり、単位数の上限を示すことが今後の課題である。

総合科目群

この科目群は、「実践栄養学特論」として設けられており、管理栄養士国家試験対策および資格（家庭科技能検定）などを目的に履修するものや、食と農の体験学習が混在している。その他、特論科目の特徴として、基礎・教養科目領域と連動した形で読書、アウトドア体験、海外体験、農園体験も含めて正規時間外の体験的教育機会を設けることで学生の視野拡大を目的にした科目が配置されている。しかし、実践栄養学科の基本は、資格科目重視の国家試験対策が中心となる。この中で栄養教諭養成に関係する特徴的な科目に「農園体験」がある。キャンパスから徒歩10分の場所に実習農園があり、敷地 3,026㎡を設置し、食を専門とする大学として、この農園で野菜の栽培体験をする。農園体験は教員としての資質能力の育成に関して野菜づくりを通して有効であることがあげられている。瀬川らは[11]、「教員養成課程の課題として児童が自己実現可能な学びの援助ができる教員の養成」を挙げ、これまで衰弱した人間形成空間で育ってきた学生達が抱える教員養成の課題解決に向け、野菜作りの実践を通して、「自己本位にならないこと」「個性の発見、理解、尊重と個への対応の大切さ」「様々な人との協力の大切さ」を教員の資質能力として重要であり、多くの学生が「気づき」を学んだことの意味は大きい、野菜づくりという形で人間形成空間の場を設けて資質能力の育成をすることは、教育方法として有効であると評価している。また、中央教育審議会答申では、教職課程の質的水準向上の基本的考え方として、学部段階の教職課程が教員として必要な資質能力を確実に身に付けさせるには、大学自身の教職課程の改善・充実に向けた主体的な取り組みが重要であることを挙げた。女子栄養大学が実践している農園体験は、野菜作りを通じて、栄養教諭を目指す学生に求められる資質能力の育成に繋がっている点が興味深く、栄養教諭養成にとって有効な取り組みといえる。この取り組みは、学生に所定面積が与えられ、希望の作物を栽培管理するシステムであるが選択科目として開講している。現在、180 人の履修学生がおり、特色ある教育の一環として位置づけることができる。栄養教諭にとって農園体験は総合的な学習の時間で実施されていることから、学びとして有効な取り組みである。調査の結果から、栄養教諭を履修するかの決定がなされていない段階で体験することになるため、学生に対してガイダンス時に指導の徹底が必要である。表 4-10 に農園体験授業の内容をまとめた。

【表 4-9】女子栄養大学栄養学部実践栄養学科　栄養教諭一種免許状取得のための科目

1. 栄養教諭一種免許状：基礎資格および最低修得単位数（教育職員免許法第 5 条別表第 2 の 2）

教育職員免許状の種類	基礎資格	最低履修単位数	
		栄養に係わる教育に関する科目	教職に関する科目
栄養教諭一種	学士の学位を有すること、かつ管理栄養士の免許を受けていること又は指定された管理栄養士養成施設の課程を修了し、栄養士の免許を受けていること。	4 単位	18 単位

2. 栄養に係わる教育に関する科目（教職員免許法施行規則第 10 条の 3）

法定規定科目（各科目に含める必要事項）	女子栄養大学規定科目		単　位
・栄養教諭の役割及び職務内容に関する事項	4 単位	栄養教諭論	2
・幼児、児童及び生徒の栄養に係る課題に関する事項 ・食生活に関する歴史的及び文化的事項 ・食に関する指導の方法に関する事項		栄養教諭論実践研究	2

3. 教職に関する科目（教職員免許法施行規則第 10 条の 4）

科目	法定規定科目（各教科に含める必要事項）	女子栄養大学規定科目 20 単位		単位	学年
教職の意義等に関する科目	・教職の意義及び教員の役割 ・教員の職務内容（研修、服務及び身分保障等を含） ・進路選択に資する各種機会の提供等	2 単位	教職論	2	2 年前期
教育の基礎理論に関する科目	・教育の理念並びに教育に関する歴史及び思想 ・教育に関する社会的、制度的又は経営的事項	4 単位	教育原理（教育に関する社会的、制度的又は経営的事項を含）	2	2 年後期
	・幼児、児童及び生徒の心身の発達及び学習の過程（障害のある幼児、児童及び生徒の心身の発達及び学習の過程を含）		発達と学習の心理学	2	2 年後期

教育課程に関する科目	・教育課程の意義及び編成の方法	4単位	教育課程論	1	3年前期
	・道徳及び特別活動に関する内容		道徳教育研究 特別活動研究	2 1	3年前期 3年後期
	・教育の方法及び技術（情報機器及び教材の活用を含）		教育方法及び技術	2	2年後期
生徒指導及び教育相談に関する科目	・生徒指導の理論及び方法	4単位	生徒指導論	2	3年後期
	・教育相談（カウンセリングに関する基礎的な知識を含）の理論及び方法		教育相談	2	3年前期
栄養教育実習		2単位	栄養教育実習指導 栄養教育実習（学外）	1 1	4年通年
教職実践演習		2単位	教職実践演習	2	4年後期

4．特に必要なものとして文部科学省令で定める科目（教職、教科以外の科目）
（教育職員免許法別表第1備考第4号、教育職員免許施行規則第66条の6）

法定規定科目	単位数	女子栄養大学規定科目	単　位
日本国憲法	2単位	日本国憲法	2
体育	2単位	健康づくり運動処方演習Ⅰ 健康づくり運動処方演習Ⅱ	1 1
外国語コミュニケーション	2単位	外国語コミュニケーション	2
情報機器の操作	2単位	健康管理情報処理実習Ⅰ 健康管理情報処理演習Ⅱ	1 1

（2011年度履修の修手引、履修要綱より改変して筆者作成）

【表 4-10】農園体験の授業内容

目標：農作物の栽培体験を通じ、食の安全・安心や食と農、加工・利用技術の知識を高める。
概要：各自に体験畑（1m × 2m）が用意され、農業の基本的な性質、栽培管理の技術を理論と実習から理解する。生産した農業の加工や利用技術、農業文化や風土、有機農業について学ぶ。 〈授業内容〉 ①栽培管理の樹立、②栽培ベッド作り、③直まき野菜の栽培、④いも類の植え付け、⑤さし苗による栽培、⑥苗栽培、⑦移植栽培の実施、⑧共通作業、⑨作物に準ずる作業、⑩環境被害対策、⑪防寒対策、⑫堆肥づくり（土壌改良の堆肥づくり）、⑬収穫、調整、保存、⑭加工、調理、利用、⑮農作物栽培のまとめ

（シラバスより改変して筆者作成）

教職課程を含むカリキュラム構成からみる女子栄養大学栄養教諭養成の類型

類型１および類型２は、家政学部が母体である共通点があることから、カリキュラム構成は学部専門教育科目の中に学部共通科目を並列した形で構成されている。この学部共通科目は、栄養教諭免許状取得と家庭科免許状を取得するために必要な科目として位置付けられており、ここに配置されている科目構成によって栄養教諭養成の資質形成を左右する科目が存在する。このようにこれまで見てきた二つの類型とは、明らかに異なるカリキュラム構成が女子栄養大学の特徴といえる。つまり、栄養学部の単科大学であること、カリキュラム構成は厚生労働省が示す管理栄養士養成施設の指定基準に沿った言わば、管理栄養士養成の基本となるカリキュラムである。まさに「厚生労働省系のカリキュラム構成」と見ることができる。そのため、類型１および類型２に比べ、簡素化した科目構成であり、全体に科目配置がスリム化した専門職養成のためのカリキュラム構成といえる。その特色は、資格などのオプションが少ない点である。さらに、選択コース制導入により専門性を深く追究できる養成が特徴である。基礎・教養科目群の科目構成と科目配置が極端に少なく、教養を深くしっかり養うこと以上に専門教育重視を基本として、できるだけ深く広く学ぶという教育がカリキュラムに求められている。

つまり、カリキュラム構成から作られる栄養教諭は、栄養士としての知識・技能・実習を重視した養成であると見ることができる。より高い専門性と技術を身に付けて、それを社会に還元することを目指したカリキュラム構成こそが専門職養成の基本といえるであろう。このカリキュラム構成により、養成される栄養教諭は、栄養教諭でありながらも食と健康教育のための改善方法をしっかり身に付けた健康教育のスペシャリストとして養成されることになる。特に総合科目群のカリキュラム構成からは、食や疾病の治療に係わる専門領域、そして職業を見据えたフードマネジメントの育成、食品開発を目指して専門知識を深く学ぶことで管理栄養士の専門性に力をいれる。その結果、栄養教諭としてもその専門的資質を高めることができ、この特徴から類型３として、『栄養士養成の知識・技能・実習重視型』と位置付けた。ただ、五系科目群では、栄養教諭を希望する学生がフードマネジメント系を希望しても、シラバスでは、給食システム論、フードマネジメント実習の授業内容から、給食システムやオペレーションの現状・展望について学ぶ講義が中心となっている。外食産業を基本とするフードサービス業界において、今求められている管理栄養士像から給食施設の設備設計の要点、業務用厨房機器のプレゼンテーション、国内外のフードサービスの現状と課題、さらに、真空調理システムのメニューマネジメントや食事宅配システムなど企業で求められる管理栄養士を対象として、将来の職種である病院、介護施設、委託会社の栄養士を想定したフードマネジメント教育が主な内容と見ることができる。学校校給食で求められるフードマネジメントとは異なるが、厨房機器に関する最新の情報収集や調理システムの理解は必要であっても、学校給食で生かすことは難しい。しかし、女子栄養大学の栄養士養成にも課題はある。管理栄養士とし専門性の強化はできても、コーディネーターとしての資質形成がなされる場が見当たらなく、ボランティア活動もない。農園体験も現時点では導入されてはいても、栄養教諭になるべきか迷っている段階で、教育に生かすまでの意識の啓発は見られない。さらに200名の学生全員に対して、専門性に特化した管理栄養士として意識を定着させることが果たしてできているかという点である。

一方、栄養に係わる教育に関する科目と教職に関する科目ではどのように教員を養成しているのか検討した。栄養教諭実践研究では、6名の教員で授業を分担しており、シラバスの授業目標は栄養教諭の役割が果たせるよう指導力を養うことが基本となっていた。授業内容は、「生きた教材」として学校給食を多様な面から展開できること、指導案、教材研究の実際を学ぶ、アレルギーの個別指導、地場産物の活用、学校教育活動全体で食に関する指導をどうするか、についての学習が行われている。教育原理では、教材作成について、これまでの授業を踏まえて教材研究の原理を学ぶこと、教育原理の探求方法や、学習指導案の原理を学ぶこと、教育方法論の中では、栄養教諭の年間計画の中で学校給食の構想、献立、試食、改善、学習指導案作成の多様な技術等、栄養教育の教育方法と技術を実践的に学ぶ。さらに、生徒指導論では、ロールプレイングを取り入れ、学校社会のスキルを学んでいる。教育相談では、カウンセリングに関する基礎知識を学ぶことで教育相談指導に生かせる内容である。学校教育と教育相談の意義等カウンセリングマインドについても実施されていた。女子栄養大学の教職科目の授業内容は、小学校教員であった教諭が担当していることで、栄養教諭向けの授業内容も多く導入されており、管理栄養士でありながらも教師としての資質も高めるバランスのとれた養成であると見ることができる。管理栄養士養成に特化した特徴があることで教員養成も疎かにできないという意識の現われであると見た。ただ、学科長の発言から、栄養教諭委員会のトップが家庭科免許状を持っていることもあり、家庭科教育と食育は重なるが、家庭科イコール食育では栄養教諭が創設された価値が半減する。教師主導で知識注入型の家庭科に傾斜することなく、栄養のプロと教職の実力の両方が栄養教諭には必要である。家庭科は勿論だが、国語や体育、社会、理科、道徳などにおいても広くいろいろな教科の中での食育もきちんと捉えることのできる栄養教諭を育てて行くことが望ましいと考えるので懸念が残った。栄養教諭実践研究は、6名の分担指導で効果的な指導にはなるが、シラバスを見る限り、他大学で行われている栄養教諭の規定科目の授業内容と特段の差があるわけではなく、基本的な部分をしっかりおさえるために、6名の専門性を持つ教員が配置されているものと推察した。表4-11に学校栄養職員が栄養教諭免許を取得するための科目単位をまとめて示した。女子栄養大学が初めて栄養教諭養成免許状を学校栄養職員へ与えるための講習会を行った経緯から、当時の内容を示したものである。表4-11は栄養教諭養成が行われた初期の資料として参考程度に扱うこととする。

第三節　栄養教諭養成カリキュラムにおける類型化の特徴

これまで見てきたように、四つの先進的栄養教諭養成大学のカリキュラムについて分析した中から三つの類型が明らかになった。図4-6が類型図である。栄養教諭養成カリキュラムの基本パターンに対して、類型1から類型3の養成形態に分類することができる。さらに、実態調査と厚生労働省の見解を踏まえ、栄養教諭に必要な資質を「教育力」「実践力」「栄養士力」とし、

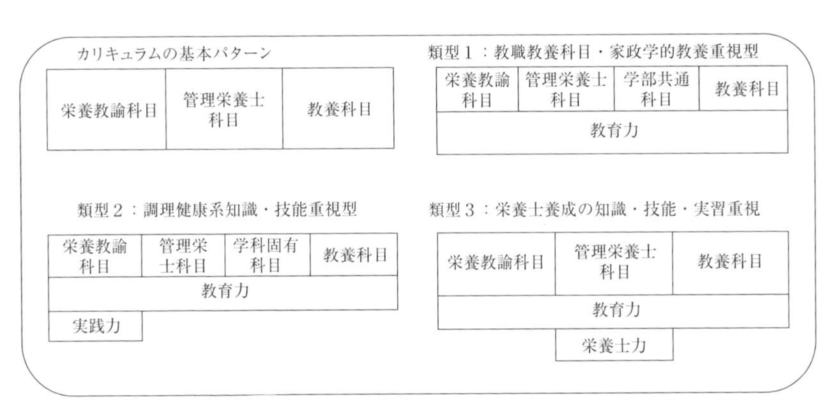

【図4-6】栄養教諭養成タイプの基本形と類型　（筆者作成）

【表 4-11】学校栄養職員による栄養教諭免許状取得のための科目

1. 教職に関する科目（教職員免許法第5条別表第1に定める科目区分）○は必修科目

科目			法定規定科目 （各教科に含める必要事項）	要取得単位数		栄養学部二部開講科目		
				一種免許状	二種免許状	科目名	単位数	※2 使用できる上限単位数
栄養に係る教育に関する科目				2単位	2単位	該当開講科目なし		
教職に関する科目1から5の指定科目分野から選ぶ	1	教職の意義等に関する科目	・教職の意義及び教員の役割 ・教員の職務内容（研修、服務及び身分保障等を含） ・進路選択に資する各種機会の提供等	1単位以上	1単位以上	教師論	2単位	2単位
	2	教育の基礎理論に関する科目	・教育の理念並びに教育に関する歴史及び思想 ・幼児、児童及び生徒の心身の発達及び学習の過程（障害のある幼児、児童及び生徒の心身の発達及び学習の過程を含） ・教育に関する社会的、制度的又は経営的事項	1単位以上	1単位	○教育原理Ⅰ ○教育原理Ⅱ ○発達と学習の心理学	2単位 2単位 2単位	一種 4単位 二種
	3	教育課程に関する科目	・教育課程の意義及び編成の方法 ・道徳及び特別活動に関する内容 ・教育の方法及び技術（情報機器及び教材の活用を含）	1単位以上	1単位以上	該当開講科目なし		
	4	生徒指導及び教育相談に関する科目	・生徒指導の理論及び方法 ・教育相談（カウンセリングに関する基礎的な知識を含）の理論及び方法	1単位以上	1単位以上	○生徒指導論 ○教育相談	2単位 2単位	2単位
	5	栄養教育実習		1単位以上	1単位以上	該当開講科目なし		

小計	8単位	6単位	
計	10単位	8単位	

（注）特別非常勤講師の経験が有り、勤務する学校を所管する市町村教育委員会から、栄養の指導に関し良好な成績で勤務した旨の証明書を有していれば、栄養教育実習1単位は他の教職に関する科目で振り替えることが可能。

女子栄養大学の栄養教諭教育実習指導の内容

授業の目的		栄養教諭として修得することが期待されている個別指導の技術、各教科の学習指導案作成技術とその実施、その他「食に関する指導」の企画並びにその実施を通して、栄養教諭としての能力を養成する。	
授業の評価方法		演習への取り組みの態度、教育実習の受け入れ先からの評価、並びに教育実習記録から考察される実習の成果などにより総合評価する。	
回	月　日	項目	概要
1	7月8日（土）	学習指導案作成について	学習指導案を作成するに当たり、各教科別に教育のねらい、作成のポイント等につき解説する。
2	7月8日（土）	食育基本法について	栄養教諭教育実習内容を食育基本法に関連づけ検討する。
3	7月8日（土）	個別指導について	個別指導の必要性とその技法、並びに個別指導事例を紹介する。
4	7月15日（土）	学習指導案作成演習	各教科別に各人で学習指導案を作成する。
5	7月15日（土）	学習指導案作成演習	各教科別に各人で学習指導案を作成する。
6	7月15日（土）	発表	作成した学習指導案を発表、評価する。
7	9月16日（土）	教育実習オリエンテーション	教育実習を実施するに当たり必要とされる諸注意を行う。
8	1月27日（土）	栄養教諭教育実習報告会	各教科別に実施した内容、反省、残された課題などにつき報告する。
9	1月27日（土）	栄養教諭教育実習報告会	各教科別に実施した内容、反省、残された課題などにつき報告する。
教科書		栄養教諭教育実習記録（光生館）	

（2007年度履修手引、履修要綱より改変して筆者作成）

その定義を以下に示したうえで、職務実態として位置付けたものである。

実態調査で位置づけた栄養教諭の資質項目に関する定義

①「教育力」とは、個別発達や心の健康、人間と社会の関係、生活と文化など多角的な視点からアプローチできる人材、人間と生活を総合的に理解して分析する力を備えた人材。

②「実践力」とは、ボランティア活動を通して実践力を養う教育。

③「栄養士力」※とは、児童生徒が個々に抱える健康や栄養の問題を解決するために、問題点の分析、個々人に適した指導・助言、指導後の評価を行いながら、その児童生徒にとって適切な食生活の形成と改善を進めていく活動ができる力。

※厚生省保健医療局地域保健健康増進栄養課生活習慣病対策室では、管理栄養士を「個人の身体状況や栄養状態、食行動等を総合的・継続的に判断し、指導する栄養評価・判定の手続き等の高度な専門知識や技術を持ち、傷病者に対する療養のため必要な栄養指導などの業務に対応できる人材」として位置づけている。これを管理栄養士養成課程で形成することが目的であることから、「栄養士力」とした。

「授業力」とは、授業づくりを通した指導力（指導案作成、教材、資料作成、連携協調力、企画力、提案力、応用力、課題を発見し解決する能力）、研究分析力、教材研究開発力と位置づける。

平成14年のカリキュラム改正から、栄養士・管理栄養士養成大学が独自性をもってカリキュラム体系を構築できるようになり、養成大学と行政が連携した仕組みづくりを目指した結果が、現状のカリキュラムである。しかし、実態調査の結果から、食育をはじめとして教科の連携、専門性の高度化、社会全体、地域全体の食を通じた総合的マネジメントの実践が求められていることが明らかになった。これに必要な技能をどのように修得していくか、この課題について食の専門家として高度な専門性を養えるカリキュラムであることが求められているのである。各大学では、どのような特色をもった養成を展開しているのかをカリキュラムの構成をみることで、類型化することができた。そして、カリキュラム構成によって栄養教諭の資質の違いを明らかにすることができたので、以下に説明する。

実際にカリキュラムを分析した結果、教育内容は、「専門基礎分野」と「専門分野」に大別し、教育の内容を「教育科目」の規定から「教育内容」による表記となり、「教育目標」が提示されている。「専門基礎分野」は教育内容で示され、「専門分野」は科目名の表記である。養成大学では、「教育内容」に示された領域の中で「教育目標」に向けて独自の教科科目を設定し、それぞれの教科科目の単位数についても独自性を生かした設定がなされている。

養成大学ではカリキュラムを大枠で指定することで、教育内容に濃淡をつけており、基礎科目に重点をおいた教育、栄養学、社会医学などを強化した教育、臨床を中心とする知識の構築を強化した教育、食品・実験を中心に食品の機能性安全性を追究した教育、栄養学の専門知識を基盤に、臨床医学や公衆栄養および給食管理の実践能力を備えた専門性の特化を目指した教育など、時代のニーズにあった教育を行っていた。養成全体の特徴からみたカリキュラムの類型が図 4-7 の構造図である。

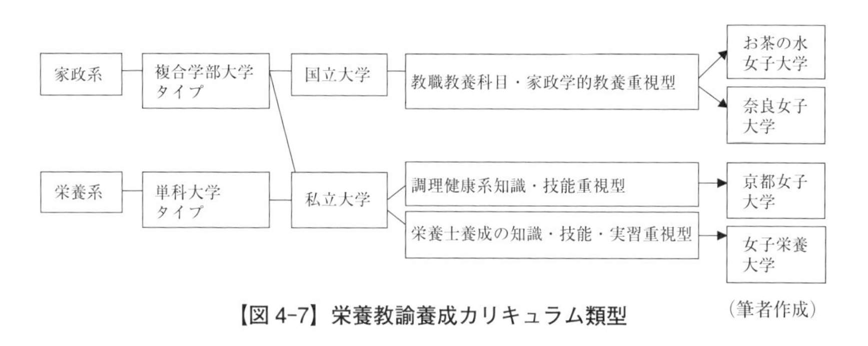

【図 4-7】栄養教諭養成カリキュラム類型　（筆者作成）

カリキュラムは、大学の形態により家政系、栄養系の大学に分類される。

複合学部大学で複数の教員免許状が取得可能となるが、単科大学タイプでは、知識・技能・実習が重視されるようであっても教員免許状複数取得はできない。要するに、家政系の大学では、教職科目の複数免許状を取得することが可能であり、教員養成が中心に行われていることで、タイプ的には「文部科学省系の教員養成」と見ることができる。しかし、栄養系を中心とする大学及び栄養系単科大学においては、食と栄養に関する専門職養成が中心であることから、カリキュラム構成は厚生労働省が示す「管理栄養士養成施設の指定規則」でなされており､管理栄養士の専門性を中心とする構成である。このため、複数免許状取得ができないことが特徴であり、これを「厚生労働省系の教員養成」タイプと見ることができる。どちらも特徴的であるが、文部科学省系の教員養成タイプは、教員としての資質、いわゆる教育力に特化した養成形態が特徴といえる。これに該当するのはお茶の水女子大学、奈良女子大学、京都女子大学であり、複数教員免許状を取得可能とし、教員としての教育力が特化した養成形態である。一方、厚生労働省系は専門職養成を基本とするカリキュラム構成であり、女子栄養大学や保健・医療・福祉・看護・栄養系が中心の学部が該当し、専門職養成を目指したカリキュラムと位置付けることができる。

第四節　栄養教諭養成カリキュラムの類型化と課題

以上のように、お茶の水女子大学、奈良女子大学、京都女子大学、女子栄養大学の四校についてカリキュラム構成から養成の特徴により類型化を行った。

(一)　類型１

――教育力を備えた養成――『教職教養科目・家政学的教養重視型』

カリキュラム構成から見るお茶の水女子大学と奈良女子大学教員養成の類型の特徴は、両校とも栄養教諭養成の基本は複数免許状取得であり、家庭科教諭と栄養教諭免許状を履修することができる。カリキュラム構成もほぼ類似した科目が網羅されており、家政学が母体であることから、学部共通科目においても共通したものが多く開講科目も類似科目がその特徴であった。お茶の水女子大学と奈良女子大の違いは、教員養成を基盤に家政系の食を扱いながらも後者は食品の加工技術、機能性をベースに養成されていること、科学的に捉える視点を身に付けた栄養教諭の養成が行われているのに対し、前者は教師としての資質を最優先に家政学を基盤に栄養教諭と家庭科の両方の免許状を取得することで、「家庭科のできる力量のある栄養教諭を育てる」ことが養成の目的である。広く知識を授け、知的、道徳的かつ応用力を養うこと、個別発達や心の健康、人間と社会の関係、生活と文化、など多角的な視点からアプローチできる人材、人間と生活を総合的に理解して、分析する力を備えた人材を養成することを主眼においたカリキュラムからは、分析力の優れた人材を育成することができる。特に文理融合型の専門領域の壁を超えた教育体制が構築された中での教育は、自然、人文、社会の多面的な角度から、実験実習、演習に至るまで「読み、書き、聞き、語り、作る」の五つの能力を身に付けることを目的に教養教育が行われていることからも、一般教養強化とスキル育成の学習が提供されていることになる。

奈良女子大学もお茶の水女子大学と同様の特徴をもつことから、カリキュラム構成の類型から、家政学に視点をあてた教員養成を中心とした教養重視と位置付け、お茶の水女子大学、奈良女子大学を類型 1 として、『教職教養科目・家政学的教養重視型』の栄養教諭養成タイプとした。両大学では、実践的な教育科目が設定されており、教育力を加えた類型 1 として分類した。その特徴は、家政系を基本にして生活科学を視点に複数の教員免許状取得をめざす教職重視である。しかし、単位数が増加傾向にあり、食物栄養学科の卒業要件には 132 単位、卒業と同時に管理栄養士国家試験受験資格を得るために取得すべき単位数 82 単位で合せて 148 単位となり、更に教職科目が加わると単位数が過剰気味になる。学生にとって非常に負担となる教員養成形態である。

一方、教員養成の伝統から、管理栄養士養成の中で栄養教諭養成を中心に食育指導の専門家の養成と食育の高度専門家の養成を目指していることがインタビュー調査から明らかになった。このことは、お茶の水女子大学が持つ使命としての課題と言える。

基本的に、研究を中心に日本のリーダーとなる栄養教諭、管理栄養士の養成が目的であり、厚生労働省が目指す生活習慣病の予防、食生活改善の指導方法や技術の実践、チーム医療、福祉、介護の分野で、臨床を中心に活動する管理栄養士養成に主眼を置いたカリキュラム形態ではない。つまり、傷病者の治療や健康教育の視点から求められる管理栄養士としての実践的資質を目指す養成ではない。お茶の水女子大学の方向性は、臨床的知識を教育の全面に出すことは、国立大学で管理栄養士養成を担当する教員が少ない中、非常に困難である。高等師範の伝統からこれまでの教育的環境を生かし、栄養教育のスペシャリストを養成することがこれからの課題であり、専門職のどの部分に養成の視点を当てるか、さらなる大学の方向性を示せるかどうかが、問われている。

(二)　類型2
――実践力を備えた養成――『調理健康系知識・技能重視型』

京都女子大学のカリキュラム構成は、類型1とカリキュラム構成が類似しおり、家政学が母体である点で一致する。注目されるのは、コース別の栄養教諭養成の展開を行っており、確かな専門性と技術力が求められるカリキュラム構成であった。類型1と異なる点は、食と生活の視点だけでなく、食物を健康と栄養の面から総合的に学ぶことを目的に養成される点であり、専門性の他にボランティア活動を通して実践力を育成する教育が特徴であった。本来、家政学重視の教育が行われていたことを払拭するかのごとく卒業後の進路を臨床、健康教育、研究を中心に専門性の特化を目指した養成をつくりあげており、カリキュラム構成からは、食と健康を総合的に捉えるカリキュラムであるといえる。栄養教諭として健康の保持増進、疾病の予防･治療等、知識、技術を兼ね備えた栄養教諭養成を展開していることから、これを類型2として、『調理健康系知識・技能重視型（複数免許状取得型）』の養成と位置付けた。京都女子大学では、教育に関すること以外にも調理や人間関係を高める科目が設定されており、3年次からコース選択制で栄養教育の方法や教材研究を中心に学び、ボランティア活動を通して実践力を養い、栄養教諭としての「専門化」を図った興味深い養成を展開している。

養成の基本が、ボランティア活動により実践力向上を目指している中で、自分の適性を見極めること、この実践活動を通して、「生きた教材」である給食を使った食に関する指導や教科との連携に、どれだけ活用できる力を育成できるかがこれからの課題である。

また、栄養教育実習を受け入れる実習先の確保が非常に難しい状況であることから、継続的な実習先確保が急務であり、ボランティアで培った実践力の発展と栄養教諭養成の維持が大きな課題であると窺えた。

（三） 類型3

——栄養士力を備えた養成——『栄養士養成の知識・技能・実習重視型』

類型1および類型2は、家政学が母体であることから、カリキュラム構成上、専門教育科目の中に学部共通科目を並列した特徴があった。そして、教員免許状複数取得型であることから、栄養教諭免許状取得と家庭科免許状の取得に必要な科目が位置付けられおり、そこに栄養教諭養成の資質形成を左右する科目が存在している。これらの類型と異なるのが女子栄養大学である。栄養学部の単科大学で、厚生労働省の管理栄養士養成施設の指定基準に基づいた厚生労働省系のカリキュラム構成である。故に、類型1、類型2と比較して、全体に科目配置がスリム化している特色を持っている。専門職養成カリキュラムの基本型といえるものであり、全学生の管理栄養士国家試験合格が大きな目標である。選択コース制導入により専門性を深く広く追究できることもその特徴であった。教養科目群の科目配置が極端に少なく、専門教育重視を基本としていることが理解できる。その結果、カリキュラム構成から作られる栄養教論像は、栄養士としての知識・技能・実習を重視した養成であり、より高い専門性と技術を身に付けることが目的である。食と健康教育のスペシャリストである栄養教諭が養成されることになる。食や疾病の治療に係わる専門領域、食品開発を目指した専門領域、病院や外食産業栄養士など専門性を目指した領域に力を入れていることから、栄養教諭としての専門的資質を高めた養成が期待できる。この特徴から類型３として、『栄養士養成の知識・技能・実習重視型』と位置付けた。ここでの養成は、栄養士としての実践的な力を高める科目が設定されており、カリキュラムの特徴として、管理栄養士に求められる社会のニーズに対応した科目、すなわち栄養活動をするための職務内容を考慮した五系科目群が構成され、コース選択でより深く学ぶことができる。卒業後の出口を意識したカリキュラム構成であることが窺える。女子栄養大学では、単位数の上限が設定されていないため、必要に応じて学生は学びを深めることができるが、科目数が多いことは、総合的な理解に欠ける点もある。実践栄養学を標榜する大学として、食を通じた健康教育をどのように展開していくかが大学の使命であり課題である。しかし、その中でも栄養教諭養成は、コミュニケーション能力、企画力を身に付けていくことも重要であることから、女子栄養大学では、他学科で養護教諭や家庭科教諭を履修している学生がいることを活用し、連携プログラムを構築するなど養成の環境を生かし、他職種とのコミュニケーション能力を学生時代から養うことのできるシステムづくりがこれからの教員養成における課題と窺えた。

これまでカリキュラムを分析し、検討してきたか、これら三つの大学のカリキュラム類型からいえることは、大学にはそれぞれの使命と役割があった。類型１は教員としての『教育力』を高める資質を兼ね備え教育に力を入れた養成であり、類型２は、知識技能を中心として『実践力』を身に付けることを目的とした養成、そして類型３として、管理栄養士としての保健・医療・福祉の分野で栄養指導の高度な技術を身に付けた『栄養士力』を高めることを目的とした養成の三つに類型できた。

しかし、この三つの資質をすべて身に付けることが栄養教諭としての資質を高めることにはなるが、大学のカリキュラム構成を見る限りは、基礎的資質を作ることが基本である。現状、「教育力」、「実践力」、「栄養士力」の全てを兼ね備えた「総合的な能力」の育成を目指す養成を展開することは難しい。

実態調査を通して分かったことは、教育現場の栄養教諭はマネジメント能力が求められているという事実である。しかし、現状のカリキュラムから教育現場が求める「マネジメント能力」を養成することは行われておらず、それぞれの大学の理念や使命によって、カリキュラム構成が異なる特徴を示している。大学毎の位置付け、県や地域に応じた役割によっても異なるが、大学で栄養教諭は教師として栄養の専門家として基礎的資質を身に付け、さらに教育現場で配置された県の状況、赴任した学校の状況によって、求められる資質もまた違ってくると考える。

今回の調査で、先進的な特徴のある栄養教諭養成カリキュラムを設定している大学を三つの類型で報告したが、この他の大学でも共通の課題が生じている。つまり、大学の独自性をカリキュラムの中で示すことにより、科目設定が多くなってしまい、その結果、卒業要件の単位が基準より多くなることで修得する総単位数が増加し、負担が重くなっている現状がある。選択性を取り入れるなど、現時点でカリキュラムの見直しをしている大学も多い。今後、学生の負担を軽減する設定を目指しながらも、栄養教諭に求められている資質向上にふさわしいカリキュラムの検討を組み入れていく必要がある。

以上の意義あるカリキュラム構成を基に類型化を示したことで、栄養教諭養成において、「教育力」、「実践力」、「栄養士力」を備えたカリキュラムが開発されることによって、栄養教諭養成の基礎的資質も確立される。さらに、養成の教育体制も整えられ、栄養教諭は教諭としての地位が確立されることになる。こうしてはじめて学校における健康教育をつかさどる教諭、ひいては国民の健康教育に貢献できる栄養教諭の養成を実現できるのではないだろうか。

注及び引用文献

1) 平成12年3月に栄養士法一部改正、同年4月7日に公布。平成12年3月法律第38号の栄養士法一部改正に伴い、管理栄養士の業務内容が明確化され、管理栄養士の資格が登録制から免許制になった。管理栄養士、栄養士の免許証のそれぞれについて、免許申請等にかかわる手続きの規定整備を行なうことについて養成施設の基準を改めるほか所要の規定整備を行ったものであるとして、厚生労働省健康局長より各都道府県知事に対して健発第935号平成13年9月21日付けで「栄養士法施行令の一部を改正する政令等の施行について」が出されている。厚生労働省令第186号は、平成13年9月5日に公布され、平成14年4月1日より施行。

2) 厚生省保健医療局健康増進栄養課監修『栄養調理六法第1編栄養士第1章通則栄養士法その他』(平成7年版) 日本法規、6-85頁。管理栄養士が登録制であった時代の栄養士法は、「栄養士法 (抄) (昭和22年12月29日) 法律245号」昭和37年9月13日栄養士法の一部を改正する法律 (法律第158号) [栄養士定義] 第1条この法律で栄養士とは、栄養士の名称を用いて栄養指導に従事することを業とする者をいう。第1条2　この法律で管理栄養士とは、前項に規定する業務であって複雑又は困難なものを行う適格性を有する者として登録された栄養士をいう。「管理栄養士の登録」第5条2　栄養士であって管理栄養士国家試験に合格した者は、厚生省に備える管理栄養士名簿に登録を受けて、管理栄養士になることができると規定されている。

3) 荒井雄介、河野美穂、古畑公、厚生省健康医療局総務課生活習慣病対策室『管理栄養士養成施設カリキュラム改正の経緯とそのねらい』臨床栄養 Vol 98、No.6、2001年6月号、647頁。当時、厚生省では、平成12年10月より検討会が開催され、管理栄養士・栄養士養成のカリキュラム、教員の数及び資格要件、施設・設備等の見直しについて検討が進められたものである。検討の背景は、生活習慣病の増加に伴い、国民の健康課題に対応できる管理栄養士を養成することであった。平成12年3月に栄養士法の改正が行われたことにより、この検討会が行われたものである。平成12年10月25日、11月16日、12月1日、平成13年1月29日の4回検討会が行われ、パブリックコメント等が取られている。平成13年2月5日、13名の委員で構成され、検討された「管理栄養士・栄養士養成施設カリキュラム等に関する検討会報告書について」が厚生労働省へ提出された。これに基づき厚生労働省では省令の改正作業が進められたものである。

4) 栄養士法が改正されたことにより、厚生労働省健康局総務課生活習慣病対策室栄養指導官古畑公、栄養指導係長河野美穂が説明会を実施。テキストは、社団法人全国栄養士養成施設協議会編『栄養士法施行令の一部を改正する政令、栄養士法の規則の一部を改正する省令、管理栄養士学校指定規則の一部を改正する省令説明会テキスト（厚生労働省配布）』、2001 年 10 月、1～56 頁。

5）中央教育審議会初等中等教育分科会教員養成部会「栄養教諭の養成・免許制度の在り方について」（報告）（2004 年 1 月 19 日）133 頁。栄養教諭の専門性について、免許状の種類にかかわらず、食に関する指導を行うにあたり資質能力を身につけるための基礎資格は栄養士免許取得が必要とされた。中央教育審議会「今後の教員養成・免許制度の在り方について」（答申）2006 年。
（http://www.mext.go.jp/b_menu/shingi/chukyo/chukyo0/toushin/06071910.htm）
さらに、栄養に関する深い専門的知識・技術を養うためには、標準的な免許状である一種免許状の取得のために、管理栄養士養成の教育課程と同程度の内容・単位数を修得すること。一種免許状を取得するための基礎資格としては、栄養士免許に加えて管理栄養士免許を取得するために必要な程度の専門性を有することが適当であると報告がされている。

6）表 1　栄養教諭免許状の取得要件（教育職員免許法第 5 条別表第 2 の 2）（筆者作成）

<table>
<tr><th colspan="2" rowspan="2">教育職員免許状の種類</th><th rowspan="2">基礎資格</th><th colspan="3">最低履修単位数</th></tr>
<tr><th>栄養に係わる教育に関する科目</th><th>教職に関する科目</th><th>栄養に係わる教育又は教職に関する科目</th></tr>
<tr><td rowspan="3">栄養教諭</td><td>専修免許状</td><td>修士の学位を有すること及び栄養士法第 2 条第 3 項の規定により管理栄養士の免許を受けていること</td><td>4 単位</td><td>18 単位</td><td>24 単位</td></tr>
<tr><td>一種免許状</td><td>学士の学位を有すること、かつ管理栄養士の免許を受けていること又は指定された管理栄養士養成施設の課程を修了し、栄養士の免許を受けていること</td><td>4 単位</td><td>18 単位</td><td></td></tr>
<tr><td>二種免許状</td><td>短期大学の学位を有すること及び栄養士法第 2 条第 1 項の規定により栄養士の免許を受けていること</td><td>2 単位</td><td>12 単位</td><td></td></tr>
</table>

表 2　栄養に係わる教育に関する科目（教職員免許法施行規則第 10 条の 3）（筆者作成）

<table>
<tr><th colspan="2">法定規定科目（各科目に含める必要事項）</th></tr>
<tr><td>・栄養教諭の役割及び職務内容に関する事項
・幼児、児童及び生徒の栄養に係わる課題に関する事項
・食生活に関する歴史的及び文化的事項</td><td rowspan="2">4 単位</td></tr>
<tr><td>・食に関する指導の方法に関する事項</td></tr>
</table>

表 3 「栄養に係る教育に関する科目」4 単位の内容（筆者作成）

講義内容	演習内容
・児童及び生徒の栄養に係る諸問題（国民の栄養をめぐる諸事情の理解を含む） ・食生活に関する歴史並びに食事及び食物の文化事項 ・児童及び生徒の栄養の指導及び管理の意義 ・児童及び生徒の栄養の指導及び管理の現状と課題（子どもの食事に関する実態把握、分析等に必要な事項を含む） ・栄養教諭の職務内容、使命、役割 ・学校給食の意義、役割等 ・児童及び生徒の栄養の指導及び管理に係る社会的事情 ・児童及び生徒の栄養の指導及び管理に係る法令及び諸制度 ・食に関する指導の学校全体の指導計画の作成 ・給食の時間における食に関する指導（地場産物の活用含む） ・教科における食に関する指導①（家庭科） ・教科における食に関する指導②（保健体育科、その他の教科） ・道徳、特別活動における食に関する指導 ・生活科、総合的な学習の時間における食に関する指導 ・食物アレルギー等食に関する特別な指導等を要する児童及び生徒並びに他の児童及び生徒への指導上の配慮	・実践演習① （食に関する指導の指導案作り） ・実践演習② （学生が作成した指導案の発表、相互批評等） ・実践演習③ （模擬授業、指導効果の評価） ・家庭、地域と連携した食に関する指導

表 4　教職に関する科目（教職員免許法施行規則第 10 条の 4 より改変し筆者作成）

科目	法定規定科目（各教科に含める必要事項）	
教職の意義等に関する科目	・教職の意義及び教員の役割 ・教員の職務内容（研修、服務及び身分保障等を含む） ・進路選択に資する各種機会の提供等	2 単位
教育の基礎理論に関する科目	・教育の理念並びに教育に関する歴史及び思想	4 単位
	・幼児、児童及び生徒の心身の発達及び学習の過程（障害のある幼児、児童及び生徒の心身の発達及び学習の過程を含む）	
	・教育に関する社会的、制度的又は経営的事項	
教育課程に関する科目	・教育課程の意義及び編成の方法	4 単位
	・道徳及び特別活動に関する内容	
	・教育の方法及び技術（情報機器及び教材の活用を含む）	
生徒指導及び教育相談に関する科目	・生徒指導の理論及び方法	4 単位
	・教育相談（カウンセリングに関する基礎的な知識を含む）の理論及び方法	

栄養教育実習	・事前事後指導含む	2単位
教職実践演習	（栄養教諭）	2単位

7）赤松理恵他、お茶の水女子大学食育プロジェクト（プロジェクトリーダー藤原葉子）監修『栄養教諭養成のための栄養教育実習マニュアル』現代図書、2009年12月。

8）インタビュー調査2011年9月26日。

9）インタビュー調査2011年9月22日。

10）インタビュー調査2011年9月26日。

11）瀬川武美、湯藤定宗「教員志望学生に求められる教員としての資質能力の育成に関する研究―教職総合演習での『野菜づくり』を通じて―」『帝塚山学院大学研究論集文学部』、42巻、2007年12月、93～111頁。

終　章

第一節　本研究の成果

これまで栄養教諭養成における資質形成を四段階に分けて考察してきた。

第一段階は、栄養教諭創設前の学校栄養職員の歴史的誕生の経緯を踏まえ、栄養職員に求められる資質を検討した。職務内容から求められる資質は三つの段階を経て変化し、学校栄養職員がはじめて採用された昭和23年度当時は、教師としての資質と栄養士としての資質を併せ持つことが求められた。その後、昭和61年の答申により、栄養教諭の職務が明確化したことで、給食を管理する能力が求められ、平成14年の答申では、学校栄養職員の職務は健康教育であることが示された。当時、国の健康栄養政策では、栄養士・管理栄養士に求められる役割が多様化し、学校栄養職員のニーズも学校給食管理から健康栄養教育を担う専門職へと変貌した。教科との連携、クラブ活動の指導、学校医等と共に健康教育の推進を担う一員として位置付け、教科や担任と連携し、食の専門家として教育活動に参加する教師としての資質が求められた。

第二段階では、学校栄養職員の資質向上策を検討する中で、平成17年に新しい免許制度である栄養教諭が誕生した。審議経過から、栄養教諭の基礎資格である栄養士・管理栄養士の免許制度の在り方が審議の中心であった。と言うのも、「栄養教諭の資質を左右するものが免許であり、養成の根幹にかかわる問題であったからである。中央教育審議会の食に関する指導体制部会では、栄養教諭の基礎資格は健康教育の視点を重視するものとして「管理栄養士」と決定した。しかし、様々な議論の末に妥協の産物として「栄養士」

に落ち着いた。そこには養成のカリキュラム構造の違いによる資質の格差を生じかねないからである。つまり、栄養教諭は個別指導を行うが、平成 12 年の栄養士法改正により、栄養士と管理栄養士の業務区分が明確化され、これにより栄養士は給食管理を中心とした「対物」管理であり、管理栄養士は「対人」を中心とする栄養指導が職務の基本と位置付けられたからである。そのため、教育現場においても個別相談指導は栄養士ではなく、管理栄養士の資格を持つ栄養教諭がその指導に当たり、栄養教諭の基礎資格は管理栄養士と位置付けたのである。平成 14 年に栄養士養成カリキュラムが改正されているが、栄養士法の主旨からも健康に関する指導は管理栄養士が担う職務であることを前提に進められたものであった。最終的な文部科学省の判断は、管理栄養士は国家資格であり、管理栄養士課程を卒業しても卒業時点では栄養士免許取得であることを理由に基礎資格を栄養士とした。問題の根底にあるものとして、栄養士の資格は厚生労働省管轄であり、教員免許状は文部科学省管轄であるといった二つの省庁に跨る特徴を持つ教員免許制度が生まれたということである。

第三段階では、栄養教諭の職務実態を調査することで、四つの先進的事例を基に栄養教諭の職務内容を検証し、栄養教諭に求められる資質を明らかにした。職務の実態は学校により取り組みは区々であるが、文部科学省が示す内容に沿って、学校全体が組織体制を整備して栄養教諭の活動を支援し、栄養教諭が行う食育実践を四つに類型化することで、支援体制の仕方を明らかにすることができた。教育委員会主導型の指導と首長部局の支援体制が整っていればこそ、栄養教諭の専門性が発揮できるといえる。

一方、教育現場で求められる資質は、文部科学省が示す職務内容との違いが明確であった。食に関する指導の領域では、児童生徒の個別的な相談指導が職務の中心であり、実態調査からは、『栄養士力』が求められていた。『栄養士力』とは、「栄養や食事に対する知識がない児童生徒やその家族に対して、単なる断片的な知識を提供し、改善の強制をするのではない。児童生徒が個々に抱える健康や栄養の問題を解決するための問題点を分析し、個々人に適した指導・助言、そして指導後の評価を実施しながら、児童生徒にとって適切な食生活の形成と改善を進めていく活動が行われ、これを総じて『栄養士力』と位置付けることにした。つまり、健康教育をつかさどる専門職として『栄養士力』が求められていると捉えることができる。また、栄養教諭は、養護教諭や学級担任との連携調整を行いながら、個別栄養相談指導へと繋げていくという役割もある。それぞれの役割を決定し、相談指導全体をコーディネートする役割から更に発展させた「総合的なマネジメント」としての役割が求められていた。そして、学校給食管理の領域では、アレルギーへの対応から、学校給食の中で栄養教諭の裁量を生かし、健康教育を実践する立場から代替食を導入することで、専門職として「自分で課題を発見し解決する能力」つまり、応用力と使命感が必要とされていた。

「教科・特別活動」の領域では、教科及び総合的な学習の時間における学級担任と教科担任との連携指導において、発達段階に応じた単元構成と授業実践を考案した授業づくりが求められていた。栄養教諭が開発した道徳、生活科、算数科、社会科、体育科、家庭科等の領域において、授業内容と教材研究を含めた単元設定を行い、学級担任と連携した取り組みで求められる資質は、授業づくりを通した提案力と指導力であり、これを『授業力』と位置付けることにした。そして、栄養教諭には『授業力』を強化することが求められていた。中学校での栄養教諭の役割は配置が少ないため明確化されていないが、実態調査では、総合的な学習の時間での役割が明らかで、創意工夫した授業展開と全体をコーディネートする役割を担っていたのである。審議経過や答申で示された栄養教諭の役割は、教科との連携や総合的な学習の時間を通して、コーディネーターの役割と位置付けられたが、実際には発展させた形の『総合的なマネジメント能力』を発揮しており、総合的な学習の時間を担う教員の一人として見なされていた。教育現場で求められることは、授業目的と授業効果の検討、児童への知識の与え方、活動への繋げ方、家庭への定着の仕方であり、栄養教諭の資質形成には、授業づくりを通した指導力、いわゆる『授業力』と専門性に裏打ちされた『栄養士力』である。ここで課題として、食を通じて地域社会全体を包括する総合的なマネジメントの必要性が浮かび上がった。

最後の第四段階では、栄養教諭養成大学のカリキュラム分析を行った。これまで栄養教諭養成の誕生から成立過程に関する審議経過、そして職務実態調査と段階的に栄養教諭に求められる資質を探り、栄養教諭養成大学では、どのようなカリキュラムを構成することが優れた栄養教諭を養成することになるのかについて検討してきた。実態調査から、栄養教諭に求められる資質は『栄養士力』と『授業力』そして『総合的なマネジメント能力』であった。

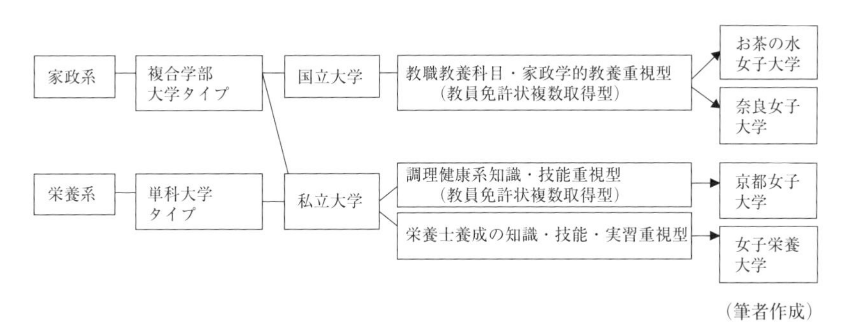

【図 5-1】栄養教諭養成カリキュラム類型（図 4-7 として 245 頁にも掲載）

これらを踏まえ、現状のカリキュラム構成をみると、栄養教諭養成カリキュラムは大学の形態から家政系と栄養系の養成形態に分類できる。カリキュラム類型については、先進的栄養教諭養成大学の特徴から図 5-1 の構造を示すことができた。

複合学部タイプの大学では、複数教員免許状取得が可能であるが、単科大学タイプでは、知識・技能・実習が重視され、教員免許状の複数取得はできない。しかし、家政系が母体である大学の特徴は、家庭科、保健、栄養教諭の教員免許状の取得が可能であり、専門教育科目の中に学部共通科目を並列した形のカリキュラム構成である。ここに配置されている授業科目が栄養教諭養成の資質形成を左右する教科が存在することを明らかにした。この養成形態を「文部科学省系の教員養成」タイプと見ることができる。

一方、栄養系の単科大学は、専門職養成が中心であるため、カリキュラム構成は、厚生労働省管轄の管理栄養士養成施設の指定基準に沿うことから、管理栄養士の専門性を主軸とするカリキュラム構成と捉えることができる。これを「厚生労働省系の教員養成」タイプと見ることができるが、どちらも特徴があり、文部科学省系の教員養成タイプは、教員としての資質、いわゆる教育力や現場が求める授業力に特化した養成形態であった。これに該当する栄養教諭養成大学は、お茶の水女子大学、奈良女子大学、京都女子大学のカリキュラム構成である。そして、厚生労働省系の専門職養成を基本とするカリキュラム構成は、女子栄養大学や保健・医療・福祉・看護・栄養系を中心とした管理栄養士養成大学・学部が該当する。これは、専門職養成を目指す「栄養士力」強化型のカリキュラム構成として位置けることができるが、厚生省生活習慣病対策室は「個人の身体状況や栄養状態、食行動等を総合的・継続的に判断し、指導する栄養評価・判定の手続き等の高度な専門知識や技術を持ち、傷病者に対する療養のため必要な栄養指導などの業務に対応できる人材」として管理栄養士を評価している。『栄養士力』とは、このような人材に必要な能力に特化した養成と定義したが、実態調査でも同じように見受けられ、更なる養成の特徴を踏まえてカリキュラムの類型化を試みた。

第一に、教育力を備えた類型1『教職教養科目・家政学的教養重視型』として、お茶の水女子大学と奈良女子大学のカリキュラム構成がある。教員養成の特徴は、両校とも家庭科教諭と栄養教諭免許状を履修することができる点だ。家政学が母体であることから、学部共通科目においても共通した内容のものが多く開講科目も類似する。カリキュラムは、家政学を基盤に、広い知識と応用力を養い、個別の発達段階や心の健康、人間と社会の関係、生活と文化など多角的な視点からアプローチできる人材、人間と生活を総合的に理解して、分析する力を備えた人材を養成することを目的としている。類型1は、研究を中心に日本のリーダーとなる栄養教諭養成が主軸であるため、傷病者の治療や健康教育の視点から実践的資質形成を目指した養成形態とは言い難い。お茶の水女子大学の方向性として、臨床的知識を教育の全面に出すことは、国立大学で管理栄養士養成を担当する教員が少ない中、非常に難しい。高等師範の系譜である教育的環境を生かし、栄養教育のスペシャリストの養成が今後の課題と捉えるが、専門職のどの部分に養成の視点を当てるかが大学の方向性を示すさらなる課題である。

第二に、実践力を備えた類型2『調理健康系知識・技能重視型（複数免許状取得型）』として、京都女子大学のカリキュラム構成が該当する。カリキュラム構成は家政学が母体であるという点で類型1と類似しており、食と健康を総合的に捉えるカリキュラム、健康の保持・増進、疾病の予防・治療等、知識、技術を兼ね備えた栄養教諭養成は、コース別の栄養教諭養成を展開し、ボランティア活動を通じて実践力を養成する教育が特徴である。養成の基本が、ボランティア活動による実践力向上を目指している中で、学生自身が自分の適性を見極めること、この実践活動を通して、「生きた教材」である学校給食を使った食に関する指導や教科との連携を効率的に活用する力を育成することが課題である。また、教員養成にとって、教育実習の受け入れ先の確保が極めて難しく、継続的な実習先確保が急務であり、ボランティアで培った実践力をどのように発展させて栄養教諭養成を維持していけるかが大きな課題である。

第三に、栄養士力を強化した類型3『栄養士養成の知識・技能・実習重視型』と位置付けた。これには、女子栄養大学のカリキュラム構成が該当する。類型1、類型2とは異なり、厚生労働省管理栄養士養成施設の指定基準に基づいたカリキュラム構成で、科目の配置がスリム化した専門職養成カリキュラムの基本型あるという点が特徴である。管理栄養士に求められる社会のニーズに対応した科目、栄養活動を目的に職域を考慮したカリキュラム構成は、卒業後の出口を意識した選択コース制を導入し、専門性を深く広く追究できる。一方、教養科目群の科目配置が極めて少なく、専門教育重視を基本とした特徴を持つが、単位数の上限設定がないことから、専門に関する教科科目の配置数が多いこともあり、総合的な理解に欠ける点もある。栄養教諭養成では、コミュニケーション能力を養うことも必要であり、養護教諭や家庭科教諭を養成している環境を生かしたシステム作りが大学の課題であった。

さらに、栄養教諭養成課程のカリキュラム構成と文部科学省が示す栄養教諭の職務内容を比較検討した結果、児童生徒への個別相談指導、児童生徒への教科・特別活動等における教育指導についての指導力を養うことができても、食に関する指導の連携･調整や食育基本計画への参画の項目については、養成の段階で該当する科目が少ないことが分かった。これをどのように補完補強していくかが課題として残るが、この課題は、研修や日々の教育現場で経験を積むことで具体化されると考える。

栄養教諭養成のカリキュラム類型を試みた結果、カリキュラムの特徴から三つの養成パターンがあることを明らかにした。その結果、教育力を備えた類型1、実践力を備えた類型2、栄養士力を強化した類型3の資質を備えた栄養教諭を養成することになるが、基本は教育現場に合った栄養教諭養成を目指すことが理想である。栄養教諭は養成課程で学んだ資質を基に、学校組織、教科の連携、地域とのかかわりを通して、さらに体験を重ねることで資質を広げることが必要だ。その理由として、学校には地域によって子ども達が抱える食と健康に関する問題が山積みとなっている。各類型で養成された栄養教諭は、その視点を持って問題解決をしなくてはならないが、それだけでは十分とはいえない。児童にとって問題となることがどこにあるのか、それを発見できなくてはならない。そのためには学んだ多くの知識がしっかりと定着していること、その知識を個々の児童の事例に合わせ、的確な気づきが必要となる。その土台となるのが養成で身に付けた知識であり、知識に裏付けられた感性、感覚であろう。そのため、この土台である基礎的資質を強化できるカリキュラム開発が急務なのである。これまでのカリキュラム分析から類型化を試みた結果、三つの資質を兼ね備えた栄養教諭を養成することが可能となった。しかし、大学は基礎的資質を形成することが基本であるため、そこに養成の限界がある。

そこで最後に類型化したカリキュラムを基に、優れた栄養教諭養成を目指すための基礎的資質形成を強化する養成カリキュラムの基本原則を提案する。栄養教育実習体制の改善強化を図ることも視野に入れ、この基本原則を示すことで、これまでの不備を補完補強し、栄養教諭養成の課題解決がより具体化されると考える。以下に提案の概要を示す。

栄養教諭養成を目指すカリキュラム開発の基本原則の提案

1. 専門教育科目は、栄養士・管理栄養士の基礎的資質を形成する厚生労働省「管理栄養士養成施設の指定基準」に基づくカリキュラム構成とする。
2. 専門教育科目の基礎分野と専門分野以外に、学科固有科目を設けて資質形成の基礎となる科目を配置する。
3. 資格科目は学科固有科目に設定する。
4. 履修モデルカリキュラムを提案する。
5. 1年次には教養科目の中に食農体験を配置する。
6. 栄養教育実習体制を強化し一週間の実習から二週間体制を構築し、栄養教育実習計画試案を提示する。

第二節　今後の課題と展望

本研究は、優れた栄養教諭を養成するにはどうしたらよいか、ということが根底にあり、学校栄養職員の歴史から栄養教諭を目指した経緯、審議経過、実態調査を踏まえてカリキュラムの分析、課題までを見てきた。そして、実態調査からは教育現場で求められている役割と審議経過や答申から示された栄養教諭の役割には格差が生じていることが分かった。栄養教諭はクラス担任との連携により授業づくりをしているが、与えられている授業時間数は明確に示されていない。その原因は食育が学校全体の取り組みとして位置付けられているため、食に関する指導の授業内容については学習指導要領の具体的な指導項目の記載が示されておらず、栄養教諭やクラス担任の発想や思考によって食育の授業が作られていた。そのため、統一した教材がなく、唯一学校給食が「生きた教材」ではあるが、実際の効果に関するデータは見当たらない。しかし、多くの栄養教諭たちは教育現場において必要不可欠な教員の一人であり、マネジメント能力が強く求められていた。これらの状況を踏まえ、栄養教諭が行う授業は、食に関する指導という位置付けではなく、「食育」という教科を設定した中で授業が行われることを検討し、その具体的な内容を学習指導要領の指導項目に示すことで、栄養教諭自身にとって、より積極的に手腕を発揮することが可能となる。さらには、栄養教諭養成に求められる資質形成も明確化し、養成段階では何をどのように教育するか、具体策が見えてくる。これまで基本となるものが示されていない中で、教員養成が試行錯誤の下に展開してきたというのが実情であるが、学校教育を取り巻く環境が複雑多義にわたり変化する中で、栄養教諭が解決しなければならない問題もまた複雑化することが想定される。学校教育目標の達成と健康教育を推進していく栄養教諭を育成するには、「栄養士力」、「教育力」そして「実践力」を兼ね備えた「総合的な能力」の育成がさらなる課題となるのではないだろうか。カリキュラム開発のための基本原則の提案が、これからの養成課程の新たな視座となることを希望する。

本論文では、栄養教諭養成の資質形成に主眼を置いた分析を行った。答申や審議経過ではコーディネーターの資質、実態調査からは総合的なマネジメントの役割が求められたことを明らかにすることができた。しかし、現状は、大学における栄養教諭養成カリキュラムの中で、マネジメント能力、連携調整能力を育成する教育は行われていない。これらを育成するには教員の研修体制等、各県の実態等調査を踏まえる必要があるが、いずれ稿を改めて追究したい。

栄養教諭養成を目指すカリキュラム開発の基本原則

提案１

1．教養教育科目と専門教育科目に区分し、専門教育科目は、栄養士・管理栄養士の基礎的資質を形成する厚生労働省「管理栄養士養成施設の指定基準」に基づくカリキュラム構成とする。

○単位数の上限を設けることが望ましい。

2. 専門教育科目の基礎分野と専門分野以外に、学科固有科目を設けて資質形成の基礎となる科目を示す。

○この科目は選択必修科目とする。

3. 資格科目は学科固有科目に設定し、専門科目と連動するためモデルカリキュラムに組み入れ学年配当する。

提案２

4．提案１を基に履修モデルカリキュラムを提案する。

5．１年次には教養科目の中に食農体験を配置する。

○栄養教諭の必修選択科目とする。

○食農体験は、資格科目であるフードコーディネート論や食品・メニュー開発演習などの授業と融合した体験型学習にしていくことが望ましい。作物を日常の中でどのように演出していくか、などと関連付けて学ぶことで資質の向上を目指す。

提案３

6．栄養教育実習体制を強化し、一週間の実習から二週間体制を構築する。

○文部科学省管轄の教育実習一週間と厚生労働省管轄の栄養士免許取得のための臨地実習（校外実習）一週間を併せて「栄養教育実習」とする。

○二週間のうち前半は校外実習（臨地実習Ｉ）、後半一週間を教育実習とする。

現在の実習時期は３年次に校外実習、４年次に教育実習を行っている。３年次の校外実習と連動するには、４年次で行う教育実習を３年次に前倒しすることになる。同時に教職に関する科目の履修時期を早めて、３年次までに「栄養に係る教育に関する科目」と「教職に関する科目」を取得しなくてはならない。教職に関する科目を１年次の段階から履修し、３年次までに取り終えること、４年次に教職実践演習を行うことが必要となる。「１年次の段階から教職科目を導入することの余力がある場合、かつ、実習へ行くまでに必要な教職科目を最低限履修していることが満たされることができれば、検討に応ずる」とするのが文部科学省の見解である。

管理栄養士養成課程の場合は、地域によっては実習協議会や教育委員会との関連があるため、協議を重ね支援を得ることができればこの体制づくりが可能となる。

２週間の実習体制を構築することにより、学校組織と栄養教諭の役割がより明確化され栄養教諭の職務を深く学ぶことが可能となる。このように実習内容を改善することで、栄養教諭の実践力と教育力をより強化し、充実した実習に生まれ変わることができる。実習の最大の欠点を克服することが栄養教諭養成には急務である。

提案4
7. 提案3について二週間の栄養教育実習計画試案を示す。

【提案１】

栄養教諭養成カリキュラム開発の基本原則（栄養士と

科目区分				
教養教育科目	人文科学			① 教養教育科目は、養成大学が設定した科目であり独自性を出すことが望まれて ン能力を養うことや、社会・自然・人間を理解するなど幅広い教養科目を身に 活動も含めた資質形成が必要である。（ボランティアや市民活動論等の科目も ② 学部構成によっては、保健・医療・福祉など総合的な教育課程を目指すこと、 ることが必要である。地域と密接に関連した科目では、地域の歴史や文化、ま ③ 食農体験は、栄養教諭養成の特色を出す科目として教養教育科目の中に入れる
	社会科学 日本国憲法※			
	外国語※			
	健康とスポーツ スポーツ実技※ 情報処理科目※			
専門教育科目	専門基礎分野	栄養士・管理栄養士の基礎的資質を形成する科目	社会・環境と健康	食生活論、公衆衛生学Ⅰ Ⅱ、公衆衛生学実習、食糧経済学、 健康管理概論、健康情報処理論、健康情報処理実習、
			人体の構造と機能及び疾病の成り立ち	解剖生理学Ⅰ Ⅱ、解剖生理学実習、微生物学、病理学、 臨床医学概論、疾病診断治療学Ⅰ Ⅱ、分子栄養学、
			食べ物と健康	食品学Ⅰ Ⅱ、食品学実験、食品衛生学、食品衛生学実験、 応用調理学実習等
	専門分野		基礎栄養学	基礎栄養学、基礎栄養学実験等
			応用栄養学	ライフステージ別栄養学、ライフステージ別栄養学実習、 能論等
			栄養教育論	栄養教育学、栄養・健康教育実践論 カウンセリング論、栄養教育論実習等
			臨床栄養学	臨床栄養学、臨床栄養管理学、栄養薬理学、チーム医療論、 臨床栄養学実習、臨床栄養管理学実習等
			公衆栄養学	公衆栄養学Ⅰ Ⅱ、公衆栄養学実習、国際栄養学、 地域栄養計画論、地域栄養計画実習等
			給食経営管理論	給食経営管理論（フードマネジメント含）、給食経営管理
			総合演習	臨地実習事前・事後指導、管理栄養士総合演習等
			臨地実習	臨地実習１（給食経営管理論臨地実習）臨地実習２（臨床 臨地実習３（公衆栄養学臨地実習）等
			卒業研究	卒業論文等
学科固有科目を選択必修科目とする	※学校臨床学、児童学概論、人間関係学、食生活文化論、フードスペシャリストの資格 ドスペシャリストに関する科目と融合した体験学習を検討）等			

しての資質と教師としての資質を形成する全体概要）

内　容
いる。そのため、特色ある科目を組み込むことが必要である。栄養教諭養成には、豊かなコミュニケーショ 付けることが必要となる。また、人間関係やコミュニケーション力が身に付く科目を設定し、ボランティア 検討することが望ましい） あるいは連携実践が可能な教育科目を組み入れること、養成大学の地域性を踏まえた特色ある科目を配置す ちづくり、自然の暮らし、健康と福祉等を含めて検討することが必要である。 ことが望ましい。 （教職免許状を取得しようとするものは、※印の科目を履修しなければならない）

科目	資質		栄養教諭の資質を形成する科目
衛生学、栄養疫学、 社会福祉概論等	管理栄養士としての 基礎力を養う	栄養教諭の資質を形成する科目	栄養にかかわる教育に関する科目
生化学ＩⅡ、生化学実験、 健康生理学、健康体力評価論等			学校栄養教育論Ｉ （食文化論を含む）
調理科学、基礎調理学実習、			学校栄養教育論Ⅱ （実践、模擬授業を含む）
	栄養の基本となる 資質		栄養教育実習事前・事後指導
スポーツ栄養学、栄養評価論、栄養機			教職に関する科目
	栄養の教育の 基礎となる資質		教職論、教育原理、教育心理学 教育課程論、道徳教育研究 特別活動研究、教育方法論 生徒指導論 教育相談、カウンセリング 事前・事後指導、栄養教育実習 教職実習演習（栄養教諭）
	栄養の実践的資質		
論実習ＩⅡ等			
	管理栄養士の 総合的な資質		※学科固有科目を栄養教諭の特徴的資質形成に関する科目として指定する。フードスペシャリストの資格取得科目も含める。
栄養学臨地実習）	臨床現場での資質		
科目（フードスペシャリスト論、食品の官能評価・鑑別論演習、食品の流通・消費論など）食農体験（フー			

（筆者作成）

【提案２】

栄養教諭養成カリキュラムの基

	管理栄養士課程における栄養					
	専門基礎分野（専門の導入と基礎を養う科目）			専門分野		
	社会・環境と健康	人体の構造と機能及び疾病の成り立ち	食べ物と健康	基礎栄養学	応用栄養学	栄養教育論
1年次	食料経済学	病理学、生化学Ⅰ、応用生理学、解剖学、解剖生理学実習 臨床医学概論	フードスペシャリスト論、基礎調理学実習、食品学Ⅰ、食品学実験. 調理学、応用調理学実習			
2年次	公衆衛生学 公衆衛生学実習 栄養疫学・社会調査法、衛生学、健康情報処理論 社会福祉概説	生化学Ⅱ、病態診断治療学、生化学実験	食品学Ⅱ、食品栄養実習、応用調理学実習Ⅱ、加工機能食品論、食品衛生学、食品の流通・消費論、食品の官能評価・識別論演習、微生物学実験	基礎栄養学Ⅰ、基礎栄養学Ⅱ、基礎栄養学実験	ライフステージ別栄養学 スポーツ栄養学	栄養教育学、栄養・健康教育実践論
3年次	健康管理概論、看護学	分子栄養学	微生物学、フードコーディネート論、食品衛生学実験	運動・環境と栄養	ライフステージ別栄養管理実習 栄養評価論、栄養機能論	栄養カウンセリング論、栄養教育実習
4年次		運動生理学、健康体力評価論	食品機能学特論			

1. 基本原則、提案１の項目を網羅した栄養教諭養成カリキュラムを作成した。栄養教育実習は２週間の臨地ある。また、資格科目は専門科目と連動するためカリキュラム中に組み入れた。看護学・社会福祉概説の

本原則に基づく「履修モデル」

<table>
<tr><td colspan="9">教諭養成の履修モデル</td></tr>
<tr><td colspan="6">（栄養士・管理栄養士の専門性を養う科目）</td><td colspan="3">提案3</td></tr>
<tr><td>臨床栄養学</td><td>公衆栄養学</td><td>給食経営管理論</td><td>総合演習</td><td>臨地実習</td><td>国試対策等</td><td>栄養教諭教職科目
＊3年次までに取得する</td><td>教養教育科目</td><td>学科固有科目</td></tr>
<tr><td></td><td></td><td></td><td></td><td></td><td>管理栄養士入門</td><td>教育原理、
教職概論、
教育心理学、
教育社会学、
教育課程論</td><td rowspan="3">食農体験は教養科目に配置して選択必修とする</td><td rowspan="3">①資質形成の基礎となる科目を配置（＊提案2　履修組み合わせの類型1から類型3の学部共通科目・学科共通科目、系列にある科目が望ましい）②資格科目を配置（本モデルでは年次にふりわけた）</td></tr>
<tr><td>臨床栄養管理学</td><td>公衆栄養学Ⅰ</td><td>給食計画論、給食経営管理論、給食経営管理実習Ⅰ</td><td></td><td></td><td rowspan="2"></td><td>教育相談（カウンセリング含む）、道徳教育の理論と実践、特別活動論、
教育方法論、
生徒指導論、
学校栄養指導論Ⅰ（2年後期）、事前及び事後の指導</td></tr>
<tr><td>臨床栄養学
臨床栄養学実習、栄養薬理学、チーム医療論</td><td>公衆栄養学Ⅱ．公衆栄養学実習、地域栄養計画論、地域栄養計画論実習</td><td>給食経営管理実習Ⅱ（フードマネジメント含む）</td><td>総合演習Ⅰ</td><td>臨地実習
ⅠⅡⅢ</td><td>学校栄養指導論Ⅱ（3年前期）事前及び事後の指導、
栄養教育実習（8月末～9月中に実施）</td></tr>
<tr><td></td><td>国際栄養論</td><td></td><td>総合演習Ⅱ（管理栄養士総合演習）</td><td></td><td>管理栄養士演習、卒業研究</td><td>教職実践演習（栄養教諭・後期）</td><td colspan="2"></td></tr>
</table>

（筆者作成）

実習を実現するため、3年次の段階で栄養士免許取得のための校外実習と連動して行うことを想定したもので
科目を設定し、保健・医療・福祉の総合的な視点も加えた。

履修科目と資質形成について

各類型の特徴的な資質形成科目を以下に整理した。

①類型 1：教職教養科目・家政学的教養重視を特徴とする養成を目指すには、「学部共通科目」に配置した特徴的資質形成となる科目を履修することが望ましい。

②類型 2：調理健康系知識・技能重視を特徴とする養成を目指すには、「学科固有科目」に配置した特徴的資質形成となる科目を履修することが望ましい。

③類型 3：栄養士養成の知識・技能・実習重視を特徴とする養成を目指すには、「五系科目群」に配置した特徴的資質形成となる科目を履修することが望ましい。

類型 1：教職教養科目・家政学的教養重視を特徴とする養成型

栄養教諭科目	管理栄養士科目	学部共通科目(開講科目例)	教養教育科目
栄養に係る教育に関する科目 2 科目	(資質形成の基礎となる科目) 専門基礎分野＋専門分野の科目	児童学概論、学校臨床学、人間関係論、食物学科概論、生活健康学概論、生活科学概論、など	大学の独自性を生かした特徴ある科を配置

類型 2：調理健康系知識・技能重視を特徴とする養成型

栄養教諭科目	管理栄養士科目	学科固有科目(開講科目例)	教養教育科目
栄養に係る教育に関する科目 2 科目＋ボランティア活動	(資質形成の基礎となる科目) 専門基礎分野＋専門分野の科目	食行動療法、臨床心理学概論、食生活・食文化論、食空間プロデュース論フードコーディネート論、栄養評価論、栄養薬理学、チーム医療論、学校保健、など	大学の独自性を生かした特徴ある科目を配置

類型３：栄養士養成の知識・技能・実習重視を特徴とする養成型

栄養教諭科目	管理栄養士科目（資質形成の基礎となる科目）	五系科目群　（開講科目例）	教養教育科目
栄養に係る教育に関する科目２科目	専門基礎分野＋専門分野の科目	看護・介護論、地域保健・福祉栄養、スポーツ概論、運動栄養学、給食システム論、フードマネジメント論、マーケティング論、情報提供論、食品・メニュー開発実習、農園体験	大学の独自性を生かした特徴ある科目を配置

【提案３】

Ⅰ．栄養教育実習に関する指導内容とカリキュラムの検討

文部科学省管轄の教育実習一週間と厚生労働省管轄の栄養士免許取得のための、校外実習（臨地実習Ⅰ）一週間を併せて「栄養教育実習」を二週間とする。

二週間のうち前半は校外実習、後半一週間は教育実習である。現状、実習時期は3年次に校外実習、4年次に教育実習を行っている。3年次の校外実習と連動するには、4年次の教育実習を3年次に前倒して実施することが必要となる。同時に教職に関する科目の履修時期を早めて、3年次までに履修を終えなくてはならない。教職に関する科目を1年次の段階から履修し、3年次までに単位を取得すること、4年次に教職実践演習を履修する。

提案2の履修モデルより、提案3教職専門科の履修は以下の表のようになる。

1年次	教育原理、教職概論、教育心理学、教育社会学、教育課程論
2年次	教育相談（カウンセリングを含む）、道徳教育の理論と実践、特別活動論、教育方法論、生徒指導論、学校栄養指導論Ⅰ（後期）、事前及び事後の指導
3年次	学校栄養指導論Ⅱ（前期） 事前及び事後の指導、栄養教育実習（8月末～9月中に実施）
4年次	教職実践演習（栄養教諭・後期）

管理栄養士養成課程では、1年次の専門科目の履修が少なく、教職課程を履習している学生の中には1年次の段階から教職専門科目を入れてほしい等の要望がある。教職課程では、できるだけ早期の段階で教職に関する科目を導入し、2年次、3年次で急激に増加する管理栄養士免許取得のための専門科目の履修とバッティングしないように計画的に履修について検討することが必要である。3年次の9月末までに栄養教育実習を終えるカリキュラム構成の検討が急務である。以下、筆者が17年度から県立短期大学で栄養教諭養成を担当し、二週間の教育実習体制を構築し実践した内容を示す。二週間の実習体制を構築することにより、学校組織と栄養教諭の役割がより明確化され、栄養教諭の職務を深く学ぶことが可能となる。詳細は資料に含める。

参考までに保健・福祉・看護・栄養系学部の3年次に教育実習を想定した場合のモデルカリキュラムを提案する。

二週間体制を取り入れた場合の栄養教育実習概要

1．学校給食管理・栄養教育実習の事前訪問について

　第１回目訪問日程

①オリエンテーション

　校長により実習校の概要

　自己紹介

　教頭による実習生の心得

　学校給食について

②児童の給食状況見学

③給食施設見学

④栄養管理・衛生管理についての指導

⑤実習期間のスケジュールについて

⑥全体指導の検討（学生自作献立米飯給食の指導）

⑦学習指導案について（所属学級教諭との打ち合わせ）

⑧実習献立の検討

⑨給食物資の発注・諸帳票類についての指導

第２回目学校訪問（２時間）

指導の内容

１．実習生献立の物資発注作業の実施

２．全体指導の検討（ビデオを活用した全学年への栄養教育について）

3年次に教育実習を導入した場合の例：保健・福祉・看護・栄養

			1年次		2年
			前期	後期	前期
教職に関する科目			○教育原理 ○教育心理学 ○教職概論	○教育社会学 ○教育課程論	○教育相談（カウンセリングを含む） ○道徳教育の理論と実践 ○特別活動論 ○教育方法論
栄養に関する科目	※総合人間科学	心身と健康	○健康科学実習Ⅰ	○健康科学実習Ⅱ	
		環境と情報	○情報科学演習Ⅰ		○情報の表現法
		国際社会と現代	○英語Ⅰ	○英語Ⅱ ○日本国憲法	
	専門基礎分野	社会・環境と健康			○公衆衛生学 ○健康情報処理論
		人体の構造と機能及び疾病の成り立ち	○解剖生理学	○応用生理学 ○生化学Ⅰ ○病理学	○生化学Ⅱ ○臨床生理学
		食べ物と健康		○食品学Ⅰ ○調理学	○食品学Ⅱ
		実習・実験	○解剖生理学実習	○人体の構造と機能総合演習 ○食品学実験 ○基礎調理学実習	○生化学実習 ○食品栄養実習 ○応用調理学実習
	専門分野	基礎栄養学			○基礎栄養学Ⅰ
		応用栄養学			
		栄養教育論			
		臨床栄養学			
		公衆栄養学			
		給食経営管理論			○給食計画論
		実験・実習			
		総合演習			
		臨地実習			

※総合人間科学に関しては教育職員免許法施行規則第66条の6に定める科目

系学部を中心する栄養教諭一種免許状取得のモデルカリキュラム

次	3年次		4年次	
後期	前期	後期	前期	後期
○生徒指導論 ○学校栄養指導論Ⅰ ○事前及び事後の指導 →	○学校栄養指導論Ⅱ	○教育実習 （8月末〜9月中に実施）	履修カルテの指導	○教職実践演習 （栄養教諭）
	○健康管理概論			
○臨床生化学				
○加工食品機能論 ○食品衛生学				
○健康情報処理実習 ○微生物学実験	○食品衛生学実験			
				管理栄養士国家試験対策及び卒業研究発表会など
○応用栄養学Ⅰ	○応用栄養学Ⅱ	○運動・環境と栄養		
○栄養教育論Ⅰ	○栄養教育論Ⅱ ○栄養カウンセリング論			
○臨床栄養管理学	○栄養治療学Ⅰ	○栄養治療学Ⅱ ○臨床栄養活動論 ○介護概論		
○公衆栄養学Ⅰ	○公衆栄養学Ⅱ			
○給食経営管理論				
○給食経営管理実習Ⅰ	○栄養学実習 ○栄養教育論実習Ⅰ ○臨床栄養学実習Ⅰ ○給食経営管理実習Ⅱ	○応用栄養学実習 ○栄養教育論実習Ⅱ ○臨床栄養学実習Ⅱ ○公衆栄養学実習		
	○総合演習Ⅰ		○総合演習Ⅱ	
		○臨地実習Ⅰ （校外実習） ○臨地実習Ⅱ ○臨地実習Ⅲ		

Ⅱ．栄養教育実習に関する内容の提案　その１

１．前半１週間の学校給食実習について

学校給食管理実習の実習計画とその内容試案（前半１週間）

	午前	給食の時間	午後
月	初日 ①職員朝会：学生挨拶 ②実習スケジュールの確認 ③調理作業の見学と実習 調理作業、衛生管理を担当	所属学級への挨拶 給食指導見学 児童と一緒に給食会食	厨房作業 食器などの洗浄・消毒作業実習 翌日の調理作業の打ち合わせ 帳簿類の記入 実習の反省
火	２日目 全校朝会 児童への紹介 実習前の調理作業の打ち合わせ 調理作業実習	所属学級での給食の時間の指導 児童と一緒に給食会食	厨房作業 食器などの洗浄・消毒作業実習 翌日の調理作業の打ち合わせ 帳簿類の記入 実習の反省
水	３日目 物資の検収 実習前の調理作業の打ち合わせ 調理作業実習	所属学級での給食の時間の指導 児童と一緒に給食会食	厨房作業 食器などの洗浄・消毒作業実習 翌日の調理作業の打ち合わせ 帳簿類の記入 実習の反省
木	４日目 物資の検収 調理作業打ち合わせ 調理作業実習	所属学級での給食の時間の指導 児童と一緒に給食会食	食器などの洗浄・消毒作業実習 学生自作献立（米飯給食）の調理作業打ち合わせ 帳票類の記入 実習の反省
金	実習最終日 物資の検収：打ち合わせ前に学生だけで実施する。 調理作業打ち合わせ 学生立案献立（米飯給食）による調理作業実習、現場の作業動線の確認（効率化を図るための作業）	学生実施献立の紹介と栄養教育 学校給食に関する教材としてビデオ教材を用意して10分間の学生献立の栄養教育を実施する。（全校へ向けてビデオ放送） 所属学級での栄養教育 児童と一緒に給食会食 残食調査	帳票類の記入 実習の反省 学生立案献立の反省会 （調理師との反省会）

（自校給食の場合を例に設定）

Ⅱ．栄養教育実習に関する内容の提案　その２

２．後半一週間の栄養教育実習について

【要点】

栄養教育実習は一週間という短期間であることから、実習前に学生が教材研究を事前に検討しておくことが必要である。実習中に指導された授業改善について速やかに対応する能力を身に付けて実習に臨むことが求められる。

栄養教育実習一週間の内容試案（実習小学校の計画例）

日程	月	火	水	木	金
学校の行事	全校朝会				全校朝会
朝	全校朝会（体育館）	受け持ちクラスのスキルタイム	受け持ちクラスのスキルタイム	受け持ちクラスが行う内容例：朝読書	全校朝会
１校時	校長講話 小学校教育と学校運営全般	授業参観 所属学級	授業参観 所属学級	授業参観 所属学級	実習生研究授業※
２校時	教頭講話 児童生徒について	授業参観 所属学級	模擬授業	授業参観 所属学級	実習生研究授業※
３校時	養護教諭講話 栄養相談とカウンセリング	師範授業の見学 ４年生	模擬授業	授業参観 所属学級	実習生研究授業※
４校時	授業参観 所属学級	師範授業の見学 ４年生	模擬授業	授業参観 所属学級	実習生研究授業の反省
５校時	授業参観 所属学級	授業参観 所属学級	栄養教諭・実習生同士の授業振り返り	教材研究	事後指導研究会
６校時	教材研究	給食主任講話 学級指導 学級経営	自己の授業の反省	教材研究	実習終了反省会と挨拶 反省会は学生主導型を実施

（自校給食の場合を例に設定）

※実習生研究授業は、金曜の１校時から３校時までに実施することを設定したが、学校裁量とする。

（本計画例は、実習生３名の受け入れを想定したものである）

【提案4】

―文部科学省管轄の実習と厚生労働省管轄の実習を併せて二週間とした場合の栄養教育実習に関する実施計画の提案―

『カリキュラム開発の基本原則に基づく』

栄養教育実習計画試案

川越有見子

栄養教諭教育実習計画試案

1.　年度　　年生の教育実習時期について
平成　年度は　8月末～　9月末とする。

2. 実習の種類と期間
栄養教育実習として、期間は一週間とし、給食管理実習含めて二週間とする。

3. 教育実習の内容と指導方法および運営について
実習協力校で栄養教育実習指導委員会を設ける。
小学校に関してはこれまで教育実習の受け入れがあることから、すでに教育実習運営に関する組織化がなされていることを前提にその形態に準じてもよい。

①栄養教育に関しての委員会構成
学校長・教頭・教務または教育実習指導教諭・給食主任・学級担任・養護教諭・栄養教諭（委員構成に関しては学校裁量とする）

＊学校教育全般について、それぞれの担当より指導を行う。

指導内容	指導担当教員
1. 学校運営の概要	学校長
2. 教員の服務	教頭
3. 栄養教育実施計画・全体指導	教務または教育実習指導教諭・給食主任 栄養教諭
4. 学習指導・指導案作成・教材研究 教具の活用等に関する指導	教育実習指導教諭・栄養教諭
5. 児童指導・学級指導	学級担任・教育実習指導教諭・栄養教諭
6. 栄養相談・カウンセリング指導	栄養教諭・養護教諭
7. 実習生の成績評価	教育実習指導教諭・給食主任・栄養教諭 教育実習指導委員会メンバー

4. 教育実習期間の指導内容
(1) 実習の事前指導
教育実習指導委員会の指導計画に基づき、教育実習指導教諭または栄養教論から実習内容の説明、校舎案内、指導の概要について、事前指導を行う。

(2) 教育実習指導教諭

学習指導面については教育実習指導教諭、栄養教諭が行い、児童の生活指導、HR については学級担任が指導を行う。

(3) 栄養教育実習の内容

実習生は食に関する指導について指導案を作成し、実習授業を行う。

指導教諭の示範授業による指導など、十分な準備の上で実習に当たる。

① 実習授業は一週間で2時間とする。

正式指導案は2時間分とし、そのうち研究授業は1時間設定する。

・研究授業1時間の指導案については、細案を作成し、遅くとも当日朝までに教員全員に配付する。

② 授業実施後は参観した教諭に指導を受ける。

・指導を受ける時間は当該教諭の指示による。

③ 学級の場での実習

TT による授業は栄養教育にとって必要不可欠であり、学級担任または栄養教諭を通して担任の補助的役割を受け持たせる。その際、児童の生活指導について実習させる。そのために必要と思われる学級に関する緒資料を実習生に提示し、指導のあり方、学級の方針、学級の状況などについて説明指導する。

④ 研究授業の日時については、教育実習指導教諭または栄養教諭の指示による。

⑤ 実習生の教育実習日誌（実習ノート）に関しては、教育実習指導担当教諭（学級担任）または栄養教諭が毎日点検し指導する。

・提出に関する詳細は指導学校の指示による。

・最終日の提出に関しても指導学校の指示に従い、後日の提出も可とする。

⑥ 健康に関わる部分として、1日の健康観察や給食の時間のかかわり、清掃などの指導・助言の時間を設ける。

⑦ 実習生の評価

生活指導、ＨＲについては学級担任が、学習指導については教育実習指導教諭または栄養教諭が評価し、教務主任または給食主任がこれを受けて総合的に評価する。これをさらに栄養教育実習指導委員会で調整し決定する。

栄養教育実習の日程に関する試案

事前打ち合わせに関しては、実習開始の二週間前までに行う。

1．オリエンテーション
- ・学校長および教育実習指導教諭からの説明と打ち合わせ

2．新任式（全校児童への挨拶）
- ・実習一週間目の朝に行う
- ・教職員には出勤第1日目の朝に行う

3．講義
- ・小学校教育全般について（学校運営など含む）……担当　校長先生
- ・教員の服務規程について　……担当　教頭先生
- ・学習指導について（教育指導案の作成など）……担当　教育実習指導論・給食主任
栄養教諭
- ・児童・生徒指導について（学級指導・HRなど児童のかかわり方）・・担当
教務主任
- ・栄養相談・カウンセリングについて・・・・・担当　栄養教諭または養護教諭
（保健・安全も含めた児童とのかかわり方）

4．示範授業参観の実施

教育実習期間中の予定（例）

	1教時	2教時	3教時	4教時	5教時	6教時 放課後
月1日目	校長講話	教頭講話	実習指導教諭 教務主任 講話	講話の まとめ	実習ノート 教材研究 校舎見学等	
火2日目	←授業参観・示範授業など日程指示に従う→					
水3日目	教材研究・指導案の作成等 ←学級指導・授業参観・示範授業など日程指示に従う→					
木4日目	教材研究・指導案の作成等 ←学級指導・授業参観・示範授業など日程指示に従う→					
金5日目	研究授業（査定授業）の実施 ・日程は実習指導教諭の指示に従う					

5．各実習協力校の栄養教諭教育実習指導委員会は「教育実習の心得」を作成する。
以下の内容を網羅した教育実習の心得を作成すること。

①勤務について　②教育実習に関する諸注意　②実習生の授業中の態度
③授業における工夫や注意事項　④指導を受けるにあたって
⑤実際の授業にあたって　⑥児童に対しての接し方など

資 料 一 覧

愛知学院大学：「2007年度心身科学部履修要項」、「2010年度心身科学部履修要項」、「2010年度講義概要」、「2010年度時間割表」。

愛知学泉大学：「2007年度シラバス」、「2010年度シラバス」、「2007年度履修の手引き」、「2010年度履修の手引き」、「2007年度時間割表」、「2010年度時間割表」、「2007年度栄養教諭教育実習の手引き」、「2010年度栄養教諭教育実習の手引き」、「2007年度教育実習記録」、「2010年度教育実習記録」。

青森県教育史編纂委員会編『青森県教育史』（第4巻資料編2）青森県教育委員会、1971年3月。

青森県立大学：「2010年度学生便覧」、「2010年度入学案内」、「2010年度時間割表」。

秋永優子、中村修「食文化教育の観点から行う学校給食評価の試み」『日本調理学会誌』34（2）、2001年5月、181～189頁。

秋田県教育委員会、秋田県教育史領布会編『秋田県教育史』（第六巻通史編二）秋田県教育委員会1986年3月。

秋田県教育委員会・秋田県教育史分布配布会編『秋田県教育史』（第二巻史料編三）秋田教育委員会1983年2月。

荒井祐介、河野美穂、古畑公「管理栄養士養成施設カリキュラム改正の経緯とそのねらい」『臨床栄養』第98巻、第6号、2001年6月、646～649頁。

石井雅幸、塩塚宏治、鈴木映子「食育白熱教室（3）栄養教諭誕生までの社会・時代背景」『食育フォーラム』11（8）、2001年8月、健学社、61～70頁。

茨城キリスト教大学：「2010年度授業概要」、「2010年度履修要覧」、「2010年度　大学院履修要覧」。

今村かをる「私の考える21世紀の栄養士・管理栄養士像―高齢者介護の立場から―」『臨床栄養』第94巻、第1号、1999年1月、41～44頁。

岩手県教育庁「教育基本計画」岩手県教育庁、1968年3月。

大阪青山大学：「2010年度授業計画」、「2010年度学生便覧」。

大阪樟蔭女子大学：「2007年度講義要項」、「2010年度講義要項」、「2007年度学生便覧」、「2010年度学生便覧」、「2007年度履修の手引き（学部・大学院）」、「2010年度履修の手引き（学部・大学院）」、「2011年度大学総合案内」、「2010年度 授業

科目一覧表（時間割）」、「2010年度教職課程ガイドブック（栄養教諭）」、「2010年度栄養教育実習ノート」。

大阪府教育委員会『大阪府教育百年史』（第4巻史料編（3））大阪府教育委員会、1955年3月。

大妻女子大学：「2007年度履修ガイド」、「2010年度履修ガイド」、「2007年度　大学院便覧」、「2010年度大学院要覧」。

岡山県立大学：「2010年度保健福祉学部学生用シラバス」、「2010年度履修案内」、「2010年度教職実践演習シラバス」、「2010年度教職履修カルテ」。

沖縄県教育委員会編『沖縄の戦後教育史史料』（下部）沖縄県教育委員会、1978年3月。

お茶の水女子大学：「学生便覧別冊平成2007年度開講科目（文教育学部、理学部、生活科学部・博士課程前期）」、「2010年度開講科目（学部・博士課程前期）」、「教職員免許法に関する説明及び科目認定一覧表（学部・博士課程前期）」、独立行政大学法人大学評価・学位授与機構『平成21年度実施 大学機関別認証評価 評価報告書』平成22年3月、独立行政大学法人大学評価・学位授与機構「自己点検評価書『部局別評価結果報告書』」平成18年度お茶の水女子大学、「お茶の水女子大学教育情報の公表レビュー（学校教育法施行規則等の一部を改正する省令の実施により公開）」平成22年10月。

小浜市立小浜小学校「平成19年度学校要覧」未公刊。

小野尚美「学校給食法実施第二条の批判的検討序説」『岡山大学大学院社会文化科学研究科紀要』第23号、2007年3月、47〜61頁。

香川県教育委員会『香川県教育史』（通史編昭和20年〜平成10年）香川県教育委員会、2000年3月。

学校給食十五周年記念会編『学校給食15年史』文部省、日本学校給食会1962年3月。

神奈川県教育委員会編『神奈川県教育史資料』第二巻、神奈川県教育センター、財団法人神奈川県教育センター・神奈川県教育委員会財団法人神奈川県弘済会『神奈川県教育史』（通史編下巻）神奈川県教育委員会、1980年1月。神奈川県弘済会発行、1972年3月。同第4巻、1974年9月。

神奈川県立保健福祉大学：「2007年度シラバス授業概要（学部・大学院）」、「2010年度シラバス授業概要（学部・大学院）」、「2007年度学生便覧」、「2010年度学生便覧」、「2011年度ガイドブック」。

金田雅代『栄養教諭論』建帛社、2009年2月。

鎌倉市教育研究所編『鎌倉教育史』鎌倉市教育委員会、1974年3月。

鎌倉女子大学：「2007年度履修の手引き」、「2010年度履修の手引き」、「2007年度シラバス（全学部・短期大学部・大学院）」、「2010年度シラバス（全学部・短期大学部・大学院）」、「2007年度大学案内」、「2010年度大学案内」。

川崎医療福祉大学:「2007年度学生便覧」、「2010年度学生便覧」、「2007年度時間割」、「2010年度時間割」、「2007年度大学院要覧」、「2010年度大学院要覧」、「2007年度修士課程時間割」、「2010年度修士課程時間割」。

川村学園女子大学：「2007年度講義要綱」、「2007年度履修案内」、「2007年度授業時間割表」。

関西福祉科学大学：「2007年度授業概要」、「2010年度授業概要」、「2007年度学生便覧」、「2010年度学生便覧」、「2007年度時間割表」、「2010年度時間割表」、「2007年度教育実習要録」、「2010年度教育実習要録」。

畿央大学：「2007年度授業科目内容の概要と計画」、「2010年度授業科目内容の概要と計画」、「2007年度学生ハンドブック」、「2010年度学生ハンドブック」、「2007年度教職課程栄養教諭シラバス」、「2010年度教職課程栄養教諭シラバス」、「2007年度栄養教育実習の手引き」、「2010年度栄養教育実習の手引き」。

岐阜県教育委員会編『岐阜県教育史』（史料編近代3）岐阜県教育委員会、1999年3月。

岐阜県教育委員会編『岐阜県教育史』（史料編近代4）岐阜県教育委員会、1999年3月。

岐阜県教育委員会編『岐阜県教育史』（史料編近代5）岐阜県教育委員会、1999年3月。

岐阜県教育委員会編『岐阜県教育史』（史料編現代3）岐阜県教育委員会、1991年12月。

岐阜県教育委員会編『岐阜県教育史』（史料編現代2）岐阜県教育委員会、2000年12月。

岐阜県教育委員会編『岐阜県教育史』（通史編現代1）岐阜県教育委員会、2003年3月。

岐阜県教育委員会編『岐阜県教育史』（通史編近代4）2004年3月。

岐阜県教育委員会編『岐阜県教育史』（通史編現代2）岐阜県教育委員会、2004年3月。

岐阜県教育委員会編『岐阜県教育史』（通史編現代3）岐阜県教育委員会、2004年3月。

岐阜女子大学：「2010年度授業概要」、「2010年度学生便覧」、「2010年度大学院履修要項」。

九州栄養福祉大学：「2007年度シラバス」、「2010年度シラバス」、「2007年度学生便覧」、「2010年度学生便覧」。

九州女子大学：「2007年度シラバス」、「2010年度シラバス」、「2007年度学生便覧」、「2010年度学生便覧」、「2007年度時間割表」、「2010年度時間割表」。

京都光華女子大学：「2010年度授業計画」、「2010年度履修の手引き」、「2010年度時間割表」。

京都市教育委員会・京都市小学校校長会・京都市小学校給食研究会・京都市小学校PTA連絡協議会『子ども達の食生活を見直そう』京都市立小学校児童の食事調査（平成15年6月実施）結果、京都教育委員会、京都小学校長会、京都市小学校学校給食研究会、平成19年3月、1～105頁。

京都女子大学：「2010年度履修要項」、「2010年度履修の手引」、「2010年度単位履修要項」、「2010年度時間割表」、「2010年度教職課程ハンドブック」、「2011年度京都女子大学・短期大学部における大学点検・評価報告書」、「2011年度単位修得要領」、『2008年度京都女子大学栄養クリニック報告書』（第1号)、『2009年度京都女子大学栄養クリニック報告書』（第2号)、『2010年度京都女子大学栄養クリニック報告書』（第3号)、「京都女子大学栄養教育実習日誌」。

京都市立中学校長会・京都市教育委員会『選択制中学校の給食』2008年1月、1～5頁。

京都府立大学：「2007年度学生便覧」、「2010年度学生便覧」、「2010年度開講（学部・大学院）シラバス」、「2010年度『教職実践演習（栄養教諭)』教育実習簿」。

共立女子大学：「2010年度シラバス」、「2010年度時間割」、「2010年度履修ガイド・授業概要（学部・大学院)」、「2011年度栄養教育実習内諾依頼について」、「2011年度教育実習評価表」、「2011年度実習ノート」、「2011年度実習課題」。

近畿大学：「2007年度教職課程講義要項」、「2010年度教職課程講義要項」、「2007年度全学共通科目講義要項」、「2010年度全学共通科目講義要項」、「2007年度食品栄養学科授業計画」、「2010年度食品栄養学科授業計画」、「2007年度教職課程履修要項」、「2010年度教職課程履修要項」、「2007年度履修の手引き」、「2010年度履修の手引き」、「2010年度農学部教職教育科目時間割」、「2010年度農学部食品栄養学科時間割」、「2010年度農学部学部案内」、「2010年度教育実習実施要項『栄養教諭』」、「2010年度実習ノート」。

金城学院大学：「2010年度シラバス（生活環境学部)」、「2010年度履修要覧（生活環境学部)」、「2010年度『生活環境学部：教務関係事項スケジュール表、主な役職者および役割分担、アドバイザー教員等、共通教育科目等の時間割表、専門教育科目の時間割表』」。

園田女子大学、短期大学部：「2007 年度入学者履修の手引き」、「2010 年度入学者履修の手引き」、「2007 年度時間割一覧」、「2010 年度時間割一覧」、「2007 年度栄養教育計画案」、「2010 年度栄養教育計画案」、「2007 年度栄養教育実習記録」、「2010 年度栄養教育実習記録」。

熊本県立大学：「2007 年度シラバス（環境共生学部）」、「2010 年度シラバス（環境共生学部）」、「2007 年度履修の手引き」、「2010 年度履修の手引き」、「2007 年度時間割」、「2010 年度時間割」、「2007 年度栄養教育実習の手引き」、「2010 年度栄養教育実習の手引き」、「2007 年度環境共生学部食健康科学科案内パンフレット」、「2010 年度環境共生学部食健康科学科案内パンフレット」。

黒澤清香、伊藤みどり、浜野美代子「学校給食に対する保護者の意識」『東京家政学院大学紀要』19、1979 年 5 月、65～70 頁。

群馬県教育史研究編纂事務局、群馬県教育センター・群馬県教育委員会編『群馬県教育史』（第 4 巻昭和編）群馬県教育委員会、1975 年 3 月。

県立広島大学：「2007 年度人間文化学部コースカタログ（シラバス）」、「2010 年度人間文化学部コースカタログ（シラバス）」、「2010 年度人間文化学専攻コースカタログ（シラバス）」、「2010 年度学生便覧」、「2010 年度大学案内」、「2010 年度人間文化学専攻時間割（栄養科学・健康管理科学研究分野）」、「2010 年度シラバス教職実践演習（栄養教諭）」、「2010 年度栄養教育実習要領」、「2010 年度栄養教育実習記録」。

甲子園大学:「2007 年度シラバス」、「2010 年度シラバス」、「2007 年度学生便覧」、「2010 年度学生便覧」。

高知女子大学：「2007 年度シラバス」、「2007 年度学生便覧」、「2007 年度（学部・大学院）時間割表」。

神戸学院大学：「2007 年度シラバス」、「2010 年度シラバス」、「2007 年度履修の手引き」、「2010 年度履修の手引き」、「2010 年度大学院履修要項」、「2010 年度資格に関する履修の手引き（教職課程）」。

神戸女子大学：「2007 年度授業計画書」、「2010 年度授業計画書」、「2007 年度履修の手引き」、「2010 年度履修の手引き」、「2007 年度授業時間割」、「2010 年度授業時間割」、「2007 年度教職課程履修ガイドブック」、「2010 年度教職課程履修ガイドブック」、「2007 年度教職年報」、「2010 年度教職年報」、「2007 年度教育実習の手引きと記録」、「2010 年度教育実習の手引きと記録」、「2007 年度栄養教育実習評価表」、「2010 年度栄養教育実習評価表」、「2007 年度教育実習生出席表」、「2010 年度教育実習生出席表」、「2007年度教育実習実施計画に関する書類」、「2010年度教育実習実施計画に関する書類」、「2007年度シラバス『教職実践演習』『教職実践演習（栄養）』」、「2010年度シラバス『教職実践演習』『教職実践演習（栄養）』」。

神戸松蔭女子学園大学：「2007年度講義内容」、「2010年度講義内容」、「2007年度学生便覧（学部・大学院）」、「2010年度学生便覧（学部・大学院）」。

郡山女子大学：「2010年度大学案内」、「2011年度入学者選抜要項」。

埼玉県教育委員会、埼玉県教育局調査研究課「埼玉県教育要覧」、1956年9月。

佐賀県教育委員会「3学校給食」佐賀県教育史第5巻通年編（2）佐賀県教育委員会編纂委員会、1992年2月。

佐賀県教育史編纂会、佐賀県教育委員会編『佐賀県教育史』（第3巻資料編3）佐賀県教育委員会、平成2年12月20日、426～427頁、562～563頁、1344～1347頁。

滋賀県立大学：「2007年度シラバス・履修の手引き（学部・大学院）」、「2010年度シラバス・履修の手引き（学部・大学院）」、「2007年度キャンパスガイド」、「2010年度キャンパスガイド」、「2007年度時間割表（学部・大学院）」、「2010年度時間割表（学部・大学院）」、「2007年度教育実習記録（栄養教諭）」、「2010年度教育実習記録（栄養教諭）」。

四国大学：「2007年度履修要綱（学部・短期大学部・大学院）」、「2010年度履修要綱（学部・短期大学部・大学院）」。

静岡県教育史刊行会・静岡県教育委員会『静岡県教育史』（通史編下巻）静岡県教育委員会、1973年3月。

静岡県立大学：「2007年度食品栄養科学部履修要項」、「2010年度食品栄養科学部履修要項」、「2007年度大学院生活健康科学研究科履修要項」、「2010年度大学院生活健康科学研究科履修要項」。

実践女子大学：「2007年度講義概要」、「2010年度講義概要」、「2007年度履修要項」、「2010年度履修要項」、「2007年度時間割表」、「2010年度時間割表」。

社団法人長野市教育全史編集委員会編『長野市教育全史』長野県教育委員会、1991年3月。

尚絅学院大学：「2007年度シラバス」「2010年度シラバス」、「2007年度学生便覧」、「2010年度学生便覧」、「2007年度時間割」、「2010年度時間割」。

尚絅大学：「2010年度シラバス」、「2010年度学生便覧」、「2010年度栄養教育実習手引き」、「2010年度教育実習記録」。

椙山女学園大学：「2010年度シラバス・履修の手引き」、「2010年度時間割表」、「2010年度栄養教育実習の手引き」、「2010年度栄養教育実習記録」、「2010年度教職実践演習（栄養教諭シラバス）」。
聖徳大学：「2007年度人間栄養学部シラバス」、「2010年度人間栄養学部シラバス」、「2007年度人間栄養学部教育課程」、「2010年度人間栄養学部教育課程」、「2007年度大学院シラバス・教育課程」、「2010年度大学院シラバス・教育課程」、「2007年度人間栄養学部人間栄養学科専門教育科目履修要項」、「2010年度人間栄養学部人間栄養学科専門教育科目履修要項」。
女子栄養大学：「2007年度履修要綱（シラバス）」、「2010年度履修要綱（シラバス）」、「2007年履修の手引（大学・短期大学部・大学院）」、「2010年度履修の手引（大学・短期大学部・大学院）」、「2007年度時間割表」、「2010年度時間割表」、「2009年度女子栄養大学自己評価報告書」、「2011年度履修要綱」、「2011年度履修の手引」、「2012年度総合大学案内 女子栄養大学・女子栄養大学短期大学部」。
鈴木久乃「管理栄養士養成施設新カリキュラム―私はこう評価する―」『臨床栄養』第98巻、第6号、2001年6月、661〜664頁。
西南女学院大学：「2007年度シラバス」、「2010年度シラバス」、「2007年度履修の手引き」、「2010年度履修の手引き」、「2007年度キャンパスガイド」、「2010年度キャンパスガイド」。
仙台白百合女子大学：「2007年度学生便覧・シラバス」「2010年度学生便覧・シラバス」、「2007年度教職課程履修要項」、「2010年度教職課程履修要項」、「2007年度授業時間割」、「2010年度授業時間割」、「2007年度栄養教育実習日誌」、「2010年度栄養教育実習日誌」。
文部省体育局学校給食課「学校給食のあゆみと現状―学校給食法制定30年記念式典を終えて―」『初等教育資料』2月号、1984年、79〜89頁。
高崎健康福祉大学：「2007年度シラバス」、「2007年度学生ハンドブック（学部・大学院）」。
田中直「学校給食法の一部改正について」文部省『文部時報』第41号、1956年6月、33〜39頁。
田中宝三編集代表『甲府教育百年史』甲府市教育委員会、1967年12月。
千葉県教育百年史編纂委員会、千葉県教育センター、千葉県教育委員会『千葉教育百年史』（第四巻）千葉県教育委員会、1972年3月。
中国学園大学：「2007年度学生便覧」、「2010年度学生便覧」、「2007年度授業概要」、「2010年度授業概要」。
つくば国際大学：「2007年度授業計画」、「2010年度授業計画」、「2007年度学生便覧」、「2010年度学生便覧」。

帝京平成大学：「2010年度健康メディカル学部健康栄養学科シラバス」、「2010年度免許・資格の手引き」。
出浦照國「私の考える21世紀の栄養士・管理栄養士像―医師の立場から―」『臨床栄養』第94巻、第1号、1999年1月、31～35頁。
天使大学：「2007年度履修要項・授業概要（学部・大学院）時間割表」、「2007年度教職課程履修の手引き」。
東海学院大学：「2007年度履修の手引き」、「2010年度履修の手引き」、「2007年度時間割表」、「2010年度時間割表」。
東京医療保健大学：「2010年度履修案内」。
東京家政学院大学：「2007年度授業計画」、「2010年度授業計画」、「2007年度学生便覧」、「2010年度学生便覧」、「2007年度（学部・大学院）時間割表」、「2010年度（学部・大学院）時間割表」、「2007年度教育実習記録」、「2010年度教育実習記録」。
東京家政大学：「2007年度学生便覧（学部・短期大学部）」、「2010年度学生便覧（学部・短期大学部）」、「2007年度栄養教育実習手帳（実習ノート学部・短期大学部）」、「2010年度栄養教育実習手帳（実習ノート学部・短期大学部）」。
東京都立教育研究所編『東京都教育史』（通史編三）、1996年3月。
東京都立教育研究所編『東京都教育史』（通史編四）東京都立教育研究所、1997年3月。
東北生活文化大学：「2010年度シラバス」、「2010年度学生便覧」。
徳島大学医学部：「2010年度履修の手引き」、「2010年度徳島大学医学部概要」、「2010年度栄養教育実習日誌」、「2010年度教育実習個別評価表」、「2010年度徳島大学大学院栄養生命科学教育部人間栄養学専攻博士前期課程履修の手引き」、「2010年度授業一覧」。
外山健二「私の考える21世紀の栄養士・管理栄養士像―教育養成の立場から―」『臨床栄養』第94巻、第1号、1999年1月、52～55頁。
長野県教育史刊行会編『長野県教育史』（第3巻総説編3）長野県教育委員会、1983年3月。
中村学園大学：「2007年度シラバス」、「2010年度シラバス」、「2007年度学生便覧」、「2010年度学生便覧」、「2007年度履修ガイド」、「2010年度履修ガイド」、「2007年度オリエンテーション資料」、「2010年度オリエンテーション資料」、「2007年度大学案内・入試ガイド」、「2010年度大学案内・入試ガイド」、「2007年度時間割表」、「2010年度時間割表」。
中村丁次「新世紀の管理栄養士像とは」『臨床栄養』第96巻、第1号、2000年、38

～40頁。

中村鎮『教育技術としての学校給食』栗林書房、1949年9月。

名古屋経済大学:「2007年度学生生活ハンドブック」、「2010年度学生生活ハンドブック」、「2007年度時間割表」、「2010年度時間割表」。

名古屋文理大学：「2007年度シラバス・履修の手引き」、「2010年度シラバス・履修の手引き」、「2010年度教職課程履修の手引き」。

名寄市立大学:「2007年度シラバス」、「2007年度学生便覧」、「2007年度時間割表」、「2007年度入学案内」。

奈良県教育史百年史編纂教育委員会『奈良県教育百年史』奈良県教育委員会、1974年2月。

奈良女子大学:「2010年度専門教育ガイド」、「2010年度専門教育科目履修案内」、「2010年度シラバス」、「2010年度全学教育ガイド」、「2010年度履修案内」、「2010年度シラバス（学部・大学院）」、独立行政大学法人大学評価・学位授与機構『自己点検報告書』、平成21、20、18、16年度実施、大学機関別認定評価 自己評価書、平成19年6月、奈良女子大学。

新潟医療福祉大学：「2010年度学生便覧」、「2010年度授業計画（シラバス）」、「2010年度栄養教育実習要項」、「2010年度栄養学部栄養学科授業時間割表」、「2010年度学生実習カード」、「2010年度教育実習の記録」。

新潟県教育百年史編纂委員会編『新潟県教育百年史』（大正・昭和前期編）新潟県教育庁、1973年3月。

新潟県教育百年史編纂委員会・新潟県教育委員会編『新潟県教育百年史』（昭和後期編）新潟県教育庁、1976年3月。

新潟県立大学：「2010年度シラバス」、「2010年度学生便覧・履修の手引き」、「2011年度ガイドブック」。

新村洋史「学校給食法における学校給食運営の「直営原則」についての論証：学校給食を民間委託することの違法性に関する一考察」『金城学院大学論集社会科学編』1（1-2）、2005年3月、157～165頁。

新村洋史「いまなぜ、学校給食法の『改正』か」『食べもの文化』第386号、2008年3月、48～50頁。

ノートルダム清心女子大学：「2007年度授業案内（シラバス）」、「2010年度授業案内（シラバス）」。

西九州大学：「2007年度シラバス」、「2010年度シラバス」、「2007年度学生便覧（修学の手引き）」、「2010年度学生便覧（修学の手引き）」、「2007年度実践演習シラバス」、「2010年度実践演習シラバス」、「2007年度栄養教育実習日誌」、「2010年度栄養教育実習日誌」。

西宮市教育委員会事務局庶務課編『教育要覧』西宮教育委員会、1956年9月。

日本女子大学:「2007年度講義概要」、「2007年度履修の手引き」、「2007年度教職課程(栄養教諭)資料一式」、「2007年度実習ノート」、「2009年度日本女子大学点検評価報告書」。

原登久子「学校給食と食育」『梅花女子大学短期大学部研究紀要』55、2007年3月、15〜18頁。

兵庫県立大学:「2010年度講義要目」、「2010年度履修の手引き」、「2010年度大学案内」、「2010年度学部案内」、「2010年度時間割表」。

福井市和田小学校「栄養教諭教育実習計画」未公刊。

福井市和田小学校「学校給食実施献立表」未公刊。

福井市和田小学校「食育便り」未公刊。

福井県教育庁『3月末栄養教諭活動実績のまとめ』(平成19年度)。

福井県教育庁『栄養教諭活動実績(個別的な相談指導)報告書』(平成19年度)。

福島県教育センター編『福島県教育史』(第二巻)福島県教育委員会、1973年3月。

福島県教育委員会編『福島県教育史』(第4巻)福島県教育委員会、1974年3月。

藤沢教育文化センター・藤沢市教育委員会編『藤沢市教育史』(史料編第2巻)藤沢市教育委員会、1993年。同(史料編第3巻)2000年、同(史料編第4巻)2002年、同(史料編別巻)2003年。

藤沢市教育文化センター・藤沢市教育委員会編『藤沢市教育史』(史料編第4巻)藤沢市教育委員会、2003年3月。

藤女子大学:「2007年度学生便覧(学部・大学院)」「2010年度学生便覧(学部・大学院)」、「2007年度履修ガイドシラバス(学部)」、「2010年度履修ガイドシラバス(学部)」、「2007年度人間生活学部時間割(学部・大学院)」、「2010年度人間生活学部時間割(学部・大学院)」、「2007年度教職実践演習(栄養教諭)シラバス(未開講のため申請時のもの)」、「2010年度教職実践演習(栄養教諭)シラバス(未開講のため申請時のもの)」、「2007年度実習ノート(参考資料)」、「2010年度実習ノート(参考資料)」。

古家晴美「現代社会と『郷土食』」『筑波学院大学紀要』第3集、2008年3月、121〜133頁。

別府大学:「2007年度学生生活の手引き」、「2010年度学生生活の手引き」、「2007年度栄養教諭シラバス(学部・短期大学部)」、「2010年度栄養教諭シラバス(学部・

短期大学部)」、「2010 年度大学院生便覧」。

細谷憲政、杉浦信平、中村丁次、二見大介「21 世紀の栄養士・管理栄養士とは」『臨床栄養』第 94 巻、第 1 号、1999 年 1 月、22〜30 頁。

北海道立教育研究所編『北海道教育史』(戦後編五) 北海道教育委員会、1983 年 3 月。

北海道立教育研究所編『北海道教育史』(戦後編六) 北海道教育委員会、1989 年 3 月。

松本市教育百年史刊行委員会・松本市教育委員会編『松本市教育百年史』松本市教育委員会、1978 年 2 月。

三重県総合教育センター編『三重県教育史科目並びに課題』三重県教育委員会、1978 年 2 月。

南久則、鈴木公、菅野道廣「管理栄養士養成施設新カリキュラム—私はこう評価する—」『臨床栄養』第 98 巻、第 6 号、2001 年 6 月、665〜669 頁。

美作大学:「2007 年度シラバス」、「2010 年度シラバス」、「2010 年度履修要項」、「2010 年度時間割表」。

宮城学院女子大学:「2007 年度シラバス」、「2010 年度シラバス」、「2007 年度学生便覧」、「2010 年度学生便覧」、「2007 年度時間割表」、「2010 年度時間割表」。

宮城県教育委員会編『宮城県教育百年史』(第三巻昭和後期編) 宮城県教育委員会、1975 年 3 月。

宮本佳代子「私の考える 21 世紀の栄養士・管理栄養士像—病院栄養士の立場から—」『臨床栄養』第 94 巻、第 1 号、1999 年 1 月、36〜40 頁。

武庫川女子大学:「2007 年度教職への道栄養教諭シラバス (大学・短大)」、「2010 年度教職への道栄養教諭シラバス (大学・短大)」、「2007 年度時間割」、「2010 年度時間割」、「2007 年度学生便覧」、「2010 年度学生便覧」、「2007 年度履修手引き」、「2010 年度履修手引き」、「2007 年度教育実習ハンドブック (栄養教育実習)」、「2010 年度教育実習ハンドブック (栄養教育実習)」、「2007 年度栄養教育実習の記録」、「2010 年度栄養教育実習の記録」。

村山伸子「管理栄養士養成教育の改革と大学教育 (保健・医療・福祉専門職の養成と生涯学習)」『新潟医療福祉学会誌』4 (2)、2005 年 3 月、43〜48 頁。

文部科学省初等中等教育局教職員課『平成 17 年度教員の免許状授与の所要資格を得させるための大学の課程認定申請の手引き』2005 年。

文部科学省初等中等教育局教職員課『平成 19 年度教員の免許状授与の所要資格を得させるための大学の課程認定申請の手引き』2007 年。

文部科学省初等中等教育局教職員課『平成 20 年度教員の免許状授与の所要資格を得させるための大学の課程認定申請の手引き』2008 年。

文部科学省初等中等教育局教職員課『平成21年度教職課程認定申請の手引き（教員の免許状授与の所要資格を得させるための大学の課程認定申請の手引き）』2009年。

文部科学省初等中等教育局教職員課『平成22年度教職課程認定申請の手引き（教員の免許状授与の所要資格を得させるための大学の課程認定申請の手引き）』2010年。

文部省『震災後の学校給食状況調査概要』1924年1月。

文部省『昭和27年度の学校給食方針』1952年3月。

文部省「学校給食指導の手引」『第5章健康教育における学校栄養職員の役割』学校給食、慶應義塾大学出版会、平成4年7月、81～101頁。

八倉巻和子「私の考える21世紀の栄養士･管理栄養士像―教育養成の立場から―」『臨床栄養』第94巻、第1号、1999年1月、45～51頁。

安田女子大学：「2007年度学生ハンドブック（学部・短期大学）」、「2010年度学生ハンドブック（学部・短期大学）」、「2007年度学生便覧（大学院）」、「2010年度学生便覧（大学院）」、「2007年度履修の手引き」、「2010年度履修の手引き」、「2010年度免許・資格の手引き」、「2010年度入学案内」。

山形県教育委員会『学校給食70年のあゆみ』山形県教育委員会、1959年11月。

山形県教育委員会編『山形県教育百年史』山形県教育委員会、1979年3月。

山形県教育委員会編『山形県教育史』（通史下巻）山形県教育委員会、1993年12月。

山梨県教育委員会編『山梨県教育史』第2巻（大正･昭和前期編）山梨県教育委員会、1978年3月。

酪農学園大学：酪農学園大学、短期大学部：「2007年度履修ガイド」、「2010年度履修ガイド」、「2009年度教職課程履修の手引き」。

和歌山県教育史編纂委員会、和歌山県教育委員会『和歌山県教育史』（第3巻史料編）、2006年3月。

渡辺明治、青木弥生、丸山千寿子「治療に貢献する臨床栄養学とは―医師・栄養士の教育システムから考える―」『臨床栄養』第96巻、第1号、2000年1月、22～34頁。

渡邊昌「管理栄養士養成施設カリキュラム改正の概要」『臨床栄養』第98巻、第6号、2001年6月、650～656頁。

和洋女子大学：「2007年度シラバス（学部・大学院）」、「2010年度シラバス（学部・大学院）」、「2007年度学生便覧（学部・大学院）」、「2010年度学生便覧（学部・大学院）」。

資　料

文部科学省管轄の実習と厚生労働省管轄の実習を併せて実施した場合の案
～栄養教育実習として校外実習１週間と教育実習１週間を併せて２週間実施の場合～

小学校栄養教諭・教育実習指導要領（案）
（教育実習実施計画）

川越有見子

厚生労働省管轄

『栄養士免許取得のための校外実習』

実習期間：前半１週間

小学校学校給食管理校外実習指導要領の案

1．実習期間・実習生数

①平成　年　月末から　月末までの２週間

（給食管理実習１週間＋栄養教育実習１週間＝２週間）

②実習生数　　名

2．実習の目的

①栄養士養成に必要な「給食の運営」について現場における体験を通して、給食業務を行うために必要な給食サービスを学び、栄養士に求められる知識および技能を習得する。

②栄養教諭の仕事は単なる給食の管理だけでなく、子どもの成長・発達段階に応じた健康教育が実践されていることを理解し、さらに自らすすんで児童と接することで、子どもの視線から給食を考えられるようになる。

3．実習内容

目的に則し、給食業務の概要と給食計画を含めた給食の実務の実際について理解することに留意したものであり、具体的には「給食の運営」に必要な給食費、献立作成、材料発注、検収、食数管理、調理作業、配膳などの基本的業務および給食に関連のある栄養教育である。

①給食機構の概要、給食施設の特色、給食の目的・目標

②献立作成および栄養価格算定、食料管理、調理（盛り付け、配膳を含む)、衛生管理などの給食実務

③給食の時間に児童と交流を深め、校内放送で栄養講話を行うなど、学校給食についての多面的な考察をする。

④学生立案献立を調理･供食･全体指導を行わせて指導する。ただし、指導の内容は、実習施設校の裁量とする。学生立案献立を実施しない場合は、現場実習での体験や実践活動における課題を提示することが望ましい。

4．実習の種類及び単位数

「給食の運営」について１単位とする。

実習１単位は、実習施設の管理栄養士・栄養士の実務時間に合わせ、事前学校訪問などを含め合計45時間とする。

5．実習施設

集団給食施設において実施し、管理栄養士または栄養士が専従する施設であること。

6．守秘義務

児童個人を特定できる情報が外部に流出しないように実習生に徹底させる。

7．反省会

教育委員会、給食係校長、実習施設校の栄養教諭、学校栄養職員、実習担当教員、大学教員による実習終了後の反省会を大学で行う。

8．事前指導

実習前に教育委員会栄養士または栄養教諭から、小学校における給食の概要、施設の特徴、実習にあたっての受け入れ側の諸注意などの説明および給食に関わる教育についての指導を受ける。

9．小学校における実習実施計画の作成

①実習施設校の協力を得て、次のような計画のもとに実習が実施されることを希望するが、実習施設の業務に支障のない範囲で、計画･立案くださるようお願いする。

○事前学校訪問（オリエンテーション）
…実習前に実習生が実習施設校を訪問し、施設の概要、実習指導計画についての説明や学校内および給食施設の見学等が行われること。

○実習実施　…上記の実習目的と内容に準じて作成された実施計画に基づいたものであること。

○反省会の開催…実習終了後、栄養教諭もしくは実習担当教員等と実習生が実習内容と反省等について話し合いの場を持ち、今後の指針指導がなされること。

◆実習実施計画（例）

日程	月日	実習内容	
		午前	午後
1日目	□／◎	◇事前学校訪問（オリエンテーション）…実習概要・注意事項・自己紹介 ◇学生立案献立の検討	
2日目	○／△ (月)	◇管理者・関係者への挨拶 ◇施設・機器の概要と特徴説明	◇現場実習 ◇安全衛生管理の概要

		◇業務の概要 ◇施設見学 ◇子どもとのふれあい（給食時間など）	◇栄養士の役割 ◇子どもの発達と給食・栄養教育に関する講義 ◇学生立案献立の検討、食材の発注 ◇実習ノートの記録・提出
3日目	○／△ （火）	◇下処理・調理・配食等実習 ◇子どもとのふれあい（給食時間など）	◇現場実習 ◇栄養管理・献立管理 ◇学生立案献立全体指導資料作成 ◇実習ノートの記録・提出
4日目	○／△ （水）	◇下処理・調理・配食等実習 ◇子どもとのふれあい（給食時間など）	◇現場実習 ◇学生立案献立実施の打合せ ◇実習ノートの記録・提出
5日目	○／△ （木）	◇学生立案献立実習 ◇全体指導	◇現場実習 ◇事務・帳票類の説明・記入 ◇実習ノートの記録・提出
6日目	○／△ （金）	◇下処理・調理・配食等実習 ◇子どもとのふれあい（給食時間など）	◇現場実習 ◇反省会 ◇実習ノートの整理・提出 ◇実習反省記入・提出

10. 実習生の提出物

①学生立案献立または課題

②事前学校訪問および実習期間中、栄養教諭もしくは実習担当教員に校外実習ノートに実習内容と反省・感想等を記録して毎日提出する。

③実習終了後、実習生は「小学校給食管理校外実習　反省（実習先提出用）」を記入して、実習施設校へ提出する。

11. 給食管理実習票の記録について

実習第1日目に提出する給食管理実習票に、実習期間、実習施設名、所在地、実習時間数（45時間）を記録し、指導責任者が確認、捺印の上、実習終了後1ヶ月以内に「給食管理校外実習成績評価表」と一緒に大学へ返送する。

12. 給食管理校外実習成績評価表

別紙評価表の各評価項目の評点化と総合所見欄について指導責任者が記録し、捺印の上、大学に送付する。返却期限は、実習終了後1ヶ月以内とする。

13. その他の事項

実習する学生が何らかの事故により食中毒の疑い等が判明した場合は、教育委員会、実習先学校に報告し、教育委員会からの指示を受ける。

【参考】

1）臨地・校外実習の実際　—改正栄養士法の施行にあたって—　2002年版
　：（社）日本栄養士会、（社）全国栄養士養成施設協会編

2）管理栄養士養成施設における臨地実習及び栄養士養成施設における校外実習について
　（平成14年4月1日　14分科高第27号　健発第0401009号）

※大学側より実習校へ実習内容の細案を示し、小学校で実習内容を検討する基本となるものである。実習までの事前指導がどのように実施されているかが明確となる。

平成　　年　小学校給食管理実習実施細案※

1．実習期間

平成　　年8月末から9月末までの2週間の栄養教育実習期間のうち前半の1週間

2．実習生　個人調書

3．内容

(1) 小学校給食管理校外実習指導要領　別紙参照

(2) 要点

①施設の機構概要（説明・見学）

②献立作成および栄養価格算定、食料管理、厨房・衛生管理業務等

③受け入れ校の裁量による学生立案献立または実践活動における課題

④反省会

4．実習実施計画の作成

上記の内容を参考にしていただき、各小学校の特性を踏まえて作成してくださいますようお願い申し上げます。

5．事前指導について

例年5月に小学校栄養教諭、より、「栄養教諭の職務内容～食に関する指導と給食管理」についてご講義を受けています。

6．事前学校訪問（オリエンテーション）について

実習生が事前に学校を訪れますので、オリエンテーションとして、実習の説明、調理場の施設見学（白衣・上下、三角巾持参）、学生立案献立または課題の打合せ、給食の検食（実習生の実費負担）などをお願い致します。

7．学生立案献立または課題

学生立案献立を実習校で実施させていただく場合は事前学校訪問時に、献立指導、

全体指導（校内放送・ビデオ撮りや全校集会）を含めて、打合せを行って下さい。または給食管理実習がさらに充実するように、実習前に課題を与えてください。その際はテーマ・内容などをなるべく詳しくご教示下さい。（別紙「連絡事項」にご記入下さい）

8. 大学教員の巡回指導

大学教員は実習期間内に実習施設校を訪問し、実習担当教員、栄養教諭、学校栄養職員、実習生と実習の日程、内容、周知不足の有無、学生の実習態度、教育上の改善事項等について意見交換を行い、今後の教育の充実に役立てます。

9．学生が持参するもの

(1) 出勤簿、印鑑

(2) 細菌検査証明書

(3) 給食管理実習票

(4) 身支度

＜全員共通＞　胸章、白衣（上下)、三角巾、マスク、ネームプレート、包丁（牛刀、菜切り)、上履き、教室用エプロン、その他

＜ドライシステム校＞　布製エプロン３枚、厨房靴

＜ウエットシステム校＞　ビニール製エプロン２枚（白・ピンク)、布製エプロン１枚、長靴、厨房靴

(5) 筆記用具　実習ノート、食品成分表、献立表、電卓など

(6) 学生立案献立と全体指導の骨子または課題

(7) 給食費（小学校の事務に支払います）

（実習２週間分と学校訪問日分）

(8) その他

10. 実習成績評価

別紙評価表にて、評価の観点ごとに、三段階方式で評価して下さい。実習後１ヶ月以内にご記入・捺印の上、ご返送下さい。

11. 自家用車の使用について

実習生には公共の交通手段を用いるよう指導していますが、通勤が不可能な場合は自家用車の使用をお認め下さい。駐車願を提出しますので、駐車許可証を発行して下さい。

12. その他

実習謝金については、市内実習協力校においては廃止となりました。

その他の実習校においては学生の実費負担とします。

※学生は、実習終了後の校外実習に関する反省・感想等を記載する。

平成　　　年度

小学校給食管理校外実習　反省・感想記録用紙※（実習先提出用）

小学校

年＿＿＿＿番　　氏名　＿＿＿＿＿＿＿＿＿＿＿＿

実習期間　：　　　　年　　月　　日 ～　　月　　日

反省・感想

・給食実務（献立管理、栄養価格算定、発注・検収、調理、配膳、衛生管理など）

・学生立案献立、全体指導または課題

・給食の時間（児童との交流、食・栄養に関する教育）

・総括

給食管理校外実習成績評価表

小学校名＿＿＿＿＿＿＿＿　学校長名＿＿＿＿＿＿＿＿

指導者名＿＿＿＿＿＿＿＿㊞

内容＼実習者氏名				
勤務状況	実習日数　（日）			
	実習時間　（時間）			
	欠席数　（日）			
	遅刻・早退　（回）			
評価項目	①厨房作業 ・調理技術・判断力・正確性 ・手順、能率・積極性・責任感	①　A・B・C	①　A・B・C	①　A・B・C
	②管理業務 ・衛生・物品・作業管理の知識と実践	②　A・B・C	②　A・B・C	②　A・B・C
	③学生立案献立作成と実施 ・献立の妥当性 ・発注・作業計画・出来上がり	③　A・B・C	③　A・B・C	③　A・B・C
	④全体指導、食・栄養に関する教育 ・資料の選択と活用 ・わかりやすさ	④　A・B・C	④　A・B・C	④　A・B・C
	⑤課題 ・取り組み方 ・まとめ方	⑤　A・B・C	⑤　A・B・C	⑤　A・B・C
	⑥人との交流…児童、教職員 ・積極性・協調性 ・社会性・誠実さ	⑥　A・B・C	⑥　A・B・C	⑥　A・B・C
	⑦事務処理 ・正確性 ・手順、能率	⑦　A・B・C	⑦　A・B・C	⑦　A・B・C
総合評価		A・B・C	A・B・C	A・B・C
総合所見				

（付記）評価参考　1. 評価は三段階方式で該当するところを○で囲んで下さい。

2. 総合評価・所見欄は全般についてまとめて記入して下さい。

A	B	C
優	良	可

文部科学省管轄

『栄養教諭一種免許状取得のための教育実習』

実習期間：後半1週間

年度・小学校栄養教諭・教育実習指導要領

実習協力校　　　実習生割り振り（　　名）

市立　　小学校	名	町立　　小学校	名
市立　　小学校	名		
市立　　小学校	名		

1.　　年度　　年生の教育実習時期について
平成　　年度は　8月末～9月末とする。

2. 実習の種類と期間
栄養教育実習、期間は1週間とし、給食管理実習含めて2週間とする。

3. 教育実習の内容と指導方法および運営に関して、実習協力校で栄養教育実習指導委員会を設ける。小学校に関してはこれまで教育実習の受け入れがあることから、すでに教育実習運営に関する組織化がなされていることを前提にその形態に準じてもよい。

・栄養教育に関しての委員会構成として
学校長・教頭・教務または教育実習指導教諭・給食主任・学級担任・養護教諭・栄養教諭（委員構成に関しては学校裁量）
・学校教育全般について、それぞれの担当より指導を行う。

1. 学校運営の概要	学校長
2. 教員の服務	教頭
3. 栄養教育実施計画・全体指導	教務または教育実習指導教諭・給食主任栄養教諭
4. 学習指導・指導案作成・教材研究 教具の活用等に関する指導	教育実習指導教諭・栄養教諭
5. 児童指導・学級指導	学級担任・教育実習指導教諭・栄養教諭
6. 栄養相談・カウンセリング指導	栄養教諭・養護教諭
7. 実習生の成績評価	教育実習指導教諭・給食主任・栄養教諭 教育実習指導委員会メンバー

4．教育実習期間の指導内容

(1) 実習の事前指導

教育実習指導委員会の指導計画に基づき、教育実習指導教諭または栄養教諭から実習内容の説明、校舎案内、指導の概要について事前指導を行う。

(2) 教育実習指導教諭

学習指導面については教育実習指導教諭、栄養教諭、児童の生活指導、HR については学級担任が指導を行う。

(3) 栄養教育実習

実習生は食に関する指導（特別活動）について指導案を作成し、実習授業を行う。指導教諭の示範授業による指導などを学び、十分な準備の上で実習に当たる。

① 実習授業は１週間で２時間とする。

・正式指導案は２時間分とし、そのうち研究授業は１時間設定する。

・研究授業１時間の指導案については、細案を作成し、遅くとも当日朝までに教員全員に配付する。

② 授業実施後は参観した教諭に指導を受ける。

・指導を受ける時間は当該教諭の指示による。

③ 学級の場での実習

TT による授業は栄養教育にとって必要不可欠であり、学級担任または栄養教諭を通して担任の補助的役割を受け持たせる。その際、児童の生活指導について実習させる。そのために必要と思われる学級に関する諸資料を実習生に提示し、指導のあり方、学級の方針、学級の状況などについて説明指導する。

④ 研究授業の日時については、教育実習指導教諭または栄養教諭の指示による。

⑤ 実習生の実習記録（実習ノート）に関しては、教育実習指導担当教諭（学級担任）または栄養教諭が毎日点検し指導する。

・提出に関する詳細は指導学校の指示による。

・最終日の提出に関しても指導学校の指示に従い、後日の提出も可とする。

⑥ 健康に関わる部分として、１日の健康観察や給食の時間のかかわり、清掃などの指導・助言の時間を設ける。

⑦ 実習生の評価

生活指導、HR については学級担任が、学習指導については教育実習指導教諭または栄養教諭が評価し、教務主任または給食主任がこれを受けて総合的に評価する。これをさらに栄養教育実習指導委員会で調整し決定する。

栄養教育実習の日程

事前打ち合わせに関しては、実習開始の２週間前までに行う。

１．オリエンテーション
- 学校長および教育実習指導教諭からの説明と打ち合わせ

２．新任式（全校児童への挨拶）
- 実習１週間目の朝に行う。
- 教職員には出勤第１日目の朝に行う。

３．講義
- 小学校教育全般について（学校運営など含む）……担当　校長先生
- 教員の服務規程について　……担当　教頭先生
- 学習指導について（教育指導案の作成など）……担当　教育実習指導教諭・給食主任・栄養教諭
- 児童・生徒指導について（学級指導・HR など児童のかかわり方）…担当　教務主任
- 栄養相談・カウンセリングについて（保健・安全も含めた児童とのかかわり方）……担当　栄養教諭または養護教諭

４．示範授業参観の実施

教育実習期間中の予定　（例）

	１教時	２教時	３教時	４教時	５教時	６教時 放課後
月 １日目	校長講和	教頭講和	実習指導教諭 教務主任講和	講和のまとめ	実習ノート 教材研究 校舎見学等	
火 ２日目	←授業参観・示範授業など日程指示に従う→					
水 ３日目	教材研究・指導案の作成等 ←学級指導・授業参観・示範授業など日程指示に従う→					
木 ４日目	教材研究・指導案の作成等 ←学級指導・授業参観・示範授業など日程指示に従う→					
金 ５日目	研究授業の実施 ・日程は実習指導教諭の指示に従う					

５．実習協力校の栄養教諭教育実習指導委員会は「教育実習の心得」を作成する。
①勤務について　②教育実習に関する諸注意　②実習生の授業中の態度　③授業における工夫や注意事項　④指導を受けるにあたって　⑤実際の授業にあたって　⑤児童に対しての接し方など

「小学校栄養教育実習実施細案」

1．実習期間

平成　　年８月末～　９末迄の２週間、うち前半は校外実習（栄養士免許取得のための実習）、後半１週間は教育実習とする。

実習期間については、基本的には、厚生労働省の15回の授業時間を厳守する必要があるため、夏休み期間中の実習を行うことが基本である。そのため、期間は８月末から９月中旬までの２週間を実習期間とすることが望ましい。

2．実習生個人調書

どのような学生が実習にいくのか、所属学級などを決定する際の参考となる内容の個人調書を作成し実習学校へ渡すことが望ましい。

3．内容

(1) 小学校栄養教諭・教育実習指導要領（教育実習計画）別紙参照（大学側で実習内容について明確に示すことが必要）

(2) 要点

①　小学校教育全般（学校運営と組織機構等）

②　学習指導について（教育指導案の作成等）

③　児童・生徒指導（給食時間の指導、学級指導・HRなど児童のかかわり方）

④　研究授業の実施（授業参観を含む）

⑤　反省会

4．実習実施計画の作成

上記の内容を参考にし、各学校の特性を踏まえて作成する。

5．実習前指導について

平成　年　月　日に市教育委員会指導主事との連携をすることで「栄養教育学習指導について」、「栄養教育学習指導案作成について」の指導を受けることが望ましい。実習生各自が研究授業におけるテーマを決め、指導案をたて、教材作成を行い教育実習に臨むことを指導する。事前訪問時に実習したいテーマを指導担当者へ申し出、指示・指導を受ける。実施の時期は４月もしくは５月の早い段階から行う。

6．事前学校訪問（オリエンテーション）について

栄養教育実習では、実習生が事前に学校訪問し事前指導を受けることになっている。オリエンテーションとして、教育実習の概要説明、実習担当教員の紹介、受け持ちクラス、研究授業のテーマ、指導案作成に関する諸注意、児童とのかかわり方、教育実習に関する注意項などについて指導する。

7．研究授業の実施と指導案作成

　教育実習では研究授業を実施する。教育委員会の指導は研究授業の食に関する指導についてテーマを決定し、事前訪問時に伝えるよう指導を受けている。さらに、指導案作成に関して実習校から指導を受けることで、研究授業の完成と充実した教育実習を目指し積極的に学んで行くことが可能となる。事前に課題があれば、その内容について詳しく教示し実習期間が短期間あることを克服する。

8．大学教員の巡回指導

　大学教員は実習期間内に実習協力校を訪問し、実習担当教員、栄養教諭、実習生と実習の日程、内容、学生の実習態度、教育上の改善事項等について意見交換を行い、今後の教育の充実に役立てる。

9．研究授業の参観

　大学教員は巡回指導時に研究授業の参観をし、実習学生の学習成果の検証を行い、より一層の教育の向上に役立てることを目的に実施する。

10. 教育実習終了後のレポート提出

　実習終了後にレポート提出を義務づける。栄養教諭としてどのような食育の取り組みを行っていくことが必要であるか、教育実習を通して学んだことを、実習の集大成としてレポート提出をする。（大学では後日日程を設けて学科全体で、実習反省報告会を行う。その際、実習先教員を招き意見等をもらう）

11. 学生が実習先へ持参するもの

(1) 筆記具、印鑑、学習指導案、教材・教具、実習ノート
(2) 給食管理実習で使用するもの一式（給食管理校外実習指導要領参照）
(3) 給食費（給食管理実習含む）
(4) その他

12. 実習成績評価

　評価表にて、評価の観点ごとに、三段階方式で評価をする。実習後1ヶ月以内に記入・捺印の上、ご返送いただく。

　栄養教育実習として、給食管理実習も踏まえて評価をする。

13. 自家用車の使用について

　実習生には公共の交通手段を用いるよう指導していますが、通勤が不可能な場合は自家用車の使用をお認め下さい。その際は、駐車願を提出いたしますので、駐車許可証を発行してください。

栄養教育実習（栄養教諭・栄養士）連絡事項

下記の事項にご記入の上、平成　　年　月　　日（　曜日）迄に、実習担当者までご連絡下さい。

＿＿＿＿＿＿＿＿小学校

1．給食数：小学校分　　　　　　食　中学校分　　　　　　食

2．始業時間：＿＿＿＿＿時＿＿＿＿＿分

3．事前訪問日を1日予定しています。教育実習担当教諭との面談、配属クラスの参観、給食時間の見学・試食を組み入れていただきたいので、都合のよい日時をご検討下さい。（3時間～1日）

　　月　　　日（　　曜日）　時間　　　　：　　　～　　　　：

また、事前訪問時には、筆記用具と調理室用の身支度（白衣上下・三角巾）は準備していきますが、その他、必要なものがあればご記入してください。

（　　　　　　　　　　　　　　　　　　　　　　　　　　　　　　）

4．研究授業の日程をご記入下さい。（9月○○日午前または9月○○日）

　　月　　　日（　　曜日）　時間　　　　：　　　～　　　　：

5．教育実習終了後にレポートを提出いたします。

6．実習生の配属学年をご記入ください。

（　　　　　　）年　　実習生名＿＿＿＿＿＿＿＿＿＿

（　　　　　　）年　　実習生名＿＿＿＿＿＿＿＿＿＿

（　　　　　　）年　　実習生名＿＿＿＿＿＿＿＿＿＿

7．その他ございましたらご記入下さい。

大学実習担当教員　　　　研究室　TEL・FAX　○○○—○○○—○○○
メール：

担当助手　　　合同研究室　TEL・FAX　○○○—○○○－○○○
メール：

栄養教育実習の感想と反省レポートの提出（実習先提出用）

栄養教育実習の集大成として以下の内容についてレポート提出を行います。
表紙を付けて A4 3 枚以内、実習終了月の 9 月末日まで提出

1．食に関する指導・学級指導・教育指導案の作成に関して、授業参観について

2．栄養教育実習を通して学校での食育をどのように考えたのか、多くを学んだ中から自分が考える食育をどのように実践したいのか

3．栄養教育実習を通して「気づき、発見、課題解決」について
・実際の教育現場ではどのよう気づきがあったのか
・どのような発見があったのか
・これらをどのように解決をしたのか

4. 栄養教諭の役割とは何か

（鉛筆使用を禁ずる）

大学　平成　　　年度

栄養教諭・教育実習成績評価票

実習生	氏名		実習校	学校名	小学校
				学校長	印
	所属	学科		栄養教育 指導担当教諭	印
				学級指導教諭	印

評価項目	評価の観点	評価	備考
1. 学習指導	a. 教材研究と指導立案　(　　) b. 指導の方法および技術　(　　) c. 評価の適正と評価結果の整理　(　　)	A　B　C　D	
2. 児童とのかかわり	a. 児童の理解　(　　) b. 学級活動指導の方法と適正　(　　) c. 栄養相談などへの参加と指導　(　　)	A　B　C　D	
3. 研究態度	a. 自主的な問題意識の把握　(　　) b. 公正な判断　(　　) c. 創造的な問題解決　(　　)	A　B　C　D	
4. 勤務態度	a. 児童及び教師に対する人間関係　(　　) b. 各種集会への積極的な参加　(　　) c. 事務処理の適正　(　　)	A　B　C　D	
5. 栄養教諭としての適性	a. 栄養士および教師としての資質　(　　) b. 学級担任、教科担任との連携　(　　) c. 給食時間の指導および個別指導　(　　)	A　B　C　D	

勤務状況	出席日数	実習授業回数	欠席	遅刻	早退
	日	回	日	回	回

総合所見		総合評価	A　B　C　D

注 1. A（80 点以上）、B（70～79 点）、C（60～69 点）、D（59 点以下）で、評価項目ごとに○でかこんでください。

2.「総合所」欄には、実習全般にわたっての総合的な所見を記入してください。その際、学識、技能、教育的識見、教員としての適格性を所見の観点にしてください。

お茶の水女子大学１　教育職員免許法施行規則に定められた「栄養に係る教育に関する科目」「教職に関する科目」授業内

整理の項目	栄養に係わる教育に関	
科目名	学校栄養教育論Ⅰ	学校栄養教育論Ⅱ
単位・受講期	2～3年次　前期集中　2単位　選択必修（分担5名）隔年開講科目 （学校栄養教育論Ⅰを受講しないと、学校栄養教育論Ⅱ、栄養教育実習は履修できない）	（－）
授業の目標	児童生徒の栄養に関する指導および管理をつかさどり、食に関する指導を実践するための総合的な理解を深める。栄養教諭としての使命や問題意識を持ち、小中学校での栄養教育・食環境教育を行う上で必要な食と栄養に関する知識を学ぶ。	（－）
今日的な課題	（－）	（－）
教師としての資質	教員としての資質の他に、「生活者の視点に立った捉え方ができるか」が重要である。	（－）
授業の概要	（－）	（－）
授業計画の検討	1　食に関する指導の意義 2　食に関する指導に係る法令、諸制度 3　栄養教諭の職務内容、使命、役割 4　家庭、地域と連携した食に関する指導 5　教科における食に関する指導 6　学校における食に関する指導の現状と課題（演習を含む） 7　食文化とその歴史 8　学校給食における栄養・衛生管理 9　給食時間における食に関する指導	（－）
教員の要望	前期集中科目、詳細は別途案内する　授業の形態：講義、演習	（－）
評価	（－）	（－）
教材・参考文献	未定	（－）

容の整理

（－）：シラバスに記載なし

する科目	教職に関する科目
(学生便覧に記載なし)	教職概論
	1年次　前期　選択必修（分担4名） （教職課程を履修する1年生は必ず受講すること）
	・教職の意義及び教員の役割について講義し、教職に関する理解と関心をもてるようにすると共に、教職の進路選択に資する機会の提供等を行うことを目的とする。 ・4名の教員によるオムニバス形式の連続講義である。 ・教職課程カリキュラム全体の入門科目に相当するので、本科目を履修しながら、教職についての自分の考え方や進路選択の方向性を定め、教職課程を履修するかどうか判断してほしい。
	（－）
	（－）
	（－）
	1　ガイダンス　教職にかかる基本法制度 2　教職・教員養成の歴史 3　教職・教員養成の歴史 4　教職・教員養成の歴史 5　教育実践者としての教師 6　教育実践者としての教師 7　教育実践者としての教師 8　教職のあり方についての思想、理念、理論 9　教職のあり方についての思想、理念、理論 10　教職のあり方についての思想、理念、理論 11　教職のあり方についての思想、理念、理論 12　教員の養成、採用、研修、職務、待遇 13　教員の養成、採用、研修、職務、待遇 14　教員の養成、採用、研修、職務、待遇 15　まとめ
	職業に直結する授業科目のため、職業意識をもって臨むこと。各教員がそれぞれの担当範囲に即して、試験あるいはレポートによって評価を出します。その合計を全体の評価とする。出欠（欠席・遅刻）を厳格に確認する。
	中間試験　出席
	授業時に随時指示する。 教師テキスト・シリーズ第3巻「教育史」を教科書として使用する予定。なお、「教育原論（思想・歴史）」「教育史概論」でも使用する。

（2007年度 学生便覧より改変して筆者作成）

お茶の水女子大学２

整理の項目	教　　職　　に　　関	
科目名	教育原論（思想・歴史）	教育
単位・受講期	1～3年　後期　2単位　選択必修　（分担2名）	2～4年　前期
授業の目標	・前半では、教育の理念ならびに教育に関する思想に関しては、講義を行い、現代の学校教育が直面する問題の思想史的背景について解明を行う。 ・後半では、主として日本の教育の歴史に関する基本的な事項を概説し、歴史の理解を通じて現代の教育をめぐる諸問題、諸状況を把握する方法や力量を身につける。	・教育心理学の主な領域 いて基本的な知識をみ さらに生徒の不適応等の
今日的な課題	（－）	（－）
教師としての資質	（－）	（－）
授業の概要	（－）	（－）
授業計画の検討	思想的分野 1. 全体のガイダンス 2. 学ばなければ人はどうなってしまうか１－動物の（育てる）との比較からみた教育の必要性 3. 学ばなければ人はどうなってしまうか２－ポルトマンとシェーラーの思想を踏まえながら 4. 生きる力と心の教育１－（学力）とは何だろうか 5. 生きる力と心の教育２－知性を鍛えることをめざすデューイの教育観と教師の使命 6. 生きる力と心の教育３－教職の倫理について　ボルノーの非連続的教育観と教師の使命 7. 中間試験 歴史分野 8. 近代から現代へ 9. 近代国民国家と教育制度 10. 国民教育の展開 11. 中・高等教育の展開 12. 戦前・戦時下における教育改革 13. 戦後教育改革とその後の展開 14. 試験	（－）
教員の要望	授業内容をある程度理解し、また授業を通じて教育について原理的に考察するような思考態度を身につけてもらえたかどうかを中心に評価する。	（－）
評価	期末試験５割、中間試験５割	（－）
教材・参考文献	池田：講義時に必要な文献・資料を随時配布	（－）

する　科　目	
心理	教育原論（社会・制度）
2単位）選択必修	1〜4年　後期　2単位　選択必修（分担2名）
である学習、発達、学級社会、評価につ につけることを目的とする。 問題について理解を深める。	・前半では、今日の学校教育が直面する諸問題について社会学的に考察し、後半では、教育制度・教育法規について、最近の動向と国際比較も踏まえて基礎的な事項を概説する。 ・前半と後半に分けて担当する。
	(－)
	(－)
	(－)
	1. 教育の社会的機能 (1) 学校の社会化機能と選択配分機能 (2) 学校組織と教育の秩序 (3) 教育知の社会的構成 (4) 学校と家庭の関係 2.「教育問題」の社会学 (1) 逸脱論から構築主義へ (2) いじめを考える (3) 現代における不登校 3. 教育制度 (1) 学校教育の制度と教育行政 (2) 就学前教育 (3) 義務教育 (4) 高校教育 (5) 高等教育 (6) 社会教育・生涯学習 (7) 特別支援教育
	中間試験、後期試験は担当分担別に行う。
	期末試験30%、中間試験30%、出席40%
	使用しない。 必要な文献はその都度指示

お茶の水女子大学 3

整理の項目	教　職　に　関	
科目名	教育課程論	道徳教
単位・受講期	1～4年　後期　2単位　選択必修	1～4年　後期
授業の目標	主題 教育課程・教育実践を総合的に検討する。 基本的な目標 教育実践に活用できる実用的な教育課程等を紹介する。 到達目標 教育課程と教育実践との関係について説明できる。	・道徳教育は、道徳の時 ・道徳の理論的な基礎に 理学の観点からの問題 徳教育を実践する際の
今日的な課題	(－)	(－)
教師としての資質	(－)	(－)
授業の概要	(－)	(－)
授業計画の検討	1. オリエンテーション 2. 教育課程の基本原理 1 3. 教育課程の基本原理 2 4. 学習指導要領 1 5. 学習指導要領 2 6. 教育課程と学習内容 1 7. 教育課程と学習内容 2 8. 新しいカリキュラム 1 9. 新しいカリキュラム 2 10. カリキュラム開発 1 11. カリキュラム開発 2 12. さまざまな授業実践 1 13. さまざまな授業実践 2 14. 総合的な学習の時間 15. 授業のまとめ	以下のテーマで道徳教 ・道徳教育の理論的な基 心理学の立場から解説 道徳の内容 道徳性の発達、非行 道徳教育とカリキュラ 道徳教育の歴史的課題 ・学校における道徳教育 実施する際の具体的な技 哲学、倫理学、教育学、 マで解説した上で附属教 技法を説明する。
教員の要望	教職に就く意志のある学生を対象とする。 授業形態：講義・討論・発表形式	・規範意識の低下など、 スメディアに登場して ・授業内容を踏まえたう 考えておくこと。 ・試験においてはそれら
評価	小論文（レポート）50%、出席 40%、発表 10%	期末試験：授業内容の理 自習による展開を評価す
教材・参考文献	樋口直宏、林尚示、牛尾直行編著『実践に活かす教育課程論・教育方法論』改訂版、学事出版、2009 年	授業でその都度指示

する科目	
育の研究	特別活動の研究
2単位　選択必修（分担7名）	1～4年　後期　2単位　選択必修
間を含む学校教育全体の中で行われる。 ついて、哲学、倫理学、教育方法学、心 と課題を理解し、さらに学校において道 具体的な技法について理解する。	・学校教育における特別活動の意義と役割とは何か。 ・実際に学校ではどのような活動が行われているのかを検証する。 ・グループ発表を通してこれからの特別活動のあり方について実証的研究を深める。
	（－）
	（－）
	（－）
育の論点と課題を解説する。 礎について哲学、倫理学、教育方法学、 する。 ム の技法 法について解説する。 心理学、専門とする教員がそれぞれのテー 員による学校の現場における道徳教育の	1. 授業のオリエンテーション 2. 特別活動の改訂の方針　基本方針等 3. 特別活動の改訂の解説　目標 4. 特別活動の改訂の解説　学級活動 5. 特別活動の改訂の解説　生徒会活動 6. 特別活動の改訂の解説　学校行事 7. 特別活動の改訂の解説　指導計画 8. 特別活動の改訂の解説　内容の取り扱い 9. 特別活動をめぐる諸問題　教育的意義等 10. 特別活動をめぐる諸問題　生徒指導等の関連性 11. 特別活動をめぐる諸問題　学級経営等の充実強化 12. 特別活動をめぐる諸問題　校内の指導組織等 13. 特別活動をめぐる諸問題　研究推進の方法 14. 特別活動をめぐる諸問題　これからの学校教育と特別活動 15. 授業のまとめ
道徳教育に関連してさまざまな問題がマ いる。 えで、それらの問題について日ごろから を評価する。	受講に際しては予習復習に取り組むこと 授業形態：講義・討論・発表
解、それにもとづく道徳教育についての る。	小論文（レポート）50%、出席40%、（受講態度を含む）、発表10%（発表・討論への参加）
	渡部邦雄編著、『平成20年改訂　中学校教育課程講座　特別活動』ぎょうせい、2008年

お茶の水女子大学 4

整理の項目	教　職　に　関	
科目名	教育方法論	生徒指
単位・受講期	1～4 年　前期　2 単位　選択必修	1～4 年　前期 教員免許状取得予定者 題に関心のある学生
授業の目標	・教師の教育実践の遂行を支える知、とりわけ行き詰まりを見せる画一的な伝達型一斉授業を改革していこうとする変革的な教育実践の知について、概論的な講義を行う。 ・過去～現在の、内外を問わないさまざまなアイデアやコンセプトを扱うが、受講者はそれにふれていくなかで、未来の教育実践や学校の改革の展望をデザインできるようになってほしいと思う。	・生徒指導の理念と歴史 おいて期待される生徒 めざす。 ・教師に就いた後、ある できるよう、教育現場 授業を構成したい。
今日的な課題	(－)	(－)
教師としての資質	(－)	(－)
授業の概要	(－)	(－)
授業計画の検討	1. ガイダンス 2. 学びの様式とカリキュラムの原型（古典ギリシャの学びの世界） 3. 近代学校と近代教授学 4. 近代学校の学びの改革 1（デューイの経験と省察というコンセプト） 5. 対話・解放・変革の学びへ（フレイレのペタゴジー） 6. 学びのポストモダン 1（ジルーの境界ペタゴジー） 7. 学びのポストモダン 2（ノディグスノフェミニズム・アプローチ） 8. 新しい学びのデザイン 1（認知科学からのインパクト） 9. 新しい学びのデザイン 2（活動理論と媒介された行為としての学び） 10. 新しい学びのデザイン 3（学びの共同体と分散化された学びの環境） 11. 新しい学びのデザイン 4（メディアとしての教材のとらえ直し） 12. 新しい学びのデザイン 5（カリキュラムの再概念化） 13. 教師の実践の記述と批評 14. 教師の成長と学び 15. 教職の専門職化への展望	第 1 回　ガイダンス 第 2～3 回　生徒指導の 第 4～6 回　生徒をとり 第 7～8 回　問題化され 第 9～15 回　生徒指導実 ※諸事情により計画が変
教員の要望	(－)	教育実習や、教職を含 将来、皆さんが子どもと そうした場面で活かすこ ほしい。
評価	期末試験 50%、中間試験 50%	期末試験 60%、出席 40
教材・参考文献	教科書：木村元・小玉重夫・船橋一男『教育学をつかむ』有斐閣、2009 年	教科書は特に指定しな

する　科　目	
導の研究	学校カウンセリング
2単位　選択必修 (文教育学部)、または、現代教育問	2～4年　後期　2単位　選択必修 ・科目等履修生や他学部生の受講も可。 ・毎回リアクションペーパーを記入してもらい、翌週全体的なフィードバックを行う。
的展開をふまえ、現代の学校教育に 指導の在り方について考えることを いは教育実習において活かすことが で問題となっているテーマを中心に	・児童生徒の在学中の不適応問題(学習、対人関係、不登校等)に対して効果的な介入が行われないと、若年無業者(ニート)や引きこもりの問題につながる可能性があります。十人十色というように、心理学的な問題への介入は数学の問題を解くのとは異なり、人筋縄ではいきません。まるで、「解の定まらない連立方程式を解く」ようです。それらの問題を早期に発見し介入するだけでなく、予防も含めた柔軟なアプローチについて解説・検討することを本講義の主題とします。また、心理的な困難を抱えている人への接し方(カウンセリング・マインド)について講義し、将来教員や家庭、コミュニティーの一員として、子どもに関わる全ての人にとって役立つ知識・スキルを身につけることを本講義の目標とします。 ・「カウンセリング・マインド」という用語・概念は、抽象的ですが教育現場でよくつかわれています。本講義では、「カウンセリング・マインド」という概念に対して、「知っている」、「分かる(理解する)」、「できる(実践できる)」という三段階で考えた場合、「分かる」と「できる」の中間を目指して授業を展開していきます。 とにかく教育現場では議論が抽象的になりがちですが、人間の(問題)行動を具体的に記述、説明、予測、制御(介入)していく知識・スキルを身につけることを目標とし、評価対象は小論文(レポート)と期末試験、小論文(レポート)は、前半の講義内容(「授業計画」参照)と各自が記入し、アクションペーパー(「受講条件・その他の注意」参照)に基づく課題、期末試験は、後半の講義内容に基づく試験です。
	(－)
	(－)
	(－)
理念と歴史 まく暴力の問題 る子どもたち 践の現場から 更になることがあります。	・受講生の関心や理解の状況によって、授業計画を変更することがあります。 後期の前半では、受講生のニーズを踏まえて、カウンセリング先般に関する知識・態度について解説します。特に心理的な困難さを抱えている人(実際には心理的な困難さえを抱えていない人に対して有用)に対する接し方(カウンセリング・マインド)について、講義および実習を行います。実習は①アイスブレイク(ニーズ調査含む)、②4種類のサポート、③みる・きく・わかる、のアセスメント(情報収集)、④ゴールを目指して、⑤ノンバーバル世界(①以外は順不同)を予定しています。 ・一般的な「カウンセリング的活動」(真理教育的援助サービス)を「学校という資源や制約にあふれた環境で効果的に実施する際の注意点や障壁となりやすい問題点について検討していきます。前半部分が終了した段階で、レポート課題をだします。 後期の後半では、前半の内容を踏まえて、不登校、学業困難、発達障害、いじめ、非行、虐待、PTSD、バーンアウト等の児童生徒や教師が直面する今日的課題に対するアプローチを解説していきます。後半部分が終了、期末試験を行います。
めた教育関係への就職、育児など、 接する機会は多いことと思います。 とを念頭に置き、しっかりと学んで	・講義だけでなく、グループワーク、グループディスカッションを行います。「コミュニケーション」抜きの(学校)カウンセリングは考えられませんので、知識のインプットだけでなく、アウトプット(積極的な思考・発信・リアクションペーパーの記入)を歓迎します。 これらが苦手な方は、得意な方からできるだけ吸収するようにしてください。 授業形態：講義・討論・実習
%	期末試験50%、小論文(レポート)50%
い。参考文献は、随時紹介していく。	教科書：「新しい実践を創造する学校カウンセリング入門」国立大学教育実践研究関連センター協議会　教育臨床部会編　東洋館出版社 参考図書：「カウンセリング・マインド」の重要性－学校臨床現場から－」長谷川博一　樹花舎 「学校心理学－教師・スクールカウンセラー・保護者のチームによる心理教育的援助サービス」石隈利紀　誠信書房

お茶の水女子大学 5

整理の項目	教　職　に　関
科目名	教職総合演習
単位・受講期	1～4年　前期　2単位　選択必修
授業の目標	NIE（newspaper in education）の理念や実践をリテラシー教育・シチズンシップ教育の観点から検討するとともに、研究発表や討論の方法を実践的に学ぶ。 平成20年度以外の入学生で、教職総合演習を履修の者は必ず履修すること（教員免許状が取得できないため）
今日的な課題	（－）
教師としての資質	（－）
授業の概要	（－）
授業計画の検討	・授業の前半はNIEの揚げる理念と日本での小学校～高校における実践例を検討する。後半はNIEを実際に体験することを通して、その問題や課題をつかむ。 ・NIEの特徴は、新聞複数紙の比較読みであり、実際に複数紙検討を行い「情報」が社会的にどのように構成されるのか、いわゆる「リテラシー」を拾う観点で授業を行う。また、学校教員や新聞社のNIEをゲストティーチャーとして参加してもらう予定である。
教員の要望	授業形態：発表、演習
評価	小論文（レポート）、出席：全回出席が前提（50％）、発表：課題を課すので必ず発表すること（50％）
教材・参考文献	（－）

す　る　科　目
栄養教育実習
4年　通年不定期　2単位
給食施設を有する小学校において給食および食に関する指導について学び、栄養教諭のための実習を行う。
(－)
(－)
(－)
栄養教育実習のための事前、小学校における栄養教育実習、事後指導および実習報告会を行う。
授業形態：実習
出席、実習成果
(－)

奈良女子大学１　教育職員免許法施行規則に定められた「栄養に係る教育に関する科目」「教職に関する科目」授業内容の

整理の項目	栄　養　に　係　わ
科目名	栄養教諭論
単位・受講期	２年次以上　前期集中 30 時間　２単位　選択必修（非常勤）
授業の目標	学校給食の理解、栄養教諭の使命と役割、職務内容を理解して、各教科あるいは総合的な学習の時間などで食に関する指導、教育指導の連携・調整の内容や方法について理解する。特に、給食の時間、各教科などで、生きた教材である学校給食を活用した指導力が十分に身につくように、全国の様々な実践例を活用した演習や模擬授業を実践して指導力を身につける。 キーワード：学校給食、栄養教諭、生きた教材
今日的な課題	食に起因する様々な健康問題が指摘されている今、学校教育における「食育」は、教科等で得た食に関する知識を学校給食の時間につなぎ「生きた教材」を活用しながら実践力を育むことで、子どもたちに望ましい食習慣や自己管理能力を身につけさせ、家庭の食生活改善につなげていくこと。
教師としての資質	栄養教諭制度は、学校教育活動全体で「食育」を推進するために創設されたものであり、栄養教諭には学校における教育指導と食育推進の要役、あるいは学校、家庭社会の連携調整を果たすことが期待されている。
授業の概要	栄養教諭の使命、役割、職務内容、児童生徒の食生活の課題、実態を踏まえた個別相談指導、教科等や給食時間における食に関する指導、食文化と学校給食、家庭、地域社会と連携する食に関する指導方法等を講義する。
授業計画の検討	1 回：ガイダンス、栄養教諭の使命と役割 （制度の創設経緯、職務内容、食に関する指導と給食管理） 2 回：学校給食の意義 （学校給食の歴史、学校給食、学習指導要領と給食） 3 回：子どもたちの食生活の現状と課題（食生活の現状、問題点の把握、課題） 4 回：食文化の変遷と学校給食（地場産物、伝統食、郷土食、食事内容） 5 回：食に関する指導の全体計画 （食に関する指導全体計画の作成、各委員会との連携） 6 回：食に関する指導の展開 （全体計画作成の実際、食に関する指導と献立の年間指導計画作成） 7 回：給食時間における食に関する指導、生きた教材を活用した指導の実際 8 回：家庭科、技術・家庭科等教科における食に関する指導 9 回：特別活動における食に関する指導 10 回：個別相談指導、家庭、地域社会との連携（保健所、病院との連携） 11 回：演習（給食時間における食に関する指導の実際）(1) 12 回：演習（給食時間における食に関する指導の実際）(2) 13 回：演習（給食時間における食に関する指導の実際）(3) 14 回：模擬授業 15 回：筆記試験、指導案等課題の提出
教員からの要望	事前に国の食育の動向や食に関する指導の事例等を集め授業に臨むこと。
評価	授業内容の理解や自身の考え方を問うレポートによって評価する。 演習等で作成した資料や指導案等でも評価する。 定期試験 50%、小テスト授業内レポート 10%、宿題課外レポート 10%、授業態度・授業への参加度 10%、受講者の発表（プレゼン）10%、出席率 10%
教材・参考文献	「栄養教諭論」金田雅代編著　建帛社 （この授業は、金田氏が非常勤で担当）

(2009

整理　　　　（－）：シラバスに記載なし

る　教　育　に　関　す　る　科　目
食に関する指導論
2年次以上　前期集中30　2単位　選択必修（非常勤）
・食に関する指導について、その基礎理論を理解する。 ・模擬授業を通して「食に関する指導」のイメージ化を図り、即実践力を身に付ける。 ・子どもをはじめ、他者との豊なコミュニケーションを構築する能力を養う。 キーワード：食に関する指導、楽しい授業、コーチング
（－）
個別栄養相談における臨床の基礎的知識や栄養相談・栄養指導のあり方、コミュニケーション技術等がのぞまれる。
「食に関する指導」（学校栄養教育）の基礎知識として、子どの発達、子どもの食や生活の実態、学習能力の発達に応じた教育理論、行動科学の理論、それらを踏まえた教育内容、方法、教材等について講義する。 授業の中で学生間のロールプレイにより、食に関する指導の模擬授業・相互評価やコーチングを活用した個別指導を行い実践につなげる。
第1回　栄養教諭と「食に関する指導」 第2回　「食に関する指導」の実践例 第3回　楽しい授業づくりの構想 第4回　教科における「食に関する指導」Ⅰ 第5回　教科における「食に関する指導」Ⅱ 第6回　学校給食を活用した「食に関する指導」 第7回　発達学習心理学の応用と食生活学習教材 第8回　「食に関する指導」における行動変容理論 第9回　食に関する個別指導Ⅰ（コーチングの基礎） 第10回　食に関する個別指導Ⅱ（コーチングの応用） 第11回　食に関する個別指導Ⅲ（コーチングの実際） 第12回　食に関する個別指導Ⅳ（コーチングのまとめ） 第13回　「食に関する指導」の模擬授業・発表・相互評価Ⅰ 第14回　「食に関する指導」の模擬授業・発表・相互評価Ⅱ 第15回　「食に関する指導」の模擬授業・発表・相互評価Ⅲ
非常勤講師先のメールアドレスを提示し連絡
試験、提出物、その他を総合的に評価する。 宿題・課外レポート50%、授業態度・授業への参加度20%、受講者の発表（プレゼンテーション）30%
「栄養教諭のための学校栄養教育論」笠原賀子編著　医歯薬出版 （この授業は、笠原氏が非常勤で担当） 「ニュートリション・コーチング」　柳澤厚生編著　医歯薬出版

年度、2010年度 全学教育ガイド、履修案内・シラバス、専門教育ガイド、専門教育科目履修案内より改変して筆者作成）

奈良女子大学 2

整理の項目	教　職　に　関	
科目名	教職論	教育
単位・受講期	1 年次以上　後期　2 単位　選択必修	2 年次以上
授業の目標	1. 教師の仕事の特殊性と固有の使命を理解し、教職を目指す心構えをつくる。 2. 現在、学校現場で教師が直面している諸問題について学び、そのために教員養成課程において学ぶべき事柄を理解する。 3. 教育史を手がかりに、教師の仕事の場である「学校」について理解する。 4. 教育関係、教育愛、教育的価値、教育的公共性などについて学び、教職に就いた際に自らの仕事を原理的に反省する素地を形成する。	1. 人間的視点から、教 2. 近代教育史の概観を について理解する。 3. 近代の教育哲学にお 考察する。 4. 全体を通じて、教師 の基礎を形成する。
今日的な課題	(－)	(－)
教師としての資質	(－)	(－)
授業の概要	・教職の意義等に関する科目として、「教職の意義及び教員の役割」についての考察、「教員の職務内容（研修、服務及び身分保障等を含）」の解説、「進路選択に関する各種の機会の提供等」を行う。 ・講義では、まず、学校や教師に関する自らの体験やイメージの振り返り、現職教員や教育実習生の先輩の体験談などを通じて、教職の特質や意義、困難などについて具体的に考察し、理解することを目指す。さらに、教師の仕事の場である「学校」の歴史や、教師の仕事と国家、公共性、カウンセリング、教育関係、教育愛等に関する原理的考察を通じて、今後、教職を目指して学習する際に何が必要かを理解し、そのための心構えを作ると共に、教職に就いた際に、反省的に自らの実践を深めて行われる素地を形成することを目指す。 キーワード；教師、教職、学校、子ども、教育史、教育関係、教育愛、教育的価値教育的公共性	・教育の基礎理論に関す に関する歴史及び思 ・講義では、教育という 問学的な視点から、そ ついで、近代教育史の て検討する。 ・さらに、世代間相互形 近代の教育哲学におけ 各自が将来、教師とし めの基礎の形成を目指 キーワード：教育人間学、近代国家、公と私、世代
授業計画の検討	1. はじめに－教師になりたい人、絶対になりたくない人－ 2. ディスカッション：自動車教習所の教官と学校の教師は違うか 3. 先輩に聞く（1）現職教員 4. 今、教師が直面する「困難」 5. 先輩に聞く（2）教育実習を終えて 6. 学校教育の「主人公」は誰か？ 7. 教師の働く場：近代的「学校」 8. 学校「教育」という特殊な人間形成の様式 9. 教師と国家 10. 教師の仕事と教育実習の公共性 11. 教師とカウンセラー 12. 教師にとっての「他者」：子ども 13. 教師の仕事を支えるもの：エロスとアガペー 14. まとめのディスカッション 15. おわりに－如何に腹をくくるか－	1. はじめに－教育原理 2.「世界」を「構成」す 3. 文化伝達・学習・社 4.「子ども期」：近代社 5. 学校教育という特殊 6. 近代国家と教育 7. 戦争と教育 8. 教育における「公／ 9.「大人」になることの 10. 世代間相互形成 11.「他者」としての子 12. 発達と生成 13.「技術の世界」と「超 14.「臨床」という視点 15. おわりに－「にもか
教員の要望	(－)	(－)
評価	毎時間提出のコミュニケーションペーパー（授業内レポート）と最終レポート（定期試験に代える）より総合評価する。定期試験 60%、レポート 40%	毎時間提出のコミュニ と最終レポート（定期試 試験 60 %、レポート
教材・参考文献	特定の教科書は使用しない。授業中に随時紹介する。	特定の教科書は使用し

する科目	
原理	教育心理学
後期　2単位　選択必修	2年次以上　前期　2単位　選択必修
育の必要性と可能性について理解する。 通じて、学校教育と教師の仕事の課題 いて重視されている諸テーマについて としての仕事を実践的に反省するため	1.「学習」と「発達」を問いの基軸とし、教育場面における子どもの行為や活動の意味について、理論的観点と支援的側面の両面から検討する。 2. 教育場面における子どもや教育の心理的作用について、基礎的な理論を論じる。 3. 教育実践事例を参照し、子ども、教師、観察者など複数の異なる視点から、教育現象を捉えることを試みる。 4. 教科指導場面や総合学習場面、生徒指導場面、特別支援場面などいくつかの局面を参照し、教育行為の多様性や選択可能性について検討する。
	(－)
	(－)
る科目として「教育の理念並びに教育 想」を扱う。 営みの原理的基礎について、最初に人 の必要性と可能性について考察する。 概観を通じて、学校教育の課題につい 成、他者性、発達と生成、臨床など、 る重要テーマを考察し、全体を通じて、 ての自らの仕事を実践的に反省するた す。 文化伝達、子ども期、学校教育、教師、 間相互形成、他者、発達と生成、臨床	1.「学習」と「発達」を中心に、教育心理学の基礎的理論を理解する。 2. 教育実践や、子どもや教師の行為の意味について、複眼的視点で捉えられるようにする。 キーワード：教育心理学、学習、発達、教育実践、子ども、教師
的基礎づけ る人間 会化 会の産物 な人間形成の様式 私」 難しさ ども 越の世界」 かわらず」教育を－	1. 教育心理学への招待 2. 学習理論：「学習」とはどう捉えられるか ①「なに」が「どのように」変容するとみるのか？:「学習」への理論的アプローチ ②「学習」の意味づけ過程：自己の模索と実現 3. 知的発達論：「賢くなる」とはどういうことか ①知能の発達：「賢くなる」とはどういうことか ②ことばの発達と教育：「読む」ということ、「書く」ということ ③素朴理論と科学理論による現象の理解 ④記憶・知識・問題解決 4. 動機づけ理論：「やる気」はなぜわいてくるのか 5. 学習を支える状況：「学校らしさ」はどこから ①問題解決の状況依存 ②教室での相互作用 6. 教育支援論：人との出会いはいかに実りをもたらすか ①教師の熟達：一人前の教師になるとは ②学級の人間関係と集団形成 ③特別支援論：「障がい」の理論と支援 7. 教育評価論：誰のための評価？何のための評価
	教科書については、授業時に指定する箇所を、各回の授業まで読んでおくこと。参考書①は実践と理論の関係を理解する助けになる。②は理論をより深く理解するのに活用可能である。
ケーションペーパー（授業内レポート） 験に代える）より総合評価する。定期 40%	レポートは、独創性と記述のきめ細やかさ、省察の深さを評価する。授業内に応じたコメント記述により、受講者自身の視野のとり方を問う。 授業内レポート20%、レポート50%、出席30%
ない、授業中に随時紹介する。	教科書：やさしい教育心理学　鎌原雅彦・竹村誠一郎　有斐閣、2005年 参考書：①学校教育の心理学　無藤隆・市川伸一、学文社、1998年 ①学習と教育の心理学　市川伸一、岩波書店、1995年

奈良女子大学 3

整理の項目	教　職　に　関	
科目名	教育制度論	教育
単位・受講期	2 年次以上　前期　2 単位　選択必修	2 年次以上
授業の目標	1) マスコミの影響を受けすぎず、教育に関わる事象を「教育学」の視点から見る力を養うこと。 2) 主観にとらわれない、客観的な思考力を養うこと。 3) 知識を自分のものとし、実生活に生かすこと。	学校教育学や比較教育 開し、教育課程に関する また、学校教育の現実的 の改訂や文教施策につい
今日的な課題	(－)	(－)
教師としての資質	(－)	(－)
授業の概要	教育職員免許法施行規則で定められている「教育の基礎理論に関する科目」に相当し、教員免許の取得に必要な科目である。また、社会教育法第 3 条にあるように、生涯学習の実現のため、司書・学芸員と教員との連携が規定されている。そこで、教育制度の基本原理や学校体系、教育行政財政、学校経営組織等に関わる基本的な諸問題について説明する。そして資格の段階に関わらず、みなさんに教育の興味・関心を持っていただくために、現代的な教育課題に沿った内容を展開し、教育制度とその裏にある実態との関係を考えてみたい。 キーワード：教育行政、教育法、学校制度、学校経営	さまざまな教育課程編成 なる教育哲学・教育思想 程、教育課程における社 校教育の方法に関する理 キーワード：教育課程、
授業計画の検討	1. ガイダンス～成績評価、講義の特徴について～ 2. 教育制度の意義（教育機関の接続、統合、結合） ～生涯学習社会における教員・司書・学芸員の役割～ 3. 教育制度の基本原理～公教育成立条件と向上法～ 4. 教育行政・教科書検定制度～歴史教科書問題～ 5. 日本国憲法と教育基本法～教育の平等と教育格差～ 6. 教育基本法第 10 条　家庭教育～子どもの服・玩具と親子関係～ 7. 教育基本法第 11 条　幼児期の教育～早期教育と子どもの発達～ 8. 学校教育制度の歴史～学校制度の成立（「学制」） 9. 学校教育制度の歴史　就学率の向上とジェンダー（「教育令」）「小学校令」） 10. 学校教育制度の歴史　政治と教育政策（「国民学校令」） 11. 教育職員免許法～「モンスター・ペアレント」と教員の多忙～ 12. 教育委員会制度～いじめの早期発見と組織的対応～ 13. 教育委員会制度～学力テストの実施と結果の公開～ 14. 高等教育改革のゆえ～奈良女子大学の歴史と課題～ 15. 単位認定試験	・教育課程の概念：教育 ・教育課程の構造と類 ・教育課程と評価：教育 ・近代日本の教育課程： ・近年の学習指導要領： ・小・中学校の教育課程： 教育課程 ・教育課程の国際比較：
教員の要望	(－)	必ず、特別活動論とセッ 義は同時間に実施する。 欄に記載する。
評価	1　講義開始時刻に、口頭でクイズを出題、講義中に指定の用紙に回答を書き、単位認定試験の日に提出する。 2　単位認定試験基準：①主観的な経験や噂に基づくものでないこと、②教育学の知識を踏まえていること、③理論に思考していること、④課題に答えていること。 定期試験 70%、小テスト・レポート 30%、	期末試験と各回終了時の によって評価する。
教材・参考文献	参考書：学習指導要領	適宜資料を配布する。 参考書：よくわかる教育 2009 年 この他、授業中に適宜紹

す　る　科　目	
課程論	特別活動論
前期　1位選　選択必修	2年次以上　前期　1単位　選択必修
学ならびに教育思想や教育の歴史を展 諸問題・諸課題を原理的に理解する。 諸問題に対処するための学習指導要領 て理論的・現実的理解を深める。	学校教育における特別活動の教育的意義を理解し、知性に裏打ちされた主体的・実践的な生き方ができる人間への教育について、望ましい集団活動の役割を把握する。
	(－)
	(－)
の理論、またはそれらの理論の基礎と を概説するとともに、諸外国の教育課 会関係を解明し、教育課程の編成と学 論的、実践的方略を講じる。 教育思想、学校教育	学校教育における学級活動、生徒会活動、学校行事の概要、ならびにその教育的意義について解明し、学校の創意工夫を生かした特別活動の指導法について講義する。
課程の思想的基盤 型：教育課程の編成原理 課程の改善 学習指導要領の変遷 教育課程編成の課題 高等学校の教育課程：特別支援学校の 教育課程における社会関係	・特別活動の意義と特質・特別活動の目標 ・特別活動の指導計画と評価 ・教育課程における特別活動 ・特別活動と教科教育、道徳教育、生徒指導 ・学級活動の目標と内容、学級活動の意義と特質、学級活動の指導計画 ・生徒会活動の目標と内容、生徒会活動の意義と特質、生徒会活動の指導計画 ・学校行事の目標と内容：学校行事の意義と特質、学校行事の指導計画 ・特別活動の新しい試み
トで履修登録すること。その際、両講 一方を履修登録票の「集中講義・その他」	必ず、教育課程論とセットで履修登録すること。その際、両講義は同時間に実施するので一方を履修登録票の「集中講義・その他」欄に記載すること。
ミニッツ・ペーパー（出欠確認を兼ねる）	期末試験（50%）と各回終了時のミニッツ・ペーパー（25%）、出席（25%）確認を兼ねることによって評価する。
課程　田中耕治（編）　ミネルヴァ書房 介する。	適宜資料を配布する。 参考書は授業中に随時紹介する。

整理の項目		教　職　に　関
科目名	教育方法の理論と実践	教育
単位・受講期	2 年次以上　前期　2 単位　選択必修	2 年次以上
授業の目標	・学校制度や学習指導要領の知識を深め、中学校・高校の教育課程について学ぶ。 ・各教科の教員から授業のあり方・生徒の見方について学ぶ。 ・総合的な学習の時間の進め方について、附属中学校の実践から学ぶ。 ・授業を支える様々な教育活動について学ぶ。	カウンセリングの理論 法を習得するとともに、
今日的な課題	(－)	(－)
教師としての資質	(－)	(－)
授業の概要	・中学教育における教育課程のあり方や特色について理解する。 ・諸教科書及び総合的な学習の時間の授業のあり方を通して、中等教育段階における授業の基本的性格や特色について理解する。 ・中等教育における授業を通して様々な教育活動の特色とその意義を解明する。 ・教師の役割を理解し、中等教育段階の生徒を正しく把握する方法について述べる。 キーワード：中学校、高等学校、授業、中等教育	・教育相談の意義と役割 用したそれらの理論と 解説する。 ・解説にあたっては、心 知見にも眼を向け、受 する複眼的な理解を促
授業計画の検討	第 1 回　オリエンテーション 第 2 回　教育課程概論および今日的教育の課題 第 3 回～第 13 回　各教科の授業について 国語科・社会科・数学科・理科・英語科・保健体育科 創作科・情報科等様々なスタイルを実践的に学ぶ 第 14 回　総合的な学習の時間 第 15 回　まとめ（レポート作成）	第 1 回：オリエンテー 第 2 回：教育相談の意義 第 3 回：カウンセリング 第 4 回：カウンセリング 第 5 回：カウンセリング 第 6 回：カウンセリング 第 7 回：心理アセスメン 第 8 回：心理アセスメン 第 9 回：教育相談上の諸 第 10 回：教育相談上の 第 11 回：教育相談上の 第 12 回：教育相談上の 第 13 回：教育相談上の 第 14 回：保護者や他職 第 15 回：まとめ
教員の要望	(－)	(－)
評価	出席（50%）とレポート（50%）を中心に評価する。	講義内容の理解を問う期 献に触発された受講者 (50%) によって評価す
教材・参考文献	必要な資料は毎回配布する。	プリントを配布 「学校教育相談心理学」

する　科　目	
相談	総合演習（学科別開講）食と環境
後期　2単位　選択必修	2年以上　前期集中　2単位　選択必修
を踏まえ、教育相談に必要な理論と方 実践力の涵養を目指す。	・食物と環境、およびその周辺分野に関する科学論文を読んで理解する。また、テーマに関して自分の意見をまとめて発表し、プレゼンテーション能力の向上をはかる。 ・さらに、討論を通して、科学技術の進歩が人間生活や地球環境に及ぼす影響について理解を深める。 ・生徒に「分かりやすく説明」するための技術を身につける。
	(－)
	(－)
を理解した上で、カウンセリングを活 方法、個別の問題の相談対応について 理学を主軸に捉えつつも、隣接領域の 講者には、教育相談の上の諸問題に対 したい。	・科学技術の急速な高度化や国際化・情報化は、人間生活や地球環境に大きな変化をもたらしているが、それは子どもたちにも理解してもらう必要がある。 ・本演習では、食物と環境を取り巻く諸問題について、文献を紹介し、問題点について学生自らが考えて発表し、科学技術の進歩が人間生活や地球環境に及ぼす影響について討論を行う。 ・その際、生徒を指導するための技術を身につけることを目標とする。 キーワード：説明、食物、生活、生体、健康、情報、環境
ション の要諦 の理論（1） の理論（2） の技法 ト（1） ト（2） 問題（不登校・いじめ・障害等） 諸問題（不登校・いじめ・障害等） 諸問題（不登校・いじめ・障害等） 諸問題（不登校・いじめ・障害等） 諸問題（不登校・いじめ・障害等） 種との連携	最初に、教科書を利用して、「分かりやすい説明」の技術について演習を行い、生徒あるいは一般人に理解してもらうための基礎を学ぶ。 その後、食物と環境に関する諸問題に関して、食物栄養学科の教員が指導する。 受講生が各テーマに関する文献を紹介し、詳しく解説を行った上で、全員で討論を行う。 予定テーマは次の通り（順位不同でテーマは変更の可能性もある） ・情報収集技術の習得とプレゼンテーション技術の開発 ・遺伝子組み換え食品と健康・環境問題 ・ライフスタイルから見た健康・環境問題
	英語の科学論文を読むことに興味があることが望ましい。
末試験（50%）、および、講義と購読文 自身の考えを問う講義期間中レポート る。	授業態度・授業への参加度30%、受講者の発表（プレゼン）20%、出席50%　合計100%
中山巌　北大路書房　2001年	「分かりやすい説明」の技術　藤沢晃治、講談社、2002年 参考書は別途指示する。

奈良女子大学 5

整理の項目	教　職　に　関
科目名	事前・事後指導（栄養教育実習）
単位・受講期	4 年次　前期　1 単位　選択必修
授業の目標	・大学および実習校での事前指導を通して、実習生各自が教育実習の意義を再確認し、また、実地実習に際しての具体的な準備として予備的学習、研究を行うと共に、「学校参観」「授業参観」を通して学校教育についての理解を深め、実践的知識を得ることに努める。 ・事後指導の指導会では、栄養教育実習における各自の成果と課題を確認し、それを踏まえた指導を受け、教職について理解を深める。
今日的な課題	（－）
教師としての資質	（－）
授業の概要	・事前指導として、教育実習の意義ついての指導および実地実習に際しての具体的指導を大学および実習校で行い、また教育実践場面に関わる学習としての学校参観、授業参観を行う。 ・事後指導として、授業を中心とした栄養教育実践について指導会において、実習の成果・課題を踏まえ、教職を目指すにあたっての指導を行う。
授業計画の検討	・大学および実習校において実地実習に必要な心構え、制度、知識等について指導が行われる。 ・「学校参観」において附属小学校を訪問し、その施設・教育について参観し、また講義を聴き、学校教育の実際について理解を得る。 ・「授業参観」において、附属小学校の授業を参観し、授業についての実践的知識を得る。 ・事後指導の指導会において、研究授業を中心に実習生の授業実習を対象とする授業研究や、その他の指導場面に関わる実践研究等を行い、指導教員による指導のもと、意見発表や討議を通して栄養教育実習における各自の成果と課題について確認し、教職についての理解を深める。
教員の要望	（－）
評価	出席・参加状況とレポートにより、各活動への取り組みや学校教育実践についての理解を総合的に評価する。
教材・参考文献	「教育実習の手引き」を実習の事前段階から事後に至るまでよく読んで、基本的手引きとして踏まえ活用すること。その他、実習校の指示による。

する　科　目
栄養教育実習
3年次以上　不定期集中　1単位　選択必修　(分担2名) 実習は3年次実施
・教職に関する科目、栄養教育に関する科目等の十分な学習・研究を踏まえ、学校教育における食に関する指導の実践について、その基礎的な内容を諸実習を通して学習する。 ・特に授業実習では、授業実践の基本的な構造について理解を深める。 ・諸実習を通し、食教育の基礎的な内容について指導を行う。
(－)
(－)
・本学附属小学校、母校等委託校、もしくは奈良市立小学校において、栄養教育の実習を行う。 ・各学級および各学年の教育活動の観察、指導実習を通し、食教育の基礎的な内容についての指導を行う。
1) 実習校の教育の方針、概要についての指導 2) 学校生活全般にわたる教育活動の実習 (特に児童理解・児童へのかかわり・指導観の観点) 3) 児童理解、指導の基本要点、学級における食教育に関する指導 4) 教材研究、指導案作成、授業実践の基本的構造についての実習 5) 毎日の反省会と指導教諭による指導 6) 特別活動、学校行事等の指導参観 7) 実習の期末における研究授業と指導教諭による指導 8) 教育実習ノートの記録による各自の反省と指導教諭による指導
実習は3年次に行われるが、教育実習校の申し込みや依頼など実習前年度に行われるので、ガイダンス (2年次、7月頃) に必ず出席のこと。
実習校による実習活動全般についての成績評価に加え、実習ノートを評価し、最終成績を確定する。
「教育実習の手引き」を実習の事前段階から事後に至るまでよく読んで、基本的手引きとして踏まえ活用すること。 その他、実習校の指示による。

奈良女子大学 6

整理の項目	特徴的な教育を関する科目の導入：(教職免
科目名	部落史と部落問題
単位・受講期	1年次以上　前期　2単位　選択科目　(2名で分担)
授業の目標	部落をはじめ多様な被差別民衆の現状と発生以降の歴史過程を理解する。その上に、解決のための個々の主体課題を考察する姿勢を得る。
今日的な課題	(－)
教師としての資質	(－)
授業の概要	・日本社会が歴史的に生み出してきた差別撤廃への道筋を発見するため、歴史の中の様々な問題を取り上げる。 ・具体的には、歴史の中に多様な被差別民を発見し、彼らが地域社会の中でいかなる関係を作り出してきたのかを史料を通じて明らかにすることであり、日本の伝統や文化の底部にまで分けて入って解説する。 キーワード：被差別民衆の多様性、関係性
授業計画の検討	1. ガイダンス（本講義の全体像、部落問題の認識の現状確認） 2. 部落問題の現状と課題① 3. 部落問題の現状と課題② 4. 多様な被差別民衆の現状① 5. 多様な被差別民衆の現状② 6. 神社祭祀と被差別民衆① 7. 神社祭祀と被差別民衆② 8. 神社祭祀と被差別民衆③ 9. 地域社会と非差別民衆① 10. 地域社会と非差別民衆② 11. 地域社会と非差別民衆③ 12. 近代の部落問題① 13. 近代の部落問題② 14. 現代の部落問題 15. まとめ・試験
教員の要望	この授業は部落問題委員会が所管しているので、講師への連絡方法がわからない場合、所管でも問い合わせを受ける。
評価	定期試験60%、小テスト・レポート20%、授業態度・授業への参加度20%
教材・参考文献	特にない。

許状取得のために履修することが望ましい科目）
人権と差別
1年次以上　後期　2単位　選択科目　(6名のオムニバス形式)
人権と差別をめぐるさまざまな問題について、私たちの回りの事象を歴史的、具体的に検討し、共生社会への展望を考える。
(－)
(－)
・専門を事にする6人の教員が、分担するオムニバス形式の授業により、人権と差別をめぐるさまざまな課題について、それぞれの視点から講義を行う。 ・とりあげるテーマは、講義順に、人間の思想的諸問題、在日外国人の人権、日本国憲法の平等条項、報道と人権、福祉と人権、戸籍について、スポーツと人権、こうした各論的なテーマを、受講生の皆さんが有機的に結びつけて、「人権と差別」の問題に関する総論を構築することを目指す。 キーワード：人権、差別、共生
第1回（文学部担当） 人権（思想）の内容・目的、意義、普遍性などをめぐる現代の議論を概観し、「問題として人権」について考える。 第2回～3回（文学部担当） 日本社会における在日朝鮮人・韓国人の立場について、社会学的視点から講義する。 2回目は、歴史と現状や、若い世代のアイデンティティの在り方、 3回目は、差別発生のメカニズムは多文化共生の事例紹介などをテーマに展開する。 第4回～5回（生活環境学部） 日本国憲法第14条のいわゆる平等条項について、平等概念の歴史的展開を踏まえて解説し、引き続き「法の下の平等」が問題となった判例等、具体的事例について解説する。 第6回～7回（弁護士） 「報道と人権」をテーマに、平等と自由の両立の難しさを近代立憲主義の誕生を振り返りながら、憲法21条で保障される報道の自由と他の人権との調和の問題や報道とマスメディアによる差別やプライバシー侵害の問題（犯罪報道による「犯罪」の問題）平等の今日的諸問題についても判例等を紹介し講義する。 第8回～9回（人間文化研究科） 「福祉の歴史」は、人が人らしく生きる権利を獲得する為の「闘いの歴史」という側面を有する。 本講義では（1）障害者議員、(2) イタイイタイ病、という二つの点から、「闘いの歴史」を考察する。 第10回～11回（非常勤講師） 自分たち自身を登録しているものでありながら、実際上の運用についてあまり知られていない、戸籍という家族を単位とする日本の国民登録制度について学び、世界の他の登録制度とどこが違うのか、その構造と登録のルールから生み出される差別と人権問題について考える。 第12回（文学部） 国際的にも競技スポーツの世界では、マイノリティの活動を多く目にする。一見すると差別の少ない世界のように見えるスポーツ界における問題を考える。 第13回　ゲストスピーカー（人権啓発集会と兼ねて開催：担当部落問題委員会） 第14回　予備日 第15回　試験
定期試験100％
統一の教科書はない。授業中に指示する。 参考書：授業中に指示する。

京都女子大学1　教育職員免許法施行規則に定められた「栄養に係る教育に関する科目」「教職に関する科目」授業内容の

整理の項目	栄　養　に　係　わ
科目名	学校栄養指導論
単位・受講期	2回生　後期・後期集中　2単位　選択必修（分担3名）
授業の目標	副題－栄養教諭の職務内容や役割を知る－ 生涯を通じて健康を維持・増進するためには、子どもの頃からの望ましい生活習慣と自己健康管理の育成が極めて重要である。特に小学校・中学校時代は心身共に成長・発達が著しく、生活習慣病の一次予防及び生活の質（QOL）の向上には、学校のみならず、家庭、地域の連携による栄養に関する指導体制が必要である。本講義では、現代の子どもを取り巻く栄養に関する現状や課題を認識し、食に関する指導体制を推進するために創設された栄養教諭の職務内容や専門家としての食に関するカウンセラー、食に関する教育のコーディネーターとしての使命や役割を良く理解し、児童生徒の健康・栄養の指導のあり方について理解を深める。
今日的な課題	（－）
教師としての資質	（－）
授業の概要	担当教員1名の講義は集中とする。日程は別途指示する。
授業計画の検討	1. 児童生徒の栄養指導（学校食育）の意義 2. 国民の栄養をめぐる現状と課題 3. 幼児、児童及び生徒の栄養に関する実態と課題 4. 食生活に関する歴史及び文化的事項 5. 食事及び食物文化 6. 栄養教諭の職務内容と使命、役割（概論） 7. 児童生徒の栄養の指導及び管理の現状と課題 8. 児童生徒の食事に関する実態調査と分析 9. 児童生徒の栄養の指導及び管理に係る法令、諸制度 10. 児童生徒の栄養の指導及び管理に係る法令、諸制度 11. 栄養教諭の職務内容、使命、役割（各論） 12. 1）個別的な栄養相談、指導 13. 2）学校給食の意義、役割と給食管理 14. 3）教科・特別活動等における指導 15. 4）学校、家庭、地域の連携、調整 期末試験
教員の要望	栄養教諭という、新しい教職に就くという、自覚を持って臨むこと。 学校食育を実践し、児童の実態等を理解する意味でも、ボランティア等に参加することを勧める。
評価	授業態度20%、レポート40%、期末試験40%
教材・参考文献	文部科学省「食に関する指導の手引」（東山書房、2008）他、別途指示する。プリントを必要に応じて配布する。 参考書：①食に関する指導体制の整備について（答申）中央教育審議会（2004） ②食に関する指導の実践と展開－総合的な学習時間を中心として生きる力を育む食育のアプローチ「小学校編」、口羽章子、玉川和子編著、東山書房（2001） ③学校保健統計資料、国民健康・栄養調査資料、その他適宜紹介する。

整理　　　　　　　　　　　　　　　　　　　　　　　　（－）：シラバスに記載なし

る　教　育　に　関　す　る　科　目
学校栄養実践論
3回生　後期集中　2単位　選択必修　（分担3名）
副題－学校における食に関する指導の実際を理解し実践力を身につける－ 栄養教諭として学校における食に関する指導の実践力を養うための知識と技術を習得する。児童生徒の食に関する実態を把握し、学校給食、教科、学級活動、学校行事などの学校教育活動全般において、学校給食を意図的に活用し、継続的、体系的な学校食育のあり方について、理解する。また、発達段階に応じた教育のための理論と技術を習得する。さらに、小児肥満やアレルギーの個別指導や、家庭・地域との連携による取り組みなどについても学ぶ。
（－）
（－）
主に集中講義になる。日程は別途指示する。
1. 児童生徒の保健の実態とヘルスプロモーション 2. 学校教育活動における食教育の展開と体験学習の意義 3. 食に関する指導の全体的な計画「食に関する指導」の年間計画（例） 4. 食に関する指導の全体的な計画「小学校低学年・中学年・高学年、中学校（例） 5.「給食の時間」における食に関する指導の進め方 6. 生きた教材としての「給食」と献立作成 7.「家庭科、技術・家庭科」における食に関する指導 8.「体育科、保健体育科、保健」における食に関する指導 9.「生活科、道徳、特別活動」における食に関する指導 10.「学校行事」「クラブ活動」における食に関する指導 11. 総合的な学習の時間における食に関する指導 12～13. 食のカウンセラーとしての食に関する指導（個別栄養相談） 1）食物アレルギーの指導（例） 2）肥満・やせの指導（例） 3）スポーツ選手の指導（例） 14～15. 学校、家庭、地域が連携した食に関する指導 1）食教育のコーディネーターとしての栄養教諭の役割 2）食教育環境と学校、家庭、地域の連携 3）地域支援のネットワークづくり 定期試験
栄養教諭になるという自覚を持って、望むこと。集中講義が多いため、日程（指示）を確認して、出席すること。 4回生での栄養教育実習に向けて、学校食育の実践力を養っていく必要がある。出来る限り、ボランティア等に参加することが望ましい。
授業態度20％、レポート50％、定期試験30％
文部科学省「食に関する指導の手引」（東山書房）その他プリントを必要に応じて配布する。 参考書：食に関する指導体制の整備について（答申）中央教育審議会（2004） 学習指導要領、食生活学習教材（文部科学省） 食に関する指導の実践の展開、口羽章子・玉川和子編著、東山書房（2001） 学校保健統計資料、国民健康・栄養調査資料、その他適宜紹介する。

（2007年度シラバス、2010年度単位修得要領より筆者作成）

京都女子大学２

整理の項目	教　職　に　関	
科目名	教職論	教育
単位・受講期	１回生　後期　２単位　選択必修	１回生　前期
授業の目標	教えること、あるいは教師であるということがどのようなものであるかについて、制度的な議論と現実状況を含めた多角的な視点から検討していくこととする。 その際、教育実践の中で生じる出来事を反省するための理論的基盤を形成するとともに、教育者としての視点を獲得することを講義の目標とする。	現代教育は様々な問題 も学校教育だけでは解決 本講義では、教育におけ 育の意義を捉え直し、家 察していきたい。本授業 業でもあるので、その点
今日的な課題	(－)	(－)
教師としての資質	(－)	(－)
授業の概要	・テキストを購読しながら教育職につくための基本的事項を学ぶとともに、現代トピックを取り上げて教育的視点を確認していくこととする。 ・また、講義形式の授業だけでなく、討論や検討会を織り交ぜながら、学生自身が自分の言葉で意見を発表する場を組織していく。	・授業は基本的には講義 加してもらうために、 提出を義務付ける。 ・それらのうち重要なも コメントすることに たい。
授業計画の検討	1. 授業の概要と導入 2. 教育について 3. 現代の教育状況１ 4. 現代の教育状況２ 5. 現代の教育状況３ 6. 教師の職務と専門性１ 7. 教師の職務と専門性２ 8. 教師の職務と専門性３ 9. 学校と教育１ 10. 学校と教育２ 11. 母子関係から見える教育１ 12. 母子関係から見える教育２ 13. 歴史の中の教育１ 14. 歴史の中の教育２ 15. まとめ：文献紹介 定期試験	1. オリエンテーション 2. 教育の基礎としての 3. 教育における学校の 4. 家庭教育の機能喪失 5. 学校教育の領域拡大 6. 生涯学習における学 7. 情報の氾濫に対する 8. 教育における自律性 9. 教育関係のパラドッ 10. 教育における他者性 11. 地域社会と教育 12. 子どもの発達と地域 13. 地域社会の二重性 14. 栄養教諭の仕事と養 15. 栄養教諭の仕事と養 16. 定期試験
教員の要望	積極的に授業に参加することを期待する。	栄養教諭や養護教諭に よって積極的学習が実現 授業で出てきた概念を普 ること。
評価	出席およびミニレポート・発表から総合的に判断する 30%、 学期末に課するレポート 70%	毎回の意見・質問・感
教材・参考文献	田井康雄編「新教育職の研究－新たな教育環境に生きる教師のあり方－」学術図書出版 参考書は、講義の際に適時指示する。	「探究・教育原論―人間 義雄共著、学術図書出版 参考書は、講義の際に適

す　る　科　目	
学概論	教育心理学
2単位　選択必修	1回生　後期　2単位　選択必修
を含んでいる。そのような問題は必ずし できない側面をもっている。 る自律性と共生という観点から、学校教 庭と地域における教育の機能について考 は栄養教諭および養護教諭にかかわる授 も考慮して進めていきたい。	家庭教育や学校教育に携わる者は、子どもの心や体が健全に成長するように導き方を工夫し、環境を整える努力をしなければならない。 そのために「学ぶ」とか「考える」ということをについてよく知り、子どもの心の発達に対して教育がどのような関わりを持ちうるのかを考えていけるような時間にしたい。 この授業を受講することで、子どもが発達の特徴やそれを踏まえた効果的な教授方法とは何かを考えることが出来るようになる事を目標とする。
	(－)
	(－)
形式で行っていくが、授業に積極的に参 毎回、授業に対する意見、質問、感想の のについては、次回の授業のはじめに、 よって授業の流れをスムーズにしていき	・各時間で講ずる授業内容は以下の授業計画に記した通りであるが、これらの内容を主として講義形式で行う。 ・また、途中何度か小テスト形式での形式的な評価も行う予定である。
 人間理解 意義 現象 校の役割 学校教育 クス 社会 護教諭の仕事① 護教諭の仕事②	1. 教育心理学の課題と内容とは 2. 発達とは何か：「発達の原理」 3. 乳児期における発達の特徴 4. 幼児期における発達の特徴 5. 児童期における発達の特徴 6. 青年期における発達の特徴 7. 上手な学習のための基盤：保存性の獲得 8. 上手な学習のための基盤：自己中心性からの脱却 9. 青年期における知的活動の特徴 10. 動機づけ：外発的動機づけと内発的動機づけ 11. 動機づけ：動機づけを高めるための条件 12. 教授法：プログラム学習とある意味受容学習 13. 教授法：授業の基本技術 14. 評価：評価の目的と方法 15. 生徒指導と問題行動 定期試験
なるという前提で授業に参加することに できる。 段の生活において実践するように心がけ	遅刻や私語をすることなく、ノートをきちんととるなどして真面目に受講すること。シラバスに従って毎回事前に教科書や資料に目を通した上で授業に臨み、受講後はその日の内にノートの整理ととも復習を必ずするようにする。
想20％、最終試験80％	授業への参加姿勢20％、小テスト20％、期末テスト60％
形成と解明と広がり—」、田井康雄・中戸 社 2005年 時指示する。	「学校教育の心理学」北尾・林ほか、北大路書房、1999年 参考書は、講義の際に適時指示する。

京都女子大学 3

整理の項目	教　職　に　関	
科目名	教育行政学	教育
単位・受講期	3 回生　後期　2 単位　選択必修	2 回生
授業の目標	―教育法規とは― 現代教育は、すべての人々が教育を受ける権利を充足するという立場に立って、全国的な規模でこれが行われている。このような大がかりな仕組みを維持し、日常的な業務を遂行するために、国や地方自治体の役割が不可欠となっており、そのためにも教育法規が整備され、それに基づいて各種の行政サービスが展開されているのである。その意味で、教育法規を理解することが、現代の教育の特性を把握するうえで不可欠であるといってよい。講義では、教育の実態を視野にいれながら、教育法規の基礎について解説していく。	―教育課程編成及び、学 具体的な課題と方策― 現在、学校教育におい の調和を重視する「生き 学校教育における食育の を通して教科等のねらい ができるよう、初等中等 いて解説する。受講生に としての自覚をもってほ
今日的な課題	(－)	(－)
教師としての資質	(－)	(－)
授業の概要	パワーポイントで作成した画面を解説しながら、講義をすすめていく。学習効果をあげるため、講義時に印刷物を配布する。	(－)
授業計画の検討	1. 教育法規とは 2. 教育法規の特徴 3. 日本国憲法と教育 4. 教育基本の概略 5. 教育の目的・方針 6. 教育の機会均等 7. 義務教育 8. 学校教育 9. 教員の役割 10. 社会教育 11. 政治教育 12. 宗教教育 13. 教育行政 14. 教育財政 15. 教育計画 定期試験	1. オリエンテーション 2. 今、子どもたちに求 3. 教育課程の意義と編 4. 学習指導要領の改訂 5. 学習指導要領のねら 策 (1) 6. 学習指導要領のねら 策 (2) 7. 教師に求められる資 8. まとめ
教員の要望	教職の基礎科目であるため、意欲的に理解する努力をしてほしい。	(－)
評価	教育行政の基本的知識を問う 100%	(－)
教材・参考文献	(－)	必要に応じて配布。

する　科　目	
課程概論	道徳教育概論
通年集中　1単位選　選択必修	2回生　後期　1単位　選択必修
習指導要領のねらいの実現を図るための て、確かな学力・豊かな心・健やかな体 る力」を育むことが重要になっている。 コーディネーターとして、学校教育全体 を踏まえながら食に関した授業を行う事 教育の教育課程の基準及び編成実施につ は教育課程を理解し、教育に携わる一員 しい。	―道徳教育の原理と指導法― 価値観の混乱の著しい現代社会において道徳教育はその重要性が見直されつつある。従来の常識が覆され、新たな道徳教育が求められている。本講義では、このような現状を踏まえ、道徳教育の本質を明らかにし、家庭における道徳教育と学校における道徳教育の在り方について考察していきたい。栄養教諭や養護教諭の立場から道徳教育の在り方を主体的に捉えてもらいたい。
	(−)
	(−)
	授業は講義形式で行うが、積極的参加をしてもらうために、毎回、意見、質問、感想の提出を義務付ける。それらのうち重要なものについては次回の授業をはじめにコメントし、内容の連続性を維持するとともに、主体的な授業参加を実現していきたい。
 められている学力とは 成 と基本的考え いの実現を図るための具体的な課題と方 いの実現を図るための具体的な課題と方 質	1. オリエンテーション 2. 道徳教育の目的としての理想と現実① 3. 道徳教育の目的としての理想と現実② 4. 家庭における道徳教育① 5. 家庭における道徳教育② 6. 学校における道徳教育① 7. 学校における道徳教育② 8. 定期試験
	道徳教育に対する理解を深めるために、自分の問題として捉えるように心がけること。普段から教育問題に関心をもち、ニュース等に注意すること。
	毎回の意見・質問・感想20%、最終試験80%
	(−)

京都女子大学 4

整理の項目	教　職　に　関	
科目名	特別活動概論	教育
単位・受講期	2 回生　後期　1 単位　選択必修	2 回生　前期
授業の目標	—よりよい生活や人間関係を築こうとする資質能力を高める特別活動のポイントを探そう— 特別活動の意義や目標・内容について概観するとともに、内容ごとに先進的な実践事例のよさを理解したり模擬想定場面での学級担任と連携した栄養教諭としての対応を考察したりする能動的な活動を通し、実践的な指導力の基礎を養っていくことをねらいとする。	—食教育を行う「食に関 食育について Why Who Why? ……食育が必要と の子どもを取 る。 Who ……食を担う栄養 知る。 What ……「食育」と「食 方法を考える。 How ……学習評価の基 を作成する。 本講義では、学習指導と 論の特質を生かした食育
今日的な課題	（－）	（－）
教師としての資質	（－）	（－）
授業の概要	教科書の参照箇所を踏まえながら、その要点の講述を積極的に聴き取り、構造的な板書をもとに自筆ノートにまとめていく。 「講義聴取活動」および特色ある実践事例のビデオ・新聞記事から学び取る。 「資料視聴活動」を併用しながら「授業運営を進めていく（第 1 講～第 6 講）そして、その理解や思考・判断の力を模擬想定場面への自己の対応の考察（第 7・8 講）へ発展的に結びつけていく。静的、動的な学習活動、それぞれのよさを効果的に取り入れた授業方法を採る。	集中講義
授業計画の検討	1. オリエンテーション（進め方・評価方法）特別活動の 4 つの内容と教育的意義について 2. 特別活動の目標　三段落構成とキーワード理解をもとに 3. 特別活動の内容（1）学級活動の特質と実践事例 4. 特別活動の内容（2）児童（生徒）会活動の特質と実践事例 5. 特別活動の内容（3）クラブ（部）活動の特質と実践事例 6. 特別活動の内容（4）学校行事の特質と実践事例 7. 学習指導のポイント　学級担任と連携した栄養教諭の役割を中心にして 定期試験	1. オリエンテーション 2. 我が国の子どもの食 3. 食の課題解決に向か 4.「食に関する指導」の ～学校給食を生きた教 5. 各教科等における「食 ～学校教育活動全体を 6. 学習評価の基本的な 7. 学習指導案の構成と 8. 学習指導案の作成
教員の要望	国語・数学・英語といった「教科」に比べ、『特活』のイメージは希薄なのでは、各自の卒業アルバムを久し振りに開いて見ておきましょう。第 1 講～第 6 講で扱う 4 つの内容のオンパレードであることが発見できます。その写真に収められた自分の思い出や気持ちを思い出しつつ受講していこう。 毎回の授業では、講義内容にかかる教科書参考箇所を明示します。その十全なる場を設定していく必要がある。	小テストは毎回の講義終 う。欠席の場合は 0 点と
評価	毎回の授業への取り組み状況 30%、模擬想定場面レポートの状況 20%。定期試験 50%	小テスト 95%、授業態
教材・参考文献	1「小学校学習指導要領解説　特別活動編」、文部科学省、東洋館出版社、2008 年 2「中学校学習指導要領解説　特別活動編」、文部科学省　東洋館出版社、2008 年 参考書：講義中に必要に応じて適宜紹介する。	食に関する指導の手引 プリントを配布

する科目	
方法概論	生徒指導論（生徒指導と教育相談）
1単位　選択必修	3回生　前期　2単位　選択必修
する指導」の指導方法と学習評価について—What How を学ぶ。 されている食の現状と課題、とりわけ我が国り巻く食に関わる様々な課題について理解す 教諭の責務や学校栄養職員との違いについて に関する指導」とは何かを理解し、その指導 礎と学習指導案の構成を知り、指導案（略案） 評価方法の基礎基本を理解した上で、栄養教の指導法について解説する。	—生きる力を育てるための援助活動としての生徒指導— 生徒指導は、児童生徒一人ひとりの個性を伸長し、将来につながる生きる力を育てるための指導及び援助活動である。学校教育において非常に重要な役割を果たす一方で、学習指導要領では明確には指導内容や時間数が定められておらず、扱う課題や方法は多岐に渡る。そこで、前半は生徒指導に関する意義や課題、方法等の理論を中心に進め、後半はいじめや不登校、校内暴力などの具体的課題を中心に実践的な取り組みを行いたい。
	(－)
	(－)
	講義 ・グループによる実践的課題検討
～学校栄養職員から栄養教諭へ～ の現状と課題について うための栄養教諭の責務 指導方法 材に～ に関する指導」 通して～ 考え方と評価方法 作成方法	1. オリエンテーション 2. 生徒指導の教育的意義と課題 3. 生徒指導の原理と理論 4. 生徒指導の機能と方法 5. 学級経営と生徒指導 6. 教科指導と生徒指導 7. 教育相談・進路指導と生徒指導 8. 生徒指導実践（1）基本的な生活習慣の援助 9. 生徒指導実践（2）非社会的な児童生徒の援助 10. 生徒指導実践（3）反社会的な児童生徒の援助 11. 生徒指導実践（4）学習困難な児童生徒への援助 12. 生徒指導実践における教師の役割と資質 13. 生徒指導と家庭・地域との連携 14. こらからの生徒指導の実践的課題と方法 15. テスト
了時に、その日の講義について問う内容で行なるので欠席しないこと。	(－)
度（発表）5%	授業態度を含め、期末筆記試験によって総合的に判断する。
(文部科学省　平成19年3月版)	必要な資料は授業中、プリントで配布する。 「生徒指導の新展開」岩崎孝次、森嶋昭伸著　ミネルヴァ書房 2008

京都女子大学 5

整理の項目	教　職　に　関　す　る	
科目名	教育相談	栄養教
単位・受講期	2回生　前期　2単位　選択必修	4回生　通年集中
授業の目標	―教育相談の理論と方法― 児童・生徒の心の問題や行動上の問題の適切な対処や改善に資するための教育相談の理論と方法と実際例を講述する。児童生徒理解の基本は、彼らの心の悩みや行動上の問題が、現在の状況と個人史における自己評価や対人関係にまつわる未解決の意義・無意識の心の葛藤やストレス、あるいは時にはトラウマと関連していることを知ることから始まる。これを基本の視点として、学校場面における児童・生徒が抱える問題及びその問題解決の実際過程を、同僚、保護者、スクールカウンセラーを始め、他の学校スタッフ及び他機関との連携のあり方を含めて紹介し、教育相談の現場で有用な課題意識や理論・方法について探究する。	―栄養教育実習のため 小学校または中学校 ものにするために、事 ける栄養教諭の業務に 体の作成を行い、模擬 自覚を深める。また、 栄養教諭の職務と役割 る知識と技術を修得す
今日的な課題	(－)	(－)
教師としての資質	(－)	(－)
授業の概要	講義は教育相談の実践的特質を考慮しながら、講義における理論学習に偏らず、特にカウンセリングや心理検査に関して、事例の紹介のみならず、可能な限り実習的な要素も取り入れる。理論学習と体験学習の両面から受講者の関心や認識を高め、教育相談における実践に対する理解を促す。	全体での教育実習オ 容の確認、指導案の指 日程は別途掲示する。
授業計画の検討	(1) 心の問題や不適応行動に関する認識と関心を高め、その解決に資する意識や課題を解決する。 ①学校教育相談の意義と課題 (2) 心の問題と不適応行動に関する定義について事例を挙げて解説し、受講者に正しい理解を求める。 ②学校教育相談の理解 (1) ③学校教育相談の理論 (2) (3) 教育相談に必要な人的条件、連携、カウンセリングによる対応を紹介する ④学校教育相談の方法 (1) ⑤学校教育相談の方法 (2) (4) カウンセリング理論における概念や方法を解説し、生徒援助の実際的対応を考える。 ⑥カウンセリングの理論と方法 (1) ⑦カウンセリングの理論と方法 (2) (5) 教育相談に必要な基本技法の解説と技法訓練の実際例を紹介し、ロールプレイングにより傾聴・共感の基本的技法の習得を目指す。 ⑧カウンセリングの技法 (1) ⑨カウンセリングの技法 (2) ⑩カウンセリングの技法 (3) (6) 査定法としての心理検査の意義と役割、技法と実際例を紹介し、検査の利用法を学習する。 ⑪心理検査の理論と方法 (1) ⑫心理検査の理論と方法 (2) (7) 主要な精神障害について解説し、児童・生徒の心の問題や不適応行動への診断的理解力を高め、心の専門家と連携する力を養う。 ⑬臨床的行動査定 (3) (8) スクールカウンセラーについて理解し、児童・生徒の心のケアと援助のための協力関係を構築する力を養う。 ⑭スクールカウンセラーの現状と役割 (9) 総括 ⑮総括	1. 栄養教育実習の意 全体的諸注意及び 実習後の提出物 実習中の大学との 2. 栄養教諭職務内容 小学校､中学校(学 3. 食に関する指導、 4. 栄養教育実習の実 児童生徒への個別 児童生徒への教 習 食に関する指導の 5. 研究授業の指導案 実習校の児童の実 6. 研究授業の指導案、 7. 教育実習事後指導 栄養教育実習の反 8. まとめ（今後の課
教員の要望	体験学習も取り入れて授業を展開するため、講義には積極的に参加し取り組むこと。耳慣れない用語が出てくると思われるので、メモを取り、配布資料や文献等を熟読し、専門用語や理論の理解に努めること。	栄養教育実習に赴く自 導案や媒体は、各実習 校との打ち合わせを密
評価	授業意欲・態度 20%、小レポート 20%、定期試験 60%	受講者態度 50%、レ
教材・参考文献	適宜資料を配布する。 参考書：「生徒指導と教育相談　父性・母性の両面を生かす生徒指導力」角田豊編著、創元社、2009 年	食に関する指導の手引 部科学省)、かかわり 大学、同短期大学部 要録、プリント資料、 論、学校栄養指導論、 ト、プリント、食に関

科　目		京都女子大学が定める特別科目
育実習指導	栄養教育実習	人権と教育
1単位　選択必修　(分担2名)	4回生　通年集中　1単位 選択必修	2回生　前期　2単位　必修
の事前準備と事後評価― における栄養教育実習をより有意義な前及び事後指導を行う。教育現場について認識し、教育計画や指導案、媒授業等により理解を深め、実習に臨む実習後は、反省評価を行うことにより、について理解を深め、学校食育に関する。	(－)	副題―人権と人格の陶冶― 「人間中心の人権」「権利のための人権」という近代西欧に源をもつ現代の人権思想に検証を加えながら、「尊厳としての人権」「共生の人権」思想の意義について探求をする。そのためには何よりもまず、日々の生活の中で謙虚に自らを検証し人格の陶冶する心構えが求められる。こうした学習を通して、現代日本に存在する様々な人権問題の課題と課題解決に向けての取り組みについて探求する。
	(－)	(－)
	(－)	(－)
リエンテーションの他、個別に実習内導助言を行う。	(－)	「講義ノート」を中心に学習を進める。講義各節目に学習内容に関わるレポートの提出を求め、適宜レポートを紹介しながら学習を深める。
義・目的、心構えなど 諸手続き (実習ノートや指導案、教材など) 連絡方法などについての指導 の概要と役割、使命 年）の特性、関係法規 学校給食栄養管理（献立作成） 習内容について 的な相談指導の実習 科・特別活動等における教育指導の実 連携・調整の実習 作成 態、学年、教科に応じた指導案の作成 媒体作成 省、問題点の整備等 題の明確化、体験発表など)	(－)	1. オリエンテーション 2. 人権の概念 3. 人権の歴史 4. 欧米人権思想の光と影 5. 日本（人）の心と人権（1) 6. 日本（人）の心と人権（2) 7. 人権と人格の陶冶 8. 人権と教育（1) 9. 人権と教育（2) 10. 現代の世界の危機と人権 11. 人権問題の課題と課題解決に向けての取組（1) 12. 人権問題の課題と課題解決に向けての取組（2) 13. 人権問題の課題と課題解決に向けての取組（3) 14. 人権問題の課題と課題解決に向けての取組（4) 15. 人権問題の課題と課題解決に向けての取組（5) 定期試験
覚と熱意を持って、取り組むこと。指校の実態に沿ったものであるよう実習にするよう努める。	(－)	「学び」を基調に「自分の考え」の醸成に努めること。 「学び」を通して、常に自分の考えを深め、その成果をレポートにしたためる。
ポート50%	(－)	試験50%、レポート50%
(文部科学省2007)、学習指導要領（文を深める教育実習の手引き（京都女子教職課程専門委員会編）栄養教育実習その他適宜指示する。参考書：栄養教学校栄養実践論等で使用したテキスする指導の展開と実践（東山書房）	(－)	・「講義ノート」を第1講時に配布 参考書：講義において適宜紹介

女子栄養大学１　教育職員免許法施行規則に定められた「栄養に係る教育に関する科目」「教職に関する科目」授業内容

整理の項目	栄　養　に　係　わ
科目名	栄養教諭論
単位・受講期	3年次　前期　2単位　選択必修
授業の目標	栄養教諭の社会的使命、学校における役割、職務内容、期待や可能性について全般を学ぶ。
今日的な課題	(－)
教師としての資質	(－)
授業の概要	実際に全国各地の学校等で使用されている食に関する指導や指導資料等を活用しながら、実践力につなげる授業を行う。
授業計画の検討	1. 栄養教諭とは何か ①栄養教諭制度の趣旨と意義、社会・時代的背景、課せられた使命と役割、職務内容等 ②学校給食法に関連する法令等の理解　③食育基本法と学校における食育 2. 学校教育活動全体で取り組む食に関する指導 ①学習指導要領における食育の位置づけ、②食に関する指導の全体計画 ③発達段階に配慮した指導計画　④家庭、地域社会と連携した食育 3. 特別活動、給食時間における食に関する指導 ①特別活動における食に関する指導　②給食時間における食に関する指導 ③学級担任と連携した食に関する指導　④課題設定の方法と指導の展開 4. 教科における食に関する指導 ①家庭科、技術・家庭科における食に関する指導　②体育科、保健体育科における食に関する指導 ③課題の設定、教材の作成、指導方法 5. 教科等における食に関する指導 ①生活科、社会科等における食に関する指導、②総合的な学習の時間における食に関する指導 ③課題の設定、教材の作成、指導方法 6. 家庭、地域社会と連携した食育の推進 ①家庭と連携した食に関する指導の進め方　②地域社会の食育関係推進者との連携の在り方 ③地場産物等生産者と連携した食育 7. 食に関する指導の課題設定と実践～給食時間における指導の課題設定～ ①児童生徒の発達段階を踏まえた食に関する指導、②生きた教材を活用した食に関する指導 ③家庭へつなぐ給食時間の指導 8. 給食時間における指導の実践～生きた教材を活用した給食時間の指導の実践と評価 9. 食に関する指導の課題設定と実践～児童生徒が個別に抱える食生活の問題に対するための指導のあり方～①食物アレルギー等②肥満、瘦身傾向等③偏食、間食、朝食欠食等 10. 実践演習　生きた教材を活用した食に関する指導の指導案、教材等の作成 11. 実践演習　模擬授業に向けて指導案、教材等の作成 12. 実践演習　模擬授業に向けて指導案、教材等の作成 13. 模擬授業　模擬授業の実施と評価法について学ぶ 14. 模擬授業　模擬授業の実施と評価法について学ぶ 15. 模擬授業のまとめとパネルディスカッション 「栄養教諭を中核とした食育の推進について」パネルディスカッションを行い、講義全体のまとめをする 16. 試験
教員の要望	(－)
評価	受講態度、課題に沿って作成した「指導案」、レポート、筆記試験等総合的に評価する。
教材・参考文献	「栄養教諭論」金田雅代（建帛社）、新学習指導要領、食育関連教科等の解説

の整理　　　　　　　　　　　　　　　　　　　　　　　　　　　(－)：シラバスに記載なし

る　教　育　に　関　す　る　科　目
栄養教諭論実践研究
3年次　後期　2単位　選択必修（分担6名）
「栄養教諭論」で修得した栄養教諭の基本理念を踏まえ、効果的に役割が果たせるよう指導力を習得する。
(－)
(－)
学校で活用されている食に関する指導の資料、教材等を活用し、栄養教諭等外部講師による指導の実際を学習しながら、演習や模擬授業を中心に行う。
1～2　栄養教諭論実践研究について A：実践研究について概要を把握する。児童生徒の食生活の現状を踏まえ、実践課題を設定し、食に関する指導の全体指導計画の作成をする。 3　学校給食を生きた教材として活用した多様な展開 A：食育の目標を踏まえた指導内容、指導方法を理解し、指導資料等を作成する 4. 学校給食を生きた教材として活用した多様な展開 B：学校教育活動全体で取り組む食に関する指導の実際を学ぶ 5. 学校給食を生きた教材として活用した多様な展開 A：教科等と連携した食に関する指導の指導案、教材等の作成 6. 学校給食を生きた教材として活用した多様な展開 C：地場産物を活用した食に関する指導の実際 7. 学校給食を生きた教材として活用した多様な展開 D：食物アレルギー等個別指導の実際 8. 学校給食を生きた教材として活用した多様な展開 A：指導案教材等の作成 9. 学校給食を生きた教材として活用した多様な展開 模擬授業に向けて演習、指導案、教材等の作成 10. 学校給食を生きた教材として活用した多様な展開 E：食生活実態調査結果から児童生徒の食生活の現状把握、学校給食摂取基準等作成の背景を学ぶ 11～12. 実践演習 A・F：教科等における食に関する指導の指導案、給食時間の指導案、生きた教材となる献立、給食便り等作成物をまとめ発表に備える 13～14. 模擬授業評価 A：指導案、教材等使用して模擬授業し、相互に評価し合う 15. まとめ A：食育シンポジウムの運営スキルの学習 16. 試験　A担当 （A～Fは担当教員を示す）
(－)
受講態度、課題に沿ったレポート、「自己の学習目標」に対する自己評価、筆記試験を総合的に評価する。
「栄養教諭論」金田雅代（建帛社）、新学習指導要領、食育関連教科解説

（2007年度履修要綱、2010年度履修要綱、2011年度 履修の手引、履修要綱より改変して筆者作成）

女子栄養大学２

整理の項目		教　職　に　関
科目名	教師論	教育原理（教育に関
単位・受講期	２年次　前期　選択必修	２年次
授業の目標	教師とは何か、職務、専門性、資質の理解を深め、教師への適性をみつめ、教職への志望を高める。	今日の教育問題の基本 教員としての基本的な資
今日的な課題	（－）	（－）
教師としての資質	（－）	（－）
授業の概要	教師の仕事内容、専門性、家庭や地域との連携・学校づくり、女性教師としての生き方、少数分野の教師の役割について学ぶ。 講義形式だけでなく、討論や発表を組み入れるので、積極的に参加を求めたい。	教育とは何か、教育制 原理、理念、思想を講義
授業計画の検討	1. ガイダンス　心に残る教師像 自らの人生で出あった印象深い教師の姿を通して、自分の目指す教師像を考える 2. 教師の仕事・教師の一日 資料や映像を使用しながら仕事の内容や生活の見聞を通して、教師という仕事を捉え直す 3. 学校制度と教師 教育制度のもとでの教師の位置づけ、身分・服務義務につき基礎知識を学ぶ 4. 教師の専門性 専門職としての資質として求められるものはなにか、意見交換をもとに自覚を高める 5. 研修制度 教師の資質養成と研修制度、更新講習について知る 6. 歴史の中の教師 戦前と戦後の教師養成制度の違いを理解し、21 世紀に向けた教師のあり方を考える 7. 文化や社会への関心を広げる 新聞記事の紹介を中心にグループワークによってたがいに関心を広げ合う 8. 教師として女性として 棚橋昌代：外部講師を予定。女性教師の生き様にふれることで、教師としての生き方を探る 9. 子どもをとらえなおす 子どもとはなにか、子どもの活動や遊びの実態を知ることを通じて理解を深める 10. 思春期とはなにか 揺れ動く発達段階の子ども像、それに対する働きかけのあり方を学ぶ（小レポート） 11. 子どもの問題行動とその指導 子どもの問題行動に対し、厳罰を求める声が高い中、なぜ学校で体罰を禁止しているか、理解を深める。 12. 家庭・地域社会との連携 現代の家族や地域の変化を知り、家庭や地域社会との連携のあり方を学ぶ 13. 教師と学校づくり 河合尚規：外部講師を予定。学校内における教師同士の連携のあり方やその工夫について知る 14. 教師という仕事にむきあう これまでの学びを通して、自らの進路としての教師像を問い直させ、授業内でレポートを作成する 15. 学ぶ喜び、教える喜び 学校本来の姿を映像を通じて教師という進路を確認し最後に感想を提出する	1. ガイダンス・授業方 ガイダンス・教育の 教職における教育学 ぶ。 2. 子どもの教育可能性 西洋の教育思想の中 ルトについて考察す 3. 人間形成と教育の概 教育の概念について の喪失と学校教育の 4. 教育基本法における 改正教育基本法の特 ついての検討を行う。 5. 子どもの権利条約を 子どもの権利条約と しくみと日本につい 6. これまでの中間まと イント 7. 教材・教具の原理の 教材とはなにかを踏 理（制度を含）を考 8. 教科書の制度と選択 教科書制度と教科書 9. 教科書作成と選択の 教科書制度と教科書 10. 近年の教科書をめぐ 近年の教科書をめぐ 程との関係について 11. 教材作成の原理 これまでの授業を踏 12. 学習指導の原理につ 学習指導にあたっ 13. 教育原理の探求の方 教育原理にかかわる 方法を具体的に学 14. これまでの内容を踏 レポートAの作成を 域での具体的な方法 15. 講義のまとめ これまでの講義のま
教員の要望	（－）	（－）
評価	平常点（授業への参加状況、小レポート、レポート等提出物を総合的に判断する）	授業内に作成するレポー 両方のレポートの提出は
教材・参考文献	プリント等の資料は配布する。 参考書：『解説　教育六法』2009　平成 21 年度版。（三省堂）秋田喜代美、佐藤学『新時代の教職入門』（有斐閣アルマ）	『教育の探求―現代日本 本俊郎（弓箭書院）文部 参考書：講義の中で随時

する　科　目	
する社会的、制度的又は経営的事項を含）	発達の学習と心理
後期　選択必修	2年次　後期　2単位　選択必修
的理解を深め、教材・教具・指導の原理を学び、 質を培う。	人間の発達と学習に関わる心理的諸過程を体系的に理解する。
	(－)
	(－)
度、学校組織、教育内容・方法の根本にある する。	発達に及ぼす学習の作用に焦点を当て、講義する。
法についての説明、教育学とは何か 専門家になるとはいかなることか、 的な専門領域の意味と教育原理とは何かを学 について からロック、ルソー、ペスタロッチ、ヘルバ る。 念について学ぶ の検討。共同体の人間形成システム、共同体 拡大について学ぶ。 教育目的・教育目標についての検討を行う 徴について学び、現代教育目的・教育目標に 学習しうるということ 学習権について学び、子どもの権利委員会の て考察する。 め　中間まとめと中間レポートAの作成のポ 基本を学ぶ まえたうえで、教科書にかかわる教育の諸原 察する。 の原理について 作成のしくみについて学ぶ。 原理について 作成のしくみについて学ぶ。 る動向 る動向について学び、教師と教科書、授業過 考察する。 まえ、教材作成の原理について学ぶ。 いて て、学習形態、教育方法の原理を学ぶ。 法とまとめ 論文の書き方・レポートを書くための調査の ぶ。 レポートAの説明 まえて今後の課題を明らかにする 行う。論文・レポートを書くための教育学領 について学ぶ。 とめと内容の定着のためのレポートBの作成。	1～2　学習メカニズム 学習の基本的メカニズムとしての条件結合の形成について 3～4　発達への社会文化的作用 サルの社会的隔離的飼育実験、模型母親実験を通して、養育者と子どものとの関係を考察する 5～8　学習と発達 双生児研究と学習実験のデータを基に、発達の遺伝・環境論争について述べる 9～11　発達段階 発達段階は何に基づき区分されるのかピアジェの保存実験等の研究から考察する 12～14　学習と発達の相互作用 養育放棄により著しい発達遅滞を示した姉弟の回復の経過を検討する中で、子どもは大人との関わりの中で学習し、成長することを述べる 15　LD、ADHDへの対応 不思議ちゃん（LDのお友達）、困ったちゃん（ADHDのお友達）について考える 16.　試験
	(－)
ト　ABの二つの評価を行う。 授業の最終回。	授業内の小レポート、最終試験を総合的に評価する。
の教育―』岩本俊一・桜井歓・水崎富美　岩 科学省『学習指導要領』、教育基本法 指示する。	「人間発達の心理学」（サイエンス社） 参考書：「人間発達と初期環境」藤永保他著（有斐閣） 授業時にプリントを配布する。

女子栄養大学３

整理の項目	教　職　に　関	
科目名	教育課程	道徳
単位・受講期	３年次　１単位　前期　選択必修	３年次　前期
授業の目標	カリキュラムの編成と課題を分析し、カリキュラムを編成する実践的な力を身に付けることを目的とする。	学習指導要領を分析と実践力を養うことを目
今日的な課題	(－)	(－)
教師としての資質	(－)	(－)
授業の概要	・カリキュラム・教育課程に関する基本理念と原理制度を学ぶ。 ・講義と小レポートなどで教育課程編成の実践力を養う。	道徳教育実践を組み立要領に即して明らかにし
授業計画の検討	1. ガイダンス インターネットを利用しての教育課程関係の資料・学会・団体について学ぶ 2. 教育課程・カリキュラムとは、教育関係法令と学習指導要領の基本 教育課程の諸概念の検討教育関係法令と教育課程の関係を学ぶ 3. カリキュラムの類型 カリキュラムはどのような類型があるかについて学ぶ 4. 隠れたカリキュラム 隠れたカリキュラムについて歴史と内容を学ぶ 5. カリキュラムの編成と事例 カリキュラムの編成と事例を近代日本のカリキュラム戦前期までの日本の特徴、科学的な視点について学ぶ 6. 学習指導要領の変遷 戦後の学習指導要領の変遷までを、学力・ゆとりの時間等の概念を手掛かりに考察する 7. カリキュラム改革の課題 諸外国のカリキュラムの動向と日本の比較をしながら、市民形成にとってのカリキュラムの課題を考える 8. まとめ 内容の定着のための小レポートの作成	1. ガイダンス　教職科 教職教科としての道徳 科目との違い 2. 道徳関連資料の探求 道徳教育をつくるため 3. 学習指導要領の内容 学習指導要領における いて、授業案を構成す 4. 学習指導要領の内容 男女共同参画社会を例 る部分の４つの事項に 入事項を学ぶ 5. 学習指導要領の内容 男女共同参画社会を例 に関わる部分を読み解 的な記入内容を学ぶ 6. 道徳教育を行うため 子どもの権利を例に４ 的な視点について検討 7. 道徳教育を行うため 子どもの権利を例に具 する 8. 中間のまとめ これまでのまとめと授 9. 道徳授業案の作成(1)： 目標・ねらい・子ども 10. 道徳授業案の作成(2) 全体の授業計画の作成 11. 道徳授業案の作成(3) 一時間分の展開の作成 12. 戦後の道徳教育改革 戦後改革の理念と思想 13. 戦後の道徳教育改革 公民刷新委員会以来の 14.「道徳」の時間の設 特設「道徳」の設置経 15. まとめ 内容の定着のためのレ
教員の要望	(－)	(－)
評価	発表と小レポート、授業中にでてきた概念の理解。授業中に指示したポイントについて抑えた発表が基準。	授業内に作成するレポーは最終回授業中に提出。
教材・参考文献		『教育の探求－現代日本俊郎（弓箭書院）

する　科　目	
教育研究	特別活動研究
２単位選　選択必修	３年次　後期　１単位　選択必修
し、今日の道徳教育のあり方を考える基礎力 的とする。	教科以外の活動の教育的意義・特別活動を編成・実践する力を養うことを目的とする。
	（－）
	（－）
てるための基礎概念と方法を現在の学習指導 ていく予定。	学習指導要領を踏まえて特別活動とはなにか、歴史、方法、指導原理を学び、発表・レポートの作成によって実践力を養う。
目と専門科目の違い 教育と教科教育・栄養教諭教育の構造、専門 の資料・法令について と授業案の構想のための基礎 記述「内容」に関わる部分の４つの事項につ るための基本的説明をする と授業案の構想のための展開 に学習指導要領における記述「内容」に関わ ついて、授業案を展開するための具体的な記 と授業案の作成の具体的方法 に学習指導要領における記述「内容の取扱い」 き、授業案の展開部分を構成するための具体 の具体的ないくつかのアプローチ つの事項に関して道徳教育を行うための具体 する の具体的ないくつかのアプローチ 体的な道徳教育についてのアプローチを検討 業案作成の構想を練る レポートＡの作成 の実践を作成 (1) について学ぶ (2) 戦後道徳教育改革の歴史について学ぶ 置と論争 緯とそれにかかわる論争について学ぶ ポートＡの設定と小レポートＢの作成	1. 特別活動とは 学習指導要領をふまえて、特別活動の目的・内容について学ぶ。自己の特別活動の経験をもとに課題を明らかにする 2. 特別活動の戦前の歴史（全体） 学習指導要領をふまえて、特別活動の歴史的変遷を学ぶ。それを通して、今日の特別活動の創造の手がかりを得る 3. 望ましい集団的活動について 集団とは何か、望ましい集団的活動の特徴、それをもたらすための授業案の修正の検討 4. 特別活動の儀式的行事に関する内容の歴史 特別活動の戦前戦後の流れの中で、儀式を中心に現在に続く課題の歴史を学ぶ 5. 特別活動の儀式的行事に関する内容の現代の課題 特別活動の戦前戦後の流れの中で、儀式を中心にそして現代を中心に続く課題について考える 6. 特別活動と評価の問題 特別活動の創造実践するための評価について学ぶ。ミニレポートＡの作成 7. 特別活動の創造実践についてのミニレポートＡの作成 授業を通して作り上げたミニレポートＡについて発表し、課題を共有する 8. まとめ まとめと課題　レポートＢの作成
	（－）
トＡＢの二つで評価を行う。両方のレポート	授業内に作成するレポートＡＢの二つで評価を行う。両方のレポートの提出は授業の最終回。
の教育』岩本俊一・桜井歓・水崎富美・岩本	『学習指導要領』、『教育の探求―現代日本の教育―』岩本俊一・桜井歓・水崎富美　岩本俊郎（弓箭書院）

女子栄養大学 4

整理の項目		教　職　に　関
科目名	教育方法及び技術	生徒
単位・受講期	2 年次　後期　2 単位　選択必修	3 年次　後期
授業の目標	栄養教育の年間指導計画こそ毎日の授業であり連携連動させる授業参画を通し実践の中で技術・技能を学ぶ。	様々な方法で多様な生を理解する。
今日的な課題	(－)	(－)
教師としての資質	(－)	(－)
授業の概要	各学校で求められる特色ある教育課程の編成は学習指導要領の目標・内容をより効果的・実践的に指導することにある。	学校という環境への適師はどんな援助をしたらは学生自身のロールプレる。
授業計画の検討	1. 教育課程とは 各学校が編成する特色ある教育課程を考える 2. 学習指導要領目標・内容の食育との関連 学習指導要領の全領域から食育・学校給食と関連項目の洗い出しをし、毎日の学校給食の教材との関連性をもたせる 3. 栄養教諭の年間計画 学校給食構想～年間指導計画～献立～試食～検証～改善 4. 学校給食の法的根拠 学校給食の学習指導要領における位置づけ 5. 年間指導計画のポイント 学校教育目標・学校給食目標をうける No.1 6. 年間指導計画の内容 1 年～1ヶ月～1 週間～1 日のねらいを明確にする No.2 7. 年間指導計画関連 全教職員と全教育活動との連携連動をふまえて No.3 8. 毎日の学校給食 No.1 ねらいを明確にする～生活習慣病予防月間～教科との連携 9. 毎日の学校給食 No.2 献立～放送～一口メモ～授業～学校保健委員会だより 10. 年間指導計画の作成 グランドデザインの実践化、効果的なコラボレーション 11. 年間指導計画作成 学習指導とのコラボレーション 12. 学習指導案とはT・T 栄養教諭としての授業実践（T・T）の方法と技術 13. 授業形態の多様な工夫 一斉～個々のワーク～グループワーク～課題解決 14. 学習指導における形式 学習指導案の形（観点別評価の観点） 15. 学習指導多様な技術 ロールプレイング・机間指導・課題解決法・評価検証等々	1～2　生徒指導の意義と学校を社会的スキル獲制で行うのか、校長、の連携を考える 3～4　生徒理解のための教室内外における生徒面接法、心理テストおを学ぶ 5　ロールプレイングに後半の授業で行うローテーマ、役割等につい 6～8　生徒指導の実際仙波が担当：いじめ、の子どもたちに教師は室で展開される指導の 9～16　ロールプレイン不登校、いじめ、非行応したか、ロールプレ解を試みる
教員の要望	(－)	(－)
評価	レポートによる評価	授業内の小レポート、発最終試験は行わない。
教材・参考文献	「中学校学習指導要領」（文部科学省）、「栄養教諭のための学校栄養教育論」笠原賀子（医歯薬出版）、教材は手作り資料（学校給食年間指導計画）、学習指導案その他	(－)

する　科　目	
指導論	教育相談（カウンセリングに関する基礎的な知識を含）
2単位　選択必修	3年次　前期　2単位　選択必修
徒を理解し、適切に問題を解決できる指導法	教員の素養として、教育相談におけるカウンセリングの理論・方法を、実際の教育場面を通して考える。
	(－)
	(－)
応、将来の社会生活への適応等のために、教よいか、生徒理解のための方法を学ぶ。後半イにより、生徒指導の様々な問題点を検討す	生徒をより深く理解し、適切に接するには、という課題より、学校教育と教育相談、カウンセリングの基礎知識を身につけることを目的とする。学校、家庭、地域の連携に関する事例検討も含む。
役割 得の場と考え、何を具体的に、どのような体学級担任、養護教諭等の役割と父母、地域と 方法・技法 の行動を理解するための方法としての観察、よび生徒をとりまく人間関係を捉える技法等 向けてのグループ討論 ルプレイングのために各グループでプレイの ての話し合いを行う 不登校などの諸問題、あるいはLD、ADHD実際にどのような取り組みをしているか。教実際について グの体験 などに、生徒本人、教師や親はどのように対イを行い、集団討論を通して問題の本質の理	1. 授業概説／講義内容の組み立てについて 学校教育と教育相談の意義、およびカウンセリングの基礎的理解 2. 受容的態度と共感的理解（カウンセリング・マインドとは） 傾向を中心に、カウンセリングについての意義、理論、方法などに関する認識 3. 教育現場における「気になる生徒」心理学的アセスメントと対応策 教育現場における「気になる生徒」の事例とその心理学的アセスメントをふまえて、どのように関わればよいかについての教育計画の立案、展開 4. 面接：実際の教育相談場面を想定した「生徒の心」理解と整理 心理援助のための臨床面接法と情報収集のための調査面接法に関する説明の後、生徒が相談に来た場を想定した実習 5. 精神疾患の基礎知識と理解（1） 心身症、人格障害、そして精神病についてDSMの診断基準 6. 精神疾患の基礎知識と理解（2） 心身症、人格障害、そして精神病についてDSMの診断とそれぞれの特徴 7. 教育現場における心理検査：知能検査 指数（IQ）を算出する知能検査（ウェクスラー検査、ABC検査）、心理機能と関連する脳の部位を中心に神経心理学検査について 8. 教育現場における心理検査：投影法 人格検査のひとつである投影法（ロールシャッハ、バウムテスト）の事例の紹介と理解 9. 事例検討（1）：友人関係 学校における教育相談とその留意点－友人関係－ 10. 事例検討（2）：家族関係 学校における教育相談とその限界－家族とのつながり－ 11. 子どもが示す諸問題（1）：不登校 不登校の現状とその対応－さまざまな観点からの原因論や対応策－ 12. 子どもが示す諸問題（2）：いじめ いじめのメカニズムとその防止、介入－集団心理と自己主張－ 13. 学級経営：教員が生徒の問題を一人で抱え込まないために 「教育相談」という分掌活動の事例から、養護教諭、学校医、スクールカウンセラーの「連携」について理解 14. 生徒に関わるカウンセリングの実際 教育センター、相談室の心理士など、学校内外の機関におけるカウンセリングの利用 15. まとめ：青年期の「こころ」と学校という集団 青年期の心理発達課題と学校教育の意義－「なぜ、学校にいかなければならないの」と尋ねられたら－ 16. 試験
	(－)
表、討論への参加態度を総合的に評価する。	出席、授業への取り組み、小レポート、小テスト、そして定期試験により評価する。
	授業時に、指示する。 参考書：授業時に紹介する。教材：プリントを配布する。

女子栄養大学 5

整理の項目	教　職　に　関
科目名	総合演習
単位・受講期	3 年次　後期　2 単位　選択必修　(2 名で分担)
授業の目標	・子どもを多様な環境の中で総合的に理解し、子どもの可能性を発見し、これを表現できるようにな
今日的な課題	(－)
教師としての資質	(－)
授業の概要	・授業前半は、種々の統計資料等の調査、検討によって、現代の子どもを理解するために必要な事項 ・後半は、前半結果を土台に寸劇や ppt 紙芝居制作を通じて子ども像を描き出す。
授業計画の検討	1. 総合演習の学び方を知る：総合演習設置の背景や目的、授業全体のねらいと進め方を説明する 2. 子どもに関する基本的事項を確認：学校保健統計等の統計資料の閲覧を通じて、「子ども像」の構成 中で PC 操作、ネットワーク利用技術の確認をする 3. 子どもを描くための調査項目の設計：子ども像を描くために必要と思われる事項を出し合い、多面 査や検討項目を考える 4. 調査と調査手段との対応を図る：電子データと紙データの区別、入手方法の確認あるいは習得によっ 5. 調査と調査手段との対応を図る：新聞・書籍・報告書等の紙タイプ資料の収集要約を行い、PC へ取 6. 調査と調査手段との対応を図る：文字・写真データを Excel 上に落とす作業を介して検索、選別、機器・ 7. 調査と調査手段との対応を図る：インターネット検索によって問題の広がりの範囲を実感し、検索・ 8. 調査結果のまとめ：班内で分担した調査項目についての結果を整理し、班内発表に備えてまとめる。 9. 調査結果の発表と意見交換：班内で各自担当した調査結果を共有すると同時に、意見交換によって 10. 創造性開発技法である KJ 法を学ぶ：多数の異質な資料群から、新しい自己を発見するための技法 11. 子ども像と目指す教師像の構築のための準備：各自で、前回の調査報告と議論の結果を一定の方法 (KJ 法の実施) 12. 資料内容のエッセンスをつかむ：同上 13. 資料内容を自分の言葉で簡潔に表す：近い関係にある文字列群同士の集合に、1 行見出しを付ける ることへの準備をする 14. 新しい自己を発見する準備：最後の文字列群の各々が何を語りかけているかを体全部で感じ取り、 15. 新しい自己を発見する：描画したものを説明する文章をつくり、グループ内発表に備える 16. KJ 法結果の発表：グループ内での各自の発表を通じて、さまざまなとらえ方があることを理解する 17. KJ 法結果の発表：各グループから 2 作品程度を選び、クラス発表を行い、子どもの多面性や多様 する 18. ミニ芝居づくり企画書作成と検討：これまでの資料や調査結果をふまえ「現代のこども像」のミニ 19. ミニ芝居づくり（企画の修正と取材：観客と主張方法内容のマッチングを考慮して場面設定、対応 20. ミニ芝居づくり 1（取材と絵コンテ）：子どもの実像を感じるために学外に出ての取材を行い、絵 21. ミニ芝居づくり 2（取材とコンテ作りと補足取材）：同上 22. ミニ芝居づくり 3（コンテ作りと補足取材）：同上 23. ミニ芝居づくり 4（コンテ作りと補足取材）：同上 24. ミニ芝居づくり 5（コンテ作りあるいは稽古）：同上 25. 現場の方を招いてミニ芝居発表会：種々の工夫と努力の結果である作品を発表する。伝えたいこと 26. 現場の方を招いてミニ芝居発表会：同上 27. 現場の方を招いてミニ芝居発表会：同上 28. 現場の方を招いてミニ芝居発表会：同上 29. 現場の方を招いてミニ芝居発表会：同上 30. まとめ これまでの授業全体のまとめを行う。また提出物の種類、提出方法などの確認を行う
教員の要望	(－)
評価	レポートを含む提出物、授業内発表の内容や発表方法の工夫等によって総合的に評価する。
教材・参考文献	参考書：その都度伝える。 教材：印刷教材、CD、電子ファイル他。

す　る　科　目		
	栄養教諭教育実習指導	栄養教諭教育実習（学外実習）
	4年次　通年　1単位　選択必修 （6名で担当）	4年次　通年　1単位　選択必修 （6名で担当）
る。	研究授業・給食時の学習指導案作成能力、教員としてのマナーの習得（敬語の使い方、児童との接し方）	学習指導案作成能力の習得、児童生徒への接し方の習得、教員として身につけるべく基本的態度の習得
	（－）	（－）
	（－）	（－）
を明らかにする。	・事前指導では、教育実習に必要な知識、スキルを修得する。 ・特に学習指導案作成及び教育実習中のマナーなどにつき講義、演習を行う。事後指導として報告会（各人資料を作成し、全員発表する）を実施する。	・各自、1週間、基本的には母校にて教育実習を実施する（主として"食に係わる指導"）。 ・本実習を受けるための必須科目を全て履修しておくこと。 ・事前に実習校と綿密な連携をとり実習内容を検討すること。
要素を確認する。この作業の 的に正しく把握するための調 て技術水準を揃える り込む技術水準を確認する 選別技術水準の確認をする 選別技術水準の確認をする 他との意見の異同を知る である。KJ法を説明する で整理しグループ化する ことを繰り返して、自分で語 関連の強さ近さを描図する なとらえ方があることを理解 芝居制作の企画書を作成。 した取材活動を行う。 コンテをつくる。 を確認して下さい。	（－）	（－）
	（－）	（－）
	事前指導及び事後指導（報告会）における学習態度、レポート課題に対する評価、ならびに出席状況。	実習記録、レポート課題、実習校の校長からの評価及び出勤状況等を総合して採点する。
	（－）	（－）

栄養教諭養成のカリキュラム構造図

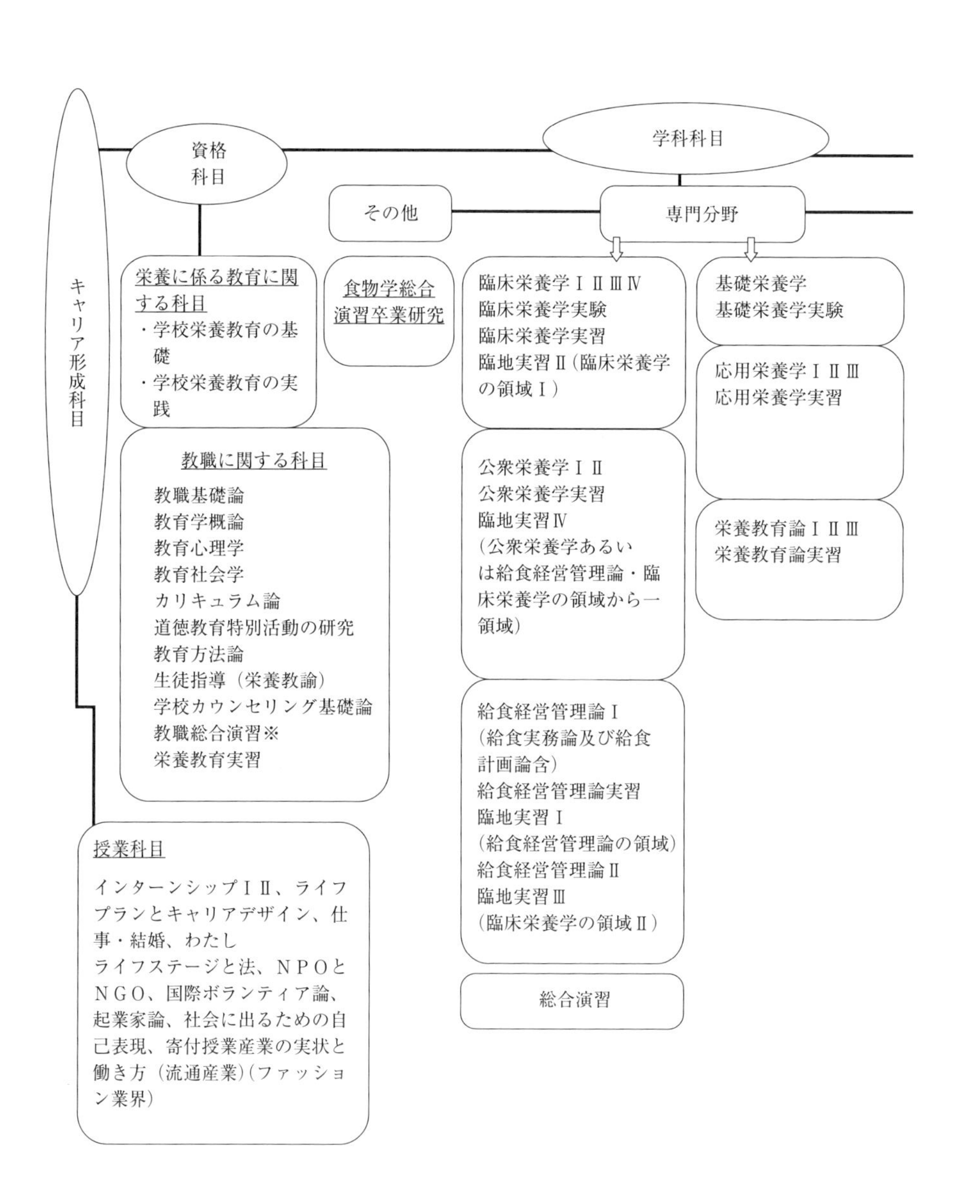

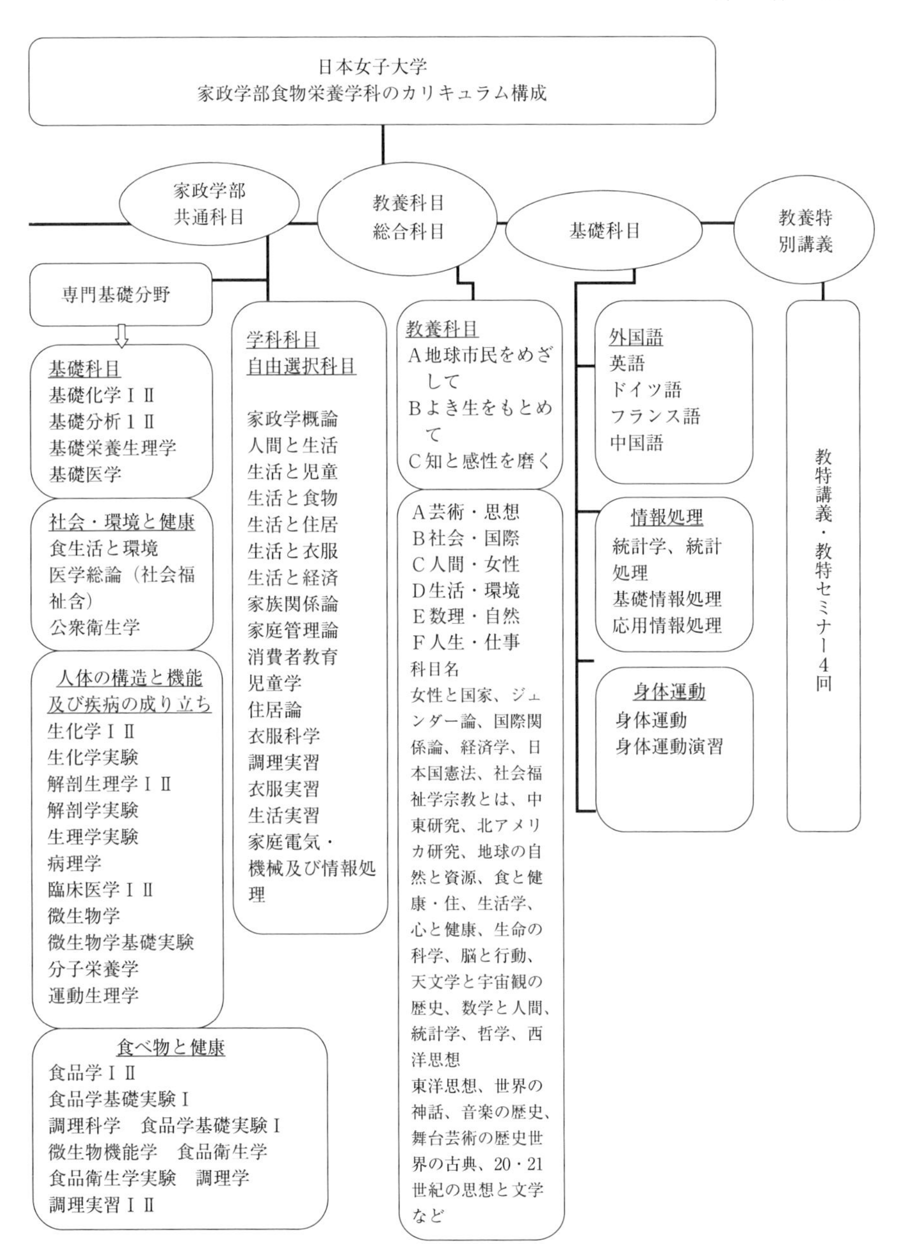

（2007年度　履修の手引より筆者作成）

日本女子大学 1　教育職員免許法施行規則に定められた「栄養に係る教育に関する科目」「教職に関する科目」授業内容の

整理の項目	栄　養　に　係　わ
科目名	学校栄養教育の基礎
単位・受講期	3年次　前期　2単位　選択必修（3名で分担）
授業の目標	（－）
今日的な課題	・これまで日本人の食事は、諸外国と比較して質的量的に優れ、世界一の長寿を誇る健康的なものであると評価されてきたが、日本では社会環境の変化に伴い食生活環境も短期間に著しく変化している。 ・日本各地で形成伝承されてきた食に係る文化を家庭や地域で子どもが継承する機会は失われつつあるが、これらの変化は食事摂取内容の変化をもたらし、子どもの栄養摂取状況は生活習慣病の発症の若年化をもたらしている。 ・このような状況を改善し、子どもの発育発達を全うし、健全な成長を遂げるために、学校において食に関する教育を展開する意義は大きい。
教師としての資質	子どもたちの望ましい食習慣の形成のため、新たに創設された栄養教諭制度に基づくものであり、栄養に関する専門性と教育に関する資質を併せ持つことが要求される。
授業の概要	この授業では、学校において児童及び生徒の栄養に係る教育のうち、現在の日本の子どもの健康問題を身体的社会的観点から解説し、これを是正するために栄養教諭が果たすべき役割について概説する。
授業計画の検討	1）国民栄養の現状と小・中学校における子どもの栄養問題 2）小・中学校における子どもの食に関する実態把握の方法と分析 3）小・中学校における子どもの栄養指導に係わる社会的事情と法令、 諸制度（学校教育法、学校給食法、地域保健法、母子保健法、健康増進法、食品衛生法、栄養士法など） 4）食文化と食生活 5）地域の食文化の継承 6）学校給食の意義と役割 7）給食における地場産品の活用 8）子どもの食に関する指導の現状と管理の意義 9）栄養教諭の職務、使命と果たすべき役割
教員の要望	栄養教諭は教育職で有ることを自覚し、授業に臨んでもらいたい。
評価	出席状況および筆記試験の成績による。
教材・参考文献	栄養教諭論　金田雅代編著　建帛社　その他資料配布。

整理　　　　(－)：シラバスに記載なし

る　教　育　に　関　す　る　科　目
学校栄養教育の実践
3年次　後期　2単位　選択必修（3名で分担）
(－)
・家族そろって食事をする習慣は人間形成や社会生活におけるコミュニケーション能力の発達に有効と考えられるが、家庭力や地域力の低下により、子どもが生活の中で育つ環境は失われつつあり、健康的な食行動の形成と確立は、健康教育の最終目標である生活の質の向上に寄与する。
(－)
・この授業では「学校栄養教育の基礎」の内容を理解した上で、栄養教諭が実際の学校教育の中で展開すべき指導について解説し、教育実践のために必要なマネジメントとカリキュラム、指導案について具体的に解説する。 ・実際にテーマを設定してカリキュラムと指導案を作成し、模擬授業を実施して評価の実施までを含めた演習をする。
第1回：児童及び生徒の対象とした食に関する教育カリキュラム計画と指導案の作り方 第2回：家庭科、技術・家庭科における食に関する指導（食品、栄養、調理、加工の観点から） 第3回：体育科、保健体育科における食に関する指導（発育・発達、体力、疾病予防の観点から） 第4回：道徳、特別活動における食に関する指導（人間関係、マナーの修得、コミュニケーション能力獲得の観点から） 第5回：生活観、総合的な学習の時間における食に関する指導 第6回：治療、食物アレルギーなどや障害に対応した食に関する指導における留意点と連携 第7回：家庭、地域と学校の食に関する指導の連携 第8回：小学校低学年向けカリキュラムと指導案作成（学年階層別） 第9回：中学生向けカリキュラムと指導案作成 第10回：模擬授業と評価
最終的に模擬授業を行う発表会の機会を設ける。 授業以外にも積極的な資料収集活動、指導案作成に努めてもらいたい。
出席状況、授業への取り組み、模擬授業の評価と指導案等の総合評価。
栄養教諭論　金田雅代編著　建帛社　その他必要な資料は授業で配布。

（2007年度講義概要、履修の手引きより改変して筆者作成）

日本女子大学 2

整理の項目		教　職　に　関
科目名	教職基礎論（履修初年度に取ることが望ましい）	教育
単位・受講期	1年　前後期　2単位　選択必修	2年　前期
授業の目標	（－）	（－）
今日的な課題	・幼稚園から高等学校までの各学校段階の特質を踏まえながら、教職の意義教員の役割などについての入門的指導を行う。 ・学校教育においては、児童生徒に生きる力を育む教育活動の展開が強く求められている。 そのためには、自ら学び自ら考える力の育成を図るとともに、個性を生かす教育の充実に努めなければならない。	（－）
教師としての資質	（－）	（－）
授業の概要	・これまでの学校教育を振り返りつつ、現状や課題、同級生同士の生徒の指導上の問題等を踏まえ、これからの教育、教員として身につけるべき資質能力等についての指導を行う。 ・併せて、教育基本法、地方公務員法等の関係法規の指導を通して服務や研修の重要性など、教員としての基本的な資質についての理解を図る。 ・教育実習事前指導・介護等の体験との関連を図りながら、自己の教職に対する適性の判断に資する内容を扱う。	・教育とは何かを問いなもに、日本の教育制度、 ・学習指導、生徒指導等、
授業計画の検討	○教職の意義及び教員の役割 ○学校教育の現状と課題 ○教育改革とこれからの学校教育 ○教育課程の編成と実施に関する基本的事項 ○教育評価の在り方（指導と評価の一体化） ○学校の組織と指導体制 ○教育関係法及び教員の服務と研修 ○現在の教員に求められる資質能力の形成 ○「我が国の特別支援教育」　ビデオ鑑賞と心理障害児教育 ○教職への適格性と自己課題	・現代教育と教育基本法 教育基本法にみられる ・教育の目的 教育目的の意味、現代 ・日本の近代教育の展開 近代教育制度の発足か移を概観する ・学校制度 学校の種類、学校制度 ・学校教育と教師 学校教育の諸課題、教 ・子どもの生活と環境 子どもの生活時間や ・ジェンダーと教育 戦後の男女共学から、いて学ぶ ・教育行政 教育行政の理念、教育 ・教科の学習 学習指導の意義、学習て検討する ・教科以外の学習 教科以外の学習、生徒 ・生涯学習と社会教育 生涯学習社会における育との連携等について
教員の要望	評価については授業への出席状況を重視する。	（－）
評価	レポート	出席、平常時の小レポー
教材・参考文献	文部科学省　学習指導要領解説　総則編（志望する校種による）	テキストは使用しない

する　科　目	
学概論	教育心理学
2単位　選択必修	2年・前期　　2単位　選択必修
	(－)
	(－)
	(－)
がら、現代教育の基本理念、目的を検討するとと 教育行政についても概観する。 教育で取り組むべき諸課題を考察する。	・児童生徒の心に目を向け、教員として必要な教育心理学の基礎知識の獲得とともに教育活動への示唆を得る。内容としては、児童・生徒の学習、発達、人格、適応、教師・生徒関係等に関する事柄についてとりあげる。 なお、教育現場での実際的な諸問題や特別支援についても取り上げる予定である。
教育の基本理念について学ぶ 日本の教育目的、各学校の目的と目標を検討する ら、第二次世界大戦後の教育改革までの教育の推 の推移と課題を検討する 師観、教師に求められる能力等を取り上げる 「食」の問題、環境の変化等を検討する 近年の男女平等教育、ジェンダーフリー教育につ 行政機関の役割について考察する 活動の形態、学習指導の問題と今後の課題につい 指導の問題について学ぶ 社会教育の意義、役割、社会教育の形態、学校教 考える	1. 家庭や社会の中で、また学校教育を受けることによって子どもはどのように発達していくのか 2. 子どもの思考の特徴は大人の思考の特徴とどのように異なるか それを踏まえてどのように子どもに働きかけるか 3. 学習の理論にはどのようなものがあるか、日常生活や学校での学習はどのようにして成立するか 4. 子どもはどのようなときに“やる気”を出して勉強するのか “やる気”を出させるにはどうすればよいか、これらのことは「動機づけ理論」からどのように説明されるか 授業時間にプリントや資料を配布し、補助教材としてVTRも使用する。
	(－)
ト、定期試験を総合して評価する。	出席状況およびミニレポート・定期試験の結果を総合して評価する。
が、参考文献は授業の中で適時指示する。	(－)

日本女子大学３

整理の項目		教　職　に　関
科目名	教育社会学	カリ
単位・受講期	２年　前期　２単位　必修選択	２年　前期
授業の目標	教育という営みを社会学的に考察する教育社会学の視点から、教育の基本的事項に関する理解を深める。	（－）
今日的な課題	（－）	（－）
教師としての資質	（－）	（－）
授業の概要	教育社会学は教育における「常識」を疑うことから始まるといわれるが、授業でもそうした視点を踏まえて教育社会学の特徴を明らかにしていきたい。	・学校教育を充実・推進 と編成及び実施にかか ・講義の討議、模擬授業 を追究する。
授業計画の検討	以下の項目を論じていく ・社会化とは何か ・学校の社会学（学校組織・カリキュラム・教師） ・階層と教育 ・ジェンダーと教育 ・教育改革の社会学	第１回目　我が国の食生 ○日常における食生活 ○栄養教諭としての責 第２回目　①教育課程に ○学校において編成す ○他国の教育課程の現 ②教育課程に関する法 ○日本の学校制度が憲 教育課程について、法 第３回目　学習指導要領 ○学習指導要領の概要 ○学習指導要領は、教 第４回目　教育課程の編 ○教育課程を編成する 基にして、更に実践を 第５回目　教育課程編成 ○栄養教諭としての年 課程の編成実施につい 第６回目　グループ発表 ○編成した「食に関す プごとに模擬授業を行
教員の要望	・必要に応じてビデオ教材も活用して、変化のある授業を目指す。 ・受講者には受け身ではなく、一緒に授業をつくっていくという姿勢を期待したい。	（－）
評価	・授業時に適宜行う小リポート及び授業終了時の試験による。 ・出席状況も加味する。詳細は授業時に知らせる。	上記プログラムへ出席
教材・参考文献	参考文献は授業時に適宜紹介する。	

する科目	
キュラム論	道徳教育・特別活動の研究
1単位　選択必修	2年　前期　1単位　選択 ※「道徳教育・特別活動の研究」又は「道徳教育の研究」「特別活動の研究」必修
	(－)
	(－)
	(－)
していくために、必要な教育課程についての意義 わる内容を理解する。 等を通して、教育課程がどのようなものであるか	・道徳教育の理念・目的は、教育基本法及び学校教育法に定められている教育の根本理念に根ざしている。これを要していえば、生命（自然を含む）に対する畏敬の念と、お互いの人間性尊重の精神（心）を中核として初めて道徳教育は存在すると言うことである。このことは、同時併行する授業「特別活動の研究」で謳っている「人間性・社会性の育成」とも軸を一にしたものであり、講義では、両者の関係をとりながら進められる事が要請されている。 ・特別活動がその対象である、学級活動・児童会活動・クラブ活動学校行事の4つの領域を具体的に取り上げ、そこでの活動に自発的・自主的に関わることを通じて、児童・生徒の中に道徳性が涵養される事を期待した授業を展開していきたい。 ・授業では、自らが教壇に立った時を想定して、具体的な指導・授業展開に心がけたい。
活の現状と課題 の現状と課題についての把握 務と自覚について確認する（職務内容を含） ついて る教育課程とは何かについて理解する 状を理解する 令 法の精神にのっとり、学校教育の目的や目標及び 令で種々の定めがなされていることを学ぶ と教育課程とのかかわり とその変遷について理解する 育課程を編成する際の基準であることを理解する 成と実施 場合の原則を理解し、前半の講義で学んだことを 想定した教育課程の詳細について学ぶ の実際 間指導計画及び学習指導案を実際に立案し、教育 てグループで学び合う る教育計画」を基に、学習指導案を作成し、グルー う	1. 道徳教育の理念と目標 2. 特別活動の理念と目標 3. 道徳教育と特別活動の共通性・関連性 4. 学級活動・児童会活動・クラブ活動・学校行事の実際を通した道徳教育の指導内容と指導方法 5. 4領域の1つ（例えば学級活動の中の学校給食）を取り上げての具体的な指導案（活動を通じての道徳性の養成を担う）の作成・評価・模擬授業の実施
	(－)
と、模擬授業及びレポート提出による。	課題レポート及び出席状況により評価する。授業参加の状況も重視する。
	文部科学省　「学習指導要領解説」道徳編　特別活動

日本女子大学 4

整理の項目	教　職　に　関	
科目名	教育工学	生徒指導（栄養教諭）
単位・受講期	2 年　夏期　2 単位　選択必修	3 年　後期　2 単位　選択必修
授業の目標	（－）	（－）
今日的な課題	（－）	（－）
教師としての資質	（－）	（－）
授業の概要	・教育の方法、メディアと教育、教育工学などの科目と関連が深く、小学校から大学までの授業を対象にして、授業を構成している基礎的な内容について、解説します。 ・具体的には、内容をどうプレゼンテーションしたらいいか、どのように内容を構成したらいいか、どう質問したらいいか、どう評価したらいいか、という全体を構成し全体をまとめるという、シンストラクショナルデザインについて、解説します。	生徒指導上の諸問題を取り上げ、事例を中心に生徒指導についての基本的な考え方や実践的知識と技能を追究していく。
授業計画の検討	以下の構成となる 1 章　シンストラクショナルデザイン 番組の分析、テキストデザインの方法など 2 章　質的ニーズ分析 質的な分析法、授業の観察など 3 章　目標の設定 課題分析、質問の分析など 4 章　教育システムの設計 情報の管理、教材の分析と設計など 5 章　授業の展開 授業のデザイン、メディアの活用など 6 章　教授方略 背景となる考え方、質問の受け答えなど 7 章　e ラーニングへの展開 e ラーニングへの展開、プレゼンス理論など	1. 社会・家庭・学校の現状と課題 2. 生徒理解・生徒指導、教育相談についての基本的な考え方と実践的知識・技能 3. 事例研究
教員の要望	1. 課題：提出する、1 週間以内で原則として電子掲示板に書き込む。 2. レポート：最後にレポートを書く、電子掲示板もしくは電子メール。 3. 授業スタイル：コンピューター、ビデオ等を使い、討論をする。	出席・授業態度を重視。
評価	課題とレポートと出席によって評価する。	課題リポートの提出。
教材・参考文献	赤堀侃司（著）「授業の基礎としてのインストラクショナルデザイン 改訂版」日本視聴覚教育協会、2006 年 9 月。	適時プリント配布、必要に応じて参考文献を紹介。

する科目		
学校カウンセリング基礎理論	教職総合演習	栄養教育実習
3年　前期　2単位　選択必修	3年　前期　2単位　選択必修	4年　前期　2単位　選択必修
(－)	(－)	
多様化する子どもの教育相談やその親たちとの円滑な援助的交流をはかるために、学校教師がカウンセリングの知識と技能を習得することが急務となっている。	(－)	(－)
(－)	(－)	
カウンセリングにおける基本的なコミュニケーションのメカニズムや対人相互認知のありようを演習を交えながら学ぶ。	新指導要領の「新」学力観と自己教育力に基づき、新設された総合的な学習の基本的な考え方と目標・指導内容・指導方法・評価方法等に関して、具体的な実践例も踏まえて、共に検討したい。	(－)
次のようなテーマで授業を進める予定である。 1. 学校カウンセリングとは何か 2. カウンセリングと教育相談・進路指導 3. カウンセラーの基本的態度 4. カウンセリングにおける基本的な対応技法 5. カウンセリングとコミュニケーション 6. カウンセリングにおける共感 7. 病理的なコミュニケーション 8. カウンセリングにおける自己理解	総合的な学習に関する基本的なテーマとされる環境・情報・国際理解・社会福祉などを事例として、小学校・中学校・高校における具体的な授業の教材研究と授業展開を共に考えたい。	(－)
(－)	意欲的な出席と教材開発・発表を期待する。	(－)
出席状況とレポートあるいは試験により行う。	母校を事例として、総合的な学習に関する調査レポートを作成し、発表と相互討論、出席、レポート作成などにより、総合的に評価する。	(－)
特に指定しない。随時紹介する。	授業中にプリントを適時配布。	(－)

栄養教諭養成のカリキュラム構造図

資格科目

栄養教諭 一種免許状

・栄養に係る教育に関する科目
学校栄養教育論Ⅰ
学校栄養教育論Ⅱ

教職に関関する科目

・教職の意義に関する科目：教師論
・教育の基礎理論に関する科目：教育原理、教育心理学、教育制度論
・教職課程及び指導法に関する科目：教育課程論、道徳教育論、特別活動論、教育方法論・技術論
・生徒指導、教育相談及び進路指導に関する科目：生徒指導論、教育相談論
・栄養教育実習：栄養教育実習指導、栄養教育実習、
・教職実践演習：教職実践演習（栄養教諭）

専門分野

学外実習

臨地実習
基礎ゼミ、健康栄養プロデュース実習、給食運営臨地実習、臨床栄養ⅠⅡ臨地実習、公衆栄養臨地実習、実践健康栄養プロデュース実習

総合演習

総合演習ⅠⅡ、海外文献抄読演習、実践栄養英会話、食物・栄養演習ABCDE

栄養の実践的資質

臨床栄養学
（臨床栄養系）
臨床栄養学ⅠⅡ、臨床栄養アセスメント論、臨床栄養ケアマネジメント論、臨床栄養アセスメント実習、臨床ケアマネジメント実習、栄養治療学

公衆栄養学
（地域保健・福祉栄養系）
公衆栄養学、地域栄養活動論、公衆栄養学実習、地域栄養活動演習、国際栄養活動論、フードシステム論、福祉栄養ケアマネジメント演習

給食経営管理論
（フードマネジメント系）
給食経営管理論、給食経営管理実習、健康フードマネジメント論、健康フードマネジメント実習、フードサービスビジネス論、食・空間プロデュース論

栄養の基本となる資質

基礎栄養学
基礎栄養学ⅠⅡ、基礎栄養学実験

応用栄養学
食事摂取基準論、ライフステージ別栄養学ⅠⅡ、応用栄養学実習、健康行動支援プログラム論

栄養の教育となる資質

栄養教育論
（栄養教育系）
栄養教育総論、栄養教育方法論、ライフステージ別栄養教育論、栄養教育実習ⅠⅡ、健康・食発達心理学、カウンセリング論、食情報表現演習

東京家政学院大学
現代生活学部健康栄養学科のカリキュラム構成

専門科目

専門基礎分野

社会・環境と健康
健康と食生活、健康福祉学概論、公衆衛生ⅠⅡ、公衆衛生学実習、疫学・社会調査法

人体の構造と機能及び疾病の成り立ち
解剖生理学ⅠⅡ、解剖生理学実習、スポーツ栄養学、運動生理学実習、病原微生物学、病理学、臨床医学概論、生化学ⅠⅡ.生化学実験、基礎サイエンス実験

食べ物と健康
有機化学、基礎食品学、応用食品学、基礎食品学実験、応用食品学実験、食文化論、調理学、基礎調理学実習、応用調理学実習、調理学実験、食品の官能評価・鑑別論、食品衛生学、食品衛生学実験

現代生活関連
キャリアデザイン、インターンシップ日本社会史、生活史、民俗学、考古学、生活の経済学、自然史、自然科学演習、基礎物理学、基礎化学、基礎生物学、人体構造機能、多変量統計入門、バイオテクノロジーと理論、情報伝達と表現、家庭電器・機械・情報処理、会計情報演習、デザイン概論、人間工学、青年心理学、人格心理学、心理学実験、家庭経営学概論、家政学概論、家庭教育論、家族関係論、家庭看護、消費者情報論、消費経済論、生活情報論、児童学概論、育児学、保育学、衣環境学概論、衣構成学実習、食品学概論、食科学概論、栄養学概論、食品学、調理学、栄養学、食生活論、基礎調理、食糧経済学、製品・食品鑑別演習、住居学概論、住生活概論、建築史、住居設備、構造力学、構造計画、インテリア材料、社会福祉概論、ケアマネジメント論、障害者福祉論、福祉の医学、児童福祉概論、認知症の理解、地域福祉、高齢者福祉論、精神保健学、精神医学、異世代交流グループワーク、遊びの次世代伝達、自然体験活動演習

基礎科目

文化と表現
日本の文学・言語文章表現・異文化コミュニケーション文化人類学・音楽・美術・色彩論・服装分化史

数理と情報
数学・統計学・情報・コンピューター

体と健康
人間の体・健康スポーツ、ダイエットとフィットネス体育講義・実技

自然と環境
物理・化学・生物・環境と資源・地球の科学

社会と生活
日本国憲法・社会学・社会心理学・経済学・日本史・世界史・国際関係論

生き方の問題
哲学・倫理学・生命倫理・心理学・ジェンダー論・大江スミ先生・人間関係論

総合演習
リテラシー、海外研修、英会話、地域貢献活動

外国語
英語・フランス語・ドイツ語・中国語・韓国語

日本語・日本事情
アカデミックジャパニーズ・日本語ラボ・日本の歴史と文化

（筆者作成）

東京家政学院大学1　教育職員免許法施行規則に定められた「栄養に係る教育に関する科目」「教職に関する科目」授業内容

整理の項目	栄　養　に　係　わ
科目名	学校栄養教育論Ⅰ
単位・受講期	3年次　前期　2単位　選択必修
授業の目標	(－)
今日的な課題	(－)
教師としての資質	(－)
授業の概要	・子どもを取り巻く食に関する課題・社会的背景を踏まえ、栄養教諭としての使命、職務内容についての理解を深める。 ・学校給食を通した食に関する指導と共に、食の歴史・文化的な背景を理解し、教科における指導方法（家庭科を例に）を学び、指導案作成、発表、相互評価等の実践演習を行う。
授業計画の検討	第1回：オリエンテーション 第2回：幼児、児童及び生徒の栄養に係る諸課題 第3回：児童及び生徒の栄養の指導及び管理の意義・現状と課題 第4回：児童及び生徒の栄養の指導及び管理に係る社会的事情 第5回：児童及び生徒の栄養の指導及び管理に係る法令及び諸制度 第6回：栄養教諭の職務内容、使命、役割 第7回：学校給食の意義、役割等 第8回：給食の時間における食に関する指導（地場産物の活用含） 第9回：食生活に関する歴史並びに食事・食物の文化的事項 第10回：教材における食に関する指導（家庭科、技術・家庭科） 第11回：教科における食に関する指導（家庭科、技術・家庭科） 第12回：教科における食に関する指導（家庭科、技術・家庭科）の演習（指導案含） 第13回：教科における食に関する指導（家庭科、技術・家庭科）の演習（指導案含） 第14回：まとめ 第15回：試験
教員の要望	(－)
評価	学習態度（20%）、レポート（80%）で総合的に評価する。
教材・参考文献	「栄養教諭論」、金田雅代著　建帛社2006 「小学校学習指導要領」、文部科学省 「小学校学習指導要領解説、家庭科編」文部科学省 「食に関する指導の手引」、文部科学省2007年

の整理　　(－)：シラバスに記載なし

る　教　育　に　関　す　る　科　目
学校栄養教育論Ⅱ
3年次　後期　2単位　選択必修
(－)
(－)
(－)
・学校栄養教育論Ⅰに引き続き、食に関する指導の全体計画から、家庭や地域と連携した各教科や特別活動など、また、個別指導までの具体的な実践方法を理解する。 ・指導案作成、発表、相互評価等の実践演習や模擬授業を通して指導の手法を取得する。
第1回：オリエンテーション 第2回：食に関する指導に係る全体的な計画の作成 第3回：個別相談―食物アレルギー等特別指導を要する場合の配慮― 第4回：道徳・特別活動における食に関する指導 第5回：生活科、総合的な学習の時間における食に関する指導 第6回：教科における食に関する指導（体育科、保健体育科、その他の教科） 第7回：家庭、地域と連携した食に関する指導 第8回：指導案の立案方法 第9回：模擬授業・評価 第10回：模擬授業・評価 第11回：模擬授業・評価 第12回：模擬授業・評価 第13回：模擬授業・評価 第14回：まとめ 第15回：試験
(－)
(－)
「栄養教諭論」、金田雅代著　建帛社 2006 「小学校学習指導要領」、文部科学省 「小学校学習指導要領解説、家庭科編」文部科学省 「食に関する指導の手引」、文部科学省 2007年

(2007年度、2010年度 授業計画、学生便覧より改変して筆者作成)

東京家政学院大学２

整理の項目		教　　職　　に　　関
科目名	教師論	教育
単位・受講期	１年次　　２単位　選択	２年次
授業の目標	・教師とはどのような仕事をする職業なのかを論じます。 ・その職務、身分、研修など、現代の教師にとって最も重要な仕事の一つは、子どもをどうとらえるかです。 ・教師の子ども観です。これは、みなさん自身の問題に直接つながる問題でもあります。 ・教師以外の職業選択についても考えます。	・教育とは何か、学校と あるべきかなど、教育 ・現代日本の教育現実を か、自分の頭で考える
今日的な課題	(－)	(－)
教師としての資質	(－)	(－)
授業の概要	(－)	(－)
授業計画の検討	1. 教師をめざす人たちへ 2. 現代における子ども・青年 3. いじめ自殺問題 4. 学力と戦争 5. 暴力と子ども 6. 消費社会と子ども 7. 登校拒否 8. 思春期・青年期とは何か 9. 現代の教師とは 10. 身分と服装 11. 教師の養成と研修 12. 父母と地域との共同 13. 教育にたずさわる人びと 14. 社会教育施設、福祉施設の職員 15. ＮＰＯ関連の人びと	1. 教育学を学ぶ、主体 2. 教育とは何か―人間 3. 教育とは何か―発達 4、文明と学校誕生 5. 近代学校の成立 6. 日本の近代化と学校 7. 戦後社会と学校教育 8. 教育課程 9. 教育評価と子ども 10. 生徒指導 11. 体罰とは何か 12. 学習とは何か 13. 教育行政の課題―教 14. 教育行政の課題―教 15. 教育行政の課題―地
教員の要望	(－)	(－)
評価	出席試験など総合評価。 レポート、教科書を読んで要約して感想を書く。 このレポート課題を提出しなければ、単位認定はない。	出席、試験など総合評価。 教科書の要点や講義の話 おくことが肝心である。
教材・参考文献	佐藤広美著『21世紀の教育をひらく』緑陰書房、改訂版予定	田嶋一、他『やさしい教

す　る　科　目	
原理	教育心理学
2単位　選択	1年次　　2単位　選択
は何か、教師とは何か、教育評価はどう の基本原理を論じる。 批判的に見つめ、どのような改革が必要 ことが重要である。	・学校・家庭・社会でより良い教育を展開するために必要な、教育心理学の基礎的概念と基本事項を学習する。生涯発達的観点から、乳幼児期から死に至るまでの認識能力の発達過程を明らかにし、一人ひとりの生徒の心身の発達と学習の過程を学ぶ。 ・具体的な事例を提示し、積極的関与と深い理解の獲得を目指す。
	(－)
	(－)
	(－)
的契機とは と教育の関係 と教育の関係 教育 の展開 育を受ける権利 師の自由 域に開かれた学校	1. 教育目的・教育心理学とは 2. 生涯発達的観点と教育 3. 発達段階と個人差 4. 発達障がい 5. 障がい児の発達と教育 6. 学習理論 7. 学習理論と学習指導 8. 学習の効果とその測定および評価 9. 学習指導の効果とその測定および評価 10. 人格と適応 11. 人格とその測定及び評価 12. 個と集団の関わりと社会化 13. 教職の専門性 14. 教職の専門性と学内での連携 15. 教職の専門性と学外との連携 16. テスト
	(－)
など、きちんと自分のノートにまとめて	実習などでやむを得ない場合以外は出席が前提 授業時間内に取り組み提出する課題、授業中の態度、学科期末の試験の総合評価。
育原理　改訂版』有斐閣	1回目の授業の時点で良いと思うものがあれば指定するか、なければ使わずに授業をする。

東京家政学院大学 3

整理の項目		教　職　に　関
科目名	教育制度論	教育
単位・受講期	2 年次・後期　2 単位　選択	2 年次
授業の目標	・現代社会のあり様と学校教育をめぐる様々な問題を、日本の教育制度を通して学ぶことを目的とする。 ・学校とはいったい何なのか、教育とはいったい何なのか。 ・学校とは、現代社会においてどのような働きをもっているだろうか。 ・わたしたちは、学校に何を期待することができ、また、何を期待することができないのだろうか、こうした疑問に対する受講生の経験や考えを基点にして考察していく。	・学校は、子どもに何を を"ひと"にふさわし きく、重たい課題を抱 教育課程問題でもある。
今日的な課題	(－)	(－)
教師としての資質	(－)	(－)
授業の概要	(－)	(－)
授業計画の検討	第 1 回　ガイダンス 第 2 回　教育制度の理念と構造 第 3 回　学校の制度と組織 第 5 回　生涯学習 第 6 回　私立学校の制度と組織 第 7 回　日本の公教育政策と教育制度 第 8 回　日本の中央・地方教育政策 第 9 回　アメリカの教育制度 第 10 回　アジアの教育制度 第 11 回　ジェンダー問題と女子教育 第 12 回　不登校問題とオルタナティブ教育 第 13 回　教育情報と情報公開制度 第 14 回　日本の教育制度改革の動向 第 15 回　まとめ	第 1 回　教育課程（カリ 第 2 回　教育課程歴史的 第 3 回　我が国の教育課 第 4 回　我が国の教育課 第 5 回　教育課程づくり 第 6 回　指導計画の作成 第 7 回　教育課程の評価 第 8 回　試験（レポート、
教員の要望	(－)	(－)
評価	(－)	(－)
教材・参考文献	プリントを配布	授業中に紹介する。

する　科　目	
課程論	道徳教育論
1単位	2年次　2単位
教え、何を学ばせるべきか、また、「人間」 く、どう育てたらよいのか？この大変大 えているのが今日の教育問題であるし、	・子ども・青年のなかにある発達しつつある人間的な知性と徳性とは何かを考える。 ・日本の近代以降の道徳教育の理念や実態、その問題点を明らかにする。 ・今日の子ども・青年の道徳性をめぐり生活や意識の実態についても論じる。
	(－)
	(－)
	(－)
キュラム） 展開 程改革の歴史 程行政 の課題 方法 と改革 テーマの提示）	第1回　道徳教育とは何か 第2回　人間形成と道徳 第3回　道徳性の発達 第4回　今日の子ども・青年の道徳性（規範意識など） 第5回　戦前日本の道徳教育 第6回　教育勅語 第7回　修身教科書 第8回　植民地教科書 第9回　戦後の道徳教育 第10回　教育基本法と道徳教育 第11回　国家と道徳の関係 第12回　道徳の実際 第13回　学習指導要領の変遷 第14回　指導案の作成 第15回　生徒指導と道徳教育
	(－)
	(－)
	佐藤広美編著『21世紀の教育をひらく』緑陰書房

東京家政学院大学 4

整理の項目		教　職　に　関
科目名	特別活動論	教育
単位・受講期	3 年次　2 単位　選択必修	3 年次
授業の目標	・学校で、家庭で、地域で、子どもたちは、仲間との“かかわり”方に非常なエネルギーを費やしてしまっているものであり、その要因は、また、そのための対策は、今日的な課題は余りにも多い。 ・講義では、「特別活動の果たすべき役割と課題」「戦後教育史からみた特別学習の意義とその歴史」等を中心として、実践的課題に即して学び合う。	・今子どもたちの「学び中、その実態と要因を共に、実践的な課題や追究する。 ・講義では、「子どもにいを創る実践のあり実践的課題に即して て学び合う。
今日的な課題	(－)	(－)
教師としての資質	(－)	(－)
授業の概要	(－)	(－)
授業計画の検討	1. オリエンテーション 2. 特別活動の歴史的変遷と実践的課題 3. 特別活動で育てたい「力」(1) 仲間を理解し、仲間と関わりあえる力 4. 特別活動で育てたい「力」(2) 自治的能力の形成 5. 特別活動で育てたい「力」(3) 学級・学年・学校「文化」を育む力 6. 集団をどうつくり、育てるか—その 1. 集団とは 7. 集団をどうつくり、育てるか—その 2. リーダーをどう育てるか 8. 集団をどうつくり、育てるか—その 3.「知」と「智」を統合させて学び合う 9. 学級活動と内容と指導—学級づくりとつなげて— 10.「児童会」「生徒会」活動の内容と指導—学校づくりとつなげて— 11. 学校行事の内容と指導—学校の主人公にふさわしい行動とは— 12. 私（学習者）が体験した私の特別活動を語る① 13. 私（学習者）が体験した私の特別活動を語る② 14. 私（学習者）が体験した私の特別活動を語る③ 15. 試験（レポート、テーマの提示）	1. いま、日本の学校の 2. 教育方法改革の歴史 3. 教育方法の技術とは用 4. 教育方法の技術とは 5. 教育方法の技術とは 6. 先人の教育実践に学 7. 先人の教育実践に学 8. 試験（レポート、テー
教員の要望	(－)	(－)
評価	毎授業後の感想メモ・レポート・試験等の総合評価	授業後の感想メモ・レ
教材・参考文献	小学校学習指導要領解説　特別活動編	『教育の方法と技術』柴

する　科　目	
方法及び技術論	生徒指導論
1単位　選択必修	3年次　2単位　選択必修
からの逃走」現象が社会問題化している 分析し、そのための改革の糸口を探ると 問題点を学習者自身の学びの体験からも とっての学びとは」「子どもと共に学び合 方」「子どもを惹きつける授業とは」等、 「教育方法」を「教育内容」とも結びつけ	・生徒指導論の基本的考え方と指導法をできる限り具体的に論じる。 ・優れた教育実践記録に触れることにより、教職への意欲がいっそうわきだつような授業にしたい。 ・ロールプレイングや討論等を取り入れ、受講生が積極的に関与し、お互いの考えを深め合うような機会を持ちたい。 ・ほぼ毎時、ホームワークが課される。
	(−)
	(−)
	(−)
授業の実態は —日本・世界 (1) 教材・教具の工夫・視聴覚教材の利 (2) 教員の指導技術 (3) 子どもの「関心」「意欲」を引き出す ぶ—その1 ぶ—その2 マの提示)	1. 生徒指導の葛藤と課題 2. 生徒指導の原理 3. 生徒理解の方法 4. 生徒理解の方法 5. 生徒指導の方法 6. 生徒指導の方法 7. 生徒指導の方法 8. 生徒指導の体制 9. 生徒指導の実際 10. 生徒指導の実際 11. 生徒指導の実際 12. 進路指導の意義と課題 13. 進路指導の方法 14. 進路指導の実際 15. まとめ
	(−)
ポート・試験等の総合評価	(−)
田義松編著　学文社、2001年	テキストは使用しない。

東京家政学院大学 5

整理の項目	教　職　に　関	
科目名	教育相談論	栄養
単位・受講期	2 年次　2 単位　選択必修	4 年次
授業の目標	・学校における教育相談とは、生徒一人ひとりの教育上・発達上の諸問題の問題解決のために、生徒のよりよい適応や発表を促し充実した学校生活を送ることを目的として生徒や保護者と教師を始めとする学校関係者が共に考えるものである。 ・この授業では、教育相談の基礎的な知識と技術、態度の修得を目標とする。 ・様々な具体的事例の検討やロールプレイを通して、現実での実践力も修得させる。	・栄養教諭免許状取得に導を行う。 ・食に関する専門的事項修得済みであり、また、済みである。 ・本授業では、包括的な連絡等も行うため、必
今日的な課題	(－)	(－)
教師としての資質	(－)	(－)
授業の概要	(－)	(－)
授業計画の検討	1. 教育相談とは何か 2. カウンセリングの歴史 3. 児童期・青年期の発達過程と問題行動 4. 児童期・青年期の反社会的行動と相談 5. 児童期・青年期の非社会的行動と相談 6. 障がいのある生徒の理解と支援 7. カウンセリングの理論と技法 8. カウンセリングの理論と実際 9. カウンセリングの理論と実際 10. 教師だからできることと限界 11. 地域社会との連携と協力 12. 学外の機関との連携と協力 13. 進路の選択と支援 14. 障がいの理解と自覚と進路 15. 教育相談と環境調整の支援 16. 試験	1. 教育実習前のオリエ内容を行う) 2. 関連授業と授業観察 3. 実習日誌の書き方な 4. 模擬授業の準備 5. 模擬授業の模擬体験 6. 教育実習参加にあ 7. 教育実習後のオリエ内容を行う) 8. 実習日誌の書き方・ 9. 実習の評価 10. 実習報告
教員の要望	(－)	(－)
評価	実習等でやむを得ない場合以外は出席が前提。 授業時間内に取り組み提出する課題、授業中の態度、学科期末の試験の総合評価。	レポート 80 %、出席
教材・参考文献	第 1 回目の授業の時点でよいと思われるものがあれば指定するが、なければ使わずに授業をする。	栄養教諭のための「学校 2006 年

する科目	
教育実習指導	栄養教育実習
1単位　選択必修	4年次　1単位　選択必修
係わる教育実習について、事前・事後指 については、栄養士免許取得必須科目で 「学校栄養教育実習」など必須授業は履修 内容を学ぶ。特に、事前指導においては ず毎時間出席すること。	・教育実習校において実習を行う。 ・「食に関する指導」と「学校給食管理」および教員として学校で行う全般的な業務に携わる。 ・大学での実習と現場での実践とを関連づけて考察しながら、栄養教諭になる自覚を高めて欲しい。
	(－)
	(－)
	(－)
ンテーション（事前指導として、以下の の方法 ど たっての諸注意 ンテーション（事後指導として、以下の 整理	
	(－)
10%、その他　総合評価	実習校の評価と「栄養教育実習記録」を加味して評価する。
栄養教育論」笠原賀子編著　医歯薬出版	(－)

栄養教諭養成のカリキュラム構造図

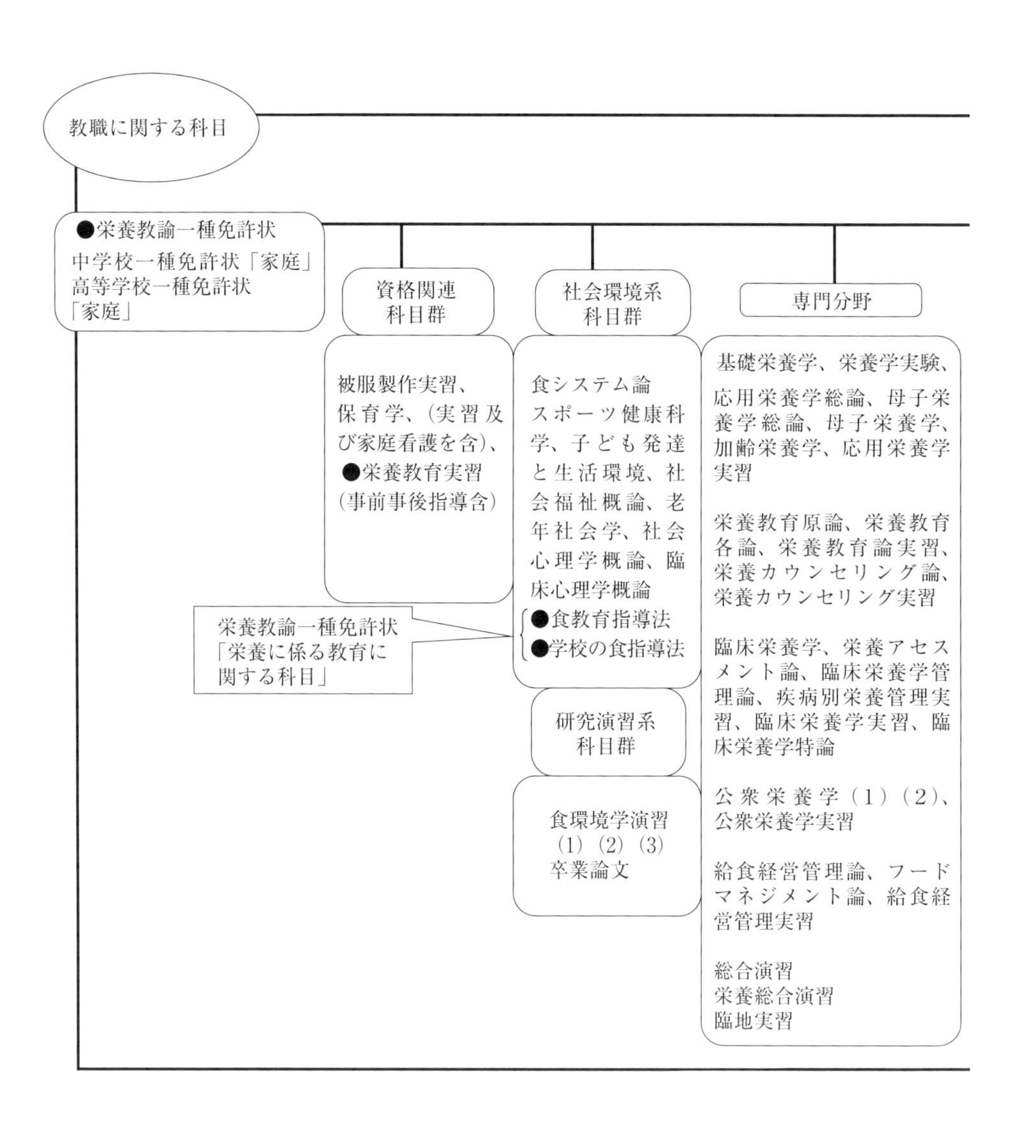

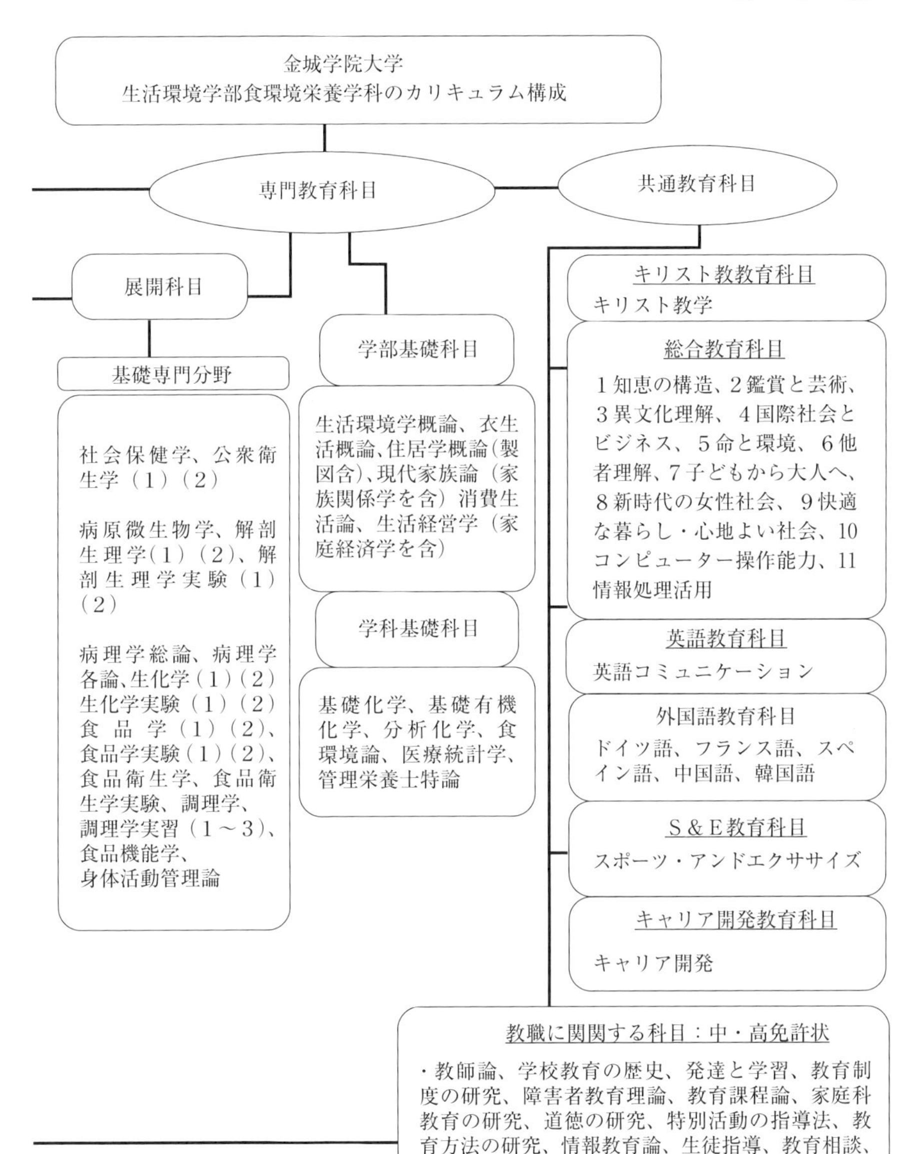
金城学院大学
生活環境学部食環境栄養学科のカリキュラム構成
専門教育科目
共通教育科目
展開科目
基礎専門分野
社会保健学、公衆衛生学（1）（2）
病原微生物学、解剖生理学（1）（2）、解剖生理学実験（1）（2）
病理学総論、病理学各論、生化学（1）（2）生化学実験（1）（2）食品学（1）（2）、食品学実験（1）（2）、食品衛生学、食品衛生学実験、調理学、調理学実習（1～3）、食品機能学、身体活動管理論
学部基礎科目
生活環境学概論、衣生活概論、住居学概論（製図含）、現代家族論（家族関係学を含）消費生活論、生活経営学（家庭経済学を含）
学科基礎科目
基礎化学、基礎有機化学、分析化学、食環境論、医療統計学、管理栄養士特論
キリスト教教育科目
キリスト教学
総合教育科目
1知恵の構造、2鑑賞と芸術、3異文化理解、4国際社会とビジネス、5命と環境、6他者理解、7子どもから大人へ、8新時代の女性社会、9快適な暮らし・心地よい社会、10コンピューター操作能力、11情報処理活用
英語教育科目
英語コミュニケーション
外国語教育科目
ドイツ語、フランス語、スペイン語、中国語、韓国語
S＆E教育科目
スポーツ・アンドエクササイズ
キャリア開発教育科目
キャリア開発
教職に関関する科目：中・高免許状
・教師論、学校教育の歴史、発達と学習、教育制度の研究、障害者教育理論、教育課程論、家庭科教育の研究、道徳の研究、特別活動の指導法、教育方法の研究、情報教育論、生徒指導、教育相談、カウンセリング入門、教育実習、教職実践演習（中高）、教職実践演習（栄養教諭）

（筆者作成）

金城学院大学1　教育職員免許法施行規則に定められた「栄養に係る教育に関する科目」「教職に関する科目」授業内容の整

整理の項目	栄　養　に　係　わ
科目名	食教育指導法
単位・受講期	3年次　前期　2単位　選択必修
授業の目標	・栄養教諭として学校給食や食の変遷について理解し、現在どうあるべきかを理解できる。 ・栄養教諭の職務内容を理解し、児童生徒及び家庭に対して、「食に関する指導」を計画・実践できる。
今日的な課題	(－)
教師としての資質	(－)
授業の概要	・学校給食及び食環境の変遷から栄養教諭創設の背景、現在の子どもたちが抱えている食の問題を探り、目指す子どもたちの姿を明らかにする。 ・栄養教諭の職務内容に沿って、生きた教材となる学校給食のあり方、食に関する指導に係る全体計画に基づき教科等の指導目標や内容、家庭地域との連携について学ぶ。
授業計画の検討	第1回：学校給食の歴史と食の変遷、栄養教諭創設までの歩み 第2回：栄養教諭創設の意義と法規関係 第3回：小中学生の発達と食をめぐる問題点 第4回：栄養教諭の職務内容と紹介 第5回：学校給食 第6回：試験　①学校給食の時間における食に関する指導例紹介 第7回：食に関する指導に係る全体計画 第8回：食に関する指導（授業）の留意点（学習指導要領、心構え等） 第9回：学校給食の時間における食に関する指導例発表 第10回：学習指導案の書き方 第11回：食に関する指導（特別活動） 第12回：食に関する指導（家庭科） 第13回：食に関する指導（学級活動における指導案の研究協議） 第14回：食に関する指導（家庭地域との連携、個別相談指導　評価） 第15回：試験　②まとめ
教員の要望	課題①学校給食の時間における食に関する指導例を作成する。 　第9回授業で発表する等については第6回にて指示する。 　指導例は提出すること。 課題②学級活動における指導案を作成する。 　第13回授業で研究協議を行う。 　方法等については第11回にて指示する。 ・指導案は提出すること。
評価	試験① 40%、試験② 40%、課題①②各10%
教材・参考文献	プリント配布 参考書「食に関する指導の手引」（文部科学省）

理　　　　　　　　　　　　　　　　　　　　　　　　(−)：シラバスに記載なし

る教育に関する科目
学校の食指導法
3年次　前期集中　2単位　選択必修
・学校における食育を検討するとき、学校給食が生きた教材であり、その役割が重要であることが理解できるようにする。 ・栄養教諭の学校における立場が、食に関する指導のコーディネーター役であることを、指導実践演習を通して理解することができるようにする。
(−)
(−)
・食育の必要性は、特に、乳幼児期から児童期および青年期である。 ・これらのライフ・ステージにある子どもの実態を理解し、家庭・地域の状況も考慮した食を中心にする心身の発達の諸問題を、個別指導体験を実施することにより検討する。 ・学校給食を教材として発達段階に沿った食育の実施方法および学校における食育のあり方を学校給食の時間ならびに各教科、その他の授業時間における模擬授業を実施し、理論的・実践的に検討する。
第1回：授業のねらいとオリエンテーション、食に関する指導と学校給食の役割 第2回：地域社会・地場産物と連携した食教育と学校給食 第3回：教科における食に関する指導（家庭科、技術・家庭科） 第4回：教科における食に関する指導（体育科、保健体育科、その他の教科） 第5回：道徳、特別活動における食に関する指導 第6回：生活科、総合的な学習の時間における食に関する指導 第7回：食物アレルギー等食に関する配慮を要する児童生徒の実際 第8回：試験①（30分）・授業実践演習（食に関する指導の指導案作成） 第9回：授業実践演習（学生が作成した指導案の発表、協議） 第10回：授業実践演習（模擬授業、指導効果の評価）(1) 第11回：授業実践演習（模擬授業、指導効果の評価）(2) 第12回：学校給食と家庭・地域との連携の必要性 第13回：学校給食と家庭・地域が連携した食に関する指導（1) 第14回：学校給食と家庭・地域が連携した食に関する指導（2) 第15回：試験②（60分）・まとめ（30分）
課題①各自が考える生きた教材となる学校給食の献立を作成し、第5回までに提出する。 課題②各自が考える栄養教諭像を400字程度にまとめ、第6回までに提出する。 課題③教科または教科外の食に関する指導案を作成し、第9回までに発表する。
試験①（30%）、試験②（30%）、課題①・②（10%×2回）、課題③（20%）
(−)

（2007年度 履修要覧より筆者作成）

金城学院大学 2

整理の項目		教　職　に　関
科目名	教職入門	学校
単位・受講期	1～2 年次　前期　2 単位　選択必修	1～2 年次　前期
授業の目標	(－)	(－)
今日的な課題	(－)	(－)
教師としての資質	(－)	(－)
授業の概要	次の点を中心とした授業を行う。 ・教師に必要な資質 ・教育基本法 ・学校の現状、情報化 ・学習指導要領 ・教員養成審議会答申 ※現在の学校についての調査レポートの課題を出す。 ※教育に関する本を毎月 1 冊以上読み、自分の考察をレポートで毎月提出する。	先ず「教育の理念」につ ・西洋の古代ギリシャ・ 現代に至る教育の歴 洋についてはドイツ教 ・教育において何が「時 代を超えてかわらぬも ・授業では、各時代の子 ビデオ映像などをスク アルに理解できるよう
授業計画の検討	(－)	(－)
教員の要望	教職免許状取得希望者向けの内容で授業を行うことを了承の上、受講すること。	(－)
評価	(－)	(－)
教材・参考文献	(－)	(－)

する科目	
と教育の歴史	発達と学習
2単位　選択必修	1~2年次　後期　2単位　選択必修
	(−)
	(−)
	(−)
いて考える。 ローマ時代から現代及び日本の近代から史･教育思想の歴史について論述する。(西育史を中心とする) 代によって変わるもの」であり、何が「時の」なのかについて考える。 どもたちや教育に関する写真や図表資料、リーンに映し出して、できるだけビジュに話を進めていく。	・生まれてから成人するまでの発達過程において、ヒトが新しい行動や認知、思考様式を獲得していく学習のメカニズムについて、具体的な心理学的研究を紹介しつつ概説する。 ・障がいをもつ子どもの理解や、その支援についても言及する。
	(−)
	(−)
	(−)
	(−)

金城学院大学 3

整理の項目		教　職　に　関
科目名	教育制度の研究	障害
単位・受講期	2 年次　前期集中　2 単位　選択必修	3～4 年次生
授業の目標	(－)	(－)
今日的な課題	(－)	(－)
教師としての資質	(－)	(－)
授業の概要	・まず、最近の教育改革の動向を紹介し、諸君の関心のあるところを中心に、その理解を深めたい。 ・主に、これから予定されるゆとり教育後の最初の学習要領の特徴と学力問題を扱いたい。 ・次に、教育と教育制度の関係から始め、教育制度の主たる分野である学校教育、社会教育・障がい学習の制度を概説する。 ・同時に、教育制度の基礎となる教育関係法規の理解に進みたい。 ・憲法、教育基本法、学校教育法、地方教育行政法、生涯学習振興法などを取り上げる。	・我が国やアメリカ合衆 立法、行政制度、特色、 用などの歴史的な経過 ・情報化社会における障 での就労におけるネッ び、新しい特別支援教
授業計画の検討	(－)	(－)
教員の要望	(－)	将来教員を目指す学生あ 先する。
評価	(－)	(－)
教材・参考文献	(－)	(－)

する科目	
者教育論	教育課程論
前期集中　選択	2年次　後期　選択必修
	(−)
	(−)
	(−)
国を中心として、障がい児教育の歴史、教育内容、教師教育、テクノロジーの利や理論的根拠などを考察する。 害者の学習や余暇、遠隔での学習や在宅トワークの活用などを実習をとおして学育の在り方と展望を考える。	(−)
	(−)
るいは教員免許状を取得したい学生を優	(−)
	(−)
	(−)

金城学院大学 4

整理の項目	教　職　に　関	
科目名	道徳教育の研究	特別
単位・受講期	3 年次　後期　2 単位　選択必修	3 年次　前期
授業の目標	(−)	(−)
今日的な課題	(−)	(−)
教師としての資質	(−)	(−)
授業の概要	・日本や諸外国の道徳教育の歴史、現状、動向を概観した上で、「道徳の本質」について考える。 ・子どもに人間として生き方についての自覚を深めさせ、その本来の「生きる力」をよみがえらせる方法について、学習指導要領を参考にして、種々の具体例に即しつつ考える。 ・モラルジレンマを扱ったビデオ教材を視聴した後、各自道徳授業の学習指導案を作成し提出する。 ・その中から代表者 3 名に模擬授業を実施してもらい、その授業及び指導案について相互のコメントを述べあうことにより、出席者各自が道徳の授業について具体的なイメージを持つことができるようにする。	・本講義において、学生 別活動の歴史的展開と 導要領における特別活 開に関する知識を修得 ・小学校・中学校、高等 開を分析的に探究する と具体的な授業設計や て授業計画を作成する。 ・特別活動の指導法のた 形成の意味を学習し、 基礎理論を学習する。
授業計画の検討	(−)	(−)
教員の要望	(−)	(−)
評価	(−)	(−)
教材・参考文献	(−)	(−)

する科目	
活動の指導法	教育方法の研究
2単位　選択必修	2年次　前期　2単位　選択必修
	(－)
	(－)
	(－)
は運動会、遠足、児童生徒会活動など特 教育課程における意味および戦後学習指 動の位置を学習し、特別活動の歴史的展 する。 学校における特別活動の具体的な実践展 ことによって、特別活動の教育課程設計 基礎的知識を修得し、指導法の一つとし めの子ども理解、特別活動の有する人間 教育学の視点から特別活動の指導方法の	・学校という場で、子どもの関係で適切な働きかけをするために、教師に求められる「創造的な能力」を形成するために何が必要なのか、自ら即して考えることを中心に展開する。
	(－)
	(－)
	(－)
	(－)

金城学院大学５

整理の項目		教　職　に　関
科目名	情報教育論　※シラバス記載なし	生徒
単位・受講期	２年次　選択	３年次　後期
授業の目標	(－)	(－)
今日的な課題	(－)	(－)
教師としての資質	(－)	(－)
授業の概要	(－)	・授業では、授業の目標 が、毎回「生徒指導」 を設定し、テーマに すると共に、授業担当
授業計画の検討	(－)	(－)
教員の要望	(－)	(－)
評価	(－)	(－)
教材・参考文献	(－)	(－)

す　る　科　目	
指導の理論と方法	教育相談
2単位　選択必修	1〜4年次　後期　2単位　選択必修
	(－)
	(－)
	(－)
および授業計画にもとづき、授業担当者 その理論と方法の理解にかかわるテーマ 沿った題材をもとに、授業参加者で議論 者が実践的・理論的な補足を行う。	・学校における子どもの心の問題への対処としてスクールカウンセラー制度が本格的に導入されてきた。しかし、依然として教師が子どもの心の問題に対して果たす役割は少なくない。本講義では教師が教育相談を行う際に理解しておくとよい事柄を学ぶことを目的とし、「学校における教育相談の概要」「問題行動の理解と対応」「学級経営に生かすカウンセリング技術」の三つの柱を軸に進めていく。 ・受講生の人数によっては講義の中で実習・討論等も取り入れていきたいと考えている。 なお、教職専門科目を兼ねるため、内容は主に中・高の教員免許状取得希望者を対象として構成している。
	(－)
	(－)
	(－)
	(－)

金城学院大学 6

整理の項目	教　職　に　関	
科目名	カウンセリング入門	栄養教育
単位・受講期	1～4 年次　前期　選択	4 年　前期
授業の目標	(－)	(－)
今日的な課題	(－)	(－)
教師としての資質	(－)	(－)
授業の概要	・心の問題を扱う専門技法である「カウンセリング」「心理療法」について、主に精神分析の考え方を基にして概説する。 ・カウンセリングとは何なのか、どこで、どのように出会うことができるものか、カウンセリングではどのような問題を扱うのか、そして、どのような考え方で人の心を理解しようとしていくか、カウンセリングではどのような問題を扱うのか、どのような考え方で人の心を理解しようとしていくのか。 ・カウンセラーとクライエントではどのように出会い、どのようなことを感じ、どのように関係をつくっていくのか、カウンセラーはクライエントをどのように理解し対応していくのか、精神分析的なカウンセリングについて、実際の事例を通して紹介する。 ・受講生の疑問に対して適時解説を行う。	・大学での事前指導や模を行う。 ・その後、大学に戻り教受ける。
授業計画の検討	(－)	(－)
教員の要望	受け身に聞くだけではなく、自らの関心事も訊く態度で受講できること。	原則として教職課程の
評価	(－)	(－)
教材・参考文献	(－)	(－)

する科目	
実習（事前事後指導を含む）	教職演習
2単位　選択必修	4年次　後期　2単位
	（－）
	（－）
	（－）
擬授業の後、実際に教育現場で教育実習 育実習報告会を行うと共に、事後指導を	・本授業の前半では、プレゼンテーションの基礎を振り返り、基礎的なプレゼンテーションに取り組むことを通して、授業における「伝える力」とコミュニケーションの必要性について学ぶ。 ・そして後半の授業で、現代的な諸問題や社会問題等をテーマにした実践的なプレゼンテーション演習を通して、自らが調べたことを聴き手に分かりやすく伝えるための資料作成やスピーチ方法を学び、総合的なプレゼンテーション能力を高める。
	（－）
すべての科目を履修していること。	（－）
	（－）
	（－）

栄養教諭養成のカリキュラム構造図

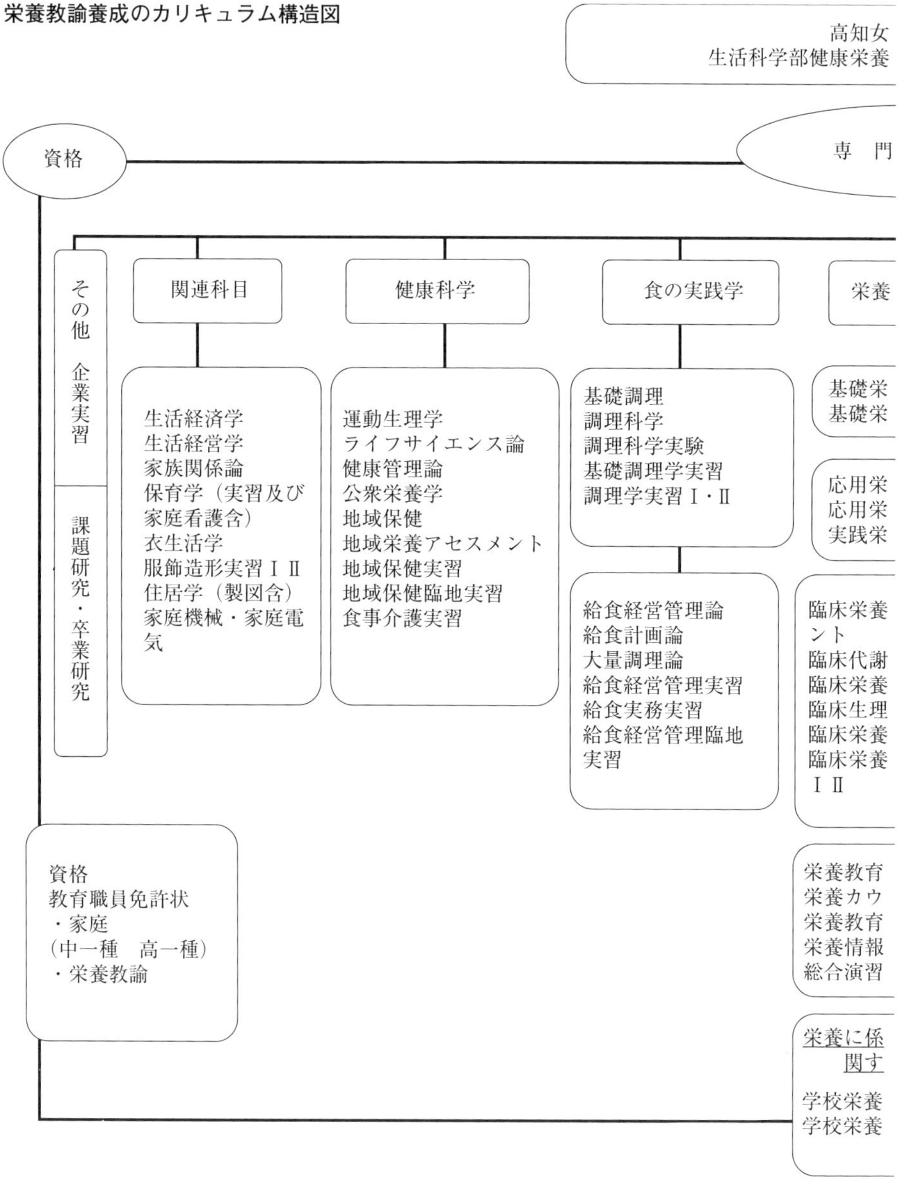

高知女
生活科学部健康栄養

資格

専　門

その他　企業実習

課題研究・卒業研究

関連科目

生活経済学
生活経営学
家族関係論
保育学（実習及び家庭看護含）
衣生活学
服飾造形実習Ⅰ Ⅱ
住居学（製図含）
家庭機械・家庭電気

健康科学

運動生理学
ライフサイエンス論
健康管理論
公衆栄養学
地域保健
地域栄養アセスメント
地域保健実習
地域保健臨地実習
食事介護実習

食の実践学

基礎調理
調理科学
調理科学実験
基礎調理学実習
調理学実習Ⅰ・Ⅱ

給食経営管理論
給食計画論
大量調理論
給食経営管理実習
給食実務実習
給食経営管理臨地実習

栄養

基礎栄
基礎栄

応用栄
応用栄
実践栄

臨床栄養
ント
臨床代謝
臨床栄養
臨床生理
臨床栄養
臨床栄養
Ⅰ Ⅱ

栄養教育
栄養カウ
栄養教育
栄養情報
総合演習

栄養に係
関す

学校栄養
学校栄養

資格
教育職員免許状
・家庭
（中一種　高一種）
・栄養教諭

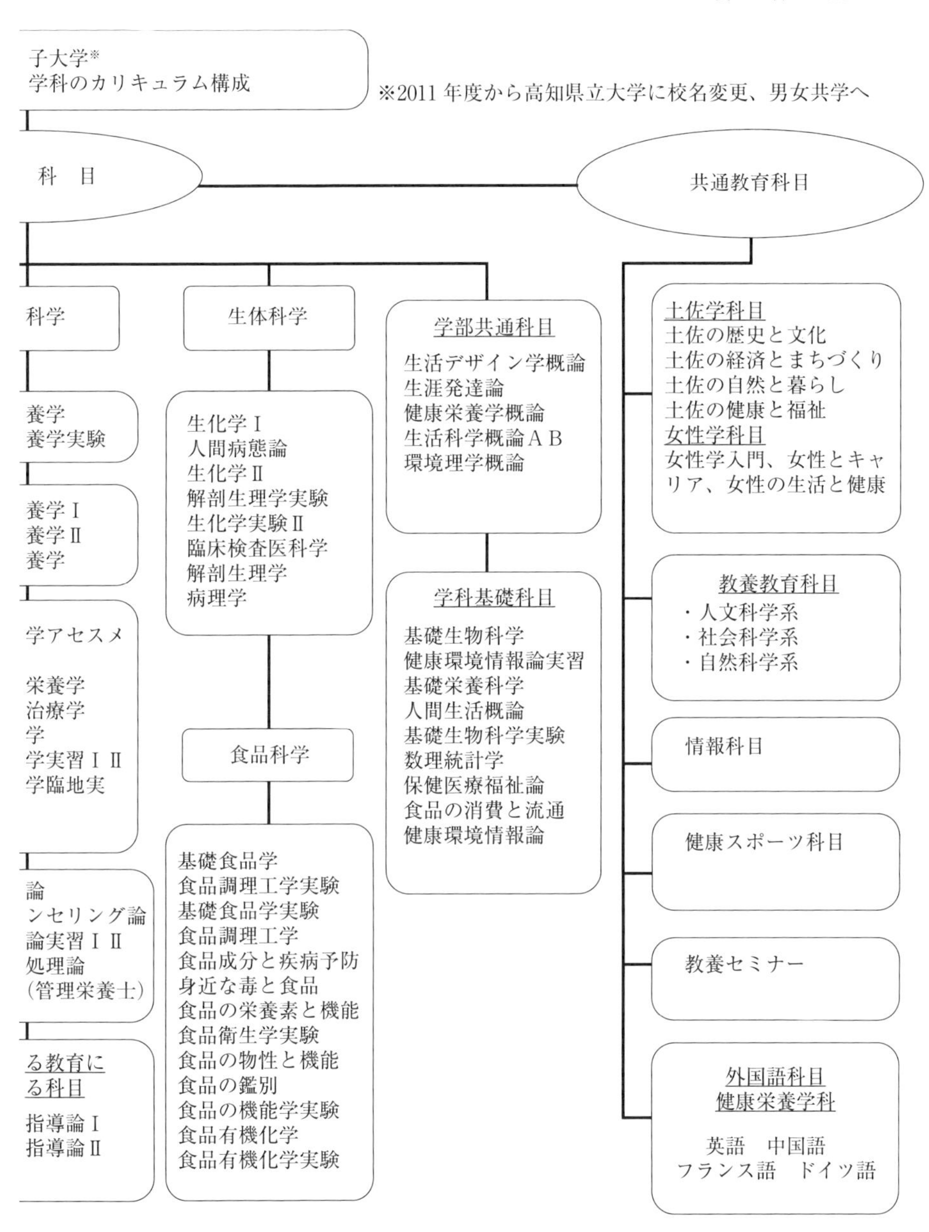

(2007年度学生便覧より筆者作成)

高知女子大学※1　教育職員免許法施行規則に定められた「栄養に係る教育に関する科目」「教職に関する科目」授業内容の整

整理の項目	栄　養　に　係　わ　る　教　育　に　関	
科目名	学校栄養指導論Ⅰ	学校
単位・受講期	3年次　前期　2単位　選択必修（分担指導2名）	3年次　後期
授業の目標	・児童及び生徒の栄養に係る現状と課題を把握し、栄養教諭の役割及び職務内容に関する理解を深めて、栄養教諭としての適性を高め、その使命を認識することを目的とする。 ・日本の食生活の歴史的及び文化的背景について認識を深め、その中で培われてきた学校給食の歴史的背景とその意義と役割について学ぶ。	食に関する指導に係る基本を実践演習を中心とることを目的とする。あ徒への個別的な相談・指を「生きた教材」としてする。
今日的な課題	（－）	（－）
教師としての資質	（－）	（－）
授業の概要	（－）	（－）
授業計画の検討	1. 食に関する指導の背景 2. 栄養教諭の役割及び職務内容 3. 学校給食の意義、役割 4. 食生活に関する歴史及び文化的事項	1. 食に関する指導に係 2. 給食の時間における 3. 教科における食に関 保健・体育科その他 4. 道徳、特別活動にお 5. 生活、総合的な学習 6. 個別相談・個別指導 7. 学校・家庭・地域が
教員の要望	（－）	（－）
評価	定期試験およびレポート提出状況、学習態度（出席、課題の進捗状況）などから総合的に行う。	定期試験およびレポート状況）などから総合的に
教材・参考文献	「栄養教諭のための学校栄養教育論」 笠原賀子編著、医歯薬出版 「学校給食指導の手引き」文部科学省	「学習指導要領」文部科

理

（－）：シラバスに記載なし

する科目	教職に関する科目
栄養指導論Ⅱ	学校栄養教育実習（事前事後指導含）
2単位　選択必修（分担指導3名）	4年　前期　2単位　選択必修 （栄養教諭一種免許状取得のための必修科目）
理論と具体的な指導方法についての基礎 して修得し、教育者としての学びを深め わせて、特別な指導を要する児童及び生 導のために必要な知識・技術や学校給食 活用する効果的な指導方法について修得	・教職に関する科目と教科に関する科目で履修した学理・技術を、学内での模擬授業やロールプレイ、学外の実習校で応用することにより、総合的な実践力を養成することを目的とする。 ・事前指導では指導計画の立案を演習し、また教育指導主事などの講義指導を得る。 ・事後指導では、次年度生を交えて反省会（報告会）を持ち、教育実習記録に基づいて生徒と学校への理解を深めるとともに、次年度生への指導力を養い、即戦力としての姿勢を整える。
	（－）
	（－）
	（－）
る全体的な計画の作成 食に関する指導 する指導・家庭科、技術・家庭科・体育科、 の教科 ける食に関する指導 の時間における食に関する指導 連携した食に関する指導	1.　事前指導　・オリエンテーション・学級経営・生徒指導等について ・ロールプレイ・授業研究 2.　教育実習　・実習協力校における学外実習（2週間） 3.　事後指導　・反省会・特別活動・学校行事 ・教師の心構え・指導のポイント等について ・生徒指導、教科・特別活動等の課題 ・栄養教育実習のまとめ・次年度生への伝達指導
	（－）
提出状況、学習態度（出席、課題の進捗 行う。	実習協力校による「学校栄養教育実習成績票」の評価と教職課程専門委員会における評価による。
学省	資料配布

（2007年度 学生便覧より改変して筆者作成）　※2011年度から高知県立大学に校名変更、男女共学へ

高知女子大学 2

整理の項目	教　職　に　関	
科目名	教師論	教育
単位・受講期	2～4 年　前期　2 単位　選択必修	2～4 年　前期
授業の目標	・教職に対して現代社会から提出されている要求ならびに教職に対して専門職の本質から提出されている要求について、さまざまな側面から理解することを目標としている。 ・授業では教職に向けてなされている要求の現状を理解し、多様な要求に対して教職に関わる者としてどのように対応していくかについて、自らの哲学を形成することを目指す。したがって、授業では文献を用いた講義だけでなく、ディスカッションを行うこともある。	現代社会の激しい変容 テムの崩壊現象がみられ 人間形成の営みを継続し 質を熟知し、それが歴史 かを認識し、そのことで ての知の教授を目標とし
今日的な課題	（－）	（－）
教師としての資質	（－）	（－）
授業の概要	（－）	（－）
授業計画の検討	1. オリエンテーション－教育とは何か－ 2. 現代社会の中の教師　(1) バーンアウトする教師 3. 現代社会の中の教師　(2) プロ教師の会 4. 現代社会の中の教師　(3) 消費社会の中の教師 5. 現代社会の中の教師　(4) ユーモア 6. 現代社会の中の教師　(5) 個人主義社会の中の教師 7. 現代社会の中の教師　(6) 学校作りと教師 8. 教職の専門職性　(1) 教職の専門性とは 9. 教職の専門職性　(2) 公教育の中の教師 10. 教職の専門職性　(3) 教育的責任 11. 教職の専門職性　(4) 教師の倫理学 12. 教職の専門職性　(5) 教育愛 13. 教職の専門職性　(6) 授業構想力① 14. 教職の専門職性　(7) 授業構想力② 15. まとめ－理論と実践の融合－	1. 教育の意味と教育研 2. 教育の本質と目的 3. 中等教育の理念と歴 4. 中等教育改革の動向 5. 教育行政の制度と課
教員の要望	（－）	（－）
評価	出席の状況、レポートまたはテストによって総合的に評価	レポートまたはテスト及
教材・参考文献	小笠原道雄編『教育的思考の作法』福村出版	仙波克也・有吉英樹・織 参考書：『解説教育六法

する　科　目	
原理	発達心理学
2単位　選択必修	2～4年　前期　　2単位　選択必修
のなか、家庭・学校・社会の従来のシスる。そのなかで、学校は時代を見据えたなければならない。その為に、教育の本の過程の中でどのように変容してきたの教育課程の解決に挑戦できる教職についたい。	・生涯発達への理解を深め、そこで生じる様々な問題を自分に引きつけて考えてもらうことを第一の目標とする。 ・世の常識に潜む多くのウソに対して、疑いの目を向けることを学んでもらえればと願う。
	(－)
	(－)
	(－)
究の課題 史 と課題 題	1. 発達とは何か ①発達の定義 ②発達段階・発達過程 ③老年期に発達はあるか ①衰えることの意味（衰えることは発達ではないのか） ②障害発達者と発達 2. 発達の原理をめぐる諸問題 ①順序性・方向性 ②個人差 ③「現代子ども論」は正しいか ④他人にレッテルをはることの効用と弊害 ⑤発達により失われるもの
	(－)
び出席状況	レポート
田成和編『現代教育学概論』コレール社 平成19年度版』三省堂	適宜資料配布

高知女子大学 3

整理の項目	教　職　に　関	
科目名	教育心理学	教育
単位・受講期	2～4 年　前期　2 単位　▲選択	2～4 年　後期集中
授業の目標	・不登校、いじめなどこれらの問題は、現場に出れば否応なく立ち向かわざるをえないことである。その時うろたえてしまわないためにも、教職課程の中で討論し、それぞれの考えを深め、広げていくことは有意義と考える。 ・討論テーマは受講者の問題意識を最大限尊重する。 ・何よりも「その気」になって参加してくれることを強く願う。	(－)
今日的な課題	・不登校、いじめ、学級崩壊、キレル子どもたち等、今あちらこちらで「学校の病理」が批判されている。 ・また折から学習指導要領改訂にともない、学校は大きく変わることが要求されている。	(－)
教師としての資質	(－)	(－)
授業の概要	(－)	・社会学の理論および方て概説する。 ・本講義では目的の促進し、それぞれのテーマ研究動向を概説する。
授業計画の検討	討論は 15 名を上限と考える。それを上回る場合はグループに分かれる。グループごとの手順は以下の通り 1. みんなでテーマを出し合い、テーマを決定する。 2. そのテーマについて討論する。私は、適宜コメントを挟んだり、方向づけ、まとめを行う。 3. ほぼ全員が納得したところで 1 へ戻り、テーマを決定する。	1. 教育社会学概説 ・教育社会学とは何か ・教育社会学の理論と 2. 学校教育 ・「学校」の社会的文 ・学校教育の制度と内 ・学校の組織と文化 ・教員の社会学 3. 社会と教育 ・青少年文化 ・産業化・学校化社会 ・情報化社会 ・高等教育と学歴主義 ・階層・階級 ・教育問題 4. 教育を見つめるため ・教育社会学の活かし
教員の要望	(－)	(－)
評価	自己評価	試験、レポート、受講状
教材・参考文献	資料は各自が用意するよう心がけること。	天野郁夫、藤田英典、苅会

する科目	
社会学	教育課程論
2単位　選択必修	2~4年　前期　2単位　選択必修
	・学習指導要領に基づいた学校教育の教育課程編成の方法、各々の指導計画立案や授業案立案の考え方、さらには学校運営にかかわる実際的な課題等を取り上げ、評価方法や教育課程改善の在り方にまで言及していく。 ・学級担任、教科担任の立場だけでなく、養護教諭、学校栄養教諭等の視点からも教育課程編成へのかかわり方について具体的な事例を用いて検討してくようにする。
	(－)
	(－)
法、また具体的な研究成果の現状につい のため、いくつかの現代的テーマを設定 に関係する教育社会学の諸理論と最新の	(－)
方法 脈 容 に 方	①　教育課程の意義と実際 ②　教育課程と教育方法の補完的な関係 ③　教育課程の概念と内容構成理解 ④　教育課程編成の基本的な考え方 ⑤　教科、領域、総合的な学習の時間の指導 ⑥　教科書の位置付け ⑦　教育課程改革の歴史 ⑧　わが国の近代教育制度と教育課程の変遷 ⑨　学習指導要領とその変遷 ⑩　教育課程運用の実際 ⑪　教育課程評価の方法と実際 ⑫　学校評価とカリキュラムマネジメント ⑬　養護教諭等の教育課程への参加 ⑭　家庭・地域連携と潜在的カリキュラム ⑮　まとめと評価
	(－)
況等による総合評価	出席状況（2/3以上出席を原則とする）、各会で提出を求める小レポートの記述内容、まとめの評価として実施する試験の結果、以上の3点を総合して単位認定を行う。 なお、出席状況が思わしくない場合は試験の受験を認めない。
谷剛彦『教育社会学』放送大学教育振興	『中学校学習指導要領解説－総則編－』文部科学省、1999年

高知女子大学 4

整理の項目	教　職　に　関	
科目名	道徳教育論	特別
単位・受講期	2～4 年　後期　2 単位　選択必修	2～4 年　夏期
授業の目標	道徳の時間と各教科および特別活動などとの密接な関係（全面主義道徳）を前提に、特設された「道徳の時間」（特設主義道徳）の本質を歴史的変遷の過程を辿りながら講義したい。	今日の学校教育におい「個性の伸長」と深くかを学校現場の実践例を踏
今日的な課題	科学技術の進歩と経済構造の変化に先導されて、情報化・国際化の進捗が著しいなかで、道徳教育の重要性が指摘されている。	(−)
教師としての資質	(−)	(−)
授業の概要	(−)	(−)
授業計画の検討	1. 道徳を定義する 2. 民主主義のもとで 3.「ゆとり教育」のもとで 4.「道徳の時間」の位置づけ	1. 学校教育における特 2. 特別活動の理論的背 3. 特別活動の背景と生 4. 特別活動実施上の諸 5.「ホームルーム活動」事例研究
教員の要望	(−)	(−)
評価	レポートまたはテスト及び出席状況	レポート、テスト
教材・参考文献	山崎英則・加藤幸夫編『心の教育の本質を学ぶ』学術図書出版社	講義及び資料

する科目	
活動論	教育方法論
2単位　選択必修	2～4年　後期　2単位　選択必修
て強く求められている「人間性の育成」かわっている教育領域として「特別活動」まえて、理解を深める。	「総合的な学習の時間」に代表される新しい授業は、一体何のためにうちだされてきたのでしょうか。ここでは、「授業は楽しくなければならない」というメインテーマを掲げどうすれば楽しい授業を作れるのかを一緒に考えていきたい。
	・教師の仕事として一番大切なのは授業です。 ・今、その授業の在り方が強く問われているのです。
	(－)
	(－)
別活動の目標と位置付け 景 徒の実態 課題 「生徒会活動」「学校行事」の展開とその	1. 学習そして授業 ①学習とは何か ②学習はなぜ楽しくなければならないのか ③テレビゲームから学ぶもの ④学習成立の条件 ・教科・動機づけ ⑤学習方法・授業方法 ⑥授業の今日的課題 ・総合的な学習の時間のあり方 2. 評価 ①評価は必要なものなのか ②評価の種類と特質 ③評価のあり方
	(－)
	レポート
	適宜資料を配布

高知女子大学 5

整理の項目	教　職　に　関	
科目名	生徒指導論	教育相談論
単位・受講期	2〜4 年　前期　2 単位　選択必修	2〜4 年　前期　2 単位
授業の目標	生徒指導は個別的かつ発達的な教育を基礎とするものであり、個々の生徒の人格を尊重し、個性の伸長を図りながら、生徒の自己実現を援助する教育活動であること、学校の実践例を踏まえ、理解を深める。	学校不適応の児童生徒への指導や援助のあり方、り、保護者や専門機関との連携、予防的・開発的先進校の実践例なども織り交ぜながら、学校教育かにして行く。
今日的な課題	(−)	・いじめ、不登校、学級崩壊等の問題行動が多発る教育相談活動の重要性が強調されている。 ・学校にカウンセラーが配属されるなど新しい取
教師としての資質	(−)	(−)
授業の概要	(−)	(−)
授業計画の検討	1. 生徒指導の意義と今日的課題 2. 生徒指導の原理 3. 生徒指導の基礎となる生徒理解の問題 4. 生徒指導と教育課程 5. 生徒指導とホームルーム経営の諸問題	・今、学級（ホーム）担任に求められているものは、心の触れあう関係づくりです。問題を持つ児童でなく、一人ひとりがもつ悩みや学習、進路、問題について対応できる理論と技術が期待されれぞれの能力を開発する働きかけも必要です。 ・学校における教育相談の考え方や進め方を、体に学びあっていきたいと考えています。 主な内容は以下の通りです ・学校教育相談の基礎理論と実際（生徒指導・学指導と教育相談等） ・児童生徒理解に関する理論と実際（問題行動のの理解と援助、不登校の理解と援助、校内暴力 ・学校教育相談の技法に関する理論と実際（カウ際、事例研究の理論と実際、心理検査の理論との理論と実際等）
教員の要望	(−)	(−)
評価	レポート、テスト	出席、レポート提出を基本とする。
教材・参考文献	講義及び資料	関係資料を適宜配布

する科目		
	総合演習	同和教育 (※特徴的な教育に関する科目の導入：高知県人権教育研究協議会)
選択必修	2〜4年　前期　2単位　選択必修（分担7名）	2〜4年　前期　2単位　選択必修
校内での協力体制づく な教育相談の取り組み等 相談の現状と課題を明ら	・この科目は、教育職員免許法改定にともなって新設された科目である。 ・期待されているのは、環境、国際理解等の、教科・学科の枠にとらわれない諸問題に主体的な問題意識を持ち、それを主体的に学んでいくことであり、そのため、1グループの人数は、15名程度を上限とする。 ・今年度は7つテーマを設定し、自分の興味に最も合致したテーマを2つ選び、それぞれの担当者の下で、主体的に学ぶ。 ・4月当初に選択の手引きを配布するので事前に読んでおくこと。	国の人権教育・啓発に関する基本計画や高知県人権施策方針に則り、同和問題をはじめとするあらゆる人権（問題）教育の具体的な教育課題を計画的に、系統的に学校教育等で取り組む基礎・基本的事項を学習する。
するなかで、学校におけ り組みも注目されている。	（－）	（－）
	（－）	（－）
	（－）	（－）
一人ひとりの児童生徒と 生徒への指導や援助だけ 友人関係などさまざまな ています。さらには、そ 験学習も交えながら共々 習指導・進路指導・学級 理解と指導、いじめ問題 の理解と指導等） ンセリングの理論と実 実際、ロールプレイング	・下記のテーマの中から2つを選び、6コマずつ学習する。 ・最初の時間に、各テーマの詳細を説明し、テーマを選択する。 ・最初の時間は絶対に欠席しないこと。無断欠席の場合は、履修できない。 テーマ ・服装工芸の世界－皮革文化を知る－ ・日常生活の現象と科学的な見方 ・ウェブサイトに掲載された、コラムから学ぶ自然科学 ・日本の童謡・唱歌の世界 ・ソーシャルワークの支援方法 ・多文化共生をめざす国際理解教育 ・ＮＩＥ（教育に新聞を）	1. 同和問題をはじめとするあらゆる人権問題の現状に基づく教育課題について 2. 同和問題の具体的な授業内容等について ①被差別部落発生の歴史 ②実態的、心理的な被差別の状況 ③解決への国、県、教育機関等の取り組み ④上記の学校での具体的な指導の展開例 3.「国連の人権教育のための世界プログラム」、我が国の「人権教育及び人権啓発の刷新に関する法律」「高知県人権尊重の社会づくり条例」等の内容について 4. 現在の人権侵害の状況とそれに対する対策と取り組みについて 5. 人権全般への取り組みへの施策について
	（－）	（－）
	各担当者による。各テーマ50点満点で評価し、2つのテーマの合計が評価となる。	筆記テスト
	各担当者による。	県人権啓発センター及び県教育委員会発刊等の啓発、研修資料を参考資料とする。

栄養教諭養成のカリキュラム構造図

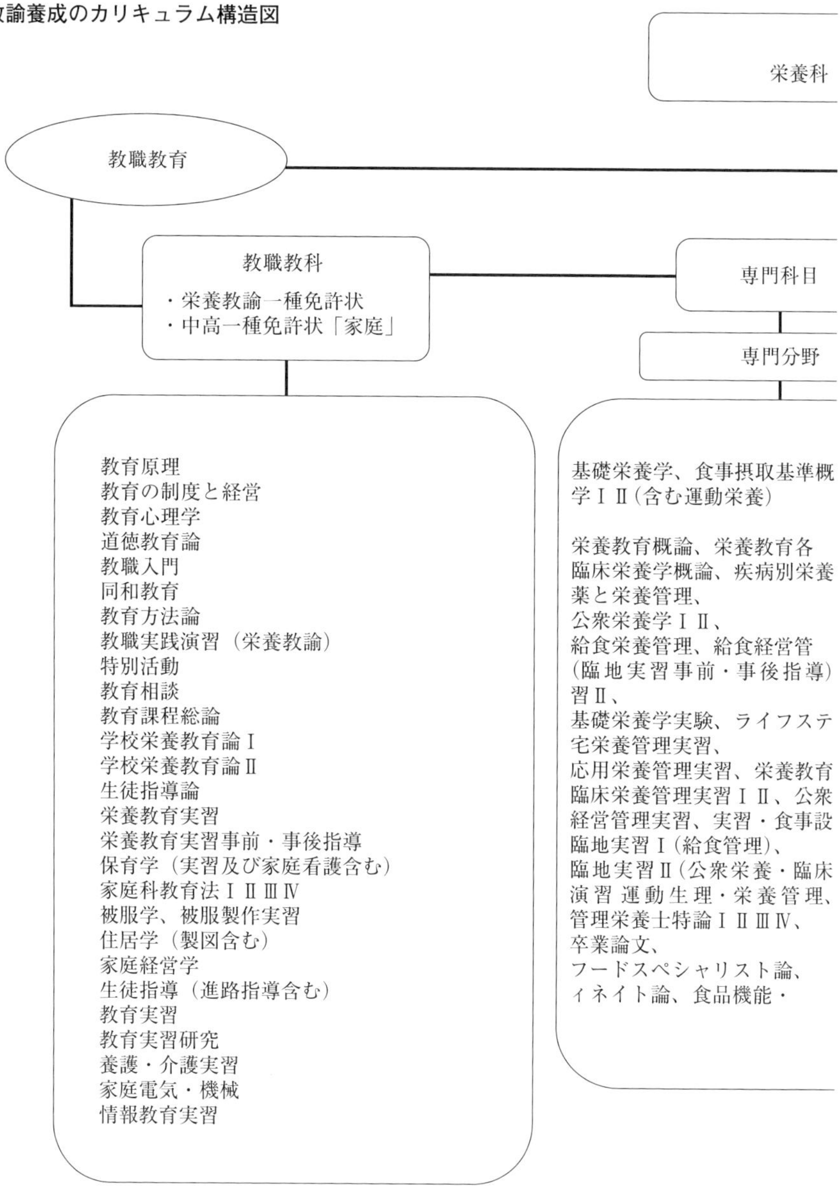

栄養科

教職教育

教職教科
・栄養教諭一種免許状
・中高一種免許状「家庭」

専門科目

専門分野

教育原理
教育の制度と経営
教育心理学
道徳教育論
教職入門
同和教育
教育方法論
教職実践演習（栄養教論）
特別活動
教育相談
教育課程総論
学校栄養教育論Ⅰ
学校栄養教育論Ⅱ
生徒指導論
栄養教育実習
栄養教育実習事前・事後指導
保育学（実習及び家庭看護含む）
家庭科教育法ⅠⅡⅢⅣ
被服学、被服製作実習
住居学（製図含む）
家庭経営学
生徒指導（進路指導含む）
教育実習
教育実習研究
養護・介護実習
家庭電気・機械
情報教育実習

基礎栄養学、食事摂取基準概
学ⅠⅡ（含む運動栄養）

栄養教育概論、栄養教育各
臨床栄養学概論、疾病別栄養
薬と栄養管理、
公衆栄養学ⅠⅡ、
給食栄養管理、給食経営管
（臨地実習事前・事後指導）
習Ⅱ、
基礎栄養学実験、ライフステ
宅栄養管理実習、
応用栄養管理実習、栄養教育
臨床栄養管理実習ⅠⅡ、公衆
経営管理実習、実習・食事設
臨地実習Ⅰ（給食管理）、
臨地実習Ⅱ（公衆栄養・臨床
演習 運動生理・栄養管理、
管理栄養士特論ⅠⅡⅢⅣ、
卒業論文、
フードスペシャリスト論、
ィネイト論、食品機能・

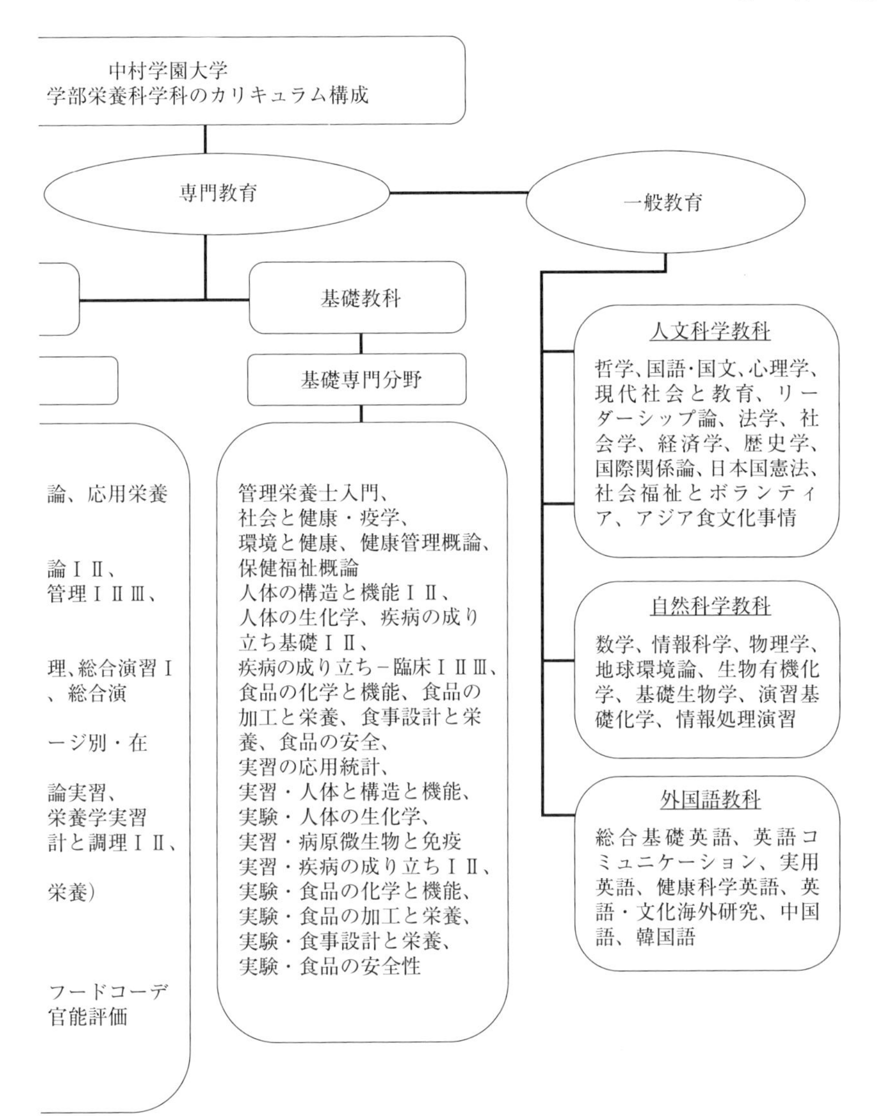
中村学園大学
学部栄養科学科のカリキュラム構成
専門教育
一般教育
基礎教科
基礎専門分野
管理栄養士入門、
社会と健康・疫学、
環境と健康、健康管理概論、
保健福祉概論
人体の構造と機能ＩⅡ、
人体の生化学、疾病の成り立ち基礎ＩⅡ、
疾病の成り立ち－臨床ＩⅡⅢ、
食品の化学と機能、食品の加工と栄養、食事設計と栄養、食品の安全、
実習の応用統計、
実習・人体と構造と機能、
実験・人体の生化学、
実習・病原微生物と免疫
実習・疾病の成り立ちＩⅡ、
実験・食品の化学と機能、
実験・食品の加工と栄養、
実験・食事設計と栄養、
実験・食品の安全性
論、応用栄養
論ＩⅡ、
管理ＩⅡⅢ、
理、総合演習Ｉ
、総合演
ージ別・在
論実習、
栄養学実習
計と調理ＩⅡ、
栄養)
フードコーデ
官能評価
人文科学教科
哲学、国語･国文、心理学、現代社会と教育、リーダーシップ論、法学、社会学、経済学、歴史学、国際関係論、日本国憲法、社会福祉とボランティア、アジア食文化事情
自然科学教科
数学、情報科学、物理学、地球環境論、生物有機化学、基礎生物学、演習基礎化学、情報処理演習
外国語教科
総合基礎英語、英語コミュニケーション、実用英語、健康科学英語、英語・文化海外研究、中国語、韓国語

（筆者作成）

中村学園大学１　教育職員免許法施行規則に定められた「栄養に係る教育に関する科目」「教職に関する科目」授業内容の

整理の項目	栄養に係わる教育に関	
科目名	学校栄養教育論Ⅰ	学校
単位・受講期	3年次・前期　2単位　選択（分担6名）	3年次・後期
授業の目標	栄養教諭に求められる使命、役割、職務内容を理解し、児童・生徒の食生活の健康に関する教育のあり方について修得する。	栄養教諭が行う食育は、望ま きる力」の基礎となる健康と体 をもたらす。地域や家庭と連携 目的とするものであることか 性豊かな栄養教諭としての資質
今日的な課題	・児童・生徒の健やかな成長と長い生涯に亘る健康維持の基礎づくりのために、適正な食習慣ならびに自己管理能力の育成は重要な教育である。	児童生徒が将来にわたって健 食に関する指導を充実するため 指導が必要とされている。
教師としての資質	（－）	（－）
授業の概要	①　食生活と健康に関する課題を理解する。 ②　食生活と健康に関する課題を理解する。 ③　栄養教諭の職務内容の理解と資質の向上の重要性を理解する。 ④　給食が栄養指導に果たす役割を理解する。 ⑤　食の健康上の諸問題を、行動療法から指導方法を学びプレゼンテーションを含む指導案の作成と授業効果を評価する。	①　偏食傾向や朝食欠食の増大 点の把握。 ②　望ましい食習慣の形成と自 の理解を深める。 ③　学校における給食の時間、 の時間など学校教育活動に ④　家庭や地域との連携のもと 推進など食に関する知識と 習として、指導案の作成、 果を評価できるような内容
授業計画の検討	1. オリエンテーション、栄養教諭とは 2. 児童生徒の栄養指導と管理の意義 3. 児童生徒の栄養指導と管理の現状と課題：食事に関する実態把握、分析等の必要事項 4. 健康の維持・増進と食生活：望ましい食生活習慣の形成に関する指導 5. 栄養教諭の職務内容、使命・役割 6. 学校給食の意義と役割 7. 児童生徒の栄養指導と管理に関する法令諸制度 8. 児童・生徒の栄養に係わる諸課題：国民の栄養をめぐる諸事情の理解を含む 9. 児童生徒の栄養指導、管理に係わる社会的事情 10. 食生活に関する歴史、食事食物の文化的事項 11. 児童生徒の個別指導1：アレルギー、肥満、拒食症、過食、偏食の症例の対応 12. 児童生徒の栄養指導2：痩身、スポーツ栄養の症例の対応 13. 行動療法とカウンセリングによる指導方法 14. まとめ 15. 試験	1. 学校における食に関する指 2. 学校全体で取り組む食に関 作成と活用の方法 3. 指導計画、指導案の立案、 4. 給食の時間における食指導、 5. 教科における食に関する指 日常食の調和 6. 教科における食に関する指 体の発育・発達 7. 道徳と食事のあり方、規則 8. 学校、家庭、地域が連携し 産者、PTA 等との連携 9. 特別活動における食に関す 活動等での指導 10. 総合的な学習の時間におけ （食料自給率等） 11. 実践演習：食物アレルギー 12. 実践演習：模擬授業（個別） 13. 実践演習：食に関する指導 （地場産品利用の児童・生 14. 実践演習：食に関する模擬 15. 試験
教員の要望	事前に予習必要、事後には授業内容を復習し完全理解する。理解できない場合は、質問項目として整理する。	事前に次の授業内容を説明す 習し完全理解する。理解できな
評価	試験、レポート、発表で総合的に評価 教員6名で分担	レポートの内容および期末筆記 して評価。教員6名で分担
教材・参考文献	「文部科学省学習指導要領」、「学校給食指導の手引」、福岡県教育委員会編「給食指導の手引」、川戸喜美枝編「ティーム・ティーチングを生かす全教科栄養教育の推進」ぎょうせい、藤沢良知編「子どもの心を育てる食事学」第一出版	・坂本元子編：子どもの栄養・ 文部科学省学習指導要領、・福 ンドブック、・川戸喜美枝編： 栄養教育の推進、ぎょうせい

整理　　　　　　　　　　　　　　　　　　　　　　　　　（－）：シラバスに記載なし

する科目	教職に関する科目
栄養教育論Ⅱ	教職入門（教員免許取得のための必須科目として位置付け）
2単位　選択（分担6名）	1年次・前期　選択
しい食習慣を身につけるだけでなく、「生 力を育む、生活習慣病の一次予防の効果 し、食文化の継承、社会性の涵養などを ら、栄養と食に関する実践力のある人間 を高めていくことを目標とする。	教職を志願する学生に「教師とは何か、教職とは何か」について深く考察させ、教職につくことの確固たる信念を形成することが狙いである。具体的には、教師の身分や立場、教師に求められる資質能力、学校現場や現職教師の日常の抱負や課題の現状ついて、学校現場の具体的な活動を題材・事例を検討することで、教職の意義や教師の在り方の考えを深め、教師としての心構えと初期的な資質能力を身につけること。
康な生活を送ることができるよう栄養と に、栄養教諭による専門的な立場からの	科学技術の進歩、情報、国際化、少子高齢化等、我が国の教育をめぐる状況の変化は大きく、学校現場にはいじめ問題や不登校など様々な課題が山積している。
	・平成18年12月、新教育基本法が公布・施行され、平成19年には学校教育法、教員免許法なども改正され、教員免許更新制導入、教育委員会制度の抜本改革などの制度的改革が進んでいる。 ・第三の教育改革進行中という時代的背景の下、教師は地球的視野に立った行動ができ、変化の時代を生き、実践的指導力を持つための資質能力が強く求められている。
など、児童および生徒の食生活上の問題 己管理能力を身につけ、わが国の食文化 他の教科指導、学級活動、総合的な学習 おける食に関する指導。 に、学校毎のティーム・ティーチングの 実践における指導の充実のため、実践演 発表を通しての模擬授業を展開、授業効 を含む。	①　教職の意義、教育の基本理念について多様な角度から現状と在り方を知る ②　教育界の過去の歴史と今日の改革に伴う流れを理解し、今日の児童生徒の実態を把握、理解する。 ③　学習指導要領、教育課程の意義・内容を理解する。 ④　教員養成制度の歴史と現状、教員免許状、教員の地位と身分、服装等について理解する。 ⑤　生徒指導・教育相談・進路指導の必要性を理解し、児童生徒の実態を十分把握した上での児童生徒への対応を理解し検証することができる。 ⑥　学校組織や現場の教師の日常の役割・業務について理解する。 ⑦　学校と家庭や地域社会の連携・協力の必要性や具体的な取り組みを理解する。 学校現場の現状と課題を分析し、教師として創意工夫し、積極的に対応する解決策を提案できる。
導の現状と課題 する指導にかかわる全体的な指導計画の プレゼンテーションへの展開 食事マナー、配膳、後片付け指導を含む 導（家庭科）、調和のよい食事の摂り方、 導（保健体育その他の教科）健康と食事、 正しい生活習慣の育成、食事のマナー等 た食に関する指導、地域産品の活用、生 る指導、学校行事、生徒会活動、クラブ る食に関する指導、食料流通と国際関係 等特別指導への配慮 の指導案作成と授業効果の評価 案の作成 徒向け献立、調理講習） 授業の発表、相互評価、授業効果の評価	1.　オリエンテーション（教育の基本理念、教育基本法、学校教育法） 2.　教師に求められる資質・能力（1）（教職の本質） 3.　教師に求められる資質・能力（2）（現代の学校現場が求めている教員の資質） 4.　教育課程・教育課程編成、学習指導、評価・改善 5.　生徒指導・教育相談・進路指導（1）（生徒理解、生徒指導の意義、指導の仕方） 6.　生徒指導・教育相談・進路指導（2） （学校現場を想定しての指導、教育相談、進路指導） 7.　教員養成の歴史と現状（教員養成の歴史、教育職員免許法の制定と改訂の動向） 8.　教員の地位と身分（教員の身分・服務・勤務条件、研修） 9.　教育法規（教育職員免許法、教育公務員特例法、地方公務員法） 10.　学校経営（学校組織運営、教員の職務内容、公務分掌） 11.　学校と家庭や地域社会の連携（PTA活動、学校評議員制度、地域運営学校） 12.　学校教育の現状と課題（1）（教育改革の動向と学校の諸問題） 13.　学校教育の現状と課題（2）（教育特区、研究開発学校） 14.　教職の意義と望ましい教師像（論文、ディスカッション、意見発表） 15.　試験
るので予習必要。事後には授業内容を復 い場合は、質問項目として整理する。	事前にテキストを読み込んでおく。事後には授業内容を整理し理解する。課題あり。教育の時事に関するレポートを課すため時事に関心を持ち、新聞、ニュースに触れること。
試験（授業15回目に行う）の結果を総合	試験、レポート、スピーチ、授業への積極的参加の項目を設けて総合して到達目標60％を超え、最終試験で60点以上をとることを単位修得の条件とする。
食育ガイド、医歯薬出版、・文部科学省： 岡県教育委員会管理運営編：学校給食ハ ティーム・ティーチングを生かす全教科	「若い教師の為の教育実習の手引き」福岡県教育委員会

（2010年度 学生便覧シラバスより改変して筆者作成）

中村学園大学２

整理の項目	教　職　に　関	
科目名	教育原理（教員免許状取得のための必須科目）	教育の制度と経営（教
単位・受講期	１年次・前期　２単位　選択	１年次・後期
授業の目標	・教育に関する基本的な概念や理論、歴史についての知識を修得し、考察を深めることで、教育に携わる者としての土台を築くことを到達目標にする。 ・討議等を通して、教育に対する興味・関心を高めると同時に、自らの考え・意見を持ち、それを表明したり討議したりする能力を伸ばす。	・教育の社会的、制度的、経営史についての知識を習得し、を築く。 ・教育時事と関連づけて制度的動、スピーチ、レポート作成自ら考え、意見をもち、それす。
今日的な課題	（－）	（－）
教師としての資質	（－）	教育の基本的な概念（社会と理論、歴史についての知識を
授業の概要	①　基本的な教育の概念を理解する。 ②　主要な教育理論を理解する。 ③　教育の内容・方法論の基礎を理解する。 ④　わが国の学校教育の歴史について理解する。 ⑤　教育事項への関心を高め、自らの意見をもつ。 ⑥　表現力、ディスカッション能力を高める。	①　基本的な教育の概念を理 ②　主要な教育理論を理解す ③　教育経営・制度の基礎を理 ④　公教育の意義について理 ⑤　教育制度について多角的 ⑥　教育時事に関心を高め、自 ⑦　理論的思考力、評価能力を ⑧　表現力、ディスカッション
授業計画の検討	1.　教育とは何か（1） 2.　教育とは何か（2）（教育と学習、素質と環境） 3.　教育の目的（1）（コメニウス、ロック） 4.　教育の目的（2）（我が国の教育目標、教育基本法） 5.　子どもとは（1）（発達） 6.　子どもとは（2）（ルソー） 7.　学力観（1）（学力の国際比較） 8.　学力観（2）（確かな学力、生きる力） 9.　学校教育制度の始まり（ペスタロッチ、フレーベル） 10.　教育の内容とカリキュラム（系統主義、経験主義、児童中心主義） 11.　わが国の学校教育の歴史（1）（第一の教育改革、学制、教育勅語） 12.　わが国の学校教育の歴史（2）（大正自由教育、国民学校） 13.　わが国の学校教育の歴史（3）（第二の教育改革、教育基本法、学校教育法） 14.　わが国の学校教育の歴史（4）（高度経済成長、臨時教育審議会、中央教育審議会） 15.　試験	1.　方法的社会化としての教育 2.　教育の機会均等（1）（社会シー、文化資本） 3.　教育の機会均等（3）（義務ン） 4.　学校教育の制度（6・3・3・ 5.　中等教育の多様化（高等専 6.　生涯学習時代における教育 7.　脱学校化社会論 8.　カリキュラム（顕在的カリ 9.　教師の専門性と学校文化(教 10.　教育行政における規制緩和育委員会、地教行政） 11.　教育行政における規制緩和評議委員、学校選択制） 12.　教育行政における規制緩和大綱化･弾力化、新学力観、検定制度） 13.　教育財政の制度 14.　世界の教育制度 15.　試験
教員の要望	テキストを読み込む。次回までに授業内容を完全に理解する。復習のための課題を与える場合あり。適宜、学生に発表を求めることがある。	事前に配布プリントを読む。事る。教育制度に関するスピーチる制度に関心をもち、新聞や
評価	試験、レポート、スピーチ、授業への積極的参加の項目を設けて総合して到達目標60％を超え、最終試験で60点以上をとることを単位修得の条件とする。	試験、レポート、スピーチ、授て到達目標60％を超え、最終条件とする。
教材・参考文献	牛渡淳「教育学原論」中央法規	プリント配布

する科目	
員免許状取得の為の必修科目に位置づけ)	道徳教育論
2単位　選択	1年次・後期集中　2単位　選択
的事項に関する基本的な概念、理論、歴 考えを深め教育に携わる者としての土台 経営的事項をとらえ、討議やグループ活 を通して、教育に対する興味･関心を高め、 を表明したり討議したりする能力を伸ば	教職を志願する学生に、学校教育における道徳教育の目標をしっかりと認識させ、児童生徒を導く教師が道徳的実力を有し、その上で児童生徒の道徳的実践力を育成し、道徳教育や道徳の時間における指導論を理解し、児童生徒との人間関係を築きながら、児童生徒の実態に即した具体的な指導方法を身につけることを目標とする。
	科学技術の進歩、情報化、国際化、少子高齢化などわが国の教育をめぐる状況の変化は著しく、発達段階にある児童生徒たちには、人間尊重精神や生命への畏敬の念の希薄化、差別やいじめなど様々な課題が見られる。
的、制度的、経営的事項に関する基本) 身につけることが求められている。	教育基本法、学校教育法が改正され、人間性の発達段階にある児童生徒の道徳教育は、国家・社会の一員としての自覚に基づき、人間としての在り方・生き方に関する教育を学校教育活動全体を通じて行うこととされ、教育にかかわる教師にはその指導者としての力量が求められている。
解する。 る。 解する。 解する。 に考察する。 らの意見をもつ。 高める。 能力を高める。	①　学生がこれまで学んできた道徳教育を振り返り、子どもを取り巻く社会状況、子どもの実態から道徳教育の必要性と問題点を理解する。 ②　道徳教育の目標について理解する。 ③　学習指導要領における指導内容と内容項目の観点について理解する。 ④　学習指導要領における道徳の時間の指導の在り方を理解し、指導案作成、指導方法の工夫について理解する。 ⑤　全体計画・年間指導計画の作成とその留意点について理解する。 ⑥　教育活動全体を通じて行う指導、家庭や地域社会との連携の在り方について理解する。 ⑦　人間形成理解者、助言者としての指導力を高める。 【授業方法】 新聞記事や参考書籍を配布し、具体的な事例を提起し考察させる。 討論や発表等を組み合わせて、授業を進める。
移動、メリトクラシー、ペアレンドクラ 教育、無償制、アファーマティブアクショ 4制、学校系統、学校段階) 門学校、高校改革、中等教育学校) キュラム、潜在的カリキュラム) 師文化、生徒文化、校風文化) と自律的学校経営 (1) (文部科学省、教 と自律的学校経営 (2) (学校評価、学校 と自律的学校経営 (3) (教育課程基準の 中央教育審議会、学習指導要領、教科書	1. オリエンテーション(学生が学んできた道徳教育の課題と本講義の流れと進め方) 2. 学習指導要領の改訂(道徳教育改訂の要点) 3. 道徳教育の目標(道徳教育と道徳の時間) 4. 道徳の内容と構成(内容の捉え方と内容構成) 5. 道徳の内容1(主として自分自身に関すること) 6. 道徳の内容2(主として他の人との関わりに関すること) 7. 道徳の内容3(主として自然や崇高なものとの関わりに関すること) 8. 道徳の内容4(主として集団や社会との関わりに関すること) 9. 中･小･高等学校道徳教育の関連性(小･中の道徳教育、高等学校の道徳教育) 10. 道徳教育の指導計画(全体計画、年間指導計画、学級における指導計画) 11. 道徳の時間の指導 (1)(学習指導案の内容と作成) 12. 道徳の時間の指導 (2)(学習指導の多様な授業展開、小学校・中学校における実践事例) 13. 道徳の時間の指導 (3)(道徳の時間の指導における配慮事項とその充実、教育活動全体を通じての指導) 14. 道徳教育における児童・生徒理解と評価(評価の意義と道徳、道徳的実践力の理解と評価) 15. 試験
後に授業内容の整理と理解、課題を与え やレポートを課す。日頃から教育に関す ニュースにふれる。	試験、レポート、授業への積極的参加など評価項目を設け、総合して到達目標の60%を超えること。
業への積極的参加の項目を設けて総合し 試験で60点以上をとることを単位修得の	授業の最後に次回の内容を指示するのでテキストを読んでくる。授業内容を整理し次回まで理解する。課題を与える。
	「小学校、中学校学習指導要領－道徳編」「高等学校学習指導要領」文部科学省、「心のノート－小学校・中学校－」文部科学省、「修身教授禄」森信三著、「かがやき」文部科学省

中村学園大学３

整理の項目		教　職　に　関
科目名	教育方法論 (栄養教諭、中学校・高等学校教諭「家庭科」免許状取得のための必須科目に位置づけ)	教育
単位・受講期	２年次・後期　２単位　選択	３年次・後期
授業の目標	・授業構成要素である目標、内容、指導方法・学習方法、指導組織・形態、学習組織、形態、学習環境、メディア、学習評価等について、具合的な事例をもとにその理解を深めるとともに、工夫・改善のあり方についても検討する。 ・最近の教育界の動向に目を向けるため、文献・資料等の講読を通して教育者としての知見を深める。	教育に関する諸事情を心理学基礎知識を提示することによっことを目的とする。
今日的な課題	分かりやすい授業を行う実践力を養うことが課題。	教育現場では児童・生徒の情問題を内に外にとかかえもつ教学の領域では、人間性や人間形していく試みが課せられている。
教師としての資質	児童・生徒に分かりやすい授業を行う実践的指導力、言い換えれば「授業力」が特に重視されている。	教育心理学は人間形成、成長学の領域であることから、「人知識をより強く、より厳しく求できる資質が求められている。
授業の概要	①　今日の教育界の動向とその特徴を理解できる。 ②　時代の養成に応えた新しい教育に関心をもつことができる。 ③　授業を構成している要素や成立させているメカニズムについて理解する。 ④　生きる力を育む授業の構想ができるようにする。 ⑤　授業の設計・実施・評価の過程について理解する。 ⑥　これからの社会において求められてくる教育方法の課題を把握する。 ⑦　授業で獲得した全ての成果をポートフォリオにまとめる。	1.　学習者の身体的・精神的な 2.　学習者に対して学習させ、習への興味のひきおこしに 3.　人格は遺伝要因によって影て影響を受けるものかにつ 4.　学業成績、学習、知能、人問題、学校や学級の環境に
授業計画の検討	1.　オリエンテーション（教育方法を学ぶ意味、よい授業とは） 2.　授業の歴史(教授学や教育実践に大きな影響を与えた代表的な思想) 3.　今日の教育界の動向とその特徴（教育政策の動向、教育委員会と学校） 4.　中央教育審議会答申及び新学習指導要領の分析（学びの変化） 5.　学校の教育課程（意義、教育課程の編成及び実施） 6.　授業整理の条件と課題（1）（教授法と学びのアクティビティ） 7.　教科経営と教材解釈（小学校（食育）・高等学校家庭科の授業の実際） 8.　授業成立の条件と課題（2）（授業構想、授業設計） 9.　授業成立の条件と課題（3）（学習指導案の様式、指導案の作成） 10.　学級経営と特別活動（学校給食の教材） 11.　１教科１学年１単元の指導案の作成 （1）（食育の場面を想定した授業構想・設計） 12.　１教科１学年１単元の指導案の作成 （2）（指導案の作成） 13.　１教科１学年１単元の指導案の作成 （3）（指導案、教材等の作成） 14.　情報化社会と教育方法、学校図書館の活用 15.「全体のまとめ」、相互評価、ポートフォリオ評価	1.　教育心理学の性格と内容： 2.　発達（1）－乳児期－幼児期 3.　発達（2）－児童期 4.　発達（3）－青年期 5.　知能と創造性：知能の測定、 6.　学習（1）：学習とは、学習 7.　学習（2）：学習成立の条件、 8.　教授学習過程：学習理論、 9.　人格の理解：人格の構造、 10.　適応：適応の機制、適応障 11.　心身障害児：障害児の教育 12.　学級社会:学級集団と機能、 13.　教育評価:教育評価の目的、 14.　統計：数量化の意義、統計 15.　まとめ
教員の要望	試験なし。講座全体をとおして作成したポートフォリオの内容、全体のまとめの内容、作成した学習指導案の内容等から総合的に評価。	事前に参考書で次回の授業内容を完全に理解する。
評価	事前に配布の資料を精読すること、事後に与えられた演習課題に取り組んだ上で授業内容を理解し、ポートフォリオにまとめておくこと。	授業参加度（レポート、聴講態15回目最終講義時に試験実施。
教材・参考文献	テキストを使用しないが資料・プリント配布。参考書：小学校学習指導要領「総合的な学習の時間編」「特別活動編」文部科学省、中学校学習指導要領「総合的な学習の時間編」「特別活動編」文部科学省	桜井茂男編「最新教育心理学」

す　る　科　目	
心理学	総合演習 （栄養教諭、中学校・高等学校「家庭科」免許状取得のための必修科目に位置づけ）
2単位選　選択	3年次・後期　2単位　選択（分担4名）
的理論によって概観し、教育についての て人間の健全な成長のための理解を得る	・人間尊重・人権尊重の精神はもとより、地球環境、異文化理解など人類に共通するテーマや少子高齢化と福祉、家庭のあり方などわが国の社会全体に関わるテーマについて、栄養教諭及び中・高家庭科教諭を志願する者の理解を深め視野を広げる。 ・これら諸課題に係る内容を適切に指導することができるようにする。
操の欠如、学力低下等を含めたあまたの 育における歪みが多く生じている。心理 成などに関する未知の諸点について解明	地球環境、異文化理解や少子高齢化と福祉、家庭のあり方などの諸問題について理解を深め視野を広げる。
への期待をこめた働きかけのできる心理 間性」「人間形成」などの理解についての められている時代にこたえられることの	人類共通の課題、社会全体の課題を適切に指導することができるよう地球的視野に立って行動するための資質能力を育てる。
原理を把握させる。 考えさせる教育、すなわち、学習者の学 関連したものを考案する。 響を受けるものか、学習（環境）要因によっ いて考察。 格などの心性、教師の行う指導、教材の ついての評価方法の把握。	1. 今年度のテーマ、国際交流・国際理解等、小学校英語教育、環境教育、食育、外国の学校教育。 2. 1から明らかにしたい各自の課題を設定する。同じ課題ごとにグループを編成した上で追究活動を行う。 3. グループエンカウンターやＫＪ法、ディスカッションなどの演習を通して、コミュニケーション能力を高め、グループで協力して協同的に課題解決を図ることができるようにする。 4. 追究活動の過経は、すべてポートフォリオにまとめる。 5. グループで追究した価値を共有するための場を設定し全体報告・質疑応答・相互評価を行った上で、ポートフォリオの内容をさらに充実させる。 6. 全体報告会は、情報機器を活用して効果的なプレゼンテーションを行う。 （教員に求められる資質能力形成の深化・発展を図る） Ａ地球視野に立って行動するための資質能力、Ｂ変化の時代を生きる社会人に求められる資質能力、Ｃ教員の職務から必然的に求められる資質能力
教育心理学とは 創造性の目的 の成立の型 学習成果 認知論的アプローチ 人格理解の方法 害 と人間形成 学級集団の構造 教育評価の方法 による推測	1. 総合演習とは何か　教員に求められる資質能力とこの科目の意味 2. 小・中学校における「総合的な学習の時間」創設の趣旨と経緯 3. 福岡市内の小・中学校における「総合的な学習の時間」の事例紹介 4. テーマ設定のための情報収集及びテーマの設定（グループ編成、教育相談） 5. 変化の時代を生きる社会人に求められる資質能力（演習：ＫＪ法等の体験） 6. 教員の職務から必然的に求められる資質能力（演習：グループエンカウンターなどの体験） 7. 学校における食育の実際（小学校、中学校、高等学校） 8. グループによる教材作成（1）（食に関する授業の構想、授業計画、教材作成） 9. グループによる教材作成（2）（作成した教材に関するグループ発表 10. 作成した教材に関するグループ発表（相互評価） 11. グループによる追究活動（1）グループごとに追究計画の立案 12. グループによる追究活動（2）各ブループの計画に沿った追究活動 13. グループによる追究活動（3）発表資料の作成、相談活動 14.「全体報告会」（1）追究活動の報告、質疑応答、相互評価 15.「全体報告会」（2）全体のまとめ
を読み込む。事後学習として、授業内容	課題を追究していくので、追究の視点に沿って事前に調べること。配布資料に目を通した上でポートフォリオの形成で学習した成果を整理する。
度：（20点）、学期末試験80点で評価。	試験はなし。提出のポートフォリオの内容、グループ発表、全体報告会への参加及び内容、プレゼンテーションなどから総合的に評価。
図書文化	必要に応じて資料配布

中村学園大学 4

整理の項目	教　職　に　関	
科目名	生徒指導論	特別
単位・受講期	3年次　夏期集中　2単位　選択	3～4年次　夏期集中
授業の目標	生徒指導の基本理念や理論、基本的事項について理解を深めると共に、教育実践に向けての基本態度の育成を目標とする。	教科教育と並ぶ学校教育の重 活動・学校行事・部活動・クラ 合い活動」を核にしたグループ 動を構成していく原理としての て、授業と特別活動の実践的な て学ぶ。
今日的な課題	特に、栄養教諭・中学校高等学校家庭科教員として、「食育」の視点から生徒指導の在り方を追究する。	(－)
教師としての資質	問題行動への対応だけでなく、その予防や積極的な意味での援助の進め方ができる。	集団活動を基盤とした活動で の適切な支援（指導助言）がで
授業の概要	①今日の子どもをめぐる環境が理解できる。 ②援助と指導をするにあたり、子ども理解と生徒指導のプロセスが分かり進めることの大切さに気づくことができる。 ③学校での生徒指導には、チームアプローチが欠かせないことが理解できる。 ④生徒指導の基本的な考え方や技術、その活用のあり方を理解することができる。 ⑤問題行動への対応にあたって、法律との関係を無視できないことに気づくことができる。 ⑥ポートフォリオを作る喜びを味わい自己評価活動に生かすことができる。 ⑦グループで協力して、協同的に事例研究ができる。 ⑧他者理解に焦点を当てる聴き合い活動を通して、グループ学習・相談活動・全体活動を行い、「育む」の態度を自らに培う。 ⑨他者に分かりやすい理論構成でプレゼンテーションを行うことができる。 ⑩教育現場から積極的に学び、教師を目指す者としての意識を高める。	①今日の児童生徒をめぐる教育 ②日本の義務教育は、国民教育 ことが理解できる。 ③日本の義務教育は、国民教育 ことが理解できる。 ④各学校で学校長が児童生徒の いることが理解できる。 ⑤授業を構成・成立させるため ⑥特別活動のねらいを理解する ⑦時代の要請に応えた「食育指 ⑧特別活動（食育指導）の1学 ⑨学級活動の内容と特質につい る。 ⑩児童会・生徒会活動のあるべ ことができる。 ⑪学校行事のねらい・特質を理 ⑫ポートフォリオを作る喜びを ⑬聴き合い活動に慣れ、教師に とに気づくことができる。
授業計画の検討	1.　オリエンテーション〈ポートフォリオ作り・「聴き合い活動」・育む〉学校という存在を見つめる 2.　今日の学校・子ども・家庭を取りまく環境と生徒指導〈生徒指導困難校・生徒活動と児童会活動〉 3.　今日的な生徒指導の概念〈積極的生徒指導・生徒指導の意義と課題〉 4.　教育課程の中の生徒指導①〈教育課程とは・子どもの生活と生徒指導〉 5.　教育課程の中の生徒指導②〈教師の人権意識〉 6.　生徒指導における8領域と栄養教諭の立場 生徒指導と学校組織①〈学校のグランドデザイン〉 7.　生徒指導と学校組織②〈校務分掌・栄養教諭の立つ位置〉 8.　学級経営と子どもの学校適応援助〈学級経営・学級の雰囲気・個の学級での位置〉 9.　生徒指導と法律〈法律問題の事例・いじめ〉 10.　生徒指導と体罰〈法的根拠・疑体罰問題〉 11.　生徒指導と不登校の現状〈不登校のタイプ・近年の傾向へ〉 12.　生徒指導と不登校の問題①〈事例研究・不登校の類型〉 13.　生徒指導と不登校の問題②〈不登校の経過・不登校への対応〉 14.　学校崩壊の背景と対応　いじめ予防と「食育指導」（本講座のまとめに代えて） 15.　全体まとめ（ポートフォリオ評価をする。課題に対する小論文を書く）	1.　オリエンテーション（授業 方法について） 2.　今日の学校・子ども・家庭 考に特活動で培う資質・能 3.　特別活動と教育課程（教育 て、特別活動の目標　※学 4.　学級活動、ホームルーム活 5.　児童会・生徒会活動の目標 6.　学校行事の目標と内容 7.　クラブ活動・部活動の目標 8.　特別活動の目標・部活動の 9.　特別活動の実際1(学校訪問) 10. 特別活動の実際2(学校訪問) 11.　時代の要請に応えた「食育 12.「食育指導」の全体計画と 13.「食育指導」の全体計画と 14.「食育指導」の全体計画と 15.「全体まとめ」と相互評価
教員の要望	ポートフォリオの内容を豊かにするために関係資料の収集に努める。各講義の聴き合い活動の内容を事後に見直し自分の考えを記録しておく。	文部科学省発行「学習指導要
評価	試験なし。講座全体をとおしてポートフォリオ作り評価を体験する。提出するポートフォリオの内容、全体のまとめ、事例研究への取り組みなどから総合的に評価。	試験なし。全体を通してポート るポートフォリオの内容、「中 成した「食育指導」の全体計画
教材・参考文献	小泉令三編著「図説子どものための適応援助、生徒指導、教育相談、進路指導の基礎」（北大路書房）「生徒指導資料21集」（文部省）、資料配付	「キーワードで拓く新しい特別 社）、小学校・中学校・高等学 文部科学省編著、関連プリント

する科目	
活動	生徒指導（教員免許状取得のための必修科目に位置づけ）
2単位　選択	4年次　前期　2単位　選択
要な柱である①学級活動・児童会生徒会 ブ活動の各領域の指導のあり方を「聴き 学習を通して学ぶ②学校における教育活 特別活動論を学ぶ③として①②を踏まえ 指導の原理を小学校等の実践事例を通し	学校における生徒指導の意義や必要性について、社会環境や人間関係の在り方の変化と関連づけて認識し、生徒指導の理論と実践的な知識・技能を修得することを到達目標とする。進路指導を含む生徒指導の実例をあげながら、問題点を分析し、その対応や解決策について考察する。不登校、いじめ、非行、学級・授業の流れなどについて実践的指導力を身につける。なお問題行動についての対応だけではなく予防的指導や、より積極的な開発的指導による生徒の自己指導能力の育成の在り方や生徒の個性をいかす進路指導・キャリア教育についても修得する。
	非行対策、体罰、校則、非行、不登校、いじめ、学級・授業の荒れ等、さらに教師集団の協力体制、地域社会との連携、開かれた学校、多様な価値観の必要性等がある。
あるから児童生徒の主体的な参加と教師 きること。	（文部省1988年）「一人一人の生徒の個性の伸長を図りながら、同時に社会的な資質や能力・態度を育成する。特に、社会的に自己実現ができるような資質・態度を育成」
環境が理解できる。 と個が生きる教育の両立を図る目的がある と個が生きる教育の両立を図る目的がある 実態に即し教育課程を編成する努力をして のメカニズムが理解できる。 ことができる。 導」と特別活動の関連をもつことができる。 年1単元の指導案を作ることができる。 て理解し、自分の考えを述べることができ き姿について理解し、自分の考えを述べる 解し、指導すべき内容について説明できる。 味わい、評価活動に生かすことができる。 とって「傾聴」は、教師力の基礎であるこ	①　生徒指導のねらいや機能としての特質がいえる。 ②　生徒指導の今日的な意義と課題について述べることができる。 ③　生徒指導主事・生徒指導部の役割、職員全体の意思統一の必要性がいえる。 ④　各教育活動の中での生徒指導の進め方が説明できる。 ⑤　特別活動と生徒指導のかかわりをガイダンス機能の面から説明できる。 ⑥　生徒指導の具体的事例（不登校、いじめ、非行、学級・授業の荒れ）について考察できる。 ⑦　これからの生徒指導のあり方について自分の意見をまとめ発表できる。 ⑧　生徒の個性をいかす進路指導・キャリア教育について理解する。
の目標、日程と内容、授業の方法、評価 を取り巻く環境（福岡市の教育政策を参 力について話し合う） 課程における特別活動の位置づけについ 習指導要領解説） 動の目標と内容 と内容 と内容 目標と内容 指導」と特別活動 指導案作り1 指導案作り2 指導案作り3 （ポートフォリオ評価）	1. 生徒指導の概念と目的（生徒指導の目的と必要性、わが国の教育指導の現状、生徒指導の今日的課題） 2. 生徒指導の方法①個別指導、教育相談の意義と目的、カウンセリングマインド、構成的グループエンカウンター 3. 生徒指導の方法②集団指導の意味と意義、指導の形態、学級集団づくり 4. 問題行動の理解と指導①反社会的問題行動、非社会的問題行動 5. 問題行動の理解と指導②最近のいじめの状況と子どもたちの意識、学級・授業崩壊と授業妨害 6. 問題行動の理解と指導③非行・問題行動と「管理的」生徒指導 7. 問題行動の理解と指導④体罰によらない生徒指導 8. 積極的生徒指導の意義と方法（予防的指導方法と開発的指導方法） 9. 生徒指導の組織と運営①生徒指導の組織体制、外部機関の活動 10. 生徒指導の組織と運営②外部機関の見学 11. 生徒指導と教育課程（生徒指導と各教科、道徳、特別活動、総合的な学習の時間） 12. 進路指導の意義と方法①個性を生かす進路指導 13. 進路指導の意義と方法②キャリア教育の意義 14. 進路指導の意義と方法③キャリア教育の実際、教育課程 15. 試験
領」の熟読	事前に課題を与える。事後に授業内容の理解を完全にする。復習および応用・発展学習のためのレポートなどの課題を与える。教育実習前後に実施するので理論を修得するだけでなく、自分が生徒指導をすることを念頭に講義に臨むこと。
フォリオ作り・評価を体験する。提出す 間まとめ」と「全体まとめ」の内容、作 と指導案の内容等から総合的に評価。	単位修得の条件：試験、レポート、授業への積極的参加等の評価項目を設けて総合して到達目標の60%を超え、且つ最終試験で60点以上をとること。
活動」日本特別活動学会編（東洋館出版 校各「学習指導要領解説　特別活動編」 の配布	学習指導要領、必要に応じてプリント配布

中村学園大学 5

整理の項目		教　職　に　関
科目名	教育相談	教育課程総論（教員免許状
単位・受講期	4 年次　前期　2 単位　選択	4 年次　前期
授業の目標	栄養教論をめざす学生が、教育相談の理論、カウンセリングに関する基礎的知識やその方法を学ぶことにある。即ち学校における人間環境、社会的環境を踏まえ、子ども一人ひとりの現在及び将来の生活へのよりよい適応や自己実現のために、子ども理解や教師の援助の方法・技術を講義や演習によって学ぶ。	教職を志願する学生が、教育 改善の方法、運営の方法につい 標とする。 ※教育課程は、各学校において、 児童生徒の人間として調和の 及び児童生徒の心身の発達段 成するものである。
今日的な課題	スクール・カウンセリングは、その対象は問題行動を持つ子どもや課題を持つ子どもの範囲にとどまらず、一般的な悩みを持つ子どもや心理的に健康な子どもにも及び成長促進的な働きかけが求められる。	教育行政改革において教育課 的・自律的経営の基底への転換。
教師としての資質	対象となる子どもの個性を理解し、内在する人としての可能性を引き出す適切有効な援助・助言が行い得ることができること。	（2003 年中教審答申、2008 年 学校と教師は、創意工夫して学 ラム開発力、条件整備活動を視 改善するカリキュラム・マネジ
授業の概要	①　今日の子どもをめぐる環境が理解できる。 ②　教育相談と生徒指導は相補的関係にあることが理解できる。 ③　援助をするにあたり、子ども理解と生徒指導のプロセスが分かり進めることの大切さに気づくことができる。 ④　学校での教育相談には、チームアプローチが欠かせないことが理解できる。 ⑤　カウンセリングの基本的な考え方や技法、その活用のあり方を理解できる。 ⑥　ポートフォリオを作る喜びを味わい評価活動に生かすことができる。 ⑦　グループで協力して、協同的に事例研究ができる。 ⑧　グループ学習・相談活動・全体活動を通して「傾聴」の態度を自らに培う。 ⑨　他者に分かりやすい理論構成でプレゼンテーションを行うことができる。 ⑩　教育現場から積極的に学び、教師を目指す者としての意識を高める。	・教育課程は学校の授業におけ 活全体にかかわるものである。 ①　教育課程の意義とその役 本にある教育観との関連性 ②　戦後のわが国における教育 理解する。 ③　教育課程の構成要素、すな 学習指導、学習評価等につ ④　教育課程行政改革の今日的 課程行政改革との関連を理 ⑤　教育活動を支える条件整備
授業計画の検討	1. オリエンテーション（授業の目標、日程と内容、方法、評価方法について　訓練（傾聴と聴き合いの実際） 2. 今日の子ども・学校・家庭を取り巻く環境と教育相談（問題のアセスメント、環境のアセスメント） 3. 教育相談と生徒指導 4. 教育相談の基本（カウンセリングマインド①受容的態度と共感） 5. 教育相談の基本（カウンセリングマインド②受容的態度と共感） 6. 教育相談と関連相談機関（チームアプローチ、それぞれの役割） 7. 教育相談と関連相談機関（スクールカウンセラー、教育センター、子ども総合相談センター） 8.「中間まとめ」（レポート作成） 9. 教育相談の事例研究① 10. 教育相談の事例研究② 11. 教育相談の事例研究③ 12. 特別なケアを必要とする子どもとのかかわり 13. 子育ての悩み① 14. 子育ての悩み② 15.「全体まとめ」・相互評価（ポートフォリオ評価・子ども理解）	1. 教育課程とは何か（教育課 2. 学習指導要領の意義と変遷 3. 教育課程の類型と構造 4. 教育課程の編成とその課題 5. 教育課程の実施とその課題 6. 教育課程の評価とその課題 7. 教育課程改革の展望とカリ 8. 試験
教員の要望	（－）	テキストの読み込みをする。 応用・発展学習のためレポート 法、道徳教育、特別活動、教科 ることから、1 時間の授業レベ 学校全体の教育課程、学校間の 持つようにする。評価「D 不可」
評価	試験なし。全体を通してポートフォリオ作り・評価を体験する。提出するポートフォリオの内容、中間まとめ、全体まとめの内容、事例研究の取り組み姿勢などから総合的に評価。	試験、レポート、授業参加の評 最終試験で 60 点以上をとるこ
教材・参考文献	小泉令三編著「図説子どものための適切援助、生徒指導、教育相談、進路指導の基礎」（北大路書房）、「生徒指導資料 21 集 学校における教育相談の考え方・進め方中学校・高等学校編」文部省、資料等必要応じて配布	小学校学習指導要領、中学校 冊を選択）

する 科 目	
取得のための必修科目に位置づけ)	栄養教育実習事前・事後指導
1単位 選択	4年次 前期 1単位 選択 (6名で担当)
課程の意義、構成原理、編成･実施･評価･ て理解し、実践力を身につけることを目 法令､学習指導要領の示すところに従い､ とれた育成を目指し、地域や学校の実態 階や特性などを十分考慮して、適切に編	学校栄養指導論、学校栄養食育論の学習内容を踏まえて、栄養教諭としての実践実習である栄養教育実習を有益な実習とするための教科である。児童・生徒を対象とし、健康教育の一環として関係者と連携を図りながら、栄養教諭として必要な知識・技術の修得を目標とする。
程の基準の大綱化・弾力化と学校の自主	(－)
中教審答申、2008年学習指導要領解説) 校における教育課程を編成するカリキュ 野に入れて教育課程を編成・実施・評価・ メントの力量が求められている。	(－)
る学習指導や教科外の活動など、学校生 割、さまざまなカリキュラム論とその基 について理解する。 課題および学習指導要領の変遷について わち教育目標、年間指導計画、単元計画、 いて理解する。 動向を把握し、現代の教育問題等と教育 解する。 活動へも視野を広げる。	・栄養教育実習の事前教育・指導は、「学校栄養教育論Ⅱ」において作成した栄養教育案に基づいて、模擬授業を行う。事後教育・指導は、栄養教育実習を体験して、修得した内容を踏まえて、栄養教育案を作成し、児童生徒を対象とした栄養教育・食育カリキュラムを検討し事前教育の際の教育案を再構築していく。 ・毎回、授業発表に対して、意見交換・検討会を実施し、実習記録を作成する。 ・教科の特性を考慮し、内容の充実を図るために、事前・事後に数回、福岡市教育委員会等学校給食課指導主事、学校栄養職員複数名、特別講師として招聘して授業展開を考えている。
程の意義、位置付け、カリキュラム) キュラム・マネジメント	1. 事前教育・指導1 栄養教育実習の意義、目的、心構え 2. 事前教育・指導2 栄養教育・食育の実習 (事前訪問・打合せ) 3. 事前教育・指導3 栄養教育・食育の実際 (実習内容、方法) 4. 事前教育・指導4 栄養教育・食育の実際 (課題設定) 5. 事前教育・指導5 栄養教育・食育の実際 (評価の方法) 6. 事前教育・指導6 (外部講師招聘) ＴＴ方式による栄養教育・食育の実際 7. 事前教育・指導7 (外部講師招聘) ＴＴ方式による栄養教育・食育の実際 8. 事前教育・指導8 ＴＴ方式による栄養教育・食育の実際 9. 事後教育・指導 (外部講師招聘) 実習報告会、反省会 10. 事後教育・指導1 栄養教育・食育実習・カリキュラムの検討 11. 事後教育・指導2 栄養教育・食育実習・カリキュラムの検討 12. 事後教育・指導3 栄養教育・食育実習・問題点の整理 13. 事後教育・指導4 栄養教育・食育実習・指導上の留意点 14. 事後教育・指導5 栄養教育・食育実習・今後の課題の明確化 15. 全体まとめ
授業内容は次回まで完全理解する｡復習､ 等課題を与える。これまで学んだ教育方 指導法等の科目と深く関連する科目であ ルで見るのではなく､単元､年間指導計画､ 接続レベルに位置付けてとらえる視点を の場合は追試試験期間に再試験を実施。	事前にシラバスを参照して次回の講義について予習する。講義で学習した内容を再確認し、理解を深める。
価項目で総合して、目標の60点を超え、 とを単位修得条件とする。	1毎回の実習記録：20%、2実習態度、発表態度：40%、3学期末試験：40%、4出席状況、1～4を総合して評価。
学習指導要領、高等学校学習指導要領 (1	三成由美：福岡県教育職員免許法認定講習のテキスト、福岡県教育委員会：学校給食ハンドブック管理運営編、福岡県教育委員会：衛生ハンドブック、福岡県教育委員会：学校給食の手引き、足達淑子：栄養指導のための行動療法入門、医歯薬出版、松本千明：医療・保健スタッフのための健康行動理論の実践編、医歯薬出版、宗像恒次編：栄養指導のためのカウンセリングテクニック、医歯薬出版、大里進子他編：演習栄養教育・栄養指導、医歯薬出版

中村学園大学６　教職に関する教育科目の授業内容

整理の項目	教職に関する科目
科目名	栄養教育実習
単位・受講期	４年次　前期　１単位　選択
授業の目標	・栄養教育の実際を実地に修練し、栄養教育として必要な知識及び技能全般を体得することを目的としている。（本実習の実習先は小学校、中学校である） ・学校教育における学校給食の意義を理解して、児童･生徒の心身の健全な発育発達のための栄養教育･食育を行動科学的な視点から捉え、この時期の食の指導の重要性を理解し、指導教育方法を修得する。
今日的な課題	（－）
教師としての資質	（－）
授業の概要	本実習は福岡市教育委員会と協議し、決定していく。 １単位の実習内容（1）指導教諭等により学校の概要（学校経営、校務分掌の理解、服務等の説明を受ける）学校給食の目的、目標と栄養教諭の役割（2）学級活動、教科指導（学級担任や教科担任教諭との連携）（3）栄養教育の展開（個別的な相談指導と集団指導、メディア制作）（4）年間指導計画に基づく栄養教育（5）食生活の実態把握と評価（6）食に関する指導の年間計画（7）教職員、家庭・地域との連携などである。 実習心得：①事前事後指導の授業の学修内容を生かし、実習に臨むことが大事である。②社会資源を活用する実習であるので、事前準備や施設への事前訪問により、基本的な実習指示事項や遵守事項を把握する必要がある。 実習態度①学生として自覚を持って、積極的な態度で実習する。②実習先の指導者の実習目的に基づいた指示に従って、規則を遵守する。③謙虚な気持ちで現場の実態を把握する。④実習中の指示や指導には、はっきり応答する。⑤よりよい人間関係について実習先の施設の方々から学ぶ。⑥実習中の雑談は避け、常に学ぶ姿勢で臨み、疑問点を正しく、質問等を積極的に行い、複数での実習の場合はチームプレーをもって実習目標に向かって行動する。⑦普段からよい生活習慣（食事、睡眠、事故が起きない注意など）を継続し、実習施設で常識的な健康管理ができるよう心掛ける。⑧実習終了後、速やかに実習施設の関係者にお礼状を出す。
授業計画の検討	1.　オリエンテーション（指導教諭等により学校の概要、学校経営、公務分掌の理解、服務等の説明） 2.　児童生徒への個別的な相談、指導の実習（指導、相談の場への参観、補助等） 3.　児童生徒への学級活動及び給食の時間における指導の参観、補助 4.　児童生徒への教科等における教科担任等と連携した指導の参観、補助 5.　児童生徒への給食放送指導、配膳指導、後片付け指導の参観、補助 6.　児童生徒集会、委員会活動、クラブ活動における指導の参観、補助 7.　指導計画案、指導案の立案作成、教材研究 8.　校内における食に関する指導の連携・調整（学級担任、教科担任）の参観 9.　研究授業の企画、立案の参観並びに実施 10.　校内研修の参観、補助 11.　学校、地域との連携・調整の参観、補助 12.　学校給食の栄養管理の実際 13.　課題及び実習中に取り組んだ調査研究の報告書の作成 14.　実習中の問題点について検討する 15.　全体のまとめ
教員の要望	（－）
評価	実習先と協議し依頼する実習内容（今後検討・調整）における評価と学内における実習準備状況、実習後の実習ノート・レポート等により総合的に評価。
教材・参考文献	福岡県教育委員会：学校給食ハンドブック管理運営編　福岡県教育委員会：衛生ハンドブック、福岡市教育委員会：学校給食指導の手引き、大里進子他編：演習栄養教育・栄養指導、医歯薬出版

特徴的な教育に関する科目の導入

同和教育

1年次　後期　2単位　選択

・教職員を目指す者は、地球規模の視野を持ち、時代の要請に応えられる資質を身につけ、とりわけ人間尊重の精神を大切にできる態度が必要になる。そのため、日頃から自らの人権感覚を磨くことに努め、①同和問題をはじめとする人権に関する問題の知的理解を深めるとともに、人権に関する世界の動向に関心をもつ、②心豊かな教師を目指し己の感性を磨く、③同和問題をはじめすべての人権問題の解決に取り組む実践的な態度を身につける。
※福岡市教育委員会は、学校教育活動全体を通して、すべての児童生徒がその発達段階に応じて人権の重要性について理解すると共に「自分の大切さとともに、他の人の大切さを認めることができる」ようになり、様々な場面や状況下での具体的な態度や行動につながるよう、その指導の徹底に努めている。

国連では21世紀を人権の世紀と位置付け、人間の尊厳性の確立と一人ひとりの人権が尊重される世界の実現に向けて努力を続けている。わが国でも、同和問題をはじめすべての人権問題の解決を目指し、文部科学省「人権教育に関する調査研究会議」は、人権教育の指導についての「第一次とりまとめ」「第二次とりまとめ」を示し、人権教育の推進に力を注いでいる。

教職員には、人権教育目標達成のための実践に努めるとともに、民主的な社会の形成発展に努める人間育成、平和的な国際社会の実現に貢献できる人間の育成を目指した教育活動の充実を図ることが求められている。

①人権同和教育の意義と必要性を知る。
②被差別部落の形成と部落差別の実態（中世～現代）を理解する。
③部落解放運動の歩みとその成果を理解する。
④同和対策審議会答申の内容と同和問題解決の方向を理解する。
⑤同和対策事業の実情やその成果と課題を理解する。
⑥同和教育の視点に立った教育活動について理解し、今後に生かすことができる。
⑦解放運動や同和教育の成果が同和問題解決に及ぼした影響やあらゆる人権問題の解決へ与えた役割を知る。
⑧様々な人権問題の現状と今後の方向について考えることができる。

1. 「人権同和教育」を学ぶに当たって、ビデオ鑑賞（同和教育・同和問題・部落差別・科学的認識）
2. 被差別部落の形成と人々のくらし（部落の形成・おしつけられた役目・仕事）
3. 被差別部落の人々の生活・文化・芸能（生産と労働・手工業・文化創造の芸能）
4. 幕藩体制の揺と差別の強化・解放の思想（差別の強化・解放思想・渋染一揆）
5. 日本の近代化と部落差別（解放令・筑前竹槍一揆・部落解放論）
6. 近・現代の部落解放運動①（米騒動・大正デモクラシー・全国水平社創立・差別との闘い）
7. 近・現代の部落解放運動②ビデオ鑑賞（解放の父・博多毎日新聞社事件・福岡連隊事件）
8. 戦後の民主化と部落解放運動（オールロマン事件・国策樹立請願・教科書無償化運動）
9. 同和対策審議会答申と同和問題解決の方向（「同和対策審議会答申」行政の責務国民的課題・部落差別の本質）
10. 部落差別の実態と同和行政の推進（同和対策特別措置法・同和対策事業）
11. 同和教育推進（同和教育基本方針・同和教育実態調査・識字学級・学力保障・進路保障・自尊感情）
12. 学校・園における人権同和教育の実際（人権同和教育の視点・教師の基本姿勢）
13. 部落差別の現実と社会啓発（市民意識調査・校区人権尊重推進協議会・企業の取り組み）
14. 人権に関する国際的な動向と我が国の人権教育（世界人権宣言・人権教育のための国連10年）
15. 人権問題の現状と教育・啓発の課題（「人権教育啓発推進法」・「人権教育啓発基本計画」・今後の展望）

シラバスの内容を参考に予習に努める。授業後は完全にマスターできるように復習。評価が「D不可」の場合は追再試験期間に再試験を実施。

レポート、感想文、期末試験等の結果をもとに、総合的に判定・評価、期末試験は授業時間と別枠で実施。

授業用自作プリント、ワークシート、人権啓発ビデオ、福岡県・福岡市作成人権啓発パンフレット、幼稚園教育要領や学習指導要領等

あとがき

東北大学大学院教育学研究科において、水原克敏先生（現早稲田大学大学院）のもとで栄養教諭養成の研究を進めてきた。その中で、栄養教諭養成の資質形成について、栄養教諭の職務実態調査を通して大学における養成カリキュラムの課題を分析し、その結果、教育現場で求められる資質は学級担任との連携調整を行い個別指導相談へ繋げていく総合的なマネジメントの役割であること、栄養教諭養成を担う大学においては、教育力、実践力、栄養士力を備えたカリキュラムをより一層自覚的に開発することが必要であることを明らかにしてきた。なお、栄養教諭に求められる資質形成で不十分な点が課題として残っており、今後も研究を重ねて行きたい。

これらの研究成果は、水原克敏先生のご指導により、東北大学大学院教育学研究科の学位論文として『栄養教諭養成におけるカリキュラム開発研究―その成立過程と職務の実態および養成カリキュラムの分析を通して―』と題してまとめることができた。本書は、西南女学院大学保健福祉学部赴任後、若干の修正を加え資料を補足し、独立行政法人日本学術振興会2014年度科学研究費助成事業（科学研究費補助金）（研究成果公開促進費）の交付を受けて公刊するものである。

本書の執筆のための実態調査、インタビュー調査、調査資料の提供など、数多くの諸先生方にご好意あふれるご指導、ご協力をいただいた。衷心より御礼申し上げる。

指導教官であった水原克敏先生には、時に厳しく、時に暖かいご指導と常に励ましをいただき、研究者として育てていただいた。有形無形の影響を受けていたことを今、実感している。心より御礼申し上げたい。小川佳万先生（東北大学大学院）、谷口和也先生（東北大学大学院）には、貴重なご指導、適確で暖かなご教示と励ましをいただいた。谷口先生には、とくに論文完成に向けて一方ならぬご指導、ご配慮をいただいた。両先生に深く感謝申し上げたい。

山形県立米沢栄養大学の鈴木一憲先生には、筆者が院生時代から今日に到るまでご厚情溢れるご指導やご教示、ご支援をいただいた。また、学部修士の時代からとりわけ長年にわたりご指導、励ましをいただいた菅原勝伴先生（北海学園大学名誉教授）、健康教育の領域で野原忠博先生（元琉球大学保健学部教授）には公私にわたりご指導をいただいた。あわせて感謝申し上げたい。

研究室の先輩である関根明伸先生（国士舘大学）には、日本の栄養教諭制度の前提として韓国での実態調査をはじめいつも有益なご助言をいただいたことに御礼を申し上げたい。

末筆ながら、本書出版にあたっては風間書房社長風間敬子氏に多大なご配慮を得たことを心から感謝したい。編集担当の斉藤宗親氏には、最後までこまやかな心くばりをいただき感謝にたえない。

2015年1月5日

川越有見子

著者略歴

川越有見子（かわごし　ゆみこ）

1954年　北海道に生まれる
1977年　東北女子大学家政学部卒業
1979年　北海学園大学１部法学部卒業（学士入学）
1995年　北海学園大学大学院法学研究科修了　修士（法学）
2012年　東北大学大学院教育学研究科博士課程後期修了
2012年　博士（教育学）取得
2005年　山形県立米沢女子短期大学健康栄養学科准教授
2012年　西南女学院大学保健福祉学部准教授（現在）

栄養教諭養成におけるカリキュラム開発研究

2015年２月20日　初版第１刷発行

著　者　川越有見子
発行者　風間敬子
発行所　株式会社 風間書房
〒101-0051　東京都千代田区神田神保町1-34
電話 03(3291)5729　FAX 03(3291)5757
振替 00110-5-1853

印刷　藤原印刷　　製本　高地製本所

©2015　Yumiko Kawagoshi
NDC 分類：375

ISBN978-4-7599-2071-0　　Printed in Japan

JCOPY 〈㈳出版者著作権管理機構　委託出版物〉
本書の無断複写は，著作権法上での例外を除き禁じられています。複写される場合はそのつど事前に㈳出版者著作権管理機構（電話03-3513-6969，FAX 03-3513-6979，e-mail:info@jcopy.or.jp）の許諾を得てください。